U0564095

社科文献精品译库

对知识和评价的分析

AN ANALYSIS OF KNOWLEDGE AND VALUATION

（修订版）

〔美〕C.I.刘易斯（Clarence Irving Lewis）/著

江传月 等/译

冯平 等/校

社会科学文献出版社
SOCIAL SCIENCES ACADEMIC PRESS (CHINA)

根据 Open Court 出版社 1946 年版译出

《社科文献精品译库》
学术顾问委员会

（按姓氏笔画排序）

陆建德　中国社会科学院文学研究所所长、研究员

陈春声　中山大学副校长，教授

卓新平　中国社会科学院学部委员，世界宗教研究所所长、研究员

罗志田　四川大学、北京大学历史学系教授

周　弘　中国社会科学院学部委员，国际研究学部副主任，研究员

俞可平　中共中央编译局副局长，研究员

冯　军　山东省司法厅副厅长，中国法学会行政法学研究会副会长

钱乘旦　北京大学历史系教授

陶东风　首都师范大学中文系教授、博士生导师

黄　平　中国社会科学院欧洲研究所所长、研究员

阎学通　清华大学当代国际关系研究院院长、教授

蔡　昉　中国社会科学院学部委员，人口与劳动经济研究所所长、研究员

裴长洪　中国社会科学院学部委员，经济研究所所长、研究员

潘家华　中国社会科学院城市发展与环境研究所所长、研究员

《社科文献精品译库》出版者话

中国现代哲学社会科学的发展是同解放思想，改革开放，吸收世界各国的先进文明成果密不可分的，其中国外优秀学术著作的引进、译介和出版成为一个重要的组成部分，发挥着前导、推动和促进的作用。对于欧美现代哲学社会科学的引进和译介可以追溯到1839年林则徐组织翻译的《四洲志》和1842年魏源汇编的《海国图志》。但较为系统地介绍和传播西方学术文化及其方法论和世界观，则肇始于19世纪末和20世纪初，其代表人物是严复、梁启超、蔡元培和高君武等一批著名思想家。他们的学术活动和对于译著的积极倡导，取得了丰硕成果，为中国的民主革命运动做了舆论和理论准备。毛泽东在《论人民民主专政》中把严复与洪秀全、康有为、孙中山并列，称之为“代表了中国共产党出世以前向西方寻找真理的一派人物”。而马克思主义经典著作的引进和译介在中国革命历史上的丰功伟绩更不待言。毛泽东曾经称赞《反杜林论》的译者“功不在禹下”。早在延安时代，中共中央就作出了“关于翻译工作的决定”。回顾从清末民初到“五四”运动，从中国共产党建立到20世纪30年代，从抗战胜利到中华人民共和国的诞生，从共和国初期到“文革”前夕，从“拨乱反正”到改革开放，从反对教条主义和极“左”思潮到今天的文化和学术的进一步繁荣的整个历程，体现了“解放思想、实事求是、与时俱进”作为马克思主义精髓的伟力，同时也可以看到国人的思想解放、心智跃升与哲学社会科学领域里的国际交流、吸纳、融合、批判、抵御和斗争形成一种密切的互动态势。

社会科学文献出版社以“创社科经典、出传世文献”为己任，在创建之初就把编辑出版反映当代国外学术思潮，特别是马克思主义的发展、哲学社会科学新兴学科、边缘学科及跨学科研究等学术动态的译著，作为其重点之一，先后推出了《社会理论译丛》、《资本主义研究丛书》、《政治理论译丛》、《当代西方学术前沿论丛》、《全球化译丛》、《阅读中国》等系列丛书，单书品种达300有余，产生了广泛的社会影响，形成了自己的品牌特色。本着选择精品，推陈出新，持之以恒的精神，以及权威、前沿、原创的原则，以20周年社庆为契机，我们在整合、提升和扩充既有资源，开拓创新的基础上，隆重推出《社科文献精品译库》，作为奉献给学术界和广大读者的新礼物。

《社科文献精品译库》作为一项长期的系统工程，力求展示三方面的主要特色。其一是时代意识。众所周知，20世纪特别是第二次世界大战结束以来的半个多世纪中，在科学认识的普遍进步和一浪高过一浪的科技革命的推动下，国际学术界思潮迭起，此消彼长，哲学社会科学经历着不断分化和整合的过程，无论在理论和方法论方面，或者在研究的方式、工具和手段上，都发生了革命性的变革。《社科文献精品译库》将突出当代的这种革命性变革，把译介比较系统、深入地梳理和论述这种变革的富有代表性的著述，当做首要的努力方向。

其二是问题意识。哲学社会科学领域里的理论内容的突破，引起理性认识和理论思维的基本方式的改变，促使科学认识中自觉的主体性原则日益突出，并导致整体认识论与个体认识论的融合，使人们有可能以具体化和定量化的方式来描述世界的普遍联系，从而要求学科知识本身的不断革新，学科之间——不仅是哲学社会科学本身的各个学科之间，而且包括哲学社会科学与自然科学的各个学科之间——的开放和广泛合作，以及问题意识、跨学科意识和应用意识的不断加强。《社科文献精品译库》将以问题、思潮及其代表人物为主线，打破学科的单一界限和分类，整合成多个系列，突出理论和方法论研究本身的多重视角。

其三是开放意识。科学发展的意义本质上在于从不知到知的飞跃，逐步超越认识的局限性和相对性，不断接近客观真理。开放性成为一切科学研究的显性特征，尤其是在科学技术飞跃发展，社会变革不断深化，全球化浪潮席卷世界的今天。《社科文献精品译库》坚持在马克思主义理论和方法指导下的开放和兼容并蓄的编辑方针，促进不同学派之间及每个学派内部的不同观点的对话和讨论，激励新见解、新观点和新思想的涌现。同时，在学科的类型布局上，也不拘泥于传统的范围和分类，更加侧重向多学科和跨学科综合性研究及著述开放。

我们将始终坚持把“弘扬科学精神，服务理论创新，译介世界精品，借鉴先进文明”作为编辑《社科文献精品译库》的基本理念。殷切期望学术界同仁、专家学者以及广大读者给予支持，不吝赐教和指正。

社会科学文献出版社

2005年6月

目　　录

第二篇　经验知识

第三篇　评价

译　序

一　C. I. 刘易斯简介

克拉伦斯·艾尔文·刘易斯（Clarence Irving Lewis）1883 年生于美国马萨诸塞州司通海姆郡，1964 年死于坎布里奇。刘易斯求学于哈佛大学，师从美国实用主义大师罗伊斯、培里、桑塔亚那、帕默尔等，1906 年和 1910 年分别获得学士和博士学位，此后曾在加州大学和哈佛大学任教。

刘易斯是美国实用主义哲学家，是现代西方著名的逻辑学家，是自然主义价值哲学流派的代表人物之一。其哲学研究主题按时间顺序可以分为三个阶段，研究主题分别是逻辑学、认识论、价值哲学和伦理学，其哲学影响集中在这三个方面。

刘易斯最开始研究的是逻辑学。通过著作《符号逻辑概论》（1918）和《符号逻辑》（与朗福尔德合著，1932），刘易斯批评现代形式逻辑体系，区分严格蕴涵和实质蕴涵，开拓了模态逻辑的研究领域，在现代逻辑学史上有重要地位。

对认识论的研究是他的哲学研究的第二个阶段。在这个阶段，他的主要著作有《知识中的实用主义因素》（1926）、《心灵与世界秩序》（1929）。刘易斯对实用主义进行了改造，用康德的先验论改造实用主义，提出他自称为“概念论的实用主义”的理论。刘易斯指出，知识是先验概念解释经验所予的结果，即心灵运用先验概念整理感觉材料的结果。刘易斯在哲学上对美国的实用主义产生了重要影响。

刘易斯晚年的研究主要集中在伦理学和价值哲学方面。代表作除了《对知识和评价的分析》（*An Analysis of Knowledge and Valuation*，1946），还有《正义的根据和性质》（1955）、《我们的社会遗产》（1957）和论文集《价值与命令》（1968，由 John Lange 编辑出版）。他主张价值和评价是经验的而不是先验的，价值是一种经验事实，评价是一类经验知识，评价具有真假特性，正确的评价是可能达到的，评价的真理性是确定的；同时，他在坚持实用主义和自然主义价值论的基础上，试图将逻辑实证主义和实用主义结合起来。刘易斯的价值理论在现代西方价值哲学中也很有代表性，美国当代伦理学家 W. K. 富兰克纳为《哲学百科全书》写的“价值与评价”词条中多次提到他，并认为，刘易斯的价值理论代表着“一种接近快乐的理论”，是几类价值哲学之一。

二 《对知识和评价的分析》简介

《对知识和评价的分析》是刘易斯后期的代表作，集中体现了他的价值哲学和伦理学思想；同时，这本书也是自然主义价值论的经典名著。

1.《对知识和评价的分析》的主要内容

该书的主要内容从书名可以看出，主要是分析知识和评价。全书由引论和三篇组成。引论指出知识、行动和评价是相互关联的，提出知识的标准，知识的分类即分析知识和经验知识。第一篇讨论意义和分析真理，第二篇讨论经验知识，第三篇讨论价值和评价。将知识和评价这两个主题联系起来、将对知识的分析和对评价的分析放到一本书中，靠的是“评价是经验知识的一种形式”这个论点，全书围绕它来展开。

书的第三篇专门分析价值和评价，主要是直接证明“评价是经验知识的一种形式”。书的第二篇分析经验知识。之所以要分析经验知识，是因为刘易斯认为，要想证明“评价是经验知识的一种形式”这个中心论点，自然需要认识并考察评价的什么特征将其划入经验认识这个属下面的一个种。因此第三篇关于评价的研究就要求第二篇中对一般经验知识进行预先分析。第二篇具体讨论了经验把握的三种类型，经验知识的“如果－那么”模式，经验知识的实用性即指导行动，经验知识的证实和辩明，以及经验知识的或然性等问题。这一部分为论证“评价是经验知识的一种形式”打下了基础。

第一篇讨论意义和分析真理。刘易斯发展了传统的意义理论，强调意义与经验有关，这体现了意义理论与经验知识的关联，因此，刘易斯将它放在第二篇分析经验知识之前，也就是顺理成章的了。

2.《对知识和评价的分析》的主要观点

刘易斯提出“知识、评价和行动是相互关联的”。知识与行动的关联在于：一方面，知识具有实用价值，指导行动；另一方面，不仅行动依赖于知识指导，而且知识也依赖于行动。第一，只有行动才能产生知识。第二，经验知识通过行动来检验。行动与评价的联系在于：一方面，行动显然植根于评价；另一方面，行动是为了实现价值。“所谓认识，就是理解能被行动实现的价值所限定的将来。”

刘易斯指出，严格说来，知识必须满足以下要求：①知识必须是对于真的或系事实的东西的一种把握或信仰，而与假的或不是事实的东西相反；②知识必须有所指，那就是说，有一种处于认识的经验自身以外的东西被标示、被信仰或被肯定了；③知识必须有一个根据或理由；④知识，或者至少是最好的和最严格的意义上的知识，必须是确实的。

刘易斯认为，严格地讲，完全符合这四个要求的知识是不存在的，但可以放松要求对知识进行分类和研究。为此，刘易斯指出，认识有三类：①对于感觉的直接被给予材料（不排除幻觉）的把握；②对于不是那样被给予，但可以在经验上证明或证实的事物的把握；③对于意义中所包括或所蕴涵的（或明或暗）事理的把握。在这三类认识中，①是我们的直接感官体验——还有幻梦和幻觉的直接经验。没有这种所予，就不能有经验的知识。不过这样直接所予的东西的呈现，不能称为知识，因为它只是对所予的直接领悟，没有真假。②属于经验知识，可以是真的或假的。③在逻辑和数学中可以发现，它与经验无关，它的真或假是分析的，这类知识是分析知识。

从外延这种含义或样式来说，所有的词都具有意义；从内涵这种样式来说，所有的词也都具有意义。刘易斯认为，为了对意义做更加清楚的说明，需要补充两种样式：延扩（comprehension）和意谓（signification）。他把意义的四种样式简述为：一个词的外延就是这个词能够被应用于其上的所有现实事物的类（class）；一个词的延扩就是这个词能够被正确地应用于其上的所有可能的或者可以无矛盾地想象的事物的总类（clssification）；一个词的意谓指的是事物中的那样一种特性，这种特性的存在表明把这个词应用于这类事物是正确的，这种特性的不存在表明把这个词应用于这类事物是错误的；从形式上考虑，一个词的内涵等同于所有其他词的一种结合，这些其他词中每一个词都一定可以应用于这个特定的词所应用的任何事物。当一个命题是真，其外延是现实世界的一个类；当一个命题是假，其外延是一个空类。但是，当一个命题无矛盾，其延扩是许多事物的一个总类；当命题自相矛盾，其延扩是零或空。然而，尽管所有真命题的外延相同，但它们一般没有相同的延扩；只有当它们有相同内涵时其延扩才相同。尽管假命题外延相同，但其延扩一般也不同，除非其内涵相同。可见，不是传统所说的内涵与外延统一，而是内涵与延扩统一。

语言具有语言意义和感觉意义。语言表达的重要意义就是使用它的人应该牢记着语言应用的标准，但是使用相同语言的两个人想法可能不同。语言是为表明客观现实，但是不同的人对相同的客观现实有不同的理解进而会使用不同的语言。所以，在表达相同的客观事实的时候，使用相同的表达并不一定意味着相同的感官标准。知识都有一个最终的经验意味，即感觉标准和意义。

经验知识都是或然的。影响或然率即概率的因素有三点：资料的充分度、资料的远近度以及资料的一致度。所有的经验知识具有至少在理论上是不确定性的特征。

经验信念是正确的知识，必须：①它是决定性的可证实的，或者是始终有能力证实的，至少在理论上，其进一步证实没有限制；②有一些理由说明这信念是合理正当的。经验知识是被辩明的、有理由的、合理的信念。表达经验信念的非终结性判断最终都要回到终结性判断；回到对实际所予材料的感觉，回到其真实确定的表达陈述。

刘易斯将自己的价值理论概括为：“评价代表一类经验知识。因此，评价的正确性是与一种客观的事实相符合，不过它是只能从经验上学得，而不是先天的能够确定的。”

评价是经验知识的一种形式。因为，关于价值的经验陈述与一般的经验陈述一样，有三种不同类型。

第一类是在直接经验中发现的一个价值特性的表达陈述。直接被经验的好或坏，被称为“价值”或“被感觉的好”的东西，像被看到的红色或感觉到表面的硬度一样，不可否认这里存在好和坏这种当下经验。

第二类是终结性价值判断：在作为被理解的环境下，或在其他的和类似于可理解的环境下，对经验中的价值特性可能发生的预言。它们陈述的事实通过包括行动在内的一些检验是可证实的，故可称为“终结性判断（terminating judgments）”。其一般形式是“如果 A 那么 E”，这里“A”代表检验判断的行动方式，“E”代表经验中的一些预期结果。例如，对快乐或痛苦的预言。这种价值预言视对一个特殊行动方式的采取而定。如果我品尝我面前的东西，我将喜欢它，如果我触摸这个烧红的金属，我将感到疼痛。

第三类关于价值的经验陈述是将价值这个客观性质归于一个存在物或可能的存在物，归于一个对象、一个情景、一个事态。这一类是最重要的和最经常的，这种对价值的客观判断，比对于非价值的特点的客观判断复杂得多。在任何既定时候，它们不是决定性地和完全地被证实，但总是为进一步的可能经验保留一个意味，并能进一步确证。

刘易斯指出，与经验陈述类似，关于价值的第一种陈述没有做出判断，不是评价，也不是知识。后两类价值陈述做出了判断，并且这些判断可通过行动证明，并被决定性地和完全地证实或发现是假的，因此，它们是评价，而且也是知识，是经验知识。

刘易斯提出了考察经验认识和评价的两个维度，即证实和辩解理由，或者说真和理由或根据（合理的可信赖性）。刘易斯认为，对一个经验认识和评价的考察有两个维度，一个是真假，一个是理由或根据。一个判断可能是真实的但接受信念的理由未被证明，被肯定的东西可能碰巧是真的，但如果一个肯定它的人缺乏属于他的断言的证明根据，那么他可能是幸运的，但它不一定有效且不是知识。反之，接受一个判断可能有理由和根据，但该判断可能不是真的。刘易斯坚持真之符合论和经验证实的原则，认为经验认识（包括评价）的真就是经验认识与客观事实的符合，且这种符合可以通过经验证实。

价值具有主观性或者说主体性即对个人而言的相对性，但也具有客观性。因此，主观主义和相对主义是不对的。

刘易斯提出“内在价值”和“外在价值”之分。每个明智的行动的最终目的是经验中的正面价值性质的一些实现，它只是一些实际的或可能的经验的内容，像这样的将被称为内在的善或是有价值的。善的客体的价值和它们的客观性质的价值，都属于外在价值。“内在价值”不同于在客体中的价值。

刘易斯将外在价值即包括存在于客体中的所有价值再分成两类：固有价值——在有价值的客体本身的经验中将被发现的价值；工具价值——客体有助于别物，而这个别物可能实现内在经验价值。审美价值是一种固有价值，假如一种物质事物用来呈现实证的审美特性，那么它就具有审美价值。审美价值不是行动的善，是非道德的，是那些通过对所呈现事物的迷恋而在事物自身固有的特性之中被把握，并为了在直接经验中以这种方式实现价值的价值。贡献价值是指使经验可能对于一种善的生活的最终目标做出贡献的价值。其计算可以参照边沁提出的快乐或痛苦价值的根据：①它的强度；②它的持久性；③它的确定性；④它的邻近或疏远；⑤它的丰富性，或者它被同种感觉伴随的机会；⑥它的纯度。客体中的价值都是外在的，有个人价值与社会价值之分。

三　C. I. 刘易斯价值哲学思想简评

1. 刘易斯价值理论的哲学立场：概念论实用主义

刘易斯的哲学属于实用主义，但刘易斯对实用主义进行了改造，提出他自称为“概念论的实用主义”的理论。这种改造主要是引进了康德的先验论和现代西方逻辑实证主义。

一方面，刘易斯用康德的先验论改造实用主义。刘易斯以前的实用主义大都是在认识论中贯彻经验主义原则，不承认经验之外的任何东西，用经验统摄认识，把一切知识降低为联系经验、引导行为的简单的理论工具。如詹姆士的“彻底经验主义”认为世界万物及其关系都是经验，反对任何分析和综合，统一归结为连续不断的“意识流”；杜威将经验看作人应付环境的工具，想以此取消唯物论与唯心论、经验论和唯理论之间的争论。这种彻底经验论的倾向，不承认知识具有任何脱离经验的先验因素，因而遭到了各方面的批评和诘难。面对这种情况，刘易斯认为症结在于“实用主义者一般都忽视概念的直接性的分离，结果他们似乎立刻就将所有的真理纳入了经验的控制和人类的决定能力之内，或者依赖于人心的某种关系之中”。[①] 于是，他从康德那里找到了先验概念，将其改造后与实用主义相拼凑，煞费苦心地构筑起他的独具特色的“异端的实用主义”。

刘易斯指出，知识是先验概念解释经验所予的结果，即心灵运用先验概念整理感觉材料的结果。例如，一张白纸放在我面前，我先是感觉到了它的呈现，直接领悟或直觉到了它的颜色、大小、形状等一些感觉性质，然后运用概念赋予它意义，形成判断直至知识。任何知识的构成，都是这样一个过程。在这种知识构成的过程中，所予和概念这两个要素是缺一不

① C. I. Lewis, *Mind and the World Order*, First Edition (New York: Charles Scribner's Sons, 1929), p. 226.

可的。一方面，没有所予，概念无从解释和整理，不可能构成知识。另一方面，光有感觉材料还不能构成知识，因为知识包含解释、判断，涉及可以证实和需要证实等问题，缺少概念，感觉材料只是杂乱无章的“呈现”，不是知识。

刘易斯虽然沿用了康德的先验概念，但是他的基点仍在实用主义，因而对先验概念的理解有鲜明的实用主义特色。他反对康德将概念看成是人生而具有的，否定概念的先天性，否定康德的先天综合判断，主张概念是社会的产物，是公共约定的；反对康德所主张的概念的超功利性、永恒不变性，主张概念的实用性和工具性——概念的选取要以实用为标准，而且，概念具有流变性。

刘易斯运用康德的先验概念对实用主义的改造，得到了西方学者较普遍的赞同。罗森塔尔（Rosenthal，Sandra B.）在《实用主义的先验论：刘易斯的认识论研究》（1976）中指出：传统哲学的特点是把知识划分为两个方面，一方面是感觉，另一方面是理智。由于强调的重点不同，便产生了认识论上各派的争论。例如，现象主义的产生是由于给感觉提供因素（感觉材料或现象）以优先地位；唯心主义的来由是给心灵的贡献（概念或共相）以优先地位。而今天，人们普遍公认的是，经验中纯粹的感觉方面不能与纯粹的理智方面割裂。正如康德所说，感觉和思维是相携并进的。刘易斯的理论，是在认真地做他的许多同代人只是口头上要做的事。①

用马克思主义哲学观点来看，刘易斯的认识论试图使实用主义走出困境，他用康德的先验论改造实用主义，将康德的先验论与实用主义结合并一定程度上超越了它们，同时还克服了唯理论与纯粹经验论的片面性，因而具有一定的合理性和理论价值。同时，他所主张的知识的构成包括感觉材料和先验概念，知识是先验概念整理感觉材料的结果。这与辩证唯物主义认识有相似之处：在知识构成中或曰认识形成中，感性材料和理性思维缺一不可，先是占有丰富的感性材料，然后对其进行理性思考，由此及彼，由表及里，去粗取精，去伪存真，才能实现认识的第一次飞跃，形成理性认识。

另外，刘易斯将实用主义与逻辑实证主义结合。他继承了皮尔士关于意义的理论，注重对意义理论的研究。从他开始，实用主义逐渐向逻辑实

① 转引自《世界哲学宝库》，中国广播电视出版社，1991，第996页。

证主义靠拢，因此，他通常被看作古典实用主义向逻辑实用主义转变的过渡人物。

刘易斯的价值理论虽然批判逻辑实证主义所主张的价值非认识主义，但他的哲学中有对逻辑实证主义哲学的正面吸收。刘易斯重视逻辑分析和意义理论。他关于意义理论的研究，关于分析知识和经验知识的区分，关于经验知识的经验证实，是对逻辑实证主义的继承。在分析价值与事实的关系时，刘易斯对事实所做的理解与逻辑实证主义者非常相似。[①]

当然，刘易斯没有照搬逻辑实证主义，而是将逻辑实证主义与实用主义进行结合，他提出词和命题的内涵具有“感觉意义”，不是纯粹的语言约定；经验的证实是通过行动，即“如果－那么”模式，用行动的效果决定经验知识的真假。刘易斯的这种结合，为美国后来的逻辑实用主义做了准备。

刘易斯对实用主义的种种改造，终究没有脱离实用主义和主观唯心主义的藩篱，因而存在着自身无法克服的理论缺陷和极为严重的错误。第一，刘易斯过于夸大概念的作用，认为感觉材料是混杂无序的，世界的秩序是心灵运用概念整理的结果。这样，他否定了客观事物本身的秩序性、规律性，步入了主观唯心主义歧途，犯了类似康德的“人为自然界立法”的错误。第二，刘易斯片面强调概念的工具性和实用性，这容易抹杀概念在真理性上的区别，从而走向真理相对主义。他曾说，哥白尼学说之所以战胜托勒密的学说，不是因为后者的理论错了，而是后者的概念不适用了。他还认为，一个理论只要曾经是有用的，它就是真的，而且永远是真的。第三，刘易斯不能运用辩证唯物主义分析认识，没有看到实践对认识的决定性作用，不能揭示认识的辩证发展过程，即认识的两次飞跃，认识是一个实践、认识、再实践、再认识，如此无限反复、螺旋式上升的过程。第四，刘易斯与逻辑实证主义者相似的一些观点，如分析知识和经验知识的划分、经验知识的证实等，当然也理应受到类似于逻辑实证主义所受到的那些批判。

2. 刘易斯的价值论的意义和影响

西方价值哲学主要有两大阵营，即非认识主义和认识主义。非认识主义主要包括情感主义和规定主义，二者基本上都对评价的认识本质持否定

① 具体可以参见本书中译者所著《评价的认识本质和真理性——C. I. 刘易斯价值理论研究》。本序言不少内容摘自那里。

态度，但也有区别：情感主义否认评价的认识本质，消解评价的真理性问题；规定主义则避而不谈评价的认识本质和真理性，但实际上默认了评价的认识本质，隐匿了评价的真理性。认识主义包括直觉主义和自然主义，二者基本上都肯定评价的认识本质，但在评价的真理性的检验问题上，二者有一些分歧，前者诉诸直觉，而后者诉诸经验。

刘易斯的自然主义总体立场，经验主义和认识主义倾向，与先验主义、相对主义和价值非认识主义相比，无疑是比较接近真理的，而且他对后者的批判，也是切中要害的。

刘易斯价值理论的可取之处有：他所论述的知识（认识）、行动和评价的关联，与我们许多学者所说的“认识、评价与实践”的关系比较接近，基本上与马克思主义哲学价值论是一致的；他将经验和价值陈述分为三类，并指出价值陈述与经验陈述、评价与经验知识的“平行关系”即相似性，这是有一定道理的，也具有一定的积极意义；他对价值词的客观意义与非价值词的客观意义（即“善”与“硬”和“圆”）进行比较，以及对评价的客观性、主观性和相对性的分析，都是很有新意也很有启发意义的；他既肯定评价的真理性是可能的，某个评价的真是确定的，是可以通过经验检验的，又坚持评价的真理性只是或然的，其证实也是无止境的。这些与马克思主义哲学所主张的真理的绝对性和相对性的统一是相似的。

刘易斯关于价值的分类是很有新意的，也是很有影响的。刘易斯在《对知识和评价的分析》和《事实和价值》中，都对价值进行了分类。

- 价值
  - 内在价值
  - 外在价值－客体中的价值
    - 固有价值
      - 审美价值
    - 工具价值

《对知识和评价的分析》中的价值分类

- 价值
  - 经验价值
    - 当下经验价值
    - 未来经验价值
    - 贡献价值
  - 客体的价值
    - 固有价值
      - 审美价值
    - 工具价值

《事实和价值》中的价值分类

刘易斯对价值所做的详细分类，特别是对内在价值和外在价值的区分，以及对外在价值包括工具价值与效用的区分，是有积极意义的。根据他的这个区分，当我们说某物是有价值的时候，它应该最后能导致真正的善乃至人类的最终善，这是合乎人类生活实际的，人类的许多悲剧就是因为错误地追求当下的效用而忽视了真正的价值。这对主张对任何人有用的都可以被认为有价值并加以追求的相对主义是致命的一击，后者曾被别有用心的人作为借口，从而导致了生活中的许多阴影。

刘易斯价值理论对他之后的价值理论特别是自然主义价值理论产生了深远影响。对自然主义价值理论的影响主要集中体现在塞森斯格的价值理论上。在方法上，刘易斯在坚持实用主义和自然主义价值论的基础上，试图将逻辑实证主义和实用主义结合起来，虽然在价值理论中没有充分展开，但这个研究方向是可取的，并且对塞森斯格产生了很大影响。后者继承刘易斯的研究方向，明确提出他要实现逻辑实证主义和自然主义、认识主义和非认识主义的结合。塞森斯格时处 20 世纪 60 年代前后，面临哲学上的逻辑实证主义和分析哲学与实用主义的对峙，价值哲学上的自然主义与非认识主义的对峙。他尝试消除对立，结合自然主义和非认识主义，从而提出适当“经验主义伦理学”。这种结合比刘易斯走得更远更深。他在分析了分析哲学和自然主义的价值理论之后，指出二者的结合是必要的，因为它们各有优点和缺点；这种结合也是可能的，因为都有经验基础。塞森斯格在这种结合中发展了自然主义，使自然主义更合理更完善。

在许多具体观点上，刘易斯也影响了塞森斯格。塞森斯格在《价值与义务》一书中除了行文当中多次提到刘易斯（还有杜威）并整段地引用刘易斯的原文以外，仅以刘易斯及其《对知识和评价的分析》为脚注的就有 12 处。他赞同刘易斯所主张的满足是价值的经验基础，并继承刘易斯的经验主义传统。他主张我们必须像把什么是圆的或红的看作经验的一样，把什么是善的也看作经验的。塞森斯格沿用刘易斯的价值分类，将价值分为内在价值、工具价值和贡献价值。塞森斯格继承刘易斯关于善与正当、价值与义务的区分，但克服包括刘易斯在内的自然主义对义务判断缺乏研究的缺点，吸收非认识主义，对义务判断进行了讨论。

评价是人类生活中最普遍的现象之一，也是人类生活中最令人困惑的现象之一。困惑主要来自评价的分歧。关键在于：评价属于认识吗？评价有真假吗？如果有真假，什么样的评价是真的即具有真理性呢？这就是

“评价的认识本质和真理性”问题。20世纪相对主义和虚无主义盛行，价值哲学中否认评价的认识本质的非认识主义甚嚣尘上。其中的情感主义认为价值判断只表达情感，无认识本质，无真假特性，因而不存在评价的真理性，并在理论上否定了价值哲学研究的意义，从而给价值哲学带来了毁灭性的负面影响；在实践中为相对主义和虚无主义摇旗呐喊，否定了正确评价对实践的指导作用，为有些人各行其是提供了理论借口。

刘易斯承认评价的认识本质和真假特性，认为评价对人们的实践有指导作用，这有利于克服社会生活中的相对主义和虚无主义。

当然，刘易斯的价值理论也存在不足的地方。首先，他关于自己中心论点的论述在他的书中所占的比重远远不足；而且，在论证他的中心论点时，他只是着重论述了论点的前半部分，即“评价代表一类经验认识”，而关于他的论点的后半部分，即“评价的正确性与一种客观的事实相符合”却没有详细说明，只是说与经验知识一样便完事了。

其次，刘易斯的正面论述是比较有说服力的，但他对他所反对的先验主义，特别是相对主义和虚无主义（主要是情感主义）的驳斥明显不够。而且，刘易斯对价值与事实的区别、评价与认识的区别几乎没有讨论。不过，后一点是由他的论点所决定的，他主张价值和事实、评价和认识之间是包含关系，所以侧重强调共同点，对论点的论证没有帮助作用的当然可以不管，我们不能要求他什么都谈。所以，这固然是刘易斯价值理论的缺憾，但我们可以理解。

刘易斯价值理论的中心论点及其论述是富有启发性的，但存在着哲学立场和方法论的局限，未能很好地解答评价的认识本质和真理性问题；他的论证还不够充分，而且，关于他的中心论点的后半部分即评价的真理性问题，他论述得不够。

特别是，刘易斯的核心概念不如马克思主义科学，我们要对刘易斯的相关概念实行转换：将刘易斯所说的“经验”“行动”转换成马克思主义哲学所理解的“实践”。刘易斯所说的“经验”只是个人的而不是社会的，是主观的意识活动，而不是客观的物质过程；他企图用这个概念超越唯心主义和唯物主义的对立，却倒向了唯心主义。我们认为，只有马克思主义哲学的“实践”概念，才能超越唯心主义和以往所有旧唯物主义，实现哲学的革命；只有将“经验”与价值和评价的关系转化成“实践”与价值和评价的关系，才能真正理解价值和评价问题，包括“评价的认识本质和真理性”问题。刘易斯所讲的“行动”主要是从有意识和应负责任这个角度来谈的，只是与个人的行为直接相关，没有社会性、历史性，因而没有达到社会的和历史的高度，在讨论与评价的关系时，自然只能局限于单个人。而价值和评价更主要是非个人的和社会的，评价分歧主要存在于不同主体之间。因此，我们主张将“行动”转换成“实践”。

江传月

2011 年 11 月

序　言

与本书有关的初步研究原是致力于伦理学领域的论题的，但在那些早期研究中，已经清楚显示出我想发展出的那些概念不能独立存在，它们需要有关一般价值的进一步考虑的支持。特别地，它们依靠这样一个前提，即评价是经验知识的一种形式。而这个论点的发展又需要大量的预备工作。结果，伦理学的研究就暂时被搁置一边，而这部书的内容就可以看作一个绪论。这里所写下的虽然还有其他意义并可服务于其他目的，可是，至少有关评价方面的结论指出了其余工作所采取的方向。

在伦理学标题下，传统上所处理的两个基本问题——至善的问题和正义的问题——是两个独立的问题。标志伦理学特殊领域的是第二个问题，第一个问题则是属于价值论的一个更广阔的课题。先验主义一派的伦理学，如康德的伦理学，可以使善从属于正当，并且认为最后正确的评价是依靠并受支配于道德上合理行为的原则。不过康德却被迫坦白承认，单是道德上的善还不够：德行是至善，不过最多的、完全的善也要求满足人类享受幸福的能力，而这种能力与道德能力是不同的，而且（照他的说法）是对立的。康德的伦理学有一种洞察的性质和崇高的心情，这一点将永远给人留下深刻印象。不过他既然承认，最后的价值不是可以凭道德来决定的，那就证明他的先验观点破产了。对于任何一派自我主义的伦理学而言，在确定什么是正当的以前，必须首先确定什么是善的，因为行为的辩解理由依靠于它所期望结果的可欲求性。因而，关于评价的正确性的一般问题发生在前，关于正当行为的问题发生在后——就这两个问题能够分开来说。

本书第三篇所提出的正是这样一个自然主义的价值理论。它的最一般的论点已如上述，就是评价代表着一类经验的认识，因此，评价的正确性与一种客观的事实相呼应，不过它只能从经验上学得，而不是先天能够确定的。只有当我们承认了这个说法的真实性之后，我们才能避免主张道德义务独立于人类可欲求的事物的先验主义，而同时又不陷入普罗泰哥拉的相对主义，也不陷入那种把规范性还原于单纯情绪的意义而予以消灭的道德上的怀疑主义。我写这部书的一个主要目的就是要阐明：认识论中的经验主义和伦理学的自然主义并不暗含着那一类相对主义和犬儒主义。

要想澄清和证实关于价值的那个中心论点，自然需要我们认识并考察评价的什么特征将其划入经验认识这个属下面的一个种。不过经验认识中有一些根本的、一般的特征，使价值的识别和对其他事物特性的识别成为基本上相似的，而上述的说法是更明显地要求考察这些特征的。那两种识别是同样当作经验上的信息来被辩解，并且同样应当在经验中来证实的。只有借着指出评价与更一般所谓经验知识类型之间有一种广泛的平行关系，才大有希望说服那些原来倾向于不同意的、现时包括了很多人在内的先验主义者、相对主义者和怀疑主义者。因此，第三篇关于评价的研究就要求第二篇中对一般经验知识进行预先分析。

第一篇中关于意义的讨论和分析可能显得不太必要，也就是说，它或许没有同等的必要性。我在那里讨论的范围较狭窄，只限于讨论进一步的论证所要求的那些问题，而且对于提到的论点，也未加以详细发挥。特别是考虑到自从皮尔士和詹姆士指出富有结果的研究法以来，关于意义的研究，已经呈现出广泛而迅速的发展，所以对于它的任何恰当的处理，都会要求多得多的篇幅。不过我不把这个题目根本取消，还有一个重要理由，即在经验主义者看来，意义论和认识论之间有一种密切的关系，正如先前理性主义和唯心主义的思想所赋予形而上学的那种关联一样。这是实情，因为我们现在发现，凡先验地可知的东西，都是只借着参考于意义便可证明的。这是20世纪精确逻辑研究的一个重要结果。因此，就没有必要假设：先验的真理描述着实在的某种形而上学意义的性质，或假设共享一种特殊的存在方式，这不是感官所能窥见，而只能直接呈现于理性之前。关于我们离开感觉上特殊事物所知道的东西，我们能够借着理解我们自己的各种意义，可以不参照于它们在存在的事物上所可能有的任何应用；不过要把它实体化为异于感官所呈现的对象的另一种对象，那却不在要求之列，而且会导致将本质归于宇宙效力这个古老的错误。

然而，现在流行的经验主义，在否认与理性主义的实在论有联系的同时，却走向相反的唯名论的极端，这种唯名论认为意义只是语言上的约定的产物。这样一来，逻辑上的真就可以被认为是相对于语言体系的，而一般的分析也可以被定义为句法上可推导的。但是如果分析的真理“关于”一个独立的实在“什么也没说”，那么，它“关于”语言也就“什么也没说”，而且也就不依靠语言了。不论语言符号怎样受约定和任意规则所支配，这种约定和任意规则并不能扩充到用符号所表示的意义上。一个分析陈述是有所表达的，它所表达的事情的事实性是独立的，纵然它在意义上并不存在。语言的内涵一经确定，人们就不能影响这些意义或改变它们的关系，正如人们不能因用不同的方言谈论存在的事实而改变那些事实一样。在这一点上，柏拉图的唯实论是比较接近真理的。

约定论的错误对价值理论有一种特别的破坏作用。这里也如在任何研究部门中一样，必须有一些最初的陈述，说明那些将要被研究的特性；而那样的陈述只能是定义性的、先天的。就如在价值的领域中，这一类基本陈述并不代表对任何事物的评价，而只是被用来分析价值本身或某种价值的本性，并指出有价值的东西的标准。在数学和逻辑中，所研究的特性本身是形式的，在这里人们如果把这一类最初的命题解释成为表示约定的语言形式的关系，或表示操纵符号的单纯的程序上的规则，那也不至于有严重的害处。不过在任何经验的学科中，基础概念必须找到某种直接的运用，而且价值这一名词所能应用于其上的事情永远有一个特征，即它对于行为有一种命令作用。就如，如果人们说，“善是快乐”，那么，这个陈述如果不是正确说明指导合理行为的那种东西的本性，那么它就是虚妄的，并且会产生具有破坏作用的结果。如果另一个人说：“善是合乎人性的一种活动”，那么，他和快乐论者的差别，不在于他使用善这个词时，他心想着另一种东西，而在于当他面向内在的可欲求的东西时，他是以另一种眼光来看它的本性。否则，在这些观点之间便不会有争论的问题。善、快乐和理性动物的恰当行为所表现的那种生活性质之间的各种关系，正是它们那样，而不是其他样子，并不管我们言说它们时所使用的语言是怎样约定的。

因此，在约定论者的意义观和对客观标准的否认之间所可能发现的某种程度的相互关系，也许不是完全偶然的。他们企图描述使各种意义既不能受操纵，也不能被改变的那种“意义”的基本含义，而同时也承认在我们的分类方法方面，在语言符号的方式的约定方面，自由选择的范围和重要性。这是我将第一篇的内容包括进本书的主要动机。

倘或在最后的结果中，我绕了很长一段弯路，才达到我所计划的目标，并且企图顺便观察全部知识范围，那么，这也不是因为我想要重新企图建造新的体系，而是因为：这种研究方法似乎是由认识和评价的内在逻辑所指定了的。我们终究逃不掉这个事实：伦理学、认识论和意义论本质上是关联着的。伦理学虽是顶石，而基础必须打在对意义的考察上。

要把这样大的领域放在一部书的范围以内，这就使得本书的讨论限于初步的，一定意义上是基本的问题上。我的注意只限于基本的论点及其重要的结论上，以及明显地必然会遇到的那些困难上。关于本书包括的那些论题，我已经力求达到某种程度的彻底性，不过这些论题中没有一个不引起这里略去不谈的进一步的问题的。不过在能够避免用符号的地方，我已经避开了符号的不确定和节省手段，我不怕浅显英文的些许不精确，而更怕难于使人理解。我也曾打算，看论证领到哪里，就跟到哪里，即使那样做对我而言就等于一种冒险事业，就如在论概念论和审美价值的那几章中那样。一个人如果得到一个结论说，经验的知识就在于或然的信念，他就不能不考察“X是或然的”这个陈述句的含义，他也不能接受现在在专家们的圈子里那些最被人赞同的关于概率的任何一种说明，因为达到那些概念恰好是靠起初就排斥了可以扩充于一般日常经验信念上的“或然的”的任何意义。我们在关于评价的一般讨论中也不能完全忽视价值的一个大类，即审美那一类。关于这两类命题，我可以自我安慰的是，我曾想到，如果专家们认为我的提议不能接受，至少那是他们互相之间也使用的一种恭维。

除了用来澄清所讨论的论点，以及在此情况中参照一般倾向而非特殊作品，讨论中省略了这里提出的可替换的观点。关于估计我多少已经发展的其他新近的和当代的观点的讨论，也省略了。然而，在这里我乐于说明我的一个特别重要的参考。第三章中解释命题的样式在实质上——尽管用词和细节不同——与我的同事 H. M. 舍佛教授多年来在他的课程中提出的相同。我也想说，我在评价问题上的思考深受我在哈佛大学与 R. B. 培里教授和 D. W. 普雷尔的交往以及我从 S. C. 佩帕那里学到的东西的影响。

我很感激《哲学和现象学研究》杂志的编辑向我开放他们的刊物，使我形成了本书第一篇中的大致理论观点。关于同一论题的与其他撰稿人的讨论，特别是与 C. J. 杜卡塞教授和 C. A. 贝里斯教授的讨论，使我能够完善自己的理论；通过温习《符号逻辑》杂志上丘尔奇教授的那篇论文，我修正了一个错误，避免了选择一个不准确的术语。贝里斯教授友好地阅读了全书的打字稿，剔除了许多小失误，并提出了很多有帮助的建议。不过，他不应替书中仍存在的缺点负责，主要是因为我有时对他批评的有关观点仍固执己见。

哈佛大学出版社友好地允许我引用了《皮尔士论文集》，引用部分在本书第 308 页（指英文原著页码即本中译本的边页码——中译者注）。

在美国哲学协会 1945 年 12 月在位于伯克莱的加利福尼亚大学召开的大会上，我很高兴有机会将本书作为此次会议的卡勒斯讲座的第七系列。我诚挚地感谢哲学协会及其太平洋分会的工作人员，感谢演讲委员会和奥本考特出版公司（Open Court Publishing Co.），感谢他们为完成预定安排而提供的帮助。第二篇和第三篇第十二章的主要论点在会上已大致介绍并被协会成员讨论过。我很遗憾这些有益讨论的优点不能吸收入书的校正稿，因为打字稿已交给出版商。另外的演讲主要出自第三篇第十三、十四、十六章。

在制作索引方面，我考虑到了任何可能希望阅读本书四个部分之一或更多而省略其他部分的人的需要，任何在上下文显得不清楚的句子或段落，通过索引或用分析法编的目录或许可以得到澄清。

C. I. 刘易斯

马萨诸塞州，坎布里奇

引　论*

* 第一章和第二章曾由关其侗翻译并载于《资产阶级哲学资料》第十八辑，上海人民出版社，1966，第 30~57 页。本书译者尊重该译文，只在少数地方有不同理解，以及为符合现今语言表达习惯和统一某些词在全书中的翻译而做少许修改。

第一章　知识、行动和评价 3

一　认识就是理解能被行动实现的价值所限定的将来

知识、行动和评价在本质上是互相关联着的。知识的首要的贯通全部的含义，就在于它对行动的指导：知是为了行。而行动显然是生根在评价中的。对于一个毫无分辨高低价值能力的生物说来，深思熟虑的行动是无意义的；对于一个没有认识能力的生物来说，深思熟虑的行为是不可能的。反过来说，只有一个能行动的生物才能具有知识，而且只有那样一种生物才能够赋予超出它自己的感觉以外的任何东西种种价值。一个不能进入实在界过程中，以便在某一部分改变实在界的将来内容的生物，只能在直观的或审美的静观的意义下领会一个世界；那样一种静观不会具有认识的意义，而只能具有享乐和受苦的意义。

对于行动的兴趣并不是对摆在眼前的事物并为它本身而发生的一种兴趣，而是对于将来有的或可能有的事物的一种兴趣。说到指导我们行动的那种有关世界的知识，则对于它的兴趣也是这样。对于从事认识的心灵说来，直接呈现出的某种东西——直接经验中的某一项目——是其他某种东西的标记。这个其他某种东西不是那样直接呈现出来，而是在进一步的经验中似乎会实现，或能够实现的。只有这样，所谓被认识的东西才是能够被证实的某种东西；因为显而易见，所谓证实就是要把某种成问题的东西置于某种经验的检验之下；在我们要求证实时，这种经验尚未被给予，不过它是能够被给予的。不但如此，一种经验认识这样所预言的能够证实的东西，在典型的情形下，纵然不是在一切的情形下，将有几分依靠于我们的行动。证实本身虽然并不必然暗含着行动，可是至少说，只有当所领会的东西是受行动制约的时候，知识才不至于成为徒劳无益的。一个继直接所予的东 4

西之后注定要发生的将来，纵然预言出来，那种预言也是无意味的。因为依据假设，人们对于它已经无能为力了。凡可以指导行动的知识，必须预测将来，不过这个将来是行动自身可能把它造成另外一个样子的。

那种行动见诸实施与否，将依所做的评价为转移；在决定时，要参照预料到的可能的经验——作为应需求的东西或作为应避免的东西。行动企图尽力控制将来的经验，借以谋求我们自己的利益。它的出发点是在所予的情景中；它的终点则在于某一种经验中，对那种经验，人是给予一种行动的价值的（或者是与其他事物相比较之下的一种相对的价值）。经验知识的主要作用是一种工具的作用；那种工具使人由出发点过渡到终点，由现实的现在过渡到一个被欲望的将来，而且人们相信，现在就是预示这个将来可能实现的信号。所谓认识，就是来把握那可以被行动所实现的那些价值所限定其性质的将来，经验的知识本质上是功利性的，实用性的。

如果知识似乎有另外一种含义，而且这种含义和这些说法不相符合，那么那种现象本身就当引起我们的注意；因为我们显然不会否认知识的旨趣对于我们之选择行为是重要的。人们可以说，例如科学所预言的是将来的事情，这些事情正因为是可以预言的，所以是不受我们控制的；而且这样一种直言式的预言正是最理想的知识的本质所在。不过这样出现的困难只不过是表面的罢了。让我们承认科学所预言的事实（或许是一次爆炸）是无可更改的将来事实。不过这话仍然不是必然地含有关于任何经验的直言式的预言。这个报告的功用恰好在于那个事实。要点是：当爆炸发生时，我们可以躲到别处，或者事先预防，缩小它的作用范围。所预言的事情对我们经验的影响仍然是受我们的可能行动的制约的。一般说来，也是如此：知识的功用就在于它使我们通过恰当的行动可以控制我们将来的经验的性质。施行这样的控制是为了选择我们所珍贵的事情和阻止（或避免）拂意的事情。这样一些考虑只足以用来强调我们所寻求的有关客观事实的知识、我们所希望在经验中实现的价值，和由前者所指示并趋向于后者的那些行动之间的本质的关系。

二 “行动”的意义

这里所提到的知识、行动和评价之间的联系，是分明被一般的经验性质所指出的联系，而且就其大体轮廓来说或许是明显的。如果这种联系能够被人忽略，或能够被人怀疑，那或许是因为“知识”、“行动”和“评价”三者都是有时用于广义、有时用于狭义的名词，而那一类含混用法就模糊了问题的要点。

“行动”特别是这样情形。在道德问题和伦理学问题讨论中，在许多平常的经验中，“行动”（act）一词首先用于那些牵涉到预料结果以及把这些结果作为所欲求的加以接受那样的行为上。“行动”在法律方面的根本意义也是这样，而当问题涉及所谓“责任”的时候，也是同样情形。不过那些大概不能有确定预见和明白评价的动物也可以说在行动；甚至生物也被人说是这样行动或那样行动，并且互相作用（行动）。还有一层，认为我们须对之负责的我们自己的行为，有很多也难说是被明白的预见和评价所指使的。深思熟虑的行动在一个方向可以逐渐变为代表本能倾向和自动反应的行动，在另一个方向可以逐渐变为习惯性的，并且不再伴有任何明确预见或预测结果的行动。

在这里的某些地方必须画一条线——或许是一条以上的线。我们自己 6
的经过仔细判断的行为属于一边，那些无生物和无意识的有机体的叫作行动或动作的过程显然属于另一边。但是介乎两者之间，还留下一个模糊的中间地段——我们凭习惯而不经考虑的行事——常以“行为”（behavior）这一广泛的名词来包括。常识上的行动这个范畴扩充到包括了一大部分这个中间地段。例如，人们被当作负有法律责任的大部分事情都不能认为是根据预见结果和评价结果而采取的行动。

要说，这一类动作只是物理学或生物学含义下的行为，那是不中肯的。不过我们很可以顺便说一句，我们怎样容易让那一类名词变为含糊的词（weazel words），并且因为名词含糊，而不明问题究竟。应用于无生物中所进行的事情上的“行为”、“动作”、行动这几个名词原来之所以那样应用，无疑是由于照“万物有灵论”的信念把我们在自身发现的那种冲动归之于无意识的事物上。不过这一类名词现在已获得了这样一种意义作为第二义了，这个意义已可以照字面应用在物理事物上，而不再带有原始的任何迷信的含义了。不过正是这种可以在我们自身观察到，而不能归于一般物理事物的原始意义的事实，并不能证明用专属物理的范畴来描写它是妥当可行的，因为所论到的那个特征并不是有目的的行为和一般的物理事情所共有的。任何心理学家对“目的”一类词所下的驱逐咒，都不能把作为某种有意识的动作方式的特异的、可观察的特征的这种原始意义驱逐掉。它仍然是心理学家必须竭能尽智用所喜欢的术语加以处理的某种东西。如果使用“行为”一词足以蒙混这种判别，那么，我们这里又有了一个蒙蔽事实的双关意义；虽然，现在人的错误正和原始人所犯的错误方向相反，并且作为自决动作的“行为”的原始意义，现在已到了归结为隐喻性的第二义的地步了。

不过关于心理学方法的任何问题都会把我们带到想处理的问题的范围以外去。我们只想提醒读者，在伦理学和法学中所盛行的“行动”一词的用法（这种用法在平常谈话中还是那一类字眼的第一个意义），是符合我们自己的动作的可以观察到的特质的一种用法，而这种特质在一般物理事物的任何动作中是观察不到的。正是“行为”的这个意义对于知识的分析才是重要的，对于观察那认知和旨在实现利益的人类动作之间的联系才是重要的。毫无疑问，不用评论或批评，就该承认这种共同意义。不过我们当前所关心的一点是：那样一些人类行动的实例虽然似乎是从深思熟虑的
7 决断的事例中选择出来（这些决断伴有对于结果的明白预见和对于这些结果的评价），不过这个名词往往扩充于那些事例以外，虽然它与一般的物理动作和无意识的行为仍然有所区别。

如果在散步时，我在某个路口转向右边，而不转向左边，您会把我的身体的那个运动，作为我的行动，归之于我。我也是这样，虽然我们彼此可能都发现不了任何征兆。这表明在发动这种行为时，有深思熟虑的决断，有明白的预见，或任何明确的评价。如果您问我，我为什么这样转弯，我无疑会指出这个方向中的一个目标来回答您：“走这条路，可以回家。”我认为我之采取这个途径是我所做的一种事情，而且我是为所举的那个理由才那样行事的。纵然从转弯时起到您询问时止，我根本没有想到那回事。我取此而舍彼，并不曾踌躇过，没有各种相反意向的紧张情形，没有什么努力之感，也没有特别的魅力决定；我不曾想到要做两条相反途径的选择，也没有下过判断，那个过程很可以说是它自己完成的。不过它仍然称为我的行动。如果您和我发现我们走错了路，我们双方都会觉得我应当负责。

我们之所以这样解释这种行为，把它与心跳或膝的颤动区别开来，其理由显然在于：我虽然不曾明白想到要决断的事物，可是我仍然觉察到所进行的事情，并且觉察到它是可以用我的愿望和意志来改变的。我觉察到这一点，正如我觉察到我出了门一样，虽然没有发生什么事情来加强那种

觉察，并把那种觉察的内容带到注意的焦点。既是这种情形，所以我就把那种行为归之于我自己，这种行为之属于我，与我身体中生理过程之属于我，意义不同。生理过程是不受控制的。我们能够照法学上所谓“共同过失”那个范畴所暗示的一般方法来解释那样一种责任。人们自然能够说，这件特殊行为虽是借习惯自行完成的，不过在这个习惯的发展的时间轨道上，曾有过明确的和深思熟虑的决断。没有这些，它原是不会发展的。不过似乎不必这样说，而且这话也难说符合所以那样的诿过的根据。更符合事实的是，应当承认：我们如果觉察到任何身体的动作是我们可以改正的行为，是倾向于受欲望或利益影响的一个目的行为，那么那种动作就当被
认为是一种负责任的行为。人们觉察不到的动作，或虽然觉察到而不能随 8
我们的意愿改正的动作，就不被人认为是一种行动。而一种动作，人们如果觉察不到它被对可欲求事物的感觉所影响，如果人们毕竟把它认为是一种行动，则至少说，它也不被人认为是一种有意义的行动。

要问“弹子为什么那样动作”，那并不是问将来可能性的问题，也并不提出有关可欲求的事情的争论。事实上，恰当的答复是把这一类考虑排除出去的；那种答复只能用先前的事实来措辞，并且不参照于价值。但是如果您问，“您为什么这样行事”，那么这就问的完全是另一种问题；它并不要求一个因果的，或历史的，或来历的说明，而只要求一种辩解理由。或许更精确地说来：只有在所行的事情无法改正，而且是以没注意或被强迫为理由（它不是一种责任行动，只是不经自己发动的身体的行为）要求人原谅的情形下，它才要求一个因果的说明。人类行为的一个显著特质就是，人们可以有意义地要求它的辩解理由。而辩解理由只能用那种动作的将来可能性来说明，而关于这些可能性的辩解理由也只能是以某种推定的可欲求性加以说明。

不过问题不在于那种行为是否曾通过明白的评价和决断有意发动，而在于如果先提出结果和其可欲求性的问题来，那种行为是否可能发生或应当发生。那个问题就是：在发动这种行为时，关于那预示的目标的感觉是否曾经参与其中，并且参与的方式使得那种行为依所感到的可欲求性来改正。当行为由那样一种感觉到的利益出发，而且它离了那种利益就不发生时，我们就认为把那目标特别指出来，就答复了“您为什么这样行事”的问题，不论这个目标是否成为明白判断和决断的对象。在衡量和接受时所做的深思熟虑在这里并不是本质所在，可改正性才是本质所在，而与某种

价值感的关系，也是本质所在。

人们之所以把含有明白预见和审慎决断的事例，选作表示行动特征的例子，那是可理解的，并且也是合法的。不过要把先见和决断这些特质归于全部行动，那无疑有虚构意味，是应当避免的。不过这一类事例却是一般行动的正当范型，因为它们只是在明白的形式中显示出那些暗含的决定
9 一切可称为行动（以区别于单纯的物理动作）的行为的特征。用这种说法来表述行为，纵然并非在一切情形下都是精确的，可是行动的态度在受到盘问时，却还是会做出这种说明。当人们要求我们说明我们所行的事和行事的原因时，我们自己所做的正是这样一种说明。

三 “知识”的意义

和“行动”这个名词一样，“知识”这个名词也有时用于狭义，有时用于广义。关于知识的例子是从符合狭义用法的那些例子中选来用做典型的，虽然把知识这个名词限于这些例子，并不符合人们归之于知识的实际重要性，并且也不符合普通的假设，即，人类在其大部分醒着的时间中都是从事或此或彼的认识的。我们对于所谓知识的要求在和我们毫不踌躇地说我们所知道的那些事物比较之下，能够在寻常人所注意不到的程度上很容易地得出这样一个结论——知识的大多数属性是借一种虚构造成的。

第一，要求知识必须是一种有所肯定的心理状态。它必须在可以在心理状态本身中发现的东西以外，还意想着、指点着或意味着另一种东西。第二，这个信念的态度还要求真实；它要参照于它所意想的某种东西而被评价为正确的或不正确的。作为知识，它的身份，照那样一种意味说来，不是可以借着考察那个心理状态本身来确定的，而是借着它和其他某种东西的关系来确定的。还有第三点，任何信念的心理状态，除非有某种根据或理由，都不能算在知识之列。它不但必须与虚妄的信念有所区别，而且也必须与无根据的说法有所区别。知识是这样一种信念，这种信念不但是真实的，而且它的信念态度也是正当合理的。

凡有所知或自称有所知的人，都不得不承认“您怎样知道？什么保证您的信念”这种质问是恰当的。他还必须找到下面更基本的质询的答案：“您的意思是什么？您指的是什么事实或事态？您所指出的东西怎样

能够显露自己？”这就暗含着，他同意如果他不能答复这两种质询中的任
何一种，他就应当抛弃他的肯定态度。可是如果只有明白包含着对这些
问题的答案的那样一些心理状态才算是知识的话，那么，认识就不是人生 10
的一种普遍现象，而是一种极其例外的现象了。而当人们要求这一类答案
必须是明白而完全的时候，则尤其是这种情形：要是那样，知识或许就不
存在。

知识，在一边，逐渐变为由过去所引起的那些行动态度，那些态度在动物生活中是知识的对称物，并且大概代表着人类的认识类型所由以发生的那种原始现象。在另一边，它又消失于不经考虑而发生的反应中，那些反应原来是伴有明白的考虑和判断的，不过现在已因为它们富有特征地导致满意的结果而变成习惯性的和半自动的。在这类情形下，对于所意想到的东西感觉就模糊了，或者只被那种行动态度自身指示出来；而且任何用以辩解的理由都是暗示出来，而非明白表示出来的。如果一个儿童问我们说，哪一只手是右手，我们就毫不迟疑地告诉他。但是如果他问说，**为什么**那一只手是右手——这是要人说明那个陈述的一种要求——我们就恼火了，因为我们不容易想出正确的答复来。如果他过分不相信，还要问什么使我们想这是他的右手，我们就会大怒了。我们成年人的自负感被伤了，它原是那样舒适地确信许多事物的，只是那些事物的理由，我们一时想不出来了。我们几乎能够说，我们越是确信我们所知的，我们就越不明白我们所指的是什么，就越不明白我们是怎样知道它的，知识是那样富有特征地由我们已经舒适地作为已完成的东西排列在各自的小格子中的那些项目组成的。甚至在最妥善和最明白的知识的实例（就如那些容易被人举为例子的知识）中，我们对于意义的感觉和我们对于信念基础的感觉，也将是不完全的。我们对于这些只能稍做一点说明，不过越往前进，就会越感困难了。我们所能要求的最大限度就是：一个可以真正说是有所知的人在真正需要那种说明的时候，应当能在反省以后提出那种说明来，并能说明到一定程度——我们达到所已知的事情或可能共许的事情那种程度。

可是在分析知识时，我们如果从特征方面着眼，拿一个对知识的理想
说明来代替那种相对含糊的、不明白的信念态度，那么，这个程序还是有
其理由的。知识不是一个描述性的范畴，而是一个规范性的范畴，它要求 11
正确性；心理状态之所以被归类为真纯的知识，只是依据于这样一种正确
性的假设。认识论不是对那样一些心理状态所做的心理学的描述，而是对

于它们的认识要求的批判，是对于它们的真实性和有效性的评价，是对于可以检验那种要求的那些标准的说明。可是我们如果承认，认识论分析的旨趣（在它远离心理学的分析时）是使它成为非描述性的，好像它并不真实描述实际的认识状态的本性似的，那么，这就没有必要，并且是不正当的。真实性要求（truth-claim）和要求辩解的权利，也如其他特征一样，是认识状态的真正特征，并且比那些较狭义的“描述性的”特性，更可以大大表示那些状态的重要作用。从事认识和断言的态度是一种信念态度，它表示它要评价它自己，而对知识所做的分析也在同样方式下评价这种态度。这样的考察只不过把真正包含在认识现象中的那种东西（不论怎样含糊和不完全）弄成明白的罢了，这种东西对于人类生活是有本质的意义的。

不过这也是一个事实，即在企图分析知识时往往也需要把只不过是暗含的东西加以明白表述。在那种意义下，认识论的研究程序——正如常识对各种知识例证所做的考察那样——往往可以说是用一种更为明白的东西（这可以认为就是认识状态所暗含的内容）来代替认识状态的实际内容。如果注意不到对心理状态所做的这种有特征的“说明”（这种说明方式对评价它的认识的意义和正确性有重大关系），往往就会招致各种困难，并使人提出无法回答的问题来。为了考察知识的特征，即知识的真实性和它作为信念的辩解理由所依靠的那些特征，我们处于一种危险之中，就是先描画一种没有任何心理状态能够达到的有效认识的理想图画，随后再诽谤实际的人类现象——因为它只能接近于我们的描写，或者只能够暗含着我们要求其成为明白表示的那种东西。这个考虑在分析知识时的各个不同点之上都是重要的，而且以后将引起我们的注意。

四　知识和意义

一个引人思考的事实就是：环绕人类最好知识现象的那些较为含糊的状态——知识所由以发展出的动物反应和它所逐渐陷入的那种习惯性反
12 应——都是那样一些状态，以致那种可以归之于它的认识性的标记意义就和那种行动的态度自身融合为一，而难以分辨。这里的“根据”或者“理由”就表现为过去经验的某种沉淀，这种沉淀在人感觉起来，不过是标记知觉－倾向的那种复合心理内容的一种稳妥熟悉的色调而已。而且关于所指示的、所信念的事情的感觉，也融合于这种行动的倾向之中，并且可以说只是对于这种倾向所感觉到的一种方向而已。

把认识看作与动物行为和习惯相连续的一个生命功能而加以考察，既足以加强它和行为的本质的联系，又指出了我们在认识论分析中所必须注意的方向，以便说明一种认识状态的意义功能，并评价它所暗含提出的真实性要求。

有机体的态度、感情或其他有意识的心理形态，若非是对环境中或有机体自身中某种特性或项目（即对于情境中某种永久的、无处不在的特征，或对于暂时的、局部的特征）的反应，我们就不能认为它有经验认识的意义。凡可以称为反应的任何状态或态度都表现出一种恰当性或不恰当性，有用性或无用性，那些性质在进化路程上就演变成为知识的正确性或不正确性。下列的事实是过分明显、无须讨论的：被认识所指导的行为只是适应反应的最远及的范围，而且离了对行动所做的这种适当指导作用，我们的复杂的知识方式就不会出现。

斯宾塞曾经表示，比感觉高的意识方式的出现，是有赖于远距感受器（眼、耳和嗅觉器官）的发展的。由于具有这样一些器官，动物才能对空间中和时间中辽远的事物（时间中的辽远是就事物冲击有机体的时间而言），做出适应性的反应。斯宾塞主要是由于这种考虑，才发现刺激作为**标记**的意义的。那就是说，赋有那些器官的生物有时不是向着那种刺激本身的直接感觉性质或对它的作为一种愉快的或不愉快的感觉的特性做出反应，而是在合乎另一种事物（即辽远的对象或预示出的事情）的性质的方式下实行反应，而那种事物是已和刺激的既定特性联系起来的。对于只有触觉的有机体，那些由刺激对象自身的有害或有益性质所决定的单纯反
射，一般说来是那种有机体所能做出的唯一具有适应价值的反应。具有远 13
距感受器的动物使用着更复杂的反应方式，具有对作为标记的刺激实行反应的能力，而不只是对直接呈现的特质做出反应；因为隔着距离被知觉的东西，在当时还没有对有机体发生有益的或有害的影响，而且它在后来或是有利或是有害，那是依赖于所采取的行动方式的。远处的敌人对藏起来或逃脱了的生物并不能为害；而远隔的食物对象，也不能供给营养，除非您接近它，突袭它，或追捕它。

显而易见，把握住空间中远隔的事物，其意义在于：在有机体的经验中，空间方面的距离就意味着所把握的对象对于有机体所可能有的作用是

隔着一段时间才发生的。这个时间的间距就是可能的有效行动的间距。间距越久，则显露了预兆的事物便越有可能被行动的一个“假如”或“假如不”所制约；可能的各种反应方式范围越广，则那些复杂的、需要时间的反应方式便越有可能。由此可见，斯宾塞想在远距感受器与高级神经组织及随之而起的智力之间追溯出的那种联系，归根到底是依靠于①可能有用的各种行为方式中的复杂性和变化范围以及②时间－间距（即在对刺激的把握和那个刺激作为标记所预示的那种东西对有机体发生的冲击之间的时间－间距）之间的联系。斯宾塞想把一般的人类预见纳入这个公式下面：他暗示说，对于时间中远隔事物进行适应反应的能力是智力的一个标准，而借着间接的和现象的把握来控制直接的、直观的感受，则是另一个相关的标准。

斯宾塞的生物学也许是好的，也许是坏的，也许是不好不坏的。就所说的这一点而论，他的生物学似乎大部分是先验的，并且毋宁说是反映了一种锐利的想象，而并没有更多的事实可以证实其学说，除非是可用于提
14 出这种假设的、人所共知的那些生物学事实。不论高级的、复杂的心理功能事实上与远距感受器的发展，或与进化中的神经系统的其他特征是否互有关联，而至少说，那些使这个假设显得有道理的考虑原是一些不大被人怀疑的，因为我们一考察认识经验的一般特性，就能够把它加以证实。

感觉的把握是其他经验认识形式的不可缺的基础，并且是基本的。知觉的认识包含着一种标记－作用，这种作用附着于所予的刺激或呈现——只就它的直接的、表示性质的特性而言。借着这种标记－作用，一个意义才能附着于一种觉察的内容上；具有这种意味下的意义一事，才把知觉性的经验标记为有认识作用的，并使它有别于单纯的享乐或受苦。这样一种意义就标示着觉察的所予内容和有预兆的某种东西之间的一种联系，不过后面这种预兆的方式是这样的，即将来会发生的事情能够被某种行动方式所影响。知觉性的认识的这样标示将来可能经验的特性（这种经验是依行动转移的），也揭露出它和一般动物行为的适应方式之间的联系，并且指出了它的进化由来。它证实了可以借直接考察认识经验而得到证明的一种解释。

对于远隔对象的把握可以作为一个简单的范例。知觉性的认识的一个特征就在于给所予的意义内容添上一种异乎这种觉察内容本身的某种东西，这种特征往往就称为它的“中介性”或它的“现象作用”。这样“被

中介”或“被现象”的东西就是“认识的对象”——在我们所举的例子中就是所知觉的、在外面空间中的东西。一种特殊种类的、具有视觉性质的所予材料在这里向我们标示出，具有某些特性的一个对象在视线中距我们那么远。认识论由于对觉察内容和它所标示的对象做这样的想法，曾在几个世纪中对于这个中介作用的真实性或非真实性，大惑不解，而且现在还在继续大惑不解。它提出这样一些问题，即觉察内容的所予性质是否可以确实归于对象；这种直接把握到的性质是否“在对象以内，正如它在我们关于它的知觉以内”，或者正相反，只是一个单纯主观的现象；这个所予的内容是否是一种“本质”，只表示那个对象的特征，而非真正寓存于它以内，等等。关于认识的中介作用的真实性这个问题有多种形式，不必一一列举。

人们会想到，如果注意知觉性的知识在人生中所起的作用，那么就可 15
以更好地解释它这种特征——人作为一个生物，也和其他动物一样，有生有死，有苦有乐，满足他的兴趣，或不能满足它们。而这些事情有一部分是依人对周围的行事方式为转移的。人类的认识性的把握作用就反映那个事实，并且至少主要地和基本地对他有指导行动的意义；这种把握作用可以标示合意的和不合意的经验结果，如果某些行动方式，在某些特殊场合下被采取了的话。在这样思考之下，标记-作用或中介作用（即附着于知觉的所予内容上并把它标明为有认识作用的）的真实性就仅取决于下面这个问题，即当那种行为方式被采取时，那些被标示的经验上的结果是否真正随之而来。所谓意义若经这样解释就是对于那种与现象的内容联系着的进一步的经验的预测，而意义的真实性就只有关于所希冀的行动结果的可证实性或不可证实性。

这样把意义和所意指的东西，看作限于可以在直接的本义下在经验上证实的东西，就直截了当地把上述的那种认识论问题解决了。这样就使意义只有关于认识的严格经验上的真实性，至于前面这些问题则涉及所谓（我希望没有偏见）认识的形而上学的真实性，并无关任何对经验上可以证实的事物的标记作用。正如洛克所说，所知觉到的颜色、声音和其他第二性质，不论确实是在对象中，或是只在我们的知觉中，它们仍是表示我们的期望和我们的行为的可靠信号，它们是植根于所观察的事物的其他某种原始的（形而上学地真纯的）特性中的。并且正如贝克莱所设想的那样，我们事实上并不是与在一个独立的知觉对象中的、知觉内容的任何根据打交道，只要具有特种内容的事件可以作为“行将发生的事情的可靠标记”发生作用。并且正如康德所设想的那样，知觉纵然只限于不能在我们心灵以外存在的现象，而且我们也不知道它们的独立存在的根据，科学和一般知识也仍然安全无虞，只要我们能够确信，在我们经验中的各个特定现象之间有“依据规则的联系”。

16 到了这样晚的时候，我认为再来为这样提出的对意义所做的实用主义的解释进行论证，已经是不适当的了。而且要在这个导论中企图解决在阐明对意义的这种看法时所必然遇到的细致问题，也是不适当的。附着于知觉（暗含地也附着于由知觉派生出的其他知识形式）的这种实用主义的含义，就是“意义”的意义所在，而且“意义”的其他解释是否合法，那在最后是不能凭辩论来解决的问题。因为人们可以在“意义”上，正如在其他字眼上一样，附加自己所选的任何可以自圆其说的含义。这至少可以说是“意义”一词的一种恰当的解释，这种意义是真正可以在认识性的经验中发现的一种意义，而且它的重要性是难以否认的。我们这样说就够了：在分析知识时如果考虑到这样解释的意义中所包含着的东西，那是特别能够说明种种问题的。

我们的知觉性的把握作用不论具有或缺乏什么样的关于一种最后的和独立的实在的形而上学含义，这种把握作用在指导我们行为和预测它们的结果方面所具有的这种含义总指出了一种认识作用，一离开这种认识作用，我们便不能生活。唯一可认真辩论的问题就是：关于实在的这种形而上学的断言是否具有不由这种实用主义的含义派生出的其他含义。关于知觉性的知识的一般公式，这样看来，就是：有了这样条件，我如果那样行事，那么结局的经验就会包含有这种或那种（特定的）结果。当在既定的环境下采取了所说的那种行动方式，而且所希冀的结果也确实随之而来的时候，那么知觉性的把握作用的实用主义的含义就被证实了，而且它所借助的那个对象或对象的特性，就被发现为存在或被发现为实在的。若是换个更精确的说法（因为单单一个检验毕竟很少是定而不易的）就是：这样的存在或实在有几分因此就确保了。

五　只有能行动的存在物才能有知识

我们已经说过，只有一个能行动的存在物能具有关于客观实在性的知

17 识——这种知识认为这种实在性是有别于其享乐或受苦的内容的一种东

西。我们只要停下来观察一下这个考虑，那么它就会成为明白显著的。而且这种考虑，只要您加以领会，它就会强调知识的实践的或实用的含义。我们可以用另一些说法来表示这个思想。只有一个行动着的生物才能发生认识，因为只有一个能行动的存在物才能赋予它的经验内容以任何意义，才能认为它除了直观上呈现出的东西以外还标记着另一种东西。这样标示自身以外的东西，是认识性经验的一个重要标志。只有一个能行动的存在物才能在什么是自我与什么不是自我之间画一条界限，才能标志出“主观的”和“客观的”之间的对立（在应用于经验的内容上时）所包含的任何区别。离开了活动，则样样所予的东西都是同样可有可无，而且一切都处在同一事实的平面上。白日梦、回忆、预想、镜中的影像、幻觉或强烈感觉到的接触，都会同样成为未经加工的材料，只不过有性质上的差异罢了；它们全都会同样成为现在所发现的那些项目，并且只是它们所被发现的那样。或者再换一个说法就是：只有对一个能行动的生物，才能在现实的事物和现实地被给予的事物之外还有任何可能的事物，才能有虽未已经实际证实而却可以证实的任何事物，才能有未被感觉到而被承认为实在的任何东西，或者说，那种不仅仅是感觉内容本身的东西。对于我们来说，存在着若干事物，那些事物有时在经验中被给予，有时并不给予，而且它们在被给予时，也比我们关于它们的经验更厚一层（例如它有另一面），这一点是和我们对于虽未证实却可以证实的事物的感觉相关联的。只有这样，对我们才能有一个比意识内容广，且绝非仅仅片断地呈现出的世界存在。对于经验上可能而现在还不是经验上现实的事物的感觉，只能植根于对可以实现的其他可能性的感觉上，后面这种感觉才使我们认为自己是能行动的。不能行动的存在物不会有一个客观实在性的感觉，因为现实的事物会只与意识之流中所呈现的内容合而为一；而且这个所予的内容甚至也不会被实现为一个占时间的流，因为所记忆的、所预想的、所感觉的，都会同时同样在那里，否则便是都完全不在那里。凡所呈现于那里的东西，都不能加以排斥，都不能被认为“只是现象”，被认为“主观的”、“不如它所表现的”，因为没有任何进一步的可实现而未实现的事物的感觉会附着于任何现象上。也不会有任何期望遭到挫折，并因为那种挫折而被称为“错误的”或“幻觉的”。由于同样理由，任何所予的东西也都不会成为其他某种东
西的现象，即比这种单纯现象还多一些的某种东西的现象。对于经验上可 18
能而现实上尚未经验到的事物的感觉，既是对我们自己（作为行动者）的

感觉，同时又是我们对于那个现象所标记的一种客观实在的感觉。

由此可见，从认识论上来说，可能的事物是先于实在的事物的，可证实的或经验上可能的事物是客观事实的认识根据。“A 是实在的”这样一种陈述的认识论上的含义是和下面这种陈述相关联的，即“a_1，a_2，a_3……经验（如呈现于视觉的那个对象的没有看到的各边和它的内部）是现在尚未被给予的可能的经验，虽然它们是由所予的事物标示出来的”。只有一个在有需要时能够借其所选择的行动途径实现或不实现经验 a_1 或 a_2 或 a_3 的生物，才能够怀有那样一个认识性的观念，才能把一个对象认为是实在的。

或者让我们暂时假设，对一个不曾行动的生物，也仍能呈现出一个内容和我们的经验相似的时间上连续不断的经验；并且能够觉察它是那样占时间的，而非单纯地在每一个所予的刹那发现呈现出的一团零碎项目——有的生动，有的含糊，有的伴有所感到的亲切回忆的性质，有的伴有一种新奇震惊的感觉，有的伴有延伸的特性。对于这样一个生物说来，声、色、香、味、脏腑感觉等的活动图景可以涌入它的认识范围中，随后再涌出来，正如在我们方面一样。我们还可以进一步假设，某些性质相同的内容项目（桑塔亚那的“本质”），在复现时也会被它认识到，正如在我们方面一样。我们甚至可以承认，借着被动地静观那个活动画片，可以**熟悉**某些重复的次序；而且如果 a、b、c 充分时常地在那个秩序中重复出现，a 就可以变为 b 和 c 行将被给予的先行标记。在那样解释之下，一个没有行动的认识性的意义也可以显得是可设想的。不过对于那样一个心灵说来，除了不可避免的事情以外，仍然没有任何东西是可能的；而在那种情形下，那些原可附于所呈现的项目上的任何预期性的标记作用，也不会尽重要功用并因而没有什么好处。它顶多只不过是意识之流本身的一种令人发生美感的特征，或令人腻烦的特征，或令人惊骇的特征。而且人们会问，一个只能被动地认识重复事物的存在物，是否并如何能借它的经验实际发
19 展出这种能力来。无论如何，对这样一个心灵说来，除了不可避免的东西以外，既然没有东西是可能的，所以显而易见，对它说来就没有和它相对的对象世界，因为所把握的东西都没有比意识之流本身在其标记能力方面更宽或更深的了。它难说是一个呈现出的实在，而只是一种不能避免或不能改变的老一套罢了。

不但如此，如前所说，我们在假设一个不能行动的存在物的经验能够

获得预测的重要性时，已经让步过多了。把现实的经验本身看成一个时间上前后相承的连续体，这种看法本身就是赋予了所给予的事物以标示未被给予的事物的作用，因而造成一个虚构。标示过去性一事就是添加在*现在*的所予上的一种意义，不过这种意义带有模糊性和被涂抹性（rubbed-out-ness）。标示将来就是附加在现在的所予上的一种意义，它具有预测性和预兆性。把时间的经过看成现实的，那就是添加在现在的所予上的一种预示作用，它带有瞬时的跳动性或急呼性。所附加的有关实在时间的这些标示作用是和我们对于自己的潜在行动的感觉关联着的：过去是行动所无法触动的；将来则是牵引行动的冲动的一种东西，因为它不是无条件地被确定了的。一个不能行动的心灵的意识内容难以被任何那一类实在的时间性所渲染，而毋宁是被感觉为没有时间性的现在，纵然这个现在还被穗子似的各端所影响，并且弥漫着变化的性质。这样一个心灵或许处在时间之中——它自己不知道这种时间——不过*它以内*却不能有时间，而且对它的内容也不能用真正的时间性的谓语来说它。

不过这里更重要的是上面提到的那另一种考虑：那个不活动的心灵纵然能够以日期系在所予的记忆的内容和预测的内容上，那些不活动的被把握的事情，也仍然并不能构成一个世界，因为它们全都会摆在表面上，而且除了包含在经验之流自身中的东西，就再没有别的东西了。对我们说来，所呈现的事物的这个表面是和“其余实在事物”的无限深广和弥漫的背景相衬托的，而那个背景却不是当时所经验到的，并且多半也不会被经验到。它之所以有那种衬托，是因为我们的经验既然是活动的，就能够从此地此时起在各种途径下向前进行，而那些途径同样都是真正的可供选择的途径。世界不但包含着*已被*感觉到的东西和*将*在经验中事实上被给予的 20
东西，而且还包括一切*能够被*给予的东西。对我们的活动的态度，所有那一类经验的可能性都被设定作为同时在那里存在着的。

我们可以把常被引证的康德的例证借来，作为一种范例。房屋的四面对我们说来是同时存在的（虽然不能同时被观察到），因为东、西、南、北四种视觉现象中任何一种都能够随意唤回。对于不活动的存在物来说，虽然北面现在被观察到，而且东、南、西三面也照次序正确地被预料到，可是这种把握作用仍然会属于不可改变的经验事项的系列，在这个系列中，随着后来的事情的出现，先前的事情就消逝了。它只有直观的表面的特质，只像观察者面前的一个活动电影。这种接续过程纵然重复下去，那也丝毫不能传达一所房屋的厚度。对我们说来，当东、南、西三面在我们的经验中相继出现时，北面在客观上仍然是存在的，因为假如我们竟然愚蠢地怀疑起北面是否仍然在那里，我们还能够返回去，重新发现它。一种东西，我们如果能够随意恢复关于它的经验，那它就是继续存在的，纵然关于它的经验是有间断的。

有些哲学怀疑论者主张，我们所观察的那些对象，当我们停止观察它们时，或许就消逝了，而当它们再度被观察时，就又返回来了。这是胡说。当我们愿意采取适当行动时就能在经验中实现的那种东西，虽不被观察到，仍然是可证实地存在着的。照常识所应付的方式，就可以正确地应付这种挑战。您只要告诉我们，什么时候房屋的北面不存在，我们就一定可以在什么时候向您指出它仍然在那里。客观事实性的这个特性，可以用常识的宇宙论的说法加以表示，即经验是能够恢复的，因为一个事物就存在于那里，任人观察；它也可以从认识论上加以表述，即一个对象在一段时间中的存在，在经验上意味着证实它的继续存在的可能性（如果遵循着适当的行动常规程序）。不论怎样表示，这两种说法所表示的都是所观察到的事物的客观实在性的同样特性。不过一个不能选择他的观察时间，也不能决定他的证实活动常规程序的生物，并不能应付怀疑论者所提出的这种挑战。对他说来，观察不到的事物的存在不能有任何意义，而且客观实在性和他自己的经验之流的区别也不能发生。

我们对于客观事物——作为可能证实的事物——的感觉，自然是极其复杂的。这种感觉可以说有层次，即一种经验的可能性是建立在其他经验
21 的假设上面的。但是这种感觉的基础是行动的感觉：归根到底，所谓客观现实的东西就是可证实的东西；而所谓可证实的东西就是关于它的经验的预言是能够实现（如果采取了适当的证实活动的常规程序）的那种东西。如果没有这种行动的感觉，则对于超乎经验以外的事物世界便不会发生感觉。

六　经验认识断言作为行动结果的经验

现在环绕我的世界，有无数复杂途径，甚至比我的感觉印象的细流更为深厚丰富，这些途径就反映出我所相信为能够借行动的某种如果（if）在经验上实现的无数复杂的那么（then）。我在一个时候，虽然只能选择那

样一个行动途径，可是我却因为我有能力随意决定所选的行动方式而感觉到自己处于一个世界中，而且所有这些经验的潜能同时都结合在这个世界中。不过一个不能行动的存在物则将在直接性的范围以内过它的生活。它不能发现它的感觉内容和实在之间的差异。它不能有自我，因为不能有非-自我：那种差别是不能发生的。对于那样一个被动的心灵说来，除了所予的东西以外，没有东西能够是实在的；而且所予的东西也只能是作为被给予那样的东西。意识的任何所予材料都不能意味着或标示着它以外的任何事物；它也不能把握那样被意味的或被标示的东西。

人们如果想追踪到底我们各种意义的逻辑层次，或有关实在界的现象学的构造，他们就必须遵循下面这样一条道路。起点在所予的材料中。从那样一种材料，我们进到某种被意指着的东西，作为继行动的**如果**而来的**那么**——或者继所设想的非此即彼的行动而来的许多那样的**那么**。在那样一个**那么**上，我们可以借着另一个**如果**，进行进一步的构建，这样一直进行下去。那种被意味的，或被相信为可以证实的某种东西，其所以被人相信是因为人们相信某些“**如果-那么**”的陈述是真的，纵然前件的**如果**句是虚假的。不但我们**事实上**证实的东西对我们来说是真实的，而且凡**能够被**证实的东西对我们来说也是真实的。关于事实，关于实在事物的直言陈述是由表示我们的可能行动方式及其被相信的结果的假言陈述所构成的。

本书的任务不是对于实在事物做那一类现象学的解释或构造，而是一 22
种认识论的企图，就是企图把我们所发现的实在看作已经在我们的常识意义中揭露出来，传达出来，而借着分析来发现知识中有效性的标准。不过这两种不同的任务却有一个共同的汇合点，那就是都要求考察认识性的经验的特性，即它们都标示着或显现着一种不是在它以内的东西和不是在它以内确实被给予的东西。

在经验意义的这个“**如果-那么**”的特性中（这个特性就是被所予事项所标示的行动方式和经验中可预言的结果之间的一种联系）我们可以发现下面这个谜的解决法，这个谜就是：实在虽然被固定了，而且它的将来事实——我们可以假设——虽然已经预定了，可是认识始终还有一种价值。如果关于那样一个不可避免的实在的事实的预知只是关于不可避免的将来**经验**的一种预言，那么纵然知道了它，也是得不到任何价值和好处的。对于根本不能改变的经验，纵然预先知道了，也无用处——除非因为它偶尔也许对其他某种不是那样被预定和不可变更的经验有某种影响。知识的显著功用在于它可以改善我们人类的命运，也就是在于在经验中实现善的事情，并避免恶的事情。不过预言一种不可更改的将来的实在事实，能有什么用处呢？因为预言的唯一功用就在于：我们可以实现原本不可实现的东西，或避免原会降临的灾祸。如在前面所指出的，答案应当在下面这个事实中来寻找：关于实在的将来客观性的预言并不是有关不可更改的任何将来经验的预言，只是关于将来经验的各种可能性的预见，只是关于那些可能性所不能逃出的界限的预见。有关将来实在的预言，是有关将来经验的如果的预见。不过那个如果是一种行动的如果，我们有能力使那个如果成为真的，或成为假的。表达所论及的客观实在性的“如果－那么”的陈述永远是真的，不论作为前件的行动的如果是真的还是伪的。关于实在的这个陈述是直言地肯定了的。不过关于客观事实的这个直言的陈述只
23 是关于一个有证实作用的经验的假言陈述，这种假言陈述是依靠于采取某种证实活动的假设。将来的经验仍然依靠于我们选择实现这个行动的如果上。举例来说：这堵墙是坚硬的，我如果把头撞上去，墙会使我受伤。这就会证实它的坚硬性质，而我是直言地肯定这一点的。不过说墙是坚硬的并且继续是坚硬的这个直言的说法丝毫不预言我的头必然受损伤，而只是揭露出它是将来经验的一种偶然的可能性。它只预言头破是一种行动方式的结果，这的确是对于这种坚硬性的一种证实，不过我不愿意做这种证实。我宁愿它始终只是可能性。认识墙的固定不变的坚硬性的目的在于：我可以避免在我将来经验中的这种证实它的方式；这种经验不是同样固定的，而是可以受行动而改变的。说我的头如果撞在墙上，它就会碰伤的这个假言的真理，正如它所要传达的那个客观的事实一样，是不能更改的。不过关于我的将来经验的作为后件的子句，并不是不可更改的真实的，因为它是以假设的行动为转移的。认识关于墙的不可变的直言真理的目的在于，通过这样的认识，我可以依照我的价值感，在限定的范围以内决定将来的经验，并且实现善的事，而不实现恶的事。所实现了的东西就是经验，能实现的东西就是客观的实在事实。而所要实现的东西，在能够实现的各种可能之中，是被评价所决定的——至少对于任何可感觉到的行动来说是这样。

第二章　知识、经验和意义 24

一　知识的两种类型

我们一向的说法好像是，关于经验的认识是真的话——例如说，在一切情形下，它都是可以证实的，而且它永远需要借经验那种证实——对一般的知识来说也是真的。经验的知识诚然是卓越的知识：当我们一提到知识一词的时候，这一类知识是最容易呈现于心中的；现在人们也是最寻常地把体现于自然科学形式中的这一类知识提出来，作为人类认识的理想和模型。把“知识”一词这样加以限制是有些人所提示的一种用法，而且对于这种用法也是能够提出似乎有理的辩护的。不过这是知识一词的一个不妥善的用法：例如，这样就会把逻辑排除于知识之外；而且纯粹的数学也会被排除出去，如果关于数学的通行的看法应当被人接受的话。无论如何，我们必须承认，如果接受知识限于有预言含义并且需要经验证实的说法，那么就有两类断言被排除出去了。这两种断言（不论它们所表达的是否可以被称为知识）中的任何一种必须至少被承认为代表着在对认识现象进行任何恰当分析时所必须顾及的某种东西。

一方面，有关直接呈现出的事物本身的一种觉察，和关于那样直接被给予的内容的表述；另一方面，又有关于意义的把握，和旨在说明这些把握的陈述。

要想正确理解一个名词的用法所意指的东西——它的已定义了的或可定义的意义——那并不是借任何经验的事实所能决定的一种事情。一个定
义是一个陈述，但它不要求借助于感觉经验来被证实，而且也不能有这种 25
证实。它代表着一种特殊的分类方式，而且那样一个分类原则是不能借所呈现出的（或不呈现出的）有待分类的东西来决定的；纵然为分类所呈现出的（和不呈现出的）东西将成为一种考虑，足以影响特殊分类方式的效

用性，并因而影响到应用某一名词所标示的接受某一特殊意义的效用性。

还有一层，一个命题可以从逻辑上由其他命题演绎出来这样一个事实，是独立于任何意义内容以外的一种事情，它既不需要借参照于经验的事物以求证实，也没有这种证实。对于凡只需依据逻辑的根据就能被确证的命题都可以这样说。在逻辑上可确证的事实和逻辑上可演绎的事实，和解释各种意义的陈述之间，我们将看到，有一种本质上的联系。

再有一层，解释或理解一个心想的意义中所暗含着的内容，那是一种可能发生错误的事情。当我们心中怀有这一类意义时（不论它们是我们所任意树立起来的，或者只是由通行的用法中采取来的），它们固然是我们自己的意义，可是这件事情并不排除这一类可能的错误。我们可能观察不到我们自己的意图中所包含的内容，并且由于前后不一贯错认了我们自己的意义。避免这类失察和这类不一贯，是一种认识上的要求。在逻辑上可以确证的事情方面，由于疏忽或不一贯而发生错误的这种可能性甚至更明显一些。凡接受过一个无效论证或提出一个无效论证，或者驳斥了一个有效论证的人，或者曾费心去发现一个结论是否可以由所予的前提得出来的人，都会觉察到这种可能的错误。因而，在把握和陈述那样心想的意义和那样逻辑的含义时所依据的正确性标准，就要求人们在企图对知识做任何一种分析时都要加以注意；不论“知识”一词的范围是否被扩充到包括了对意义和逻辑关系的那样一种理解。

说到前面已经提过的其他陈述和理解类型，也是同样：直接觉察的内容必须被认为是有关于知识的，不论它是否被认为包括在知识之中。我们的直接感觉经验——还有幻梦和幻觉的直接经验——有一种绝对的特异性
26 和单纯的所予性。没有这种所予性，就不能有经验的知识。不过这样直接所予的东西的出现，仍然不能称为知识，如果知识这个名词限于可证实的并且需要证实的东西。我们容易忽略这个事实，因为这样一种直接的理解不容易在我们的心灵中独立自存，而还总要被某种推论或解释加以补充；或被以某种所予的呈现为基础的某种信念加以补充，那种呈现就其自身而论，是既不能证明，也不能推翻这种信念的。我们或许难以区分对于这个经验的直接内容的理解或关于它的报告和这种补充——这种补充是借习惯性的而且是被其他先前的经验所诱发的解释附加上去的。

在这样被诱发出的信念必须被列为非如实的事情的情形下，上述这一点就更为明显。例如在事后被称为“一个幻觉”或“一个幻梦”，或被当

事人以外的其他观察家所称为“妄想”的经验，是有特定的和所予的内容的，关于这类所予材料的表述是有真有假的。正是这个内容，而非其他内容自行呈现出来，这仍然是一个事实，纵然它所诱发出的信念会成为错误的。当我越过眼镜边缘看到双像时，不论我是否受了骗，直接呈现出的东西是有其特殊性质的，而且它这种所予性是一种事实。不论所诱发出的解释或信念是真是假，无论如何，总是有对于经验的直接内容的一种理解；而离开了这种理解，则完全不可能有任何经验的知识。

当对于所予现象的这一类直接的觉察和加于其上的任何解释分开的时候，那么，显而易见，这一类理解既得不到任何证实，也不要求任何证实。呈现内容的特殊性质和所予性，就可以说是它自己的证实。关于这个内容的任何表述（如果关于所予现象本身的陈述被人承认的话）的真实性是不依赖于任何进一步的并且不包括在这个所予的经验本身以内的东西的。这样的直接觉察和关于它们的内容的这一类陈述，要是您喜欢，也可以借知识一词的用法把它们排除于知识范围以外。不过要是这样，仍然需要对它们加以考虑。因为要说不参照于感觉的直接理解，就能有像经验的认识或关于一种经 27
验信念的任何证实这一类事情，那话是极其说不通的，甚至是一种矛盾。

二　知识的一般要求

究竟什么事项应当归在“知识”一词下面，那确实要比初看之下所见的更成问题。如在前一章里所提出的，普通的用法——以及良好的或可取的用法——可以认为应当把下述要求加于所谓知识之上。

（1）知识必须是对于真的或是事实的东西的一种理解或信念，而与假的或不是事实的东西相反。一种错误的理解可以恰当地称为认识（cognition），不过只有真实的或正确的认识才可以归在知识（knowledge）之列。

（2）一般的认识，或认识的内容，必须有所指，那就是说，有一种处于认识的经验自身以外的东西被标示，被相信或被肯定了。一旦这样的认识是如实的或是知识的，它必须和这样被意指着的或被肯定的事物相应、相合或相契。

（3）知识必须有根据或理由。一个无知的人也可借胡猜瞎碰侥幸说出真相。一个狂热的人也可以相信一种真实的事情，不过他的信念只是根据于情绪的强制，而没有支持它的证据。或者一个心地柔弱的人也可以因为心中但愿如此而所说恰好是事实。不过没有任何证明或辩解理由的这样一种信念，不能归在知识之列，纵然它碰巧与事实相合。

我们是否还应当再加上另外一个要求是有问题的。

（4）知识，或者至少是最好的和最严格的意义下的知识，必须是确实的。如果所相信的事情不过只是或然的，那么那种信念虽也可以得到辩解，或得到某种程度的辩解；不过要是那样，则我们的知识（可以这样说）就不是有关所信念的事实的知识，而是有关另一种不同事实的知识，这个事实就是这种被相信的事态是有真正的概率的。

但是在界定所谓真正的知识时，如果企图把这些要求同时都加在上面，那一定会引起头一等的困难。每一种要求本身都似乎是有理的，不过
28 要把它们结合起来，那就险将人类所能够发生的每一种把握排除了。我们只提一提一些近在手边的困难。我们怀疑，第（2）项在和第（4）项结合起来以后，是否能发现有任何认识现象符合这些要求，因为第（2）项要求一种被相信而并不包含在认识经验自身中的东西，而第（4）项要求确实性。当加上第（3）项时，我们的怀疑就更增加了，第（3）项是要求超出了认识经验之外的某种东西的那种确实性必须有一个充分根据。

感觉的直接把握都具有确实性——如果我们仔细把自己限于直接所予内容的本来样子。但是照那种情形，那种把握果然意指着或指点着不包括在认识经验中的任何东西吗？究竟这样一种把握有无一个根据或理由，那至少是可疑的。或许我们应当说，它们不需要一个理由，因为它们是可以自行辩解的或自明的。

在另一方面，普通的经验认识——关于某种物理事态的把握——满足了指示经验本身以外的某种事物的那种要求，并且以正确或错误为其特征。它们如果是有效的，那么它们也有某种可以说明的根据。不过我们在这里就看到了进一步的问题。知识需要它的证明是完全和充足的，足以为所信念的东西辩解吗？我们的经验认识的一部分是建立在感觉材料上的，至少在典型的情形下是这样的。不过这些材料本身并不足以为信念进行辩解，幻觉的事实就暗示出这一层来。就典型的例证而论，它必须有几分依靠于先已被确信的其他类似的经验信念上。我们相信的这种根据也必须位于我们的把握范围以内吗，如果这种信念作为知识需要得到辩解？这个根据本身也必须得到根据吗？这个根据的根据也必须得到保证，而且它的保证也必须位于我们的把握范围中吗？如此类推下去，一直到我们在这种倒

溯过程中，碰到某种所予的东西能够自行证明，并且足以支持它所必须支持的东西为止。如果是这样，那么，我们所可能有的任何经验上的认识在这种要求之下果然还能站得住吗？

由于这样一些考虑，并由于其他理由，我们就大可怀疑，我们关于客观
事实的经验上的认识是否可能具有一种足以支持理论确实性的保证。如果这
些认识只是或然的，那么，拿“某种事情是真正或然的”来似乎天真地代替
“某某事情是事实”，那就险将经验知识完全排除了。因为，那就好像拿关于 29
一种逻辑联系（即陈述这个事实的命题和被假设为前提的其他命题之间依
据概率规则所有的那种联系）的断言代替了有关所相信的经验事实的断
言。关于逻辑的或然联系的这样一个陈述可能有良好的根据，不过它完全
不是有关任何经验事实的陈述，而且对它的把握也不是经验的知识。

对于逻辑的和数学的东西的把握，似乎有满足所有这些要求的最大可能。这种逻辑的和数学的认识可以是确实的（虽然有人曾对这一层提出过质疑），它们能够有一个充足的根据或理由，而且正确和不正确（或错误）的区别也可以应用于这些认识上。人们所怀疑的是：在什么意义下，这些认识可以说是意指着超出于、独立于认识经验之外的任何东西。如我们将有理由这样想，这一类认识的最后保证见于下面这个事实中：它们的真实性并不要求任何存在或非存在（其反面甚至是不可思议的），而且它们对于存在的事物或任何事物的内容都不做任何要求。

三　理解的三种类型

在确定知识的各种要求，并因而在为这个名词和它的应用对象下定义方面，是有这些困难的，而我们纵然更加仔细地固守着认识现象的实在特性，也难把这类困难完全加以消除。这些困难发生于不止一个泉源，而避免它们或消除它们的困难时而系于一种考虑，时而系于另一种考虑。指出这些困难所在而加以应付的企图大部分必须推迟。不过它们的一部分是由一种可以立刻观察到的错误导致的，那种错误就是一种自然却不可允许的趋向，即把只适合于一类知识的要求强加于一切类型的知识上。

事实上，“知识”没有单单一个有效的意义，完全符合于知识一词的寻常用法。我们必须做出平常人们注意不到的种种区别。如果我们要固守着单单一个意义，则凡称为知识的任何东西就必须限制在这个名词的不经

反省的应用所未曾指出的方式下——纵然为了一贯性和明白起见所取的那
30 样一种狭窄的意义似乎是约定的或任意的。不过**无需**也不允许，借着这样界定名词，而把较平常的用法所标示的任何有关认识的事实排除于考虑之外。一切都必须考虑在内，不过应当对它们加以归类，加以处理。人们也无须在这一点上坚持自己的程序，好像所要报告的事实只能用一种方法表示出来，而措辞不同的其他分析，则成为虚妄的或不可接受的。这样垄断字典版权为自己辩解的企图是令人生厌的，并且是有阻碍作用的。如果用一套名词能达到一个精确而适当的说明，那么，这个说明也可以是用其他任何说法翻译出来的，这些其他说法也该是同样精确而适当的，不过是建立在对认识现象所做的一种不同的分类上，或建立在关于所用的字的不同定义和含义上面罢了。

不过我们将不把“知识”这个名词扩充到包括对感性所予材料的觉察，或关于直接经验自身的内容的任何陈述。

我们将承认，理解共有三类：①对于感觉的直接所予材料（不排除幻觉）的理解；②对于不是那样被给予，但可以在经验上证明或证实的事物的理解；③对于意义中所包括或所蕴涵的（或明或暗）事理的理解。第②和第③两项将被称为“知识”，不过第①项则不被称为知识。有了这些约定，则在每一种情形下的主要考虑就是把知识同某种相应的可能的错误加以对比。只有我们对之能发生错误的那种理解，才在这里归在知识之列。凡**易于**发生这类可能错误的东西，在这里就归类为认识性的，如果它是正确的或如实的，它就归在知识之列。

31 直接的东西——感性上的所予——的把握对于经验知识是一种主要的东西；不过它本身不是知识，如果所谓知识是我们可能对之发生错误的东西的话。与此相反的假设之所以能够发生，只是由于人们不曾截然区分开这样真正的所予和寻常与之相伴的解释，或寻常可以由它推出的推论（在大多数情况下，这种推论是有效的）；或是由于人们混淆了觉察本身的直接所予内容和有关这种内容的语言表达——这种表达可以被人认为存在**在语言上**正确或不正确的问题。

说到意义中所暗含的内容，前面已经指出，甚至于在那一类意义是我们自己的意义的那种意味下，我们也可能会不固守它们，认不清它们的指示，观察不到它们所蕴涵的东西。关于它们彼此的关系也可能发生误解，纵然那样一些关系当被意义自身所决定。这一类失败就是疏忽或不一贯，不过要避免这类错误，却不是听其自然所能办到的，而且有时还是一件困难的事情。因此，要决定我们的意义使我们理当承受的结论，那是和一种相应的可能错误对照着的一种理解。因而这种决定是可以算作一类知识的。

在逻辑和数学中所发现的正是这样一种知识，这种知识包括了一般的分析上的真，它代表着对我们自己心想的意义的说明。

第一篇

意义和分析真理

第三章　意义的几种样式 35

一　先验的和分析的

我们看作真的每一个陈述之所以被看作是真的，要么是依据经验的理由，要么是依据陈述本身意义的理由。知识的来源不外乎两个方面，一方面是感觉材料，另一方面是我们自己预期的意义。经验的知识构成一类；所有独立于感觉经验而可知的——先验的和分析的——构成另一类，这一类是靠参照我们的意义而被决定是真的。

传统上，一个仅仅依据已规定或可规定的意义就能得到证明的陈述，被称为分析陈述；非分析的陈述则被称为综合陈述。传统上，任何一种不需要参照特定的感觉经验便能确定其正确性的知识，被称为先验知识；需要通过感觉经验来确定的知识，被称为后验知识。

所有分析陈述明显都是先验的真的，其真仅仅参照于所用语词的意义，而不以任何经验事实为转移，逆关系也成立。先验可知的陈述包括逻辑原理和所有逻辑上可证明的陈述，后者也是分析的，只不过不那么明显。当然，它时常被否认，这在康德的学说中最为显著，他的学说认为先验综合真理对于数学和自然知识原理是根本性的。

这里提出的论点，即先验与分析二者的一致，在半个世纪以来的逻辑学家中已成为被广泛认同的事实。然而，它绝不是普遍的。它只在部分语词中存
在，因为关于分析真理的性质、逻辑的性质和逻辑的保证什么是可以证实的根 36
据和意义之间没有相伴的认同。原来传统的关于分析的概念，即靠参照意义（可定义或内涵的意义）而可能被认知，某些部分已经消逝或被更复杂的概念所取代。特别是出现了一种趋势，即将分析与非分析之间的区别看成相对的——例如，相对于语词或“语言系统”——当作语言的或逻辑程序的而不是认识论意义上的。如果这类概念蕴涵很好的解答，必会出现这种情况，即

它们对先验陈述与分析陈述是一致的这个论点是致命的。因为不求助于感觉经验、只相对于语词和依赖于程序的约定就可能被认为真的概念，这是不可信的。[①]

二 第一篇的概括

为了接近先验陈述和分析陈述的这些问题，将有必要检验分析真理即它只参照意义便是可决定的这一传统概念，如果可能的话，澄清问题中的
37 “意义”的意义。

为此，先要涉足逻辑理论。在原初致力于其他论题的该书中，这种涉足应该是简要的。我们将努力坚持这样。考虑将限于主要论点，这些论点的讨论应限于使讨论中的分析能被理解所要求的范围内。进一步引起讨论的，以及其中许多关系现在的论战的问题，如同对这里概述过的观点的要点一样，将被省略。为了让这些纯逻辑观点的概述尽可能简明，不能省略关于一定的普遍的主题的讨论，特别是关于语言和意义的问题——尽管其将推迟到下一章。

尽管这样尽力压缩，但将要给出的介绍可能会超出那些只关心更狭窄的认识论方面的人的兴趣，这些读者可能希望省略这一章的余下部分，或直接进入本书第二篇中经验知识的讨论。在这第一篇中将达到的关于意义

① 不管以上说了什么，我相信人们更同意实质（它在当前概念中是隐含的）而不是现象。今天的逻辑理论处于混乱状况，几乎不可避免地被迅速而广泛的新近和当前的研究的进步所推动。这个研究的结果还未经历整理和筛选过程，通过这个过程，最后，耐久的成分将被引出，并且，这些可被掌握中的更清楚和充分的概念将与部分正确、不充分的、被不必要的复杂化而对于巩固和格式化所学知识是错选工具的概念分离开来。现在，不仅有无数争论——大的和小的，已显露的和还未被决定的，而且所选择的接近方式以及所偏爱的术语和被使用的分类语有许多分歧。结果，现在作为对立理论出现了只表现有关逻辑的重要论题的部分分歧：尽管现在的争论无疑包括基础的争论。如果不是被决定，这些争论将最终成为尖锐的界限。但是，现在这些被很彻底地与别的纠缠在一起，这些别的不是太重要甚至可被后来承认。对基础问题的真正赞同，在某种程度上不完全意味着比它显得更广泛。

在任何情况下，在面对当前复杂情况时，通过反思记住每个人都知道的一般逻辑表达式，这可能是有益的。在逻辑中的信息只能是口头的或只关注逻辑学家关于分类和制定的公约。远超出了普通理解的、错综复杂的东西，带有一些保证地，作为也许不是逻辑而是字谜游戏被放到一边。偶尔，我们按照这个观点可能会犯错误。但即使如此，它的最终效果可能仍然是有益的东西，诱使逻辑学家说要争取使其展示清晰。

和分析的主要结论可以列举如下（虽然它们不是完全按这里所陈述的顺序出现）。

（1）一般说来，分析真理的传统概念，即它只通过意义便清晰或模糊地被决定，是辩明的、能充分做出的，不需任何更复杂的概念取代。

（2）“意义”的必要意义能通过对“内涵”所传统地意图表达的东西的更精确的说明和发展概念而获得——传统的被省略或未充分对待的说明，是关于命题的内涵的说明。

（3）这一内涵意义能通过二者择一的途径予以阐述：一是语言意义，它由限定的方式和存在于语言表达间的其他分析的关系构成；一是感觉意义，它是由心灵认识的意义的标准构成的。在认识论上，内涵意义更重要。什么是意义和什么是理解，其语言的表达是依存的和派生的现象：意义和理解本身是基本的认知现象，它们是独立于任何语言格式的。 38

（4）逻辑原理在这种意义上是分析的，即它们的真实性，通过参照与其自身陈述相关联的内涵意义，是可证实的。

（5）然而，无法在逻辑原理与其他分析之间做出根本区分。就它依赖于推理评论的相对重要性和比较的普遍性而言，这种区分是约定的。因此，有可供选择的方法将属于逻辑学的东西划分出来。

（6）没有综合陈述可以被先验地认知为真理，出现这种情况，必须被看成，它表示未能通过现实的和理想的一致标准的有效分析引发讨论中的词的应用；它表示未能认识有效获取的含义。

三　词的意义的四种样式

为了可以说所有分析的陈述是靠参照这些意义是可证实的，通过对意义的多种样式的考虑能接近引发“内涵意义”的任务。尽管命题和命题函数对考虑其内涵意义是重要的，但最好以词开头，因为词的意义更经常被讨论，因而它更清楚明白。

一个词是一个语言的表达式，这个表达式命名或运用于一件事，或某类现实的或想象中的事。

有人有时说不现实的事物不能被命名。这种断言，要么是对“命名”一词的用法做了一个武断的和诡辩的限制——因为，很显然，能被想象的事物就能被言说——要么它纯粹是蠢话。难以想象，做出这种断言的人，对想告诉孩子某一物的名称的人或给一个设计了而事实上从未建立的建筑物命名的人，能够说什么。显然，做出这个荒唐断言的人，心中已有一些有关分析的考虑：您不能给一个不存在的事物命名，正如您不能踢不存在的东西一样。但是，踢是一个身体的行为，而命名是一个思想的行为。如果我们不能思考不存在的事物，或至少其存在是未被决定的事物，那么，思考
39 是否可能，如果它是可能的则是否有用，这些都是可疑的。然而，这里有一些与这一论点有关的真正困难。特别地，如果非存在物不能被命名，那么命名不是指谓，它的意图是写在这儿以便减少对它的依赖。与这个意图一致，一个词的上述定义可表述为：一个词是一个能命名或应用于一个事物或一些事物的表达式。

从外延这种含义或样式来说，所有的词都具有意义；从内涵这种样式来说，所有的词也都具有意义。关于词的意义的这两种样式是传统的和大家熟悉的（尽管人们在说明它们时并非总是相同）。为了对意义做更加清楚的说明，最好再补充两种样式，它们在这里被分别称为延扩（comprehension）和意谓（signification）。可以把意义的这四种样式简述如下。

（1）一个词的外延就是这个词能够被应用于其上的所有现实事物的类（class）。

（2）一个词的延扩就是这个词能够被正确地应用于其上的所有可能的或者可以无矛盾地想象的事物的总类（clssification）。

（3）一个词的意谓指的是事物中的那样一种特性，这种特性的存在表明把这个词应用于这类事物是正确的，这种特性的不存在表明把这个词应用于这类事物是错误的。

（4）从形式上考虑，一个词的内涵等同于所有其他词的一种合取，其他词中每一个词都一定可以应用于这个特定的词被正确地应用于其上的任何事物。

如上所说，一个词的外延是这个词正确地应用于其上或命名的所有现实的或存在的事物的类。这里修饰词“现实的或存在的”是限制词而不仅仅是感叹词。可被一个词命名但事实上不存在的事物不包括在外延中。

一般说来，一个词指谓存在物或在其使用的既定场合被应用的存在物。例如，在陈述句“那三个物体是书”中，“书”被说成指谓被指出的三个物体或其中任何一个。这种用法有不大便利的推论：一个词传说成指谓的事
40 物，尽管总是包括在它的外延中，但是与这个外延不相符（纵然一个词只能正确应用于一个存在物，像所有单称词的情况一样，认为被指谓的这个物体

与是唯一成员的事物的类等同，这一点是可疑的；并且，词的外延是这个类）。但是，尽管有这个不便，我们将继续使用“指谓”和“外延”的平常意义。[①]

一个类可能没有成员，这种情况被称为空或零。外延是这种空类的词（如“独角兽”），不指谓任何物体，但说它没有外延是不精确的，因为这种说话方式显示出：相对于意义的样式，它没有意义。我们将说不应用于任何存在物的词有**零外延**，这指出它的外延是零或空。这些词仍具有指谓的可能性和功能，在这方面它们不同于像“zukor”之类的胡话，这些胡话不指谓任何事物，因为它们不指谓。

任何类中的元素和任何词的外延，是这样受制于存在着的事物的。参照一个词正确应用的任何事物（不管存在与否），当这点是得当的时候，我们将称之为**一个总类**或这个词的延扩，而不说一个类。一个词的**延扩**是这个词将名称用于其上的所有无矛盾地可想象的事物的总类——在这里，如果一个事物存在的断定不是或清晰地或模糊地包含着一个矛盾，那么它是无矛盾地可想象的。例如，“方形”的延扩包括所有可想象的和实际存在的方形，但不包括圆的方形。

外延与延扩的混淆在过去是经常的，它进而成为逻辑错误的一个来源。例如，不能做出这种区分，就会混淆靠“词‘A’正确应用的所有存在物是词‘B’也正确应用的存在物”或“A 的类包含于 B 的类”断言的关系与靠“词‘A’对一个事物的可应用性涵蕴或严格蕴涵词‘B’对该物的可应用性”断言的不同关系。前一个陈述句断定“A”的外延包含于 41
“B”的外延，后一个陈述句要求“A”正确应用的所有无矛盾地可想象的事物应是“B”应用的事物，即“A”的延扩包含于“B”的延扩。在这里，清楚明白地指出外延与延扩的区别是重要的。

一个词的外延明显包含于延扩，但逆命题不成立。

一个词的内涵是通过正确定义来界定的。在传统语言中，可以说：如果没有事物可以被一个词“T”正确命名，除非该事物具有属性 A，那么“T”内涵着 A；这样被内涵着的属性的合取组成“T”的内涵。但考虑到属性的概念的含糊性——还有别的理由——这是不完全清楚明白的，甚至，传统上内涵事实上更典型地被看成讨论中的词对其**他**词的关系。我们

① 通过说一个词指**称**它所命名的一个事物避免已提到的尴尬结果，这个术语是贴切的，但在这里不采用它。

将希望保留“内涵”的这种用法，并将用另一个词来称呼被指谓的本质属性之间的关系。让我们暂时推迟讨论内涵，而先讨论有助于澄清它的这些相关内容。

传统上，被一个词的应用所要求的任何属性，被说成被命名的一个事物的本质。除非联系被一个特殊词命名的事物的存在，否则谈一个事物的本质当然是无意义的。对于被讨论中的词命名的事物的存在是必要的特性或属性，与不是必要的其他特性，可望或甚至有必要有一些标示二者区别的方式。例如，为了被“正方形”正确地命名，一事物必须是一个平面图形，必须有相等的边长，所有角必须是直角，但不要求有一个特殊大小和一种特殊颜色。我们将说：一个词意味综合的特性，具有这些特性的事物可被这个词正确地命名，并且缺少这些特性的事物或包括在其中的任何事物，不能被它命名。我们将称这个综合的必要的特性为词的意谓。

抽象词是那些给一些别的词意味的事物命名的词，如“圆”命名这些特性或属性：为了“圆的事物”被应用，它是必要的。非抽象词是具体的。

42 对于每一个具体词“C”，都有一个同根的抽象词——让我们称之为“C-ness”——它指谓“C”的意谓。“为了被‘C’命名，一事物应具有的特点”，在任何情况下，是与“C”同根的这样一个抽象词，纵然没有比这个短语同义的语言上更简单的表达。同样，对于每个抽象词“C-ness”，这里有一个同根词“C”，其意谓被“C-ness”命名——如果没别的词，它便是词“具有性质 C-ness 的事物”。

合并的事物或被一个抽象词“C-ness”命名的事物，是 C-ness 的实例。被同根词“C”命名的任何事物，将是这样一个实例，但将不被“C-ness”命名。例如，任何圆形的物体，是圆形的一个实例，但不可被“圆”（roundness）命名或指谓。

问题在于：抽象词是否既指谓又意味？如果是这样，那一个抽象词的意谓将是什么？有这样一些特性吗？其呈现对于“圆形”或“红色”正确应用是必要的。明显地，有这样一些特性。这些特性只是圆形或红色本身。当圆形被呈现，“圆形的”和“圆形”都正确地应用，不同的是，“圆形的”应用于显示圆形特征的个别物体，而“圆形”命名特性本身而无其他应用。“圆形的”应用的事物是“红色的”或“非红色的”、“热的”或“不热的”等必须应用的事物。但在用“圆形”称呼任何事物时，我们不意指它要么是红色的要么是非红色的，事实上，我们意指相反，即它既不是红色的又不是非红色的。

这样，我们有选择地将抽象词定义为给其意谓命名的那一类。[①]

通过语言的习惯用法，这里有固定的词或词组——如像“红色的”这种客观的断言——当它们作语法主语发生时它们意义上是抽象的，但在断 43
言中可作为具体词发生。这样，“这朵玫瑰花是红色的”等同于“这朵玫瑰花是一个红色的东西”。在这里，“红色的”是一个具体词，它给物体命名，这个物体是这个词将其作为一个整体应用的物体。但“红色的是一种颜色”等同于“红色是一个特定的颜色性质”；“红色的”是这里讨论中的特定颜色性质的名称。这种词和词组有时被称作属性语词。我们将只将其作为属性词参照，因为它们不是严格的词而只是模糊的符号或一时有这个意思一时有另一个意思的说话方式。[②] 为了避免关于抽象词和具体词可能发生的一定的混淆，这个总类“属性词”是值得重点注意的。

我们现在可回到内涵的考虑上来。尽管这些名称的用法相同，但它们经常有含糊性，特别地，一个词经常被说成内涵着物体中的一个或一些性质，但也内涵着其他词。明显地，我们不能同时说这两件事，但必须决定，例如“人”被看成内涵着必然呈现在所有人中的动物性质，还是被看作内涵着应用于所有人的“动物”这个词。为了消除这个特别的含糊，我们已将意谓作为一个独立的意义样式区分开来。我们应说“人”这个词意味动物性，动物性包含于“人”的意谓中。并且，我们将希望说“人”内涵着词“动物”，“动物”这个词包含于“人”这个词的内涵中。

正如词的派生意义所提到的那样，词的内涵代表了我们使用它的目的，词以最简单且最常用意义所表达的内涵是原始意义上的“意义”；这个意义是指我们用“A”所表达的就是我们在使用“A”时所想的，而且也是我们平常所说的 A 的概念。具体而言，我们希望保留这种原来意义的“内涵”，并将其区别于思想标准。通过这个标准可以决定一词可以或不能

① 应注意：尽管“圆形的”和“圆形”意谓相同，但它们没有相同延扩或外延。上面使用的例子将显示，它们也有不同内涵：如果我们断言“A 是圆形的”，我们会有“A 是红色的或非红色的”之意；但断言“A 是圆形”没有这个含意。

② 有时指示词“属性词”被更狭窄地使用，被局限于具体意思；并且，在这种情况下可被给出这个定义“一个属性词是一个指谓一事并内涵它的一个属性的词”。但这么一个定义不界定：每个具体词指谓事物并内涵（或用我们的用法，意味）它们的一个属性。

应用于任何特殊情况当中。在接下来的文章里，在认识论的问题中，我们将讨论究竟什么是思想标准的确切本质，我们也将会探讨“语言意义”和
44 “感觉意义”。但是从逻辑学的目的来说，思想标准必须与某样可以展示它的物联系在一起。这里需要的是对词的内涵划定一个界限，这个界限划定什么包含在词的内涵里而什么不包含在其中，同时它能在一切特定实例中与结果相符且能指出结果。以正式界定的目的，我们或许可以这样说，参照我们的思想标准，如果“A”适用于一样事物而“B”也适用时，那么“A”内涵着“B”，“B”被包含在“A”的意义或者内涵中。

如果“A”内涵着“B”，而且“A”也内涵着另一个词“C”，那么可推导出“A”将内涵着“BC”或“B”和“C”，因为“B”和“C”将应用于“B”和“C”各自单独应用的事物。因此，“A”的内涵——所有它内涵着的事物——能等同于被“A”内涵着的所有词的合取或逻辑积。

我们将观察这种定义“内涵”的样式的一个推论：一个人不能详述被给定词“A”内涵着的所有其他词。刚刚说过可推导出它们的数量是无限的——尽管只有少数词是明显多余的。因此我们不能说，词的内涵（它等同于它内涵着的所有其他词）是一个表达式——除非通过约定我们允许无限长度的表达，正如我们允许一个无限多的词的系列。然而，我们能说，被一个词内涵着的任何事物是一个表达式，它是必要的，因为这种“内涵”的正式定义的要点，正好是为了我们可决定什么是和什么不是包含于一个给定词的内涵中。一个内涵应被详述，被一个给定的词内涵的类应被列举或可列举，前者不比后者更为重要。一个词的内涵总是能被不同地表达，例如，任何定义都提供被定义词的内涵的简短表达。事实上，正如我们后面将要看到的那样，一个真实定义的唯一功能是详细解说被定义的表达式的内涵意义。

指出一个词的内涵是它内涵着的所有其他词的合取，其要点是要澄清：把一个内涵当作词的一个集合或类，这是不恰当的考虑。在组成这
45 个内涵时，被内涵的词与其他词的关系，是一种互相修饰和限制的关系（就语法中“修饰”或“限制”的通常意义而言）。观察这一事实的特殊重要性是：如果一个内涵应被想象成一个类，那么一个词有零内涵，就表示它不内涵其他词。这是不正确的，因为，当且仅当词的内涵不对其应用施加影响，而是允许它应用于可想象的任何事物和所有事物，这个

词才有零内涵。

一个内涵可包含另一个，这是明显的，正如“人”的内涵包含“动物”的内涵。并且任何两个互相内涵着的词将有相同的内涵。

将我们自己局限于至少应用一个无矛盾地可想象的事物的那些词——也就是说，局限于延扩不是零的词——那么一个词是**专有名词**当且仅且当它的内涵只应用于一个**实际**的事物。一个非专有名词是**普通名词**。①

必须指出：一个具体词是专有名词还是普通名词的问题，是它的内涵的问题，而不是外延的问题，尽管一个专有名词只能内涵一个事物。“我桌上那个红色的东西”是个专有名词，而“我桌上的红色东西”是个普通名词，不关心关于我桌上红色东西的事实。如果我桌上没有红色的东西，那么“我桌上那个红色的东西”有零外延。如果我桌上不只一件红色东西，它也有零外延——除非那个称呼别有用意并且一些进一步的限制被理解，这些限制能充分决定我桌上**哪个**红色东西是所要的。

在抽象词的情形中，这种专有名词与普通名词“二分法”是没有意义的。如果这种二分法被应用于它们，那么所有抽象词必定归为专有名词。

同一物体被有不同内涵的专有名词命名，这是可能的，如“陆军的指 46
挥”与“美国的第一任总统”。在这种情况下，因为被讨论中的两个词有不同的内涵，它们也必定有不同的意谓和延扩。而且，这导致我们去观察：一个专有名词的延扩，不是被局限于它所指谓的单一存在物（如果它指谓事物的话），尽管这个词内涵着被指谓的单一存在物，但在被理解的可想象的事物的总类里，其内涵仍不是充分的——无须求助于别的和逻辑上偶然的事实——从所有可想象的事物中选择这个个体，这些事物是用别的方法满足词的内涵。因此，一个专有名词的外延是一个类，这个类要么是只有一个事物，要么是空。但它的延扩是**所有**无矛盾地可想象成它的一个和唯一成员的事物的总类。例如，“我桌上那个红色的东西”，意味着我

① 专有和普通的二分，能应用于有零延扩的词——如“圆形的方形”和“木板上的圆形的方形”——通过参照以后被称为它们的分析意义的东西。这么一个词是专有名词，当且仅当它是一个有一些成分（通过一些不改变句法的其他成分代替这个成分）的复杂表达式，它成为满足上面给出的“专有名词”的定义的一个表达式。例如，“木板上的圆的方形”是专有名词，因为“木板上的圆圈”是一个专有名词。相似地，对每个“x”的值“a”如“方形”，“木板上的圆形 x”成为一个专有名词，是一个名词和单数的，“木板上的圆形的 a”有一个非零的延扩。

桌上可想象的可能是唯一的所有红色的东西；只通过排除现实的或可想象的、属于一双或三个一组中不可分离的一部分的红色的东西而区分于普通名词“我桌上的红色东西”的延扩。

必须注意，对于任何词，其内涵决定其外延；反之，它的外延的任何限定将决定它的内涵——通过决定什么特点是所有事物共有的。然而，从事实观点看，除了参照内涵没有途径使延扩能被准确详述，因为无遗漏地列举所有被意谓的可想象的事物，这是不可能的。

然而，一个词的内涵和外延不是互相决定的。内涵一旦给定，外延因此被限制但不是被固定。在内涵中详述和暗示的、缺乏任何本质属性的事物，是被排除在外延之外的；但什么包括在外延里，什么不包括在外延里，也依赖于什么存在，因为被指谓的事物的类——也就是区别于从词意谓的东西——是局限于存在物的。

同样，一个词的外延，一旦被决定，其内涵因此被限制但不是被固
47 定。内涵不能包括一个或更多被命名的事物所没有的任何属性；但它可能包括，也可能不包括所有被词命名的存在物共有的一个属性，因为这一属性对于如此命名的存在物可能是必要的也可能不是必要的。例如，“无羽毛的两足动物”不内涵着“理性的生物”，纵使被指谓的类只包括理性的生物。

已经阐述过：一个词可能有零延扩。例如，“圆形的方形”有零延扩，如此命名的无矛盾地可想象的事物的总类是空。但许多词，如“独角兽”和“能笑的非理性的动物”，有零外延但延扩不是零。可被正确地如此命名的事物是无矛盾地可想象的。

内涵不同，外延就不同，反之亦然，这个古典理论是错误的。如“理性的无羽毛的两足动物”与“无羽毛的两足动物”外延相同。但在内涵与延扩间，这种关系成立。任何加于内涵（不是已经被意指）的修饰进一步地限制了延扩，并且，随着一个内涵的修饰的任何省略，被意谓的总类就被扩大到包括那些其修饰的保留应排除的可想象的事物。

内涵与延扩的这种关系是值得指出的，因为它有一个推论：一个延扩为零的词其内涵为全。这个可能看似自相矛盾的命题首先打击了读者，但其正确性可从两个考虑予以证明。只有给不可想象的事物命名的词才有零延扩。例如，“A 既是圆形的又是方形的”，蕴涵着对于任何“y”的值，都有“A 是 y”。也就是说，“既圆又方”的属性蕴涵着所有属性，并且

“圆形的方形”的内涵是全，因为它包括每个可提及的属性。[①]

这一事实澄清了可能会是困惑的一个事情。很明显，说像“圆形的方形”这样的词无内涵或无意义，这是不正确的。这个词通过明确地蕴涵圆 48
形和方形的性质从而与胡话区分开来，并且只是因为这个意义——这个内涵——是它所有的，决定它不能应用于无矛盾地可想象的任何事物。

因此，通过不准确的陈述这种词是无意义的所（可能）要陈述的，能通过说它们延扩为零或外延为全从而精确地陈述。

全然相反种类的词——那些延扩为全内涵为零的词——也经常被说成无意义的。“存在”和“实体”——假如一个人能提及的所有事物是一个存在或实体——是这类词。任何一个“要么是 A 要么不是 A”形式的词也是如此。指出缺乏标示这些词的意义的准确方式，是去观察：它们的属性蕴涵所有事物的属性；它们的内涵是零，延扩无限。但是如果它们真正缺乏任何意义——任何内涵——那么它们的这个特点不能被决定。

四　命题和陈述句的意义

至此我们已探讨了一些概念，这些概念，通过它们与传统逻辑的常见内容的联系，至少暂时是清楚的。命题的性质和命题函项与在词例中被关注的意义的样式相似，它们不是这么常见：因为命题的内涵和外延的讨论通常是贫乏的和不足的；并且，传统上没有认识到命题函项与命题的区别。但是，通过参照这些命题和项的性质，意义与分析真理间的联系能轻易被澄清。如果我们将命题看作一定种类的词，将命题函项看作另一些词，那么我们能在讨论中建立相似关系，并且这种相互关系不仅是完全有效的而且大多受到最为重要的逻辑事实的强调。

---

① “A 既是 x 又是非 x”涵蕴“A 是 x”。
并且“A 是 x”涵蕴“要么 A 既是 x 又是 y，要么 A 是 x 但不是 y”。
因此“A 既是 x 又是非 x”涵蕴“要么 A 既是 x 又是 y，要么 A 是 x 但不是 y”。
而且“A 既是 x 又是非 x”涵蕴“A 不是 x”。
因此“A 既是 x 又是非 x”涵蕴“A 是 x 但不是 y，这是假的”。
但“要么 A 既是 x 又是 y”、“要么 A 是 x 但不是 y”和“A 是 x 但不是 y，这是假的”一起涵蕴“A 既是 x 又是 y”。
并且“A 既是 x 又是 y”涵蕴“A 是 y”。
因此“A 既是 x 又是非 x”涵蕴“A 是 y”。

一个命题是能意味一个事态的词。将一个命题定义成一个正确或错误
的表达式，这是充分正确的，但是不成功的，因为这容易导致认为命题与
49 它的陈述和断言是相等的。然而，一个陈述句中的断言成分是与命题断言
无关的。命题是能断言的一些事物，是断言的内容；并且，意味同一事态
的这个同一内容，能被发问、否认或仅仅是假设，也能在其他语气中被考
虑。①

例如陈述句“玛丽正在做馅饼”断言事态玛丽现在做馅饼为真实的。“玛丽正在做馅饼吗？”是问它；“玛丽要是在做馅饼那多好啊！”是用愿望的语气表达它；“假设玛丽在做馅饼”是把它作为一个假设提出来。当我们说“如果玛丽正在做馅饼，那么馅饼正在被玛丽做”，那么我们考虑它并肯定有一个确定的逻辑结论。如果我们说“要么玛丽在做馅饼，要么我们将没有点心吃”，那么我们没有断定它，但肯定它是二者之一。

如果我们希望将这个一般内容与考虑它的任何特别语气分开，我们可以这样做——用一种比普通语言粗略表达更精确的方式——如果我们有符号指示这些考虑的多种语气；例如，“⊢P”表示对“P”的断言，“HP”表示对它的假设，“！P”表示将其作为一个感觉呈现或想象欲求；“？P”表示发问，“MP”表示将其作为无矛盾地可想象的或可能的来考虑，等等。② 而且这里用“P”代表的一般内容，是用间接说明方式可表达的事物，例如“玛丽现在正在做馅饼”；或通过一个分记号性短语“玛丽（现在）做馅饼”，它能用不同方法断言、发问和考虑，它意味它们都关心的事态。

把“命题”这个名称给这么一个分句或分词性短语，而不给相应的陈
述句，这当然是一个约定。为它辩解的是这样一个事实：它为逻辑学家已
50 被迫承认的重要事实的解释提供一个基础。特别是，人们已经普遍认为任
何真命题的外延都是全，任何假命题的外延都是零。因此，所有的真命题
都有同样的外延，所有的假命题也都有同样的外延。这样一来，一个命题
的重要的外延性质就是它的真值（真或假）。但是逻辑学家通过令人佩服

① 这个观点首先源于 H. M. 舍佛（Sheffer）教授，序言中已注出。C. W. 莫里斯（Morris）教授也发展了一个相似的观点。

② 严格逻辑自身与这些特有命题的各种心情还没有很多联系。断言是被承认的，并且是公理——尽管公理通常被不一致地处理并与断言混淆。人们也开始理解：急切的和鼓动的心情有它自己的逻辑原则，并且所谓形式陈述句，有可能和有必要要求分别考虑。如果这些事被充分对待，我们当然期望节约意图和据别的意图而减少表达语气。

的推导类比，得出了这些结论，像戴德金之前的数学家学着正确处理$\sqrt{2}$一样，负责被观察的事实的一些东西，仍是不清楚的。

命题有重要的**内涵**性质，它不同于可据其真假表达的外延性质，这一点渐渐地被理解。例如，当我们问什么是可以由一个命题推导的，什么是与它一致的，一个命题是逻辑必然还是偶然，此时，我们谈论的就是这种外延性质。这最后一点特别与我们有关，正如将出现的那样，逻辑必然性与分析陈述巧合。

然而，如果这个所采用的程序成功地达到了解释的目的，那么这里有一些主要缘于语言的小障碍必须消除。第一，不易发现“玛丽在做馅饼”这类表达式是词，并且它们是可被像“玛丽做馅饼（现在）”这样的分词性短语代替的。第二，我们不得不指出与一定形式的陈述句精确对应的分词性短语。第三，我们必须注意这些分词短语的两层意思，以及这些与被关注的事态或事实的重要关系。第四，我们必须澄清一些事态本身的概念。

第一点不必多说，如果我们观察到它在句子中作主语或谓语能成立便确信像“玛丽在做馅饼”这样的表达式真是词这一事实，这将是充分的。例如，“玛丽在做馅饼，这是我怀疑的事情”；“玛丽做馅饼”；“我们相信玛丽在做馅饼”。同时，伴随对习惯用语的一些损害，分词性短语“玛丽（现在）做馅饼”总是可用指示事态的这一方式替代，例如，“令人高兴的 51
是玛丽现在在做馅饼”“玛丽现在在做馅饼这是我所怀疑的”等。

第二点，如果分词性短语要准确传达一个断言的内容，为了精确的兴趣，可偶然要求一些短语设计。首先，动词有时态，并且一个陈述句的这种表示时间的参照，必须被保留，如“玛丽‘现在’或‘过去’或‘将来’做馅饼”。然而，一些事态本质上无时间性，像存在于 180 度经线的国际日期变更线，或被任何自然规律意味的事物。的确，**所有**现实事态事实上都是无时间性的成分——一旦是一个事实，永远是一个事实，它是瞬时的事物的内容。

其次，如果被讨论中的陈述句是复杂的，相应的分词性名词也许是相似复杂：“A 是（is）B 和 C 是（is）D”对应“A 是（being）B 和 C 是（being）D”；“A 是（is）B 或 C 是（is）D”对应“A 是（being）B 或 C 是（being）D”。然而，对于任何陈述句“P”，不考虑其形式，这里总有相应的分词性词“它是（being）P 这种情况”。

否定陈述句要求谨慎，因为有时“A 不是 B”未能精确对应“A 是 B，这是假的”的断言内容。安全的一般程序是通过短语“不存在 A 是 B”来指出。

（在将例子局限于有“A 是 B”形式的简单陈述句时，我们不打算暗示：所有简单地直言陈述句是可减少到这个形式的。）

假言陈述句也要求谨慎，因为“如果 A 是 B 那么 C 是 D”这种形式的表达式是模棱两可的。对于一个意义，“C 是 D 或不存在 A 是 B 这种情况”是对应的；对于另一个意义，相应的词是“‘C 是 D’是可从‘A 是 B’推导的”。

第三点也许更难但也更重要。必须注意：被参照的事态是命题的意谓，而不是外延。“玛丽在做馅饼”断言玛丽做馅饼这一事态，也就是说，它是现实的，它是与现实世界合而为一的，并且，如果这个事态是真的，
52 那么命题词“玛丽做馅饼”的外延不是它指示的被限定的事态，而是与现实事态合而为一的现实世界，并标明它。

因许多原因，刚开始这可能是不清楚的。但是我们能解决可能引起混乱的问题。首先，我们可以说：一旦一个词指谓一件事，这件事必须同样被应对相互否定的词（这些词能充满意义地被应用于它）中的一个或另一个指谓。这是排中律所要求的。如果这样，那么，“玛丽做馅饼”指谓的应是被限定的事态即玛丽做馅饼，这同一事态应同样被“它是热的”或“它不是热的”，“罗马燃烧时雷诺演奏提琴”或“罗马燃烧时雷诺没演奏提琴”等每对相互矛盾的命题指谓。但情况不是这样。玛丽现在在做馅饼，这既不包括它是热的也不包括它不是热的。这些可选择的任何一种只是处于被讨论的事态之外并与之无关。能被玛丽现在在做馅饼指谓，并同样地被每对相互矛盾命题中的一个或另一个指谓的事物是我们称作一个世界的那种实体。整个现实能同时决定每个命题的真假。因此，在命题是真的情况下，它的外延是现实世界。断言命题的陈述句，它归于现实世界；已肯定：这个现实世界与之合而为一并标明它。为了讨论中的命题成立、应用、标明它，被限定的事态（像玛丽现在在做馅饼）仅仅是任何世界必须具有的矛盾属性。

于是，在命题是真的情况下，命题的外延是现实世界。并且，因为在所有情况下，外延被局限于存在物或现实，所以任何假命题的外延是空或零，它不应用于现实事物。

最后一点是这个事实：任何像“玛丽现在在做馅饼”这类分词性短语，能有两层意思中的任一个。一个是可断言的表达式，像形容词“热的”或“甜的”；另一个是抽象名词或代名词如“热”和“甜”。在前一个意思中它等同于“玛丽现在在做馅饼”并和命题是同一的关系。在这个意思中，它是可预知的一个世界。在另一个意思——抽象的意思中——它 53
给被断言的属性命名，也就是说，它通过断言“玛丽在做馅饼”给被归于现实世界的事态命名。

如果这是令人困惑不解的，让我们论述像“甜的”这样一个述词的相似词。如果我们说某物是甜的，应用和指谓被讨论中的事物的谓语，是“甜的”，但是如此被断定为标明这个事物的特性的性质或属性的名称，是同源抽象词“甜”。我们应注意：“甜”不能应用于或指谓任何甜的东西而只指谓性质本身。断言“玛丽在做馅饼”将事态归为现实世界。但是，“玛丽现在做馅饼”可应用于或指谓现实世界，它是表达式的抽象意思；而在它的抽象意思中，（在其中，它是同源抽象词）它命名被修饰的事态。

总结：每个陈述句断定一个命题并将一个事态归为现实世界。如此被断定的命题是一个述词，该述词能应用于并指谓每对矛盾命题中的一个或另一个也能应用于并指称的事物。每个真命题指称现实世界，或说其有相同的外延。同样地，每个假命题就像它的外延是假的一样，也就是说外延为零。这样一来所有真命题外延相等，所有假命题外延相等，并且任何命题的重要外延性质只是它的真值。

任何事态的名称是一个抽象词，这个事实可服务于澄清这个略微模糊的表达式“事态”（甚至更模糊和更不适当的表达式“事实的情况”，我们有时把它们当同义词使用）。这么一个事态不是一个具体的实体，一个它包含的现实的时空板，而是一个性质或属性。它不包括超过抽象分词性表达式命名的、它涵蕴或要求的任何事物。为了命题的相应述词能应用于现实，它被精确地局限于必定是这种情况的事物。

例如，当玛丽在厨房里做馅饼时，或者她烫伤了手指，或者没有。包含玛丽现在在做馅饼的时空板或怀特海事件①，或者包括玛丽烫伤了手指

① 怀特海将“事件”作为宇宙基本单位，把传统哲学中精神实体对物质实体研究转变为对世界即事件综合体的关系研究，为解释认识和世界之构成提供了更为具体直观的“实在”。——译者注

54 或者它明确排斥这个，并且通过玛丽手指没烫烧而彻底标明。但是，玛丽现在做馅饼这一事态（它被陈述句“玛丽烫伤了手指”断定为事实），既不包括“玛丽烫伤了手指”断定的情况，也不包括“玛丽没烫伤手指”断定的情况，它只包括：为了成为事实，玛丽做馅饼所要求的情况。

一个事态可包括另一事态，正如玛丽做馅饼，包括馅饼被做，也包括玛丽工作。并且，一个事态可明确排斥另一个，正如，玛丽正在做馅饼，排斥玛丽静止不动。但是，就必然的意义而言，玛丽现在做馅饼这一事态包括的情况，只是由“玛丽在做馅饼”可推导出的情况。并且，这个事态明确地排斥的只是那些其非现实是可由“玛丽在做馅饼”推导出的事物。

于是，一个事态不是内部关系学说支持的那种实体。这个学说从混淆事态与现实的时空板中产生。

绝对理想主义认为，花生长在裂墙中，这不是“裂墙中生长着一枝花”意味的事态，而是这么一个时空板，包括花的每一个细胞和原子，以及它们的关系的每个事实。如果一个人坚持：任何两个现实的时空板，S_1 和 S_2，是如此相关以至于 S_1 的全真包括 S_2 的全真，这将是难以反驳的。内部关系学说断定，为了 S_1 是 S_2 的样子或像 S_2 一样，S_1 必须与 S_2 有一些关系：它将不刚好是这个——除非它与每个别物或别物的内容（它事实上具有的内容）刚好有那种关系。关于裂墙中的花的整个真理需要关于宇宙的整个真理。但是，所有任何人关于裂墙中的花能**知道**的——并能用一个陈述句或用“和”联结的一系列陈述句表达的——是一个事态。一个人
55 能如此知道的**不**涵蕴或隐含地要求关于别的事物和关于宇宙的真理。它不要求超过形式逻辑认作、可从如此被知道的事物有效地推理的事物的任何事物。绝对理想主义从内部关系学说推理出的认识论和形而上学的结论，最依赖于①任何个别对象的逻辑的无穷说明——这是排中律要求的，②动词“知道”的歧义，它像其对象一样，可参照一个个别事物，或可参照一个被理解的事实。一个个别对象是一个时空板，是某物——对于此物，我们在所有其无限说明中所知道的，与我们相似地知道整个世界一样少。在这一点上，这个学说有坚定的理由。但是，就理解事实或相信保证而言，我们所知道的东西，仅仅是一些限定的事态，这些事态既不研究现实，也不研究认识的对象，而只包含能使我们陈述的物体事实的知识。因此将被恰当地称为事态的东西的抽象和形容词性质作为可知的和可陈述的事物进行论述，这将是重要的：它包括这个事态的断言所蕴涵的事物，但不包括不能由

这种陈述句推导的任何事物。它是一些用简明形式表达或可用简明形式表达的命题的意谓而不是大量现实。

五 命题意义的样式

我们已经说过，当一个命题的陈述句或断言是真时，这个命题（命题词）是真；当相应的陈述句是假时，这个命题是假。同样，如果两个命题的陈述句是矛盾的，那么这两个命题是矛盾的；如果两个命题的陈述句是一致的，那么这两个命题是一致的。如果一个陈述句蕴涵另一个，那么这个陈述句的命题蕴涵另一个陈述句的命题。①

一个命题的**内涵**包括命题蕴涵的一切，而非别的事物。

这事实上由我们对词的内涵的解释来推论出。如果给定词“A”对任何事物的应用要求另一词“B”也可应用于该事物，那么“A”内涵着“B”，且“B”包含于“A”的内涵中，任何命题词充满意义地应用的唯 56
一事物，是被称为一个世界的那种实体。并且，如果命题“P”应用的任何世界被要求也是“Q”应用的世界，那么“P”蕴涵“Q”。

一个命题的所有可演绎的推论，集中到一起，能大致展现它的内涵。当然，对于任何命题详述所有这些推论是不可能的。但是，一个命题的推论包含在其内涵中，并且被如此包含的事物能通过推论展现，这种说法是完全正确的。至少在这种意义上，一个命题的内涵可被看成与它的推论的意谓相符。并且，当且仅当两个命题是相互推理的，两个命题内涵相同。当且仅当任何一个命题的推论也是另一命题的推论，内涵是对于两个命题相同的意义样式。

我们可以说，一个命题的内涵包括为了命题的应用或适用而必须应用于任何可能世界的事物。

这里介绍的，一个可能的或可想象得出的或可无矛盾地想象的世界的概念，不是空洞的。能被恰当地称为一个世界的任何事，必须是这样：每对矛盾命题中的一个或另一个应用于或适用于真的事物，如此拥有该事物的所有命题将是相互一致的。任何一组一致的命题（它包括每对矛盾中的

① 更合乎逻辑的是，将真和假以及一致关系、含意等视作在原初意义上属于命题，视作可归于陈述句，因为陈述句的逻辑性质可以那些相应命题推导。但是我们习惯于思考这些命题和它与陈述句的关系。

一个或另一个），可被说成，决定一个可能的世界。这样一个可能的世界是可想象的，在任何意义上，现实世界或现实的整体是可想象的。现实世界，就任何人知道或能知道它而言，仅仅是如此可能的许多中的一个。例如，我现在不知我口袋里有多少钱，但让我们说有 30 美分。除开我口袋里现在有 35 美分，像这样一个世界是无矛盾地可想象的世界——甚至与我们知道的所有事实一致。当我考虑我现在不能确定的事实数量时，可能世界的过量，就我所知，它的任何一个可能是现实的一个，变得有点可怕。

57 可从一个给定的命题“P”推导出的命题，一起组成“P”的内涵。而且，包含于“P”的内涵的任何命题“Q”，必须应用于“P”所应用的任何可能世界。

一个命题包括任何无矛盾地可想象的世界，这个世界与它意味的事态合而为一；并且，命题应用于的这种可能世界的总类，组成该命题的延扩。

我们已看到，当一个命题是真，其外延是现实世界的一个类；当一个命题是假，其外延是一个空类。但是，当一个命题无矛盾，其延扩总是许多事物的一个总类；当命题自相矛盾，其延扩是零或空。然而，尽管所有真命题外延相同，但它们一般没有相同延扩：只有当它们有相同内涵时其延扩才相同。尽管假命题外延相同，但其延扩一般也不同，除非其内涵相同。

一个分析命题是一个能应用于或拥有每个可能世界的命题，因此一个延扩是全的命题，相应的，其内涵为零。在这一点上，先前已指出过的零内涵的词与确实无意义的胡话之间的区别，变得重要。一个分析命题不能有蕴涵——尽管它的所有衍推同样是分析的和逻辑的必然的命题（它们拥有任何可能）。一个分析命题内涵为零，它与以下事实有关：在适用于真实存在时，它不将现实世界与任何别的无矛盾地可想象的世界区分开来，它不对可想象为不存在的现实施加任何限制。

已说过：一个自我矛盾或自我不一致的命题的延扩为零，并不可应用于或拥有无矛盾地可想象的世界。相应的，这么一个命题内涵为全，它涵蕴所有真命题和假命题。① 如果自我矛盾的命题是真，那么任何事物将推

① 每个自相矛盾的陈述句是相等的，对于一些 p 和 q 的选择，组成一个陈述句形式“r 是真，p 是假，q 是真”。对于 r 的任何选择，这最后一个涵蕴“r 是真”。对于“A 既是 x 又是非 x”形式的表达式，推理方式与第 47 页（英文原著的页码，即本中译本的边页码——中译者注）脚注中给出的变化例的推理方式是相似的。

导出，包括所有能想象的荒唐事物。然而，说自我矛盾的命题无意义这是
错误的。一个真正没有意义的胡话，像“Didmash etmas gint”，不可能自相 58
矛盾，因为它什么也没说。比较而言，说今天是星期一但明天不是星期二，这个陈述句因其所具有的意义而先验地被知道不合实情。说自相矛盾的命题缺乏意谓，这个意思，可以通过说其内涵无限或说外延为零更精确地表达。

所有综合命题，除开自相矛盾的命题之外，其内涵不是零，也不是全，其延扩既不是全，也不是零。它们推演一些其他命题而非所有其他命题，它们从一些其他命题而非所有其他命题中推演出来。因此，它们所断定的事态与某些可以无矛盾地想象的事态相一致，而不与其他可以无矛盾地想象的事态相一致。任何综合命题所表示的事态能够表示某些可能世界但不能表示别的可能世界。

六　命题函数和陈述句函数

命题函项的主词对于逻辑是最重要的，也是最复杂的之一。我们不打算讨论它，而将把注意力局限在为澄清问题而要求的论题中，以及与分析真理问题直接相关的论题中。

一个陈述句函数是包括一个或更多空白或可变成分的表达式，当每个变量被一定的常量（非变量）表达式代替时，它变成一个陈述句。“x 是一个人”，“$x<\sqrt{2}$”，“x 先于 y”，“所有 A 是 B”，“如果 p 那么 q”，“y 在 x 与 z 之间”，这些都是陈述句函数。我们将用通常方式，通过“ϕx”，“ψ（x，y）”，“f（p，q）”，“θ（x，y，z）”等，来用符号表示这种陈述句。

在陈述句函数“x 先于 y”中，用常量“星期天”代替可变的成分“x”，用“星期一”代替“y”，将这个函数转变成一个陈述句——像刚出现的是真的陈述句。并且，用“9”代“x”，“7”代“y”也将其转化成一个陈述句——一个假陈述句。“星期天”和“9”被称为“x 先于 y”中
“x”的值，“星期一”和“7”是“y”的值。在任何陈述句函数 θ（x，y， 59
z…）中，如果用固定表达式“a”代“x”，“b”代“y”，“c”代“z”，将“θ（x，y，z…）”转化成一个陈述句“θ（a，b，c…）”，那么“a”“b”“c”等分别被称为这个函数中“x”“y”“z”等的值。

在“x 先于 y”中，任何是“x”的一个值的常量同样也是“y”的一

个值，反之亦然。但在“x 是 y 的一个性质”中，例如“黄色”是“x”的一个值，“金子”是“y”的一个值，然而“金子是黄色的一个性质”既不真也不假，只是胡话，也就是说，在这个函数中，没有“x”的值是“y”的一个值，反之亦然。[①]

必须引起注意的是，这里被作为一个值的东西，如“x 是一个人”中“x”的值，是“苏格拉底”或“阿婆罗”或“今晚的演讲者”这个词或表达式，而不是这个词命名的事物。至于谈及一个变量的值将意味着什么，这仅仅是一个约定。但是它是中肯的，因为在论述中能成为一个成分的是“苏格拉底”这个名字而不是苏格拉底这个人。这个约定也是重要的，在我们后面讨论什么将被称为形式陈述句时，其理由将出现。

有时我们这里称为陈述句函数的也被称作命题函数。但我们不得不区分命题函数与陈述句函数，正如我们已经把命题与陈述句或它们的断言区分开来一样。“苏格拉底是人”（Socrates is a man）是一个陈述句，“苏格拉底这个人”（that Socrates is a man）或“作为一个人的苏格拉底”（Socrates being a man）是相应的命题。同样，“x 是一个人”是一个陈述句函数，被认为是命题函数的“x 人”或“x 显示人的特征”是相应的谓词或分词性表达式。然而，一个陈述句函数不是相应的命题函数的断言，因
60 为，有时被命题函数称呼或断言的东西，与陈述句函数的类不相符，而是后面将讨论的一种特殊类型的命题。

一旦我们说起无条件函数，它可被应用于陈述句函数或命题函数中的任何一个。

如果我们承认，明智地说，在任何函数中只有一个变量，那么我们能同时避免一些诘难。在有两个变量“x”和“y”的函数中，这个变量是有序对“（x，y）”；在有三个变量的函数中，它是有序三元组“（x，y，z）”，依此类推。[②] 但这里坚持顺序的考虑是必要的——在函数中出现的顺

① 一些逻辑学家坚持一般本质可分成“类型”，个体，个体的类，这种类的类等；并坚持，如果 a 是在任何函数“φx”或“ψ（x，y）”或“x”的一个值，那么与 a 同类的事物也是同一函数中“x”的一个值。将出现分类的划分是不能穷尽能被说及的本质的；并且至少最可疑的：对一些类的限制在所有事例中是必要的，它是唯一曾要求在一个给定函数中常量满意义地可代替变量的限制。然而，我们将略去这些问题。

② 我们仍可通过约定说及在“x 先于 y”或任何不止一个多项的函数中的“x”的一个值。如果将常量“b”代“ψ（x，y）”中的“y”，“a”代“x”，将“ψ（x，y）”转变成“ψ（a，b）”，那么“a”可被称为“ψ（x，y）”中“x”的一个值。

序。这种情况，一方面因为在一个函数中，一个变量的值不可能是同一函数中另一变量的值；另一方面因为变量的顺序或位置，是任何函数所表达的内容的本质，“ψ（a，b）”与“ψ（b，a）”是一个不同的陈述句，当一个为假时，另一个可能为真。

用另一种方式表达这种情况：论述中一个变量是无意义的，除非其内容赋予它意义或与其内容相关。如果我们忽视这个事实：在上下文中，一个变量有一种意义，这个意义是由变量在表达式中的位置和表达式的句法所决定。因此，在“x 先于 y”中，“x”是动词“先于”的语法主语，“y”是宾语。在“x 是 y 的一个性质”中，表达式的句法结构，与名词“性质”的意义一起决定是“x”的一个值的东西不可能是“y”的值。在这样一个表达式“如果 x 先于 y 那么 y 是被 x 优先的”中，理所当然地要求：任何在一个地方代替“x”或“y”的常量，应在其他场合也代替同一变量。变量也可是被称为符号意义的东西，其意义是从符号的约定中产生的一种句法学意义。因此如果我们写“当 xRy，yRx 可成立可不成立”，那 61
么“R”的值只是关系词，这是可理解的；成分表达式“xRy”和“yRx”尽管写作时不包含常量，但它有常量意义的一个元素。它们之所以有这种意义，既因为对符号“R”的理解，也考虑到这种书写方式所传达的“x”“R”“y”之间的句法关系。①

随着关于变量的这种理解，也就是，严格地说，任何函数中只有一个变量，我们可以说：任何陈述句函数可被公式化从而使变量成为论断的语法主语。有时，像在“x 是一个人”中，是这种情况，但在另一个有一个变量的函数中，如“或者 x 不是红色的或者 x 是彩色的”，可能不是这种情况。但是，这里有一个对公式化的方式总有效的一般程序，这个程序用于表达什么是变量的特点：“x 的特点不是红色也不是别的颜色”，“x 的特点是一个人”等。在不止一个变量的地方，可采用同一程序。因此，“x 先于 y”能被表达为：“有序对（x，y）标明前者与后者的关系”，并且，“所有 x 是 y”可表达为：“（x，y）的特点是包含与被包含关系”。

这里的谓词或特性描述——“是一个人描述”，或仅仅“是一个人”，

① 我们在这里在一般英语意义上使用“句法”和“造句”。也就是说，指属于一个表达式的语言结构的东西和被成分的顺序传达的东西。不是在更广的意义上即包括在“句法”下的所有被语言的形成规则和转化规则覆盖的所有东西。（卡尔纳普：《语言的逻辑句法》第 1、2 页。）

或仅仅是“在领先与被领先的关系中”——是有决定意义的表达式的一部分。这个事实是重要的。

在讨论中，陈述句函数除了作为从属成分，永不会出现。靠它们自己，它们永远不真也不假；一旦出现，只是因为它们的一些内容被说起。在每个这种情况中，被如此陈述的内容，视其真假和意义而定，并依靠出
62 现在函数中的断言。使用一个陈述句函数“ϕx”的要点不是：它使我们能说有关“x”代表的事物，因为“x”不代表任何特别的事物；而是：它使我们能谈论有“ϕ”特点的某事或任何事，例如，一个人的特点或既不是红色的又不是别的颜色的特点。并且，包括两个变量“x”和“y”的陈述句函数，不是为了谈论符号“（x，y）”代表的任何事物——因为它代表任何有序对——而是为了谈论表明一定关系（如先后关系、包含关系）的事物。

我们已经说过一个函数中的变量没有意义——除了可被其上下文赋予的句法意义。它们事实上只是可保留断言的句法的一个记号手段——在某些事例中，它们通过意欲的方法，与同一上下文中其他这种断言句法联系起来——没有必要特别地说：这个断言断定的事物，或事实上它是否是被断言事物。

因这些提出的原因，对应于任何陈述句函数“ϕx”的命题函数，是与“x 被 ϕ 描绘”同一的；并且，这里重要的是它是特点“ϕ”；除了句法参考的一些便利，“x”是多余的。因此，对应于“$x < \sqrt{2}$”的命题函数是“x 的特点是小于$\sqrt{2}$”；“x”在这里是多余的，如果对更进一步的上下文进行句法参照：它与分词性短语“小于$\sqrt{2}$的特征”有相同意义并且应用于相同事物。对应于“x 先于 y”的命题函数，是“（x，y）标明先后关系”或仅仅是“前者先于后者的特点”，它仅能应用于有序对。

命题函数的这个描绘或断言，总是一个分词（或可给予这种形式）；但它像一个命题一样，不是能断定现实或一个世界的那种分词性短语。这
63 种实体（或一对，或三个，等等）名称的述词，是相应陈述句函数中变量的值。

这样一个分词短语如“是一个人”、“小于$\sqrt{2}$”和“是先后关系”是一个属性词组；它在属性的一般方式中是模棱两可的，但是，在“Characterized by being a man”“Characterized by being so and so”中的前置词组“Characterized by”将表达限制在其具体意思内；我更准确地

说——因为，在某些事例中，变量的质可能是性质的名称而不是具体实际的名称——这个前置词组将“being so and so”限制在其述词意思内。这么一个词组的抽象意思——同源抽象词——是这个词组断言任何事物的属性的特点的名称。至此，在“x 的特点是人”这个例子中，这个属性是成为人的性质；在“（x，y）标明先后关系”这个例子中，这个属性是在其关系中成立的有序对的性质。

一个陈述句函数的逻辑性质是那些因其表达的断言而具有的性质——因为函数中的变量，除了上下文赋予的意义外，没有别的意义。至此，任何陈述句函数的外延、内涵等，是相应于命题函数的述词的外延或内涵。任何命题的多种意义样式，是可由上面已经说过的关于词的意义样式决定的；并且，这些意义样式也可归于相应的陈述句函数。

一个函数的外延，是存在物（个体或有序对或有序三元组）的类，这个存在物是这个断言可真正地断定的存在物，是属于命题函数的词可真正应用的存在物。至此，“x 的特点是一个人”或“x 是一个人”的外延是存在的人的类；“先在关系”或“x 先于 y”的外延，是有先后关系的成对存在物的类。更简要地——尽管些许不清楚——我们可以说：任何函数“φx”或“x 的特征是 φ”的外延，是对于“φx”是真的存在物“x”的类。

一个函数“φx”或“x”的特征是“φ”的延扩，是无矛盾地可想象为 64
有这个谓词特点的事物的总类。用另一种方式表达：如果对于一个不变表达式“a”，“a 存在”不是自相矛盾的，并且“φa”也不是自相矛盾的，那么，“φx”或“x 的特征是 φ”包含“a”，并且如此被包含的总和构成函数的延扩。

一个函数的内涵包括所有将这个谓语归因于作为也可预测的事。这将是恰当的：将任何陈述句函数“φx”的内涵限制为在陈述句函数的形式中的表达式；将任何命题函数“x 的特点是 φ”的内涵限制为有同一形式的其他表达式。

至此，我们将说：“φx”的内涵包括“ψx”当且仅当对于“x”的所有值，“φx”涵蕴“ψx”；并且“x 的特点是 φ”的内涵包括“x 的特点是 ψ”，当且仅当有特点“φ”的每个无矛盾地可想象的事物也有特点“ψ”。一个函数意味或如此涵蕴的全体，组成它的内涵。

一个函数“φx”或“x 的特点是 φ”的意谓，是任何事物为了被断言“φ”应用而必须具有的本质属性。因此，“x 是一个人”或“x 的特点是人”的意谓，是人的性质；“x 先于 y”的意谓是这种关系成立的性质。已指出过：是命题函数的词不命名这个性质；被函数意味的性质的这个名称是同源抽象词。

对于其他种类的词，一个命题的延扩可能为零。例如，“x 是一个 17 条边的立方体”和对于常量“A”，“x 既是 A 又不是 A”，这些函数延扩为零。

一个函数也可外延为零但延扩不为零，“x 是被美国接受的第五十五个州”[①] 和“x 是一条在红海爬上船的海蛇”是这种函数。

也有延扩为全的函数，如“x 不是人或 x 是一个动物”，对于任何常量“A”，“x 是 A 或 x 是非 A”。

65 也有外延为全但延扩不为全的函数如“要么 x 不付马萨诸塞州的人头税，要么 x 超过了 21 岁”。

不像命题，函数的外延可以既不是全也不是零，“x 是一个人”和“x 先于 y”是这种函数。

七　内涵意义和外延意义

陈述句的逻辑性质是与相应的命题相关联的，并由相应的命题推出来，因为陈述句仅仅是断言命题，并将它们表示的事态归于现实。同样，陈述句函数的逻辑性质从那些相应的命题函数推导出来。命题是一种词，命题函数也是一种词，所以，所有某逻辑性质需要讨论的表达式有同样四种意义样式：外延、内涵、意谓、延扩。

在这四种样式中，最后三种同属一个确定意思，在这个意思中，它们参加与外延对比。有相同内涵和延扩的任何两个表达式，这三种意义样式是相同的（我们不能说两个意谓相同的表达式的内涵和延扩相同，因为有抽象词，如“圆形的”和“圆”，二者意谓相同，但内涵和延扩不同）。任何人，理解了一个表达式的内涵意义或延扩，靠自己便总能决定意义的这三种样式中的另两个，仅仅通过无矛盾地想象，无须借助他没有的经验或他不知道的事实（同样，理解一个表达式意谓的人，也可决定它的内涵和延扩，只假设他观察被给出的表达式是否是抽象的）。我们可以这样把这三个都称为意义的内涵样式。所有它们不得不将意义作为我们心目中的某

① 美国只有五十个州。——译者注

物（当它们被意指时）处理，或处理一些事情，该事情应是心目中的和通过思考可记起的，或是当我们坚持一个意义时由我们心目中的事物逻辑地决定的。

这也是真的：如果两个表达式的内涵或延扩相同，那么——因为存在
物的事实总是固定的，即使我们不知道它是什么——这两个表达式也将有 66
相同的外延。但是，有相同外延的两个表达式，在许多事例中其内涵、意谓、延扩可能不同。“人”与“会笑的动物”外延相同，因为它们真正应用于相同存在物的类，但这两个词没有相同的内涵意义。对于一个事物，其中一个词的应用，不逻辑地要求另一个词应用。还有，“x 是直立行走的一个大哺乳动物”与“x 是一个人”外延相同，因为“是一个直立行走的大哺乳动物”和“是一个人”是断定相同存在物的类，但它们不包含相同无矛盾地可想象的总类。再者，陈述句“1944 年 1 月 1 日是一个星期六”和“土豆是能吃的”有相同外延，都是真的，但它们不表示作为现实特点的相同事态，它们也没有相同的逻辑结论，不能从同一前提逻辑地推导。

这里的一个主要观点是：除了通过知道存在物的事实，没有人能**知道**他使用的任何表达式的外延。在例外的例子中，我们可知道存在物的这些事实——通过知道它们没有无矛盾地可想象的选择余地，也就是通过知道它们是逻辑的必然的事实。例如，尽管没有做任何经验调查我们知道存在的每一个人是一个动物。但是，除了这样逻辑的必然的东西，我们只有通过经验或推理才能知道存在物的事实。在特殊事例中，一个人最好说：“我不知道一些事存在还是不存在、是不是事实，但我们知道我**意指**什么。”我们应理解这个陈述句；并且，做这个陈述的任何人，**不**可能是意指他就外延而言意指的任何事。意义可能在心灵本身内被完全决定，或通过思考被完全决定，就此而言，无论谁意指某事，他必须用某种内涵样式思考他意指的事物。

这个简单和明显的论点的一个方面是：所有逻辑真理和逻辑能保证的
真理必须依赖内涵意义上的意义。因为逻辑和逻辑地可证明的这些事实， 67
是独立于所有特别经验的，是仅仅通过清晰和有说服力的思考能被知道为确定的。这同一点必须适用于分析真理：如果通过思考它，它能被知道，那么它必须独立于外延意义，只依赖内涵意义。我们已经发现这是实情：一个分析命题的延扩为全，内涵为零，并且，一个分析陈述句将这样一个命题表示的事物断定为有现实性。然而我们还不得不考虑这个事实的全部

意谓。

许多逻辑学家已经假定逻辑应是或至少应能根据外延意义独自发展。特别是在过去的50年里，许多扩充的和复杂的发展已经在这个假定的基础上建立起来了。但这个假定可能是错误的：逻辑断定的事并不依靠经验，或并不要求通过思考而被确定的任何事。没有陈述句是属于逻辑的，除非它是分析的并因此是由内涵意义的事实可证明的。

外延意义对于逻辑是基本的，这个假定通常与两个进一步假定相联系并被它们支持。第一个是，意义的基本意思，在其中，一个表达代表某物，是指谓的意思。第二个是，所有能被知道的其他事实和所有能被确信的其他陈述句，可逻辑地或认识论地从有关表达这些的单个表达式的事实中推导出来；一旦被恰当解释，没有陈述句是关于一个个体的一个陈述句，如果被意指的个体不存在，这能是真的。

这些假定中的第一个，与在讨论中一开始便困扰我们的一个问题有关。我们说过，有人否定一个非存在物能被命名或被任何词应用。尽管这个观点乍看起来似乎是荒唐的，我们不能在这点上澄清问题；但考虑到讨论已经有效，这一困难现在能简单地解决。一个词命名或应用于这个词包含的任何事物；任何无矛盾地可想象的事物具有对词的应用的必要的特点
68 （在它使用的特殊场合，一个词的延扩——它命名的事物——可被上下文限制；要么是修饰形容词的一个语境要么是被这个词的使用提供的语境，例如像“这个”或“我们”这样的限制词指谓的）。一个词命名的事物总是人们能够想起的事物，但就事实而言，命名不是指谓：因为如果被参照的事物碰巧存在，一个词才指谓它命名或应用的事物。

已提到过的第二个假定是：这的确是一个事实，即我们几乎不能精确地说任何事，如果我们没有特权说“A是某某事物”——在这种意义上，即如果不存在任何A（如果A不存在）是某某事物，那么我们的陈述将是假的。单称判断的这个意思很可能被感到是基本的。并且，关于被思考的个体的一个真理而由此引起的困难，最后的解决是简单的。一个单称陈述句“A是某某事物”的最经常的被意欲的意义，是“A显示某某事物存在”甚或是“一个或只一个A显示某某事物存在”，在这两个意思之中，当A的外延为零时，“A是某某事物”明显是假的。关于单个的陈述句的真，依赖于词“A”的外延，也依赖于A的外延与“某某事物”的外延的关系。但这绝不是说，有单称词出现的陈述句是如此被意欲。并且，如果

它们是被语言约定如此限制，那么，这里仍有合适的、值得说及的事物，
仅仅想象而不存在，或想象但不知存在与否的事物。对于这么一个被“A”
命名的思考的个体，“A 是某某事物”可意指“‘A’指谓的东西是包含于
‘某某事物’指谓的东西”。正如一个人说“这期间你们将学习的这本书是
一本哲学名著”。有了这个意义，如果“A”命名的事物不存在，不考虑任
何进一步的问题，“A 是某某事物”将是真的。任何是空的类，包含于每
个类：如果学生在这期间不学习一本书，那么他如此学习的将是您乐意的
任何事。[1]这种形式的一个陈述句“A 是某某事物”，可能意指“A”的延 69
扩是包含于“某某事物”的延扩，像一个人说“三角形的面积可以据三个
点之间的距离表达”。这将是真的，如果被恰当称为“A”的事物都有被
“某某事物”意味的特点，无论“A”命名一个现实个体还是只是想象的
事物——像在刚才这个例子中一样。

前面提到的两个假定都是错误的。仅仅是思考的事物能被命名。关于思考的事物、被我们的思考方式要求有一定的本质特征的事物，这里有一个能被告知的真理——有关假命题的一些陈述句也是这样。如果不是这样，那么没有人能制订一个关于其完成是可疑的计划，或怀有可想象地令人失望的任何期望。如果情况是那样，那么思考将是无意义的并也许是不可能的过程。既然许多事物尽管不存在但可被正确思考，并且更多的这些事物的存在是不确定的，那么，在意谓的意义上而不是在指谓的意义上（这是基本的意义），它是意指和命名。

前文已经提到过，内涵被决定了的任何表达式，有一个意义，该意义因此被固定在所有意义样式上——尽管关于它的外延我们不能知道它是如何被固定的。是这样，内涵意义遇到一个基本要求，该要求很久前被莱布尼茨规定过；这个要求，也就是，如果表达式“A”和“B”有相同意义，那么在任何陈述句中，“A”代替“B”或“B”代替“A”将不改变陈述句的真。[2]

在外延意义上，意义将不满足这个考验。例如，陈述句“被描述的生物是一个习惯直立行走的大哺乳动物，这个陈述句与它是人是一样真的”这是一个真陈述句。但是如果我们用“人”代替“习惯直立行走的大哺乳

① 严格地说，这里只有一个空类：每个不命名存在物的词有同一外延，也就是零外延。

② 莱布尼茨只为词规定了这一要求，并称那些符合它的为“eadem”或“coincidentia”。见格哈特编《莱布尼茨哲学著作集》第七卷，第 232 页。

动物”（二者外延相同），这个陈述句就变成假的了。再者，“一些鱼是可吃的”，这从一些鱼是食物这个事实推导是一个真陈述句，但“一些鱼是
70 可以吃的，这从许多叶子是绿色的这个事实推导”是假的；尽管“一些鱼是食物”和“许多叶子是绿色的”是有相同外延的、皆为真的表达式。

然而，得出结论说有相同内涵的表达式在所有例子中将有相同意义（在词“意义”的每个被要求的意义上），这是错误的。特别地，这个结论会导致反常结果：所有内涵为全的表达式有相同意义，所有内涵为零的表达式有相同意义。至此我们不得不承认“圆形的方形”与“三角形的圆”和“星期一的星期二”所指意思相同；“人或非人”与“猫或非猫”所指意思相同。这些结论与一般感觉不一致，对我们理解分析真理施加了严重障碍。如此引起的问题构成下一章的一个主题。

第四章　意义和语言 71

一　广义的意义

至此我们已经发现，意义的意思（在此之中，分析陈述句不同于其他陈述句）是内涵意义的意思：分析陈述句是那些有零内涵的陈述句。但是，因为内涵相同的表达式也有相同的延扩、相同的意谓和相同的外延，我们似乎可以得出结论：分析陈述句意指相同的事物。这个结论是令人不安的。我们将一些分析陈述看作与另一些相等，如“所有猫都是脊椎动物”与“所有猫都是有脊髓的生物”。但是我们将另一些分析陈述看作不相等的：“星期一紧跟星期天”似乎在说与“所有三角形有三条边”很不同且无关的事。

为了理解这个问题，我们不得不将意义作为语言的功能，将复杂表达式作为其组成部分的意义的一个结果来考虑。这就要求去关注特定的次要论题，特别是注意符号、表达式和意义的关系，注意一个语言表达能被分解成各有其意义的组成部分的方式和意思。在对这些做了调查之后，我们将能指出意义的更深层次的含义，同时考虑到有相同内涵却仍有明显区别的那些表达式。在这个被称为**分析意思**的更深层次的含义中，有普遍内涵或者没有内涵的两个词，将相等或可比，只要它们通常被说成同义的。而且，分析的或是自相矛盾的两个陈述句，将在分析的意义上是可比的，当且仅当它们是通常所说的等义。

意义一般通过语言、一系列文字或声音传达。但如果说，意义通过交 72
流产生或口头表述是必要的，这一点是最令人怀疑的。大概要表达的意义必须先于其语言表达，但是无论语言多么发展，它可回过头来修改已有意义。除了语言，别的东西也有意义。事实上，一个人很可能认为，像第一章中已提到的，词是别类表现事项的唯一替身（代理者），在意义作用的发挥中它是原始物。它主要是语言反映的社会环境，以及为了生存和成就后的满足我们对互相合作的依赖。但是不管这个交流的需要有多根本，处理固定意义的需要依然不断加深，必须表示任何生物都有能力自觉地影响自身与环境的关系，即使那种生物应该单独生活或者发现语言没有用。

正如皮尔士指出的，意义情境的要点在这些地方发现——这儿有充当别物符号的任何事物。语词几乎不能是第一个这种符号，毋宁说它们相对于其他符号而言是更易掌握和更易直接地适合于智力的运行。排除语言符号这种现象，鉴定意义就是像把车放在马前面一样，是在冒着使主题无足轻重的危险。意义的真正意义在于，如果 A 代表 B 或支持 B 或者想起 B，那么 A 意味着 B。

意义的内涵样式和外延意义仅仅是两个一般认知理解的两个特殊方面。内涵意义是理解的一个方面，在这个方面，它显示被做出的一个总类，和心灵中的一个标准（该标准是这个总类的提示和认识引导的反映的决定要素）。外延是显示被意谓的现实的那方面，我们能通过我们的总类
73 调整这方面，但它的潜能永不能通过已知的文字详尽阐述，超过我们的认知掌握，并必须保持我们的进一步和未被决定的预期的对象。排中律明确表达：在应付现实时，需要不断警惕和表示尊敬。

认识意义这种更广阔的背景和更深的根源时，如果我们将意义看作语言表达的某种事情，我们将不破坏任何利益。值得怀疑的是，这里有或可能有意思是词语不能表达的：如果将注意力限制在用言辞表达的意义，我们不能省略意义的某个种类，而是仅将我们的考虑限制于通过某种符号工具传达的意义。

然而，我们不应犯混淆词本身与它们所传达的意义这种错误。严格地说，需要多种清晰区分：我们必须将文字或声音与符号区分开来，将符号与词或表达式区分开来，将表达式与它表达的意义区分开来。

如果我们能通过一个符号将一个词定义为一个意义的基本表达式，这也许将是便利的。但不幸的是，词的传统分类至少同等地被非逻辑的考虑和有逻辑意义的标准所决定。如果我们先考虑一般表达式，不管那些基本和复杂的分类，那么我们将做得更好，直到我们已经考虑了有关区别的其他事情。

二　符号和表达式

一般来说，一个语言符号和它的意义之间的联系，是由惯例决定的。语言符号是言辞的符号，一个**言辞符号**是一种可辨别的记号或是为了表达交流的声音（在不同的例子中，被认为是相同样式的，部分是一些物理方式的相似，部分是一些约定地理解）。相同可认知方式的两个记号，或两个声音，是相同符号的两个**例子**，不是两个不同的符号。

一个**语言表达**是由一个语言符号和它的固定意思联系起来从而形成和被决定的。语言的表达式不能等同于符号。如果我们将表达式等同于符号，那么，“猫”意指“猫科动物”和“猫”意指“一种过时的鞭子”就是两个相同的表达式。并且如果我们将表达式等同于它们的意义，那么不 74
可能说——事实上它是可望能说——同义词仍是不同的表达，而等义的陈述句，用不同的语言表示，就不是相同的陈述。

如果在两种情境下，符号相同但意义不同，那么这里有两个表达式而不是一个。同样，如果在两种情况下，意义相同而符号不同，那么这里有两个表达式，而不是一个。但是如果在两种情境下——如在不同的时间或不同地点——符号相同意义也相同，那么这里有表达式的两个**例子**，但只有一个表达式。

一个符号的实例叫作一个符号；一个表达式的例子常被称为一个表达式，也就是说，常见用语的“符号”或“表达式”一时用作抽象名词一时用作具体名词。但是，被较好地判断和将在这里采用的是意味的抽象意义：它们的第二种用法（即作为具体名词）如果不是不精确，至少是令人遗憾的。一个墨点或一个噪声是一个具体的存在，但一个符号是一个抽象的或普遍的存在，一个表达式是一个相对的抽象事物。

当一个符号和一个意义联系起来形成一个表达式，它传统上既被称作表达式的符号，又被称作意义的符号。并且，意义既被称作符号的意义，又被称作表达式的意义。但是，所有这些在“属于”意义上的关系，当然是有区别的：一个符号与一个表达式的关系不是完全等同于这个符号的，被表达的意义的关系也不等同于表达式与意义的关系。我们总是想说符号**标示**表达式，表达式**表达**意义，并且当讨论符号与意义的关系时，我们将用“代表”这个词：一个符号**代表**同符号表达的表达式所意指（在它的意义的任何样式）的东西。特别地，说符号代表表达式命名的东西，这是恰当的。

命名或许是意义的最经常和特别重要的意思。正如已经指出过的，被
75 一个表达式命名的任何事物属于它的延扩。一个表达式命名或被命名用于
它指谓的任何事物，这也是真实的，因为任何被指谓的存在物是包括在延
扩中的。然而，现在有些普遍的观点：意义只是命名，命名只是指谓。这
个观点在两个方面都错了。在它的每一过程中，一个表达式在意义的所有
四种样式中有意义，并且它在每一个事件中总是有**相同的**意义。

两个事实可能促成这点混淆——那些将意义局限于命名或指谓的人所试图逃避的混淆。一个事实是：它有时是一个表达式的意义的某个样式，有时是另一个样式，这在一个给定的上下文中是重要的，并可能对真假是决定性的。第二个事实是：正如我们所说，一个表达式的意义可能早被它出现的上下文修饰或限制。但是，如果将意义上的、可标明在不同上下文中的一个表达式看作一个真正的意义含糊，这是个误解。并且，如果试图通过将其归因于放松语言的用法并尝试通过一些将意义局限于指谓的确切表达来解决这种混淆，这是不必要的，并注定会失败的。

谈到由上下文词语所引起的这种所谓意义的变化，准确观点是相当明显的：被讨论的表达式是组成部分的整个段落或上下文，有一个意义，这个意义不同于这个表达式的单纯意义。“红玫瑰”的意义不是“红”的意义或“玫瑰”的意义，而是由“玫瑰”的意义加上“红”的意义以及段落的造句法所决定。但是，从改变它的意义的这个意义上讲，在这里，“红”不修饰“玫瑰”。如果其意义被说成是修饰的组成部分，那么在它被指出的这个上下文中，或一些别的上下文中，事实上不保留相同的固定意义，那么它所组成的整个表达式的意义将是不确定的或事实上不同于它的意义。

这个关于由上下文引起的意义的变化的事实，也可解决别的疑难。一
旦它是一个表达式的意义的一个样式，一个在一个给定的上下文中是有重
76 要意义的样式，而不是别的，那么这个事实就依靠表达式出现的特定的上
下文，一点也不需要假设：相比它应用的别的场合，在别的上下文中，它
现在有一个不同的意义。

特别重要的是：包含一个表达式的一个陈述句的真，可依靠这个表达式的意义的一种样式，而包含这个表达式的另一陈述句的真，则依靠另外一种样式。例如，如果我们说“猫的类包括在动物的类之中”，这个陈述

句的真依靠“猫”的外延。任何外延相同而内涵等不同的别的表达式，能代替“猫”而不影响所说的内容的真，从这个意义上说，“猫”的内涵或意谓或延扩在这里是不相关的。然而，理由不是：在这个陈述句中，就外延而言，“猫”只有一个意义；而是：“猫的类”这个表达式有一个不同于“猫”的意义，该意义的界定不仅依靠“猫”的意义，而且依靠“猫”和“类”的意义以及分句的造句法。“猫的类”指谓“猫”的外延，即这里所讨论的猫的类中真实存在的那部分。

如果我们做出不同的陈述，“所有的猫被定义为动物”，那么这个表达式的真将依靠“猫”的内涵而不是外延。它的真要求：“猫”所指谓的内容包括在“动物”所指谓的内容之中，但外延的关系是不充分的；进一步的要求是：所有能想到的猫应能被“动物”正确地命名。但是，词“猫”和“动物”在这种上下文中通常有相同的意义；在短语“限定的”发生过程中可以找到说明，这个分句修饰了整个陈述句的意义，并决定着句子的真实性依靠“猫”和“动物”的内涵意义。

在许多事例中，一个组成部分由上下文引起的意义的变化，包括微妙的易被忽视的句法关系和别的“修饰语”，这些“修饰语”是相对模糊的或是只通过一些对表达式的习惯使用方式的一些理解来传达，这将毫无疑问导致它在这些方面可能的误解。在这方面，我们所选择的例子较许多其他例子更清楚。许多分句和陈述句是字面上的模糊，并且，为了其特定内 77
容被掌握，它们要求对上下文有更广泛的参考和甚至更不明显的理解。例如，陈述句“所有的猫都是动物”可能意指“猫的分类是包括在动物的分类之中的”，可能意指“所有猫都被定义为动物”；如果一个人希望为任何这类表达式达到一些不容变通的意义，或达到“所有 x 是 y”的一些固定的词形变化的意义，那么这个人可能容易导致一些逻辑的偏差而不是对各个场合中有的含义的容忍的公正。但是，这个已指出的特殊模糊，不是在词“猫”或“动物”中的一个模糊，有责任的是“所有”和动词“是”的模糊。词“猫”和“动物”有相同意义——或所有四种样式上——在其真依靠它们的外延的断言中，和其真依靠它们的延扩和内涵的断言中。[①]

概括这种情况：每个表达式有一个延扩和一个外延，并总是命名它命

① 被引证的表达式的身份的相关问题，像在陈述句“‘猫’的外延包含于‘动物’的外延”中的“猫”和“动物”，将在下一章讨论。

名的事物，指谓它意指的事物，就此而言，说一个表达式总是意指它命名的事物，总是意指已经意谓的事物，这是完全正确的。在这些和其他样式上，在每一次发生时，它有相同的意义。但是，如果打算断言：一个表达式不是同时和同等地意指它蕴涵的内涵和它意谓的内容，这是不正确的。一个表达式出现的一个陈述句的真假，可依靠这个表达式的意义的一种样式，而另一个陈述句可依靠它的表达式的意义的另一种样式。但是，这种区别起因于在这两个事例中，表达式存在的上下文不同，并且不存在表达式本身的任何不同意义的争论。一个表达式是如此被其上下文修饰或限制的，这不意味着其意义的转变。包含被讨论的表达式的复杂表达式，相比它的组成部分，有一个不同的意义，一个被这个组成部分和别的组成部分以及彼此的语法关系所决定的意义。因此，说任何复杂表达式的组成部分分别修饰整个表达式，相比于它们的一个修饰另一个（我们传统上正是这样做的），前者更准确（然而，我们将不企图坚持这种很逻辑的说话方式）。

三　基本的和复杂的表达式

78 如果一个表达式没有符号表示的组成部分，那么这个表达式的内涵是被讨论的表达式本身的内涵的组合。否则被讨论的表达式是复杂表达式。

词“猫”是一个简单表达式，如果我们说：“猫”意指“猫科动物”、它的意义有“猫类”和“动物”这些组成部分，那么，这是正确的但离题了。这些可辨别“猫”的意义的组成部分不是表达式为“猫”的组成部分，因为它们不是用写或说“猫”来表示的。同样，我们或许可以假定“猫”有用符号表示的组成部分，即字母“c”、“a”和“t”。然而，这行字不是表达式，它们没有它们自己的固定的内涵。因此，即使我们承认三个字母是表达式“猫”的组成部分，“猫”仍是简单表达式而不是复杂表达式，因为这里没有属于“猫”的意义的组成部分“c”或“a”或“t”的意义。像我们希望用词一样，在任何表达式中，只有表达式才能是组成部分。

我们不能将表达式等同于词语。这至少是可疑的：像“unkind”“tactless”“darkness”“equality”“impenetrable”这类词不能被分析成用符号表示的组成部分——这些组成部分的意义是词的意义的组成部分。甚至，“quickly”、“working”、“painted”，以及“durable”、“benefaction”这类词，是否它们没有复合词的意思并仅仅按照惯例不用连接号连接地书写，这会引发一些问题。在像“unkind”“expose”“quickly”“equality”这些表达式的意义中，如果一个人宣称前缀像“un”和“ex”和后缀“ly”和“ity”没有它们自己的固定的意义，相反的语源学的争论是明显的。即使承认这个宣称，仍不能逃避这个事实，即这类词的剩余部分——“kind”、“pose”和“equal”——是已提到的更长的词的组成部分。所有简单表达式都是词——这些词带有一些“词”这个词的传统用法的外延，这种说法似乎是合理的。但是，所有词都是简单表达式，这个论点没有合理性。

四　所有的词都有意义

然而，我们不得不面对一个问题：是否这里没有通过修改它们的上下
文的样式出现在语篇中的词，没有自己的意义和内涵，因而不被看作包含 79
它们的较长表达式的组成部分的词，如果要遵守组成成分必须是在它们正确范围内的表达式的这个规定。在任何现实语言中，这里将有被传统地分类为依附范畴词，像介词和冠词一样。并且，这个传统分类的基础是这个假设，即一旦这类词修饰它们的上下文，那么它们没有单独意义。

我们将只在这个主题上提出建议，并打算指出的是看起来合乎情理的结论而不是证实它们。首先，因为从对它的讨论中得出的结论很少，这些结论将推进我们更关心的问题的解决。已经指出，对于我们，它有重要意义，但更是我们论述途中的一个困难，并且，执着于这个问题而长久离题，将是可惜的。其次，尽管自古以来逻辑学家已提及这个论题，但是，只是现在开始收到为了澄清所涉及的问题所必需的注意。在这些情况下，关于这点我们将不研究逻辑学家决定研究的那么多，就当前目的而言，过多讨论这一主题只会浪费读者时间。

第一，应论述的是，对于否认虚词意义的一般基础是：意义是指谓或理解，具有意义就是成为某物的一个名称。一个人也可以怀疑传统主义者不能充分考虑能被命名的多种实体，包括特性、关系以及个别的对象。

第二，我们必须去查究，一个意义或一个上下文，除了通过一个意义外，如何能被“修饰”或“限制”；如果“S”是一些依附范畴词，“A”

是范畴性的词，如果“S”没有可理解的和特定的内涵或意谓，那么分句“SA”的特定意义是如何产生的。如果“SA”有一个不同于“A”的固定意义，那么，它似乎一定有一些与“S”相关的固定的和易了解的意思。

80 所有词事实上都有意义、名称和应用。所有词基本可分为名词、形容词或动词，而且，动词是一种形容词。更简单地，所有词要么是名词，要么是述词；甚至可以问：这个区别（即名词与五种宾语）是比相关的分类法更基础，还是同等，抑或取决于被讨论的词的更典型用法。名词是那些被谈及它包含的事物的词，因此显然是名称。述词是那些应用于它所包含的事物，并谈及或更清楚地指出它们意味的性质的词。因此，“红的”、“热的”或“甜的”——就其具体意义而言——是一个述词，它包含和应用于任何红的、热的或甜的事物并指出所意味的性质。述词似乎是语言上的属性形容词，它有一个原始意义——这是具体和形容词性的意义，如“这是一朵红色的玫瑰”或“这朵玫瑰是红色的”，还有一个抽象的有代名词性质的从属意义，如“红色是一种温暖的颜色”。只有在具体意义上，这种属性形容词才是述词。在其抽象意义中，它们命名它们意味的事物，并是名词。任何述词“M”是可定义的；如果不是直接采用定义形容词的样式，那么通过定义一些形如“Mx”或“xMy”等的表达式，在此表达式中“M”是组成部分，并且除了句法意义成分以外，其他组成部分都是可变的。

动词是指述和应用于事态的述词，因此它们出现的上下文可以是能断言的。因此，“约翰”不意味任何事态，因此是不能断言的，但“约翰走路”或“约翰花钱”或“约翰如何如何”通过走路或花钱或如何来意味一个事态。在任何陈述句中，动词也通过其形式传达断言的符号。一旦这个断言符号的意谓是不存在的或抽象的，那么动词的直述其述词意思的分词形式出现，在一些例子中，它也可能以有关分词和不定词的从属和抽象意思出现，在这种情况中，它不是一个述词而是一个抽象名词，如“走路是一种好的锻炼”或“是比好像要好”。

副词是那些修饰其他述词或包含其他述词的上下文的述词，动词述词属于那种可被副词修饰的述词。例如，“迅速地”可修饰任何“x”（只要
81 迅速地 x 有意义）。如果我们知道“迅速地走”“迅速地沸腾”“迅速被发现”的意思，并且，一般来说“迅速地如此如此”意指的事物对于“迅速如此如此”的分句而言有意义，那么，我们便知道了副词“迅速地”的意

义。因此，“迅速地”应用于走、沸腾、发现等事例，并意味它们的性质，这个性质可被意味为迅速，这共存于任何迅速发生的所有事物，正好“红色的”应用于是红色的所有事物。就这个特别的副词性而言，任何被归类为一个副词的词，将是更复杂的述词（该述词是形容词性）的一个组成部分。但是，这些副词偶尔可修饰用作抽象名词的形容词。在这种例子中，如“迅速行走是一种好的锻炼”，副词被用作简单形容词。在任何事例中，一个副词是一个形容词，它主要通过对它能充满意义且正确的出现的上下文、对它的有意义的应用范围的限制，从而区别于其他形容词。

介词是关系词，是可以通过定义的如“in x”、“of y”或“z in x”、“z of y”等短语来定义的，“in”应用于在某物内的任何事例，或用于一物在另一物内的事例，并意味在内的这种关系性质，或有这种关系的性质。

冠词是修饰名词或代名词的形容词，“一个 x”相当于包含“x”的一个例子；“a”或“an”意味共存于任何事的所有例子中的性质，成为可被一般名称或普通名词命名的一个事物的性质。“the x”意指“特定的 x”（或 x’s），它最经常的意味是单一事物的性质，应用于一些总类的唯一实例的存在物，该存在物通过“the”修饰的词和一种理解或清晰的上下文来暗示出。

简言之，就一般意义而言，所有词都有意义。它们或者包含命名的意思（这些名词的特点），或者包含应用的意思（这是形容词和动词的特点）。所有词意味某些性质或特点，这些性质或特点必须是被它们能被正确使用的任何事物或情境引以为例的，这个事实也许更清楚地指出了从延扩上讲所有词都有意义。并且，所有非抽象的表达式包含它们的事物的任 82
何事例，而抽象名词命名它们意味的事物。因此，在任何情况下，拥有意谓的一个表达式也有相应的延扩和内涵。而且，所有词指谓属于其延扩的任何存在物，并且有一个内涵（这个内涵由该词的运用所蕴涵的内容所决定）。

无论这个草率概览有多么可能的错误和不充分，也许它能充分证明：就词意味某物而言——该物对于词在一个真陈述句中的使用是关键的——所有词都有意谓。并由此可推导，它们在所有四种样式上都有意义。至少这点是清楚的：“共范畴”的传统分类是建立在先入之见的结果上。这个先入之见是：意义仅限于命名，因此只有名词或代名词有其自己的一个意义。所有词至少修饰一个上下文——感叹词是一个例外，否则，名词就是应用于某物或别物的事例并意味某些特定性质在这种应用中（无论简单还是复杂）的述词。只有这样，在讨论中它们的出现，才能促使任何事物达到其意思。

如果这个结论是合理的，那么我们便克服了一个困难（陈述句或复杂表达式的分析一般会在不同情况下遇到这个困难），即这里会有话语的成分，这不是简单表达式，但为了将复杂表达式分解成有意义的、本身是一个表达式的各个组成部分，从而要求在上下文中与其他成分放在一起。所有明确的话语成分是上述表达式，这个结论允许我们宁愿将其作为分析的意义用简单方式讨论而不用别的可能方式。

五　分析意义

任何复杂表达式的意义是其组成部分的意义与它们在整个表达式中的语法关系共同作用的一个结果。然而，句法要素未涉及句子成分但通过句子成分的顺序传达，这个是一定不能被遗忘的。[①]

83 一个复杂表达式的任何成分的内涵意义，是整个表达式意义的一个成分，这个意思前面已经提及。被别的成分修饰的一个成分，它的意义未改变，而是保持相同；仅仅是，包含该成分的表达式有一个不同于被包含的该成分的意义。“哈利的狗睡觉的那个狗舍”不意指“哈利”或“狗”或“睡觉”甚至“狗舍”所意指的事物，但是每个这些成分在这个上下文中的意义与其独立抽出来的意义完全相同。不然的话，既然这些成分没有固定意义，整个表达式便也没有固定意义。但整个表达式命名或应用于某物，该物被“狗舍”包含，并且是地址的一个例子，是被“那个（the）”特指的一个例子，从而在本质上显示“狗”和“睡觉”包含的事物、被“哈利”命名的事物之间的特定复杂关系。每个成分的自身意义促成整个表达式的意义，并且，哪一种方式做出这种促进是由整体句法决定的，并通过这些成分被写出或说出的顺序指出。

复杂表达式的意义是它的组成部分的意义和它们的句法顺序的一个功能，这个事实对于可归功于内涵为零或为全的表达式的意义有重大关系。

---

① 任何意义的修饰（它既不通过一个符号——写的或说的——成分，也不通过适应一些普遍的和稳定的排序规则的这些成分的顺序来传达）可被称为一个惯用语。在句法结构中是否有一个不能免去的惯用语元素，这个问题我们略去不谈。

特别地，因为分析陈述句是内涵为零的表达式，它通过这个事实与非分析陈述句区别开来，这种考虑意义的样式对于理解分析真理的性质是不可缺少的。

两个复杂表达式可能有相同内涵，但是其中之一包含一个或一些组成部分，该部分与另一表达式的任何组成部分在内涵上不相等。例如，“星期一后的一天”和“在星期三之前的一天”有相同的内涵意义：被给出的这些分句中的词的意义，适合于它们在这里的意思。将这些定义和逻辑规则放在一起可以发现：它们是相等的，两个的意思都是“星期二”——假设“星期二”被类似地定义。不是经验事实而是意义事实对 84
于发现这种等义是必要的。但是，明显地，两个表达有不同意义，也即它们相同的整体形式结合的意义在两个例子中的组成是不同的。并且，如果没有复杂表达式之间的这些区别（这些表达式的内涵、延扩、意谓、外延相等），论述中一个相当多的部分将缺乏一种重要性。我们不说“星期二是星期二”是无意义的，说“星期二是星期二”是没有内容的，但说“星期一之后的那天是星期三之前的那天”这是有内容的。这内容就是有人缺少“星期一”、“星期二”和“星期三”的正确用法的信息。大量证据有这种内容：事实上，如果省略相对不重要的考虑（即包含在前提中的一部分信息经常在结论中被放弃），这是唯一一种推理证明（如数学）所有的要点。

更进一步，尽管内涵为零的任何两个词在意义的所有四种样式上有相同的意义，但是一些这类词被说成同义的而另一些则不是。而且，内涵为全并因此延扩为零的两个表达式有时被称作同义的，有时却不是如此。例如，“不是一个三角形，就是别的平面图形”与“男人或不是男人”二者都是内涵为零，因此延扩为全并且在所有的四个样式上有相同意义，但它们几乎不能被说成是同义表达式。同样地，“1943 年 2 月 29 日”与“圆的方形”二者都是内涵为全，延扩为零，但它们不能被认为有相同意义。而且，两个分析陈述句，如“铁是重金属”和“2 + 2 = 4”二者是内涵为零，延扩为全，但不被称为同义词或说成有相同意义。并且，自相矛盾或自身不一致的两个断言，如“行星围绕一个双曲线轨道运行”和“2 + 2 = 5”有相同内涵和外延但不能归为等值的。

在内涵为零或为全的词中，这种同义或非同义的部分，依赖这些词的**分析意义**；依赖作为复杂表达式的意义，该表达式的内涵由其组成部分的

85 内涵意义和它们的句法顺序所组成。在内涵为零并是分析的或内涵为全并且自相矛盾的命题或陈述句中，等不等值的平行的区分，也依赖以上两个方面。（作为应用于命题、陈述句和函数“等值”的用法，是为避免不充分明确地产生意义含糊。因为这个缘故，同时也是为了方便，我们将称号“同义的”和“不同义的”延伸到用于一般表达式。如果相应的命题是同义命题，那么两个陈述句将被说成同义的，并且，如果两个相应的命题出现——它们是词，是同义的，那么两个陈述句将被称作同义的。）

六　同义表达式

为了标出这个区分，也为了别的目的，比较有相同内涵的表达（正文被讨论中的两个表达式之间）——在于它所能被分析成可比的或不可比的方式，也就是说，比较它们的分析的意义——该意义不仅参照结果的内涵意义，而且参照其成分和句法组成的方式，这是必不可少的。为了这个目的，我们将定义表达式的关系，这些表达式是分析地可比较的。（在简单表达式中，谈及分析的意义几乎是没有意义的。然而，如果能延伸这种指示词到它们，那将是便利的，即我们可以说一个简单表达式的分析的意义是它的内涵。）

两个表达式将被说成分析地可比较的，如果①至少二者之一是简单的，并且有相同内涵，该内涵既不是零也不是全；或者②如果两个都是复杂的表达式，它们能如此被标志或分析成用符号表示的成分，以至（a）对于一个表达式中每个被区别的成分，这里有一个另一表达式的相应成分，该组成成分有相同内涵；（b）在二者之中任一表达式中，没有被区别的成分其内涵为零或全，并且（c）相应成分的句法顺序在两个表达式中是相同的，或能被安排成相同而不改变任何一个整个表达式的内涵（没有表达式能被称为它自身的一个成分，这是可以理解的）。

因此，“圆形的被切除部分”和“圆形的洞”是分析地可比较。“正方形”和“等边的矩形”也是同样，因为这两个词之一是基本的，并且，它
86 们有相同内涵，既不是零也不是全。但是“等边三角形”和“等角三角形”，尽管作为整个表达式它们有相同内涵，但它们不是分析地可比较的，因为在前一个表达式中没有具有“等角”内涵的成分，在后一表达式中，没有具有“等边”内涵的成分。

我们将与好的用法一致——或者，至少尽可能地接近精确的任何式样——如果我们说两个表达式是同义的，当且仅当①它们有相同的既不为零也不为全的内涵，或②它们的内涵为零或全，它们是分析地可比较的。这可以消除把所有零内涵或所有全内涵的表达式称为同义或者不严格地说成具有相同意义所导致的自相矛盾。但是，对于内涵既不为零又不为全的表达式，如果它们有相同内涵——因此延扩相同，命名或应用于相同的可想象的事物，并且外延和意谓相同，那么就会满足同义的要求。因此，同义词可有不同分析的意义——如果其内涵既不为零也不为全——并且，词典中给出的同义词经常是这样。但是内涵为零或为全的表达式是同义的，当且仅当它们被分析成同义的并且内涵不为零也不为全的组成部分，并且如果这些成分的句法关系在两个例子中是相同的。[1]

七　独词句意义和分析意义

一个复杂表达式的分析意义与它的独词句意义的区别——它的内涵仅作为整个表达式——对于我们，对理解事实开路有更进一步的重要性，这个事实是：从一个意思（词的内涵的意思）上，所有分析陈述句“说同一事”并且“没说任何事”，从另一个意思（它们分析的意义的意思）上， 87
它们说不同的事，并且，它们说的事是有意义地与事实有关的。对分析陈

① 一旦相应成分贯穿给出的语境中有同一内涵，那么它们的同一顺序是一个对同一句法关系的充分表示，尽管被写的或被说的顺序一般是对句法关系的部分和不充分的表示。这时有一些疑难：有零内涵和全外延的哪些表达式是被适当地和有理由地视为同义的，哪些则不是。这里被定义为分析相似性的关系，是能合理地被忽视的决定这个点的许多关系的一个。

值得怀疑的是：有零内涵和全内涵的哪对恰当地或合理地被视为同义的、哪对不被视为如此。很少怀疑：分析相似的这种表达式，应该——而且将——是被视为同义的。怀疑是：在所有这种对子表达式中，这个关系是不是广泛充分地可以采取的。

应该指出的是，能通过参照组成部分的表达式（词）的定义而确认的任何两个意义对等的表达式，是分析相似的。就是说，如果我们有一个词典定义，所有的字表达给一个单一的同义词为每个（且在这样定义它们时可以使用复杂的表达式）但没有定义复杂的表达式，那么任何两个表达式是分析相似的。从相同的表达，我们可以通过用根据词典是等义的其他表达式替换原始表达式的成分。也因此，如果等义的表达式可以互相替换，那么，两个分析相似的表达式可以通过一系列的替换操作而相互转换。

因此，有足够的逻辑机器，分析相似性可以根据对称性和传递关系被界定为“等义”。然而，上述被定义的分析相似性不是传递的，可能会反对称它为分析等义。

述句的分析的意义的考虑，也为方法提供线索，通过这种方法，分析陈述句断言的内容能被确信，并且通过这种方法，它们不同于与断言分析真理的内涵共同做出的但是假的和错误的陈述句。然而，首先观察独词句内涵、分析意义以及内容为零或为全的一般表达式的对比是有益的，并且注意到分析陈述是可分成两类，这也是必要的。

我们已经说过：内涵为零的表达式将应用于可想象的一切事物，并且内涵为全的表达式，不应用于可想象的事物，经常被称作无意义。虽然这种说话方式是模糊的或不精确的，它的根据是我们能理解和欣赏的事，但是，我们也可观察到：被讨论的表达式是复杂的，并且其组成部分内涵不为零或全的情况，在这里，使用和叙述这种陈述句可能有一个要点，该要点在内涵为零或为全的简单表达式中不存在。的确，语言极少提供有这个特点的简单表达式，这是个暗示的事实。“存在物”、“实在”、“事物”和
88 “所有事物”详细阐述内涵为零延扩为全的单个词的名词；其中，“事物”经常在“个别的”意义上被使用，这排除了抽象存在物，因此“事物”是可疑的；并且，“所有事物”不是一个简单表达式。在述词中，只有像“可想象的”“可理解的”“可命名的”等内涵为零的属性形容词；并且这些是所有的（都是）复杂表达式，这些表达式的意谓主要依靠它们的成分的非零内涵。很难想象任何内涵为全的一个单词的表达式，除了“zero”和“nothing”，后者在感觉上明显是复杂的和私人的。几乎所有内涵为全或零的表达式都是通过成分间的联系被如此组成，这些成分本身内涵既不为零也不为全；我们具有和使用这样的表达式的理由在于它们的那个特点。例如，这样一个分句，像“不是一个三角形也不是别的平面图”，由它的各个组成部分的特定内涵意义决定成为零内涵——这些组成部分都不是内涵为零或全——并且由分句自身表达的句法关系决定。我们通过独立地理解表达式的每个成分和它们间被表达的关系来理解整个表达式的零内涵和全延扩。同样地，内涵为全和延扩为零的这种表达式，如“圆的方形”或“无脊椎哺乳动物”，由其成分的内涵意义——这些内涵没有一个是全或零——和分句中它们的句法关系决定。这种词的用法可能具有的意义，偶尔依靠这个事实：尽管作为整个表达式，像“任何事”或“没任何事”它们有相同意义，并且它们总是应用或从不应用，但是，它们的零或全的内涵意义是通过一个有意义的关系组成——这个关系只是有时具有，并且存在于成分之间，这些成分是自身很特别并且就它有时应用有时

不用而言是有意义的。确实，如果我们不通过将这些放在与别的表达式的关系中来传达某事，那么我们就无机会使用“存在物”“所有事物”“没有事物”等这些词。明显地，不使用内涵既不为全也不为零的简单表达式，就没有事物能被说，没有思想被传达。因此单独有意义地表达它们的是这个陈述句的分析意义，或者它们被使用的上下文的分析意义。并且，这个事实对分析陈述句的性质是重要的，这个陈述句的独词句的内涵总是相同的而且是零。

八　隐含的分析和明显的分析

可以说，一个分析陈述句总是断言内涵意义的一些意义，其中至少有 89
一些其内涵既不为零也（或）不为全，除了这个事实：这里有两类分析陈述句，并且只支持其中的一类。

我们将这两类陈述句分别称作明显分析和隐含分析——尽管这些指称词有几分比喻意义，它们仅仅是因为没有简洁的按照字义且精确地描述名称可以选择才被使用。精确明白地描述构成两类陈述句特有的特质，这也是困难的，因为任何一类陈述句的被表达的方式是多样的，并且因为像这两类之间一样，表达式的许多方式是含糊的。[①] 然而，我们将试图尽可能地得出二者的根本区别，并指出在普通语言中更典型的表达方式。

一个**明显分析陈述句**是一个分析陈述句（因此是真的），它断言是逻辑地必然的事物（一个陈述句是逻辑地必然的，当且仅当其相矛盾因素是自我不一致）。一个**隐含分析陈述句**断言是逻辑地必然的事物（并且其矛盾因素是自我不一致），但**不做断定**，这是逻辑地必然的。一个明显分析陈述句因此是一个模态陈述句，尽管表达的方式经常可能不容易被认作是模态的。一个隐含陈述句是非模态的，并且对于大多这类陈述句，它的简单的直言的特点是容易显现的。

也许这两类陈述句的基础重要区别可以通过一个例证来说明。所有猫是动物，这是可由“猫”和“动物”的内涵决定的。任何被呈现

① 在符号中，这个情况会更简单，让“◇p”代表当且仅当“P”是自身一致便成立的陈述句，“～q”代表“q是假的”，那么继“～◇～P”形式的任何真陈述句，或可简化至这种形式的真陈述句，明显是分析的。并且如果“q”不是“～◇～P”形式或可减少至它的陈述句，但“～◇～q”是**真**，那么“q”隐含的是分析的。

或被考虑的对象被决定是可归类为一只猫，这需要它是一只动物这个先决条件。所有猫是被界定了的动物。这种分析的关系能通过多种方法被表达。

90 所有猫必定是动物；
一只猫是只动物，这是逻辑地必然；
一只猫是被界定了的动物；
某物是猫但不是动物，这在逻辑上是不可能的；
一只不是动物的猫的概念，是自相矛盾的；
某物是一只猫这蕴涵（严格蕴涵或衍推）着它是一只动物；
猫的外延包括在动物的外延中；
一物是一只猫，从这个前提可推导出它是一只动物；
可被“猫”命名的任何物是可被“动物”命名的。

是一只猫和是一只动物之间的这种逻辑的或必然的或被认为决定性的关系，能被表达的方法是众多的。并且以上所有这些方式，以及表达这种逻辑的或必然的意义联系的别的方法，是明显的分析陈述句。

论述这种陈述句的这一明显分析的性质的一种方法，是评论为了否认陈述句中任何一个，不必要肯定一些猫不是动物——即存在非动物的猫，只须断言猫和动物间的这种关系不是一个逻辑地必然的关系；这里能有一只非动物的猫；非动物的猫是无矛盾地可想象的；是一只猫不严格蕴涵是一只动物。也就是说，以上任何一个陈述句，要求：“猫”的总类和“动物”之间有一种逻辑地必然的联系。并且，如果猫与动物的联系仅仅是偶然的和经验地可证实的，那么这些明显分析陈述句就都是错误的。

与以上对照，（存在的）猫的类包括在动物之类中，这个陈述句是一个隐含分析陈述句。它是真正分析的并且它断定的内容能通过参照“猫”和“动物”的意义而无须求助进一步的和经验的证据能被确信。但它也可以被设立——如同大多数科学定律一样，例如，通过概括被观察的猫的例
91 子。并且，即使从猫定义的“猫”和“动物”的意义决定这个真理是不可能的，但它可能是真的。这样一个隐含分析陈述句也可能有多样等义的表达式形式。与上面对比，我们列举一些相似的例子。

所有（存在的）猫是动物；

一只猫是一只动物，这是一个真实的归纳；

不能找到非动物的猫；

“猫”的外延包括在“动物”的外延中；

如果物是猫，那么它是一只动物（将“如果－那么”作为一个所谓物质的含意来分析，这总是成立的，除开如果部分是真且那么部分是假之外）。

简言之——尽管有点不太够谨慎——一个明显分析陈述句说明：在所有可想象的情况下，所有可想象的事物（已提及一种）中的某物是真的，而一个相应的隐含分析陈述句只是所有在现实情况下，所有现实的事物中的事物是真的，明显分析陈述句断定某物必然是真的，隐含分析陈述句断定这个事物（这是必然的真的）实际上是真的。①

像这个观点一样，对于具有明显分析陈述句形式的每一个陈述句（它断定是逻辑地必然的事物），这里有一个相应的隐含分析的陈述句，它只断定这个事物是事实的。但是，这两种陈述句之间的逻辑联系比这个观点更复杂，也更难清楚地表述和掌握。在这种联系中，考虑具有这种形式而是假的陈述句，将是有帮助的。我们比较：

（1）“所有无羽毛的两足动物是人”与

（2）“所有无羽毛的两足动物”；

比较：

（3）“所有狗都必然是有毛的动物”与

（4）“所有狗有毛”。

这里（1）和（3）被宣称是明显分析陈述句，如果它们不是错误的 92
并事实上根本不是分析的，那么运用就是这样。如果（2）至少是分析的，那么这就是隐含分析陈述句；事实上它是真的但不是一个分析真理。同样地，如果（4）是分析的，那么它就是隐含分析的，但事实上这既不

① 一些逻辑学家已假定：明显分析的和形式陈述句一般是关于表达式，而隐含分析的和非形式陈述句是关于事物或事实。这种意见是提醒的但不可信的，例如“所有猫必定是动物”或“‘猫’包括的东西包含于‘动物’包括的东西”——这是明显分析陈述句——与陈述句“‘猫’指谓的东西包含于‘动物’指谓的东西”（它是非形式的和隐含分析的陈述句）一样，不是明确地关于表达式“猫”和“动物”。事实上，所有非形式陈述句和形式陈述句，有一些相等形式，在这种形式中，被引证的成分、命名的表达式出现了。

是分析的又不是真的。很明显，无论真假，（2）可由（1）推导出，（4）可由（3）推导出。但这不说明（2）或（4）的真，因为推导的前提（1）或（3）是假前提。事实上（2）是真的，但只能由经验而不是从任何逻辑考虑或意义的事实来证实。并且（4）根本不是能通过逻辑或经验可证实的。进一步说，很明显，（1）不能从（2）逻辑地推导，（3）也不能从（4）逻辑地推导，特别地，在（1）的例子中更明显，因为（2）是真的而（1）是假的。

这里不用上述超出例子所暗示的事情的逻辑来困扰读者，尽管这里有比较重要的逻辑问题。[①] 特别与我们有关的论点从上面例子中可以说清楚。如果"P"事实上是一个隐含分析陈述句，那么相应地等同于"P"的明显分析陈述句必然是真的，这是可证明的——通过说明"P"的分析性质，通过显示它从有关被包含的意义的事实推导。因为，显示"P"通过参照意义而不是参照经验事实能被证明，就是证明"P"是必然地真。我们可以发现，一个隐含分析陈述句，像"所有猫是动物"（通过经验的调查且无须分析的发现）这是真的。但是，我们只能通过发现相应明显分析陈述句的真实性才能发现它是分析的，如"所有猫必然是动物"，它断言了"猫"的内涵与"动物"的内涵的逻辑关系。

因此，明显分析陈述句表达了认识论上的重大事实，该事实是：某物作为分析真理是可肯定的。隐含分析陈述句，如"存在的猫是动物"，由
93 意义的检验是可证明的，因此它是逻辑的，但它不能断定已陈述的事实的这个认识身份，并且我们发现它的这个认识身份——它是分析真理——只有通过揭示相应的明显分析陈述句，如"所有猫是动物"，这是一个逻辑必然事实，它的矛盾包括不一致的情况。

九　分析陈述句不限制行动

让我们建立这和先前论点之间的联系。说每个分析陈述句断言成分的内涵意义的一些关系，这是不正确的，因为，事实上隐含分析陈述句不做这种断言，相反，它们很可能断言类或外延的一些关系，"猫类包括在动物的类中"。但是，这样一个陈述句是分析的，只是因为这里有一个延扩

① 特别的问题是：如果"P"是一个隐含分析陈述句并因此是真的，那么它是否也将是真的："'P'是分析的"或"'P'是必然地真"可以从前提"P"推导出来。

的和内涵意义的相应关系，“无物可指称为‘猫’，如果它不能被称为‘动物’”无须因为：“所有猫是动物”仅是经验的归纳，从观察可证实。因此，隐含分析陈述句能被知道是分析的，只有通过知道相应明显分析陈述句的真；并且，没有分析真理可能被如此知道，除了通过知道一些明显分析陈述句是真的。每个**明显**分析陈述句**是**断言成分的内涵意义的一些关系，并且可如此陈述的意义的关系是任何逻辑真理知识的唯一可能的根据。

任何一个分析陈述句的独词句的或结果的意义，只是它的零内涵，与此相关，它与每个别的分析陈述句有同一意义，并且从任何事物和每个事物推导。这个独词句意义简单地指出：它的真理对于现实或任何可想象的世界，并不施加任何限制。它要求的只不过是个案，一直有任何可以想象的选择。但是一个分析陈述句的**分析**意义（这个独词句的零内涵由这个意义形成结果）是内涵意义的一些特定关系的断言，是一类或别的存在物的一个关系的断言，这个关系是可以从这么一个内涵意义的关系认知地推导出并尊重这个分析的意义。每个分析陈述句断定不同于任何别的表达式的表达式，这些别的表达式不是一个分析上可比较的表达式。

任何分析陈述句的独词句意义和它的分析意义之间当然能有不一致。 94
它有这个全部零内涵的意义，是因为这断言的关系和有关的意义。因此没有意义的关系能对任何实际或可想象事物的世界或经验事态加强限制。例如，无物可称为“猫”除非它也能被称为“动物”，这不需要任何猫甚至任何动物的实际存在，也不需要任何事物的非存在。它仅仅指出任何事物必须一致地被统一命名。并且猫的类包括在动物的类中，没有非动物**可被称为**“猫”——同样地不对任何存在物或可想象的世界施加限制：它既不需要存在物也不需要任何可想象事物的非存在。另外，没有经验的事态（无论实际的或只是可想象的）能指出支配或禁止意义的任何关系。实际的或是可以想象的事物可能，只通过名称来称呼；通过名称词应用于它们，它可能与这些意义的一些关系不一致。因此，分析真理是先验的，不能被任何经验事实或一系列观察的事实证实或证伪。分析真理与经验真理互相没有影响。分析真理是唯一决定性的方式，通过这种方式，我们可以不断地思考任何经验提供的事物。

我们对分析真理的知识的来源问题，有一个明显答案：我们知道这种真理，是通过知道我们意指什么，通过抓住我们自己认识的和智力的意图，通过理解我们承诺在采用自己的分类方式和建立它们的标准时我们自己干了些什么。但是，如果这个观点建议这类知识没有问题，那么，明显地，这是错的，因为要理解我们自己的意图所涉及和掌握涉及我们的一切承诺再采用它们，可能像理解数学一样困难。这是它的一个实例。决定分析真理的不是自动的和不可避免的，而要经受困难和错误。这要求证实的决定和检验的方法。

再者，有一个自身建议的答案。这些意义（它的关系代表问题）是我
95 们自己随意采取或忽视和拒绝的。它们通过决定建立，用这些决定的明确陈述表述。只要我们不断坚持，符合逻辑的那些一致性原则并以被采用的定义为基础，那么，所有分析真理可被如此确定和证明。

没有逻辑真理能在逻辑原理的帮助下，从确定的陈述句中被证实。但是，对逻辑真理是怎样可知道的这个问题的这个回答需要检验。没有注意定义和逻辑真理的性质，不能评估这个回答的有效性。

第五章　定义、形式陈述和逻辑 96

一　因袭主义者的观点

每个分析陈述最终能根据不超过我们接受的定义和逻辑原则而被确定。属于逻辑的陈述句自身是分析的，因此它可以被里面所含常用概念的定义解释以及它所表达的句法关系证明。

这表明所有分析真理的最终根据发现于定义性的陈述以及语言表达的转换和发展规则，这些规则是从等同定义和句法使用的习惯中得到的。据此我们还可以说，定义同样仅是语言使用的习惯的结果，由任意有关等同的表达来解释。因此，一般来说，分析的真理表达的东西是由语言使用的习惯来决定的。

持这种观点的墨守成规者几乎不能归结于任何逻辑学家或学派，没有服务于用多种方式修饰它的进一步发展，就肯定不能归结于任何逻辑学家或学派。但是如果这类观点被接受，那么，分析真理就视同与语言内容及结构有关，根据使用规则和日常用法建立起的分析，没有比我们所做的决定或基于我们的目的更加基础的了。

但是任何这样的结论都会对定义所要表达的重要性造成误解，且质疑
那些包括在逻辑中的通常陈述的有效性以及这种有效性的来源和检验。语 97
言符号的运用确实由传统决定并任意可变。同样，如何分类，标准是什么，如何呈现这些分类，都是决定性的问题。坚持这些方面是正确的，尽管传统观念会把重点放在不正确的地方。至于应该坚持什么意义，又或者是如何呈现意图，这绝不影响这些意义本身是否具有的关系。由于定义可以被接受，解释不一定是要相同的。定义性的陈述被接受，因为它们等同于其内涵意义等值是一个事实的表达式。语言符号的运用规则以及表达式的转换和发展，的确由主观意识决定。但是符号所代表的意义根本不能被

操纵。并且，我们对表达式的操作以及这种操作的规则，只有当它们服从实际获得的意义的关系时，才是重要和有效的。

事实上，逻辑有效性的问题把我们带回到分析真理的起初问题以及如何去证明它。属于逻辑的陈述，通过使之对评论结果有用的概括，而作为一个种类与其他的分析陈述划分了开来。因此，尽管包括重要的真理要素，传统观念者对于一般分析真理的性质和我们关于它的知识的解释，只要是正确的，就仍然是循环的。

二　定义陈述句的类型

定义通常被称作一类容易引起歧义的陈述。它们的真正意义一会儿是这种，一会儿是另一种，不管它们有怎样的目的，它们都可以用不同的方法来解释，严格来说，它们的陈述虽然相关联，但仍须体现出不同之处。在我们清晰理解定义这种真理之前，我们要考察这种关于意图的分歧和一般定义陈述的解释的分歧。

首先，我们应该注意到一个定义指定或决定的意义是意义的内涵样
98 式。当我们通过一个定义理解一个单词时，是理解了它的内涵意义。一个表达的内涵被固定并为人所知，对它的理解也就因此被固定并为人所知，或不需要参照特定的经验事实而仅凭表达就能够被决定。因此，定义在确定内涵中，也决定了命名意义，决定了表达式正确应用的可想象事物的总类。它也决定一旦内涵被给出就通过表达而被固定和为人所知的意义。但是定义不能表达或传递外延意义。一旦内涵被给出，它的外延就固定了——由于事实的存在，无论是什么事实，也被固定了下来，并且表达式指出了它理解的存在。但是没有定义是可以通过反映而知道或可知道一个表达式的外延；由于它不能使我们明白什么事物以名字形式存在，什么事物又不以名字形式存在。只有熟悉经验称呼才能执行这个功能，这种存在和经验可知的事实的变化会标记所讨论的表达式的外延中的相应不同之处。一个定义最多告诉我们，什么是*不*包括在外延范围内的，通过说明什么事物（即使它们存在或应该存在）不是或不会被表达式正确命名。因此，应该有一个定义的概念——它们是表达式所定义的外延的陈述——可以不用考虑得更远。然而，我们应该记住，当两个表达式是在定义方式上相等，那么，无论存在什么样的事实，它们都必须有*相同*的外延——无论

是什么——因为它们一定要有相同的延扩。

在典型的定义陈述里，确定表达是基本的，至少简单些。定义表达就更为复杂了。因此以我们的例子，“A = BC 定义”，不是要定义相等的关系，或是其他相似定义的形式，那些问题会在恰当时候出现。倾向于以这种方式形成的陈述，可能是为了表达下列三种情况之一。

（1）陈述可能与符号有关，可能为了表明符号 A 是 BC 表示的缩写。 99
这种定义的陈述被称为符号习惯。

（2）可能把一个符号与一个意义——假设一个现在的理解——关联起来，可能为了表示符号 A 是与 BC 的意思相同。这种定义的陈述被称为解释或是字典定义。

（3）可能是一个意义与另一个意义相关联，可能为了表达 A——在任何一种或所有四种意义样式上——与 BC 的意义是相同的。这种定义的陈述被称为可解释的陈述。

这些名字或许是合适的，尽管我们不打算对选择它们提出任何质疑，采用它们仅为了以后参考方便。

我们可以注意到可解释的陈述所证实的是符号习惯的结果。当 A 被用作 BC 的缩写时，任何 BC 所代表的意思成了 A 所代表的意思，A 不能毫无错误地用来代表任何 BC 不可代表的意义。同样地，一个可解释的陈述是任何相符字典定义的结果。如果 A 被指定与 BC 有相同的意义，那么 A 的意思和 BC 的意思就完全相等了。因此当定义的陈述有任何形式成立时，可解释的陈述总是正确的。也许因为这个原因，解释的陈述是所有定义类型中最常见的。然而，它不是第（1）和第（2）种所说明的，注意到这三种的不同之处对澄清与定义相关的许多问题是非常重要的。

用相同形式写这三种情况不恰当也必定不精确，因为不能指明一个已经给出的定义意指哪类陈述句，这就会产生歧义，尽管这种歧义通常没有严重后果，因为所意指的意义通常通过上下文可以澄清。

三　符号惯用法、词典定义和说明陈述句

为了减少歧义，我们必须采用一些与表达和符号相关的方法，以此与表达的意思或名字以及符号所代表的含义形成对比。

100 在论述中，术语作为事物的名称使用而措辞作为表达使用，它们之间所产生的歧义，能够通过使用引号以常见的普通而良好的方式来驱除（当然我们不能假设这是引用的唯一一个好的用法）。因此，当我们用术语“猫”来指一只猫或几只猫时，就不需要用到引号，如“我们的猫是马耳他的”。但是当我们希望说明这个表达本身时，我们用引号把这个单词括起来，如“‘猫’是哺乳动物的一种”。

因此术语“猫”（不带引号）代表动物，是不同于“‘猫’”（带引号）的（在写作中，为了指出一个表达式，我们必须使用它的名称，然后将其加以引号，这是件令人烦恼的事情。因此，表达式所指的往往并不是我们写作中所提到的，而是引号中所写到的那个意思，即在最外层双引号之中）。通过观察二者在意义的四种样式上的不同，容易说明“猫”（没有加引号，代表猫类）不同于“‘猫’”（加了引号，代表术语猫）。“猫”代表猫类，和“哺乳动物”相关，决定了猫的分类。“‘猫’”代表着术语，是“语言表述”而不是“哺乳动物”，而且只意味着一件事情，即命名猫并由三个确定的字母表示的表达式。它仅表述成为那个表达式的最基本的属性。因此，“猫”是个全称名词，而“‘猫’”（乃至任何加引号的表述）是个单称名词。

不幸的是，当我们希望讲到语言符号时，日常用法并没有给我们提供任何表明意思歧义的方法。我们已经习惯了运用引号，特别是当它仅代表着一个表述而不是所象征的标志的时候。为了消除这种歧义，我们
101 运用法语引号，写作“《猫》”作为表示表达式“猫”并代表如此命名的动物的符号。

因此我们说到猫，它们是有毛的动物但是没有内涵；说到“猫”，它是有内涵但是没有毛的；而《猫》是既没有毛也没有内涵，有的只是一个清晰的形状和三个字母。

记着这个，我们现在可以把有关歧义的定义陈述清晰地分为以下三类。

（1）一个符号习惯是普遍形式的陈述，“《A》是《BC》的缩写”。

（2）一个解释或字典定义是形式的陈述，“《A》是‘BC’意思的代表”。

（3）一个可解释的陈述是其中一个形式，“‘A’和‘BC’的意思是相同的”。

四　表达式中的引用成分

我们现在必须提出一个更进一步的问题，在命名表达式中的“‘猫’”（‘猫’有带引号）中，‘猫’是否是一个组成部分。相似地，命名猫的“猫”表示猫类，是符号名称的一个成分；《猫》是用来代表猫类的。我们必须提出这个问题的原因是，严格等同表达的测试，是先前说到的莱布尼茨测试，这类等义词能用另一个术语代替而不改变陈述句的意思。

但是现在假设我们把“‘猫’”这个命名猫的词看作一个复杂的表达，有着两种成分：“猫”（没加引号，命名猫类），和有着自身词语和句法意义的引号。如果我们写“‘猫’是与‘猫’相同的表达式”这句老套语，并且，在一种情况下，如果我们用另一个具有相同内涵的术语来代替引号内的表达（命名猫类），就会得到“‘猫’是与‘猫科动物’相同的表达式”这样一个错误结果。

这表明，包括了引号的一个表达的名字，不仅不同于它命名的表达式，而且被命名或被引的表达式甚至不是它的组成部分。因为，如果‘猫’是“‘猫’”的组成部分，那么，在任何陈述句中，它会是组成部分，就像上面所提到的“‘猫’”是组成部分的陈述句中。在这种情况下，“‘猫’”中‘猫’的等义词替代者，应该给出一个等义陈述句。但是刚刚考虑的例子证明它没有。

另外，‘猫’（无引号）是在通过加上引号组成的复杂表达式的组成部分 102
吗？引用是它所是的表达式，并且表达不依赖所引的表达式所要表达的意思吗？

如果我们考虑到什么是‘猫’（无引号）的表达，对于上述问题就可以得到一个真实又可以理解的解答。这里一定有些东西是不一样的，如果它要表达的意思是一种过时的鞭子而不是猫科动物；但也会有所不同，如果它是象征着《猫科动物》而不是《猫》。要分辨一个表达是什么，我们必须用某些方法表示它的意思——它的内涵意义——并且我们必须详细说明它是如何代表的。表达式‘猫’是命名猫科动物并象征着《猫》的词。举另外一个例子，在陈述“哈里说‘詹姆士要走了’”中，所包括了用引号表达的“詹姆士要走了”，是断言詹姆士将要离开的表达式，是用《詹姆士要走了》这个复杂的符号表示。作为目击者，一个人应该要求准确地告诉哈里说了什么，应该用相等的表达来代替“詹姆士要走了”，一个人的证词在方式上的错误可能是实质性的错误。在含有通过引用而被命名的任何长陈述句中，用等义表达式替换任何表达式“——”，可能给出一个无效结果，不是因为被引的表达式不能成为包含引用的长表达式的组成部分，而是因为符号<——>也是它的一个（未表达）的组成成分。

五　比喻表达式和字面同义

这里的这种难题只是逻辑学家如何准确表达逻辑方式所遇到的多种难题之一。我们可以在此提供一种不仅适用于这种例子而且适用于其他情况的解释。

在形象表达式的地方，可能产生长表达式中明显不可替换的同义词的困难——表达式的实际意思不仅仅从定义的意思里得到。不仅是形象表达
103 的比喻，还有许多其他难懂的表达，包括缩略语，以及像引号里表明的含义，或是有一个前提如“所谓的”。现在运用的名字通常都是形象表达，随着时间以及为了节约符号而简化了。例如，当一个作家在写法律条文商品条款时，他不能用没有胡说的内容代替“条款”或“条文”。在一个表达式上加上引号就是一种形象表达，虽然这是大概缩略的模式，根据规则，不是由相似结果得出的特指缩略。

形象表达的一个特殊种类，有很多逻辑规则运用的难点，它们是非常复杂的而且并不是由它们的明确（书面或口头）成分得到的意思。这些显然是分析规则无法克服的困难。例如，正如我们所说的一个景观上存在的污点一样，没有人能成功地应付涉及此表达且没有涉及上下文中无效结果的危险的任何问题，除非这个比喻词语首先被它所要表示的意思用文字表达出来。

形象表达在实际的语言运用中比逻辑学家通常所提醒的更加常见和多变。使它们修正于逻辑原则的大致过程是显然的：在任何分析原则运用于它们或它们的上下文的转换之前，它们必需首先被它所要表示的意思用文字表达出来。一个复杂的表达式仅仅是当从正确通用的意义及基本成分及其指定的句法关系的合成的文章表达中阐述出来，才可以称为文字上的。

这些考虑解决了我们要解释的难题的最主要部分。在同义反复中，“‘猫’和‘猫’是同样的词”。在一种情景下，我们不能用同义词“猫科

动物”代替“猫”（指谓猫类）。在“‘猫’是由三个字母组成”这句话中同样适用。原因是，尽管“猫”（命名猫）是“‘猫’”（命名术语本身）的一个组成部分，但是，命名那个术语的方式是形象的，它字面上的意义是“命名猫类并由《猫》象征的表达式”。这个字面意义代替那个形象表述，困难就消失了：“命名猫类并由《猫》象征的表达式同‘猫’是同一 104
个单词”，并且，“命名猫和‘猫’所表示的表达式是由三个字母拼成的”，这不仅是真的，而且，如果同义词“猫科动物”代替了‘猫’（现在并没有加引号），它仍然是真的。

同样地，在陈述的引用中，“哈里说‘詹姆士要走了’”。任何总结它的证词“哈里说（或发出的）表明詹姆士要离开和通过用《詹姆士要走了》的符号表达的一个表达式”的人就显得累赘和使人疑惑了。但是如果他使用同义词代替重复使用哈里的话，例如，“哈里说（或发出的）表明詹姆士要离开和通过用《詹姆士要走了》的符号表达的一个表达式”，就是安全的。

部分的难题在于涉及符号的命名，如“《猫》”和“《詹姆士要走了》”。用法语引号括起来的内容是包括引号的表达式的一个组成成分吗？表达式“猫”是表达式“《猫》”的一个成分吗？它不是，因为法语引号不是任何表达而仅仅是一个符号。我们可以说引用符号是法语引号的一个组成部分，但是，简单地说“《猫》”是一个单字复义词，它的比喻义是一个由三个字母组成的符号，这样说更精确。[①] 由于这个原因，“命名猫和《猫》象征的表达式是与‘猫’相同的表达式”，法语引号的项目不能被同义词“猫”代替：它不能这样被代替，因为它不是表达式，没有同义词。它只是一个符号，代表猫或者是一种过了时的鞭子。然而，“《猫》”本身就是一个表述，并可以由类似的表述“字母《c》后紧跟《a》与《t》”代替。我们须记得，在上面这个陈述中，短语“与‘猫’相同的表达式”中的‘猫’不能由同义词代替，除非是错误排版了。

这个题外话是必需的，因为我们必须解决这个异议，如果考虑被忽略 105
了的话。或许它能在任何情况中通过问题的内在重要性被证明，但是我们必须回到之前提到过的三种定义的陈述类型。

---

① 我们说一个符号或是表达式被写或被说，这自身就是一个形象表述。从字面上来说，这是书面或对话中出现的符号或表述的例子。说符号或表述一般出现在较长表达中，这尽管可能会有点字面化，但是意味着，它在这个较长表述中与其他组成部分间的关系。

六 “定义”的三种层次

符号习惯和我们称作解释或字典翻译的类型传统上被分为名义上的定义，基于它们都是可解释的陈述的名字或是语言的运用，而不是事物的真实本质。反对现实定义与名义定义的区分的要点，主要是通常和它联系在一起的、现实的逻辑概念，事物的分类是由它合并的形而上学的本质决定的。对于这一观点的争议几乎没有空间。分类和它们的标准不是形而上学地而是实际地决定了，甚至当这样的标准固定了，也不只有一种可以分类的方法。同样，对于这样的分类，对某些来说是重要的，对另一些来说是不重要的。在客体的性质中，没有东西通过参照分类而决定基本门类。然而，分类模式给出后，决定任何特别事物是否属于一个特定的类，是真正的本质，是它具有或缺乏的特性。对于它属于某个类，其具有或不具有某种性质是至关重要的，这是一个独立于任何实际的分类方式和任何语言用法的事实。尽管如此，没有任何明确陈述句断言存在，不管显而易见的还是神秘的，或者依赖于两者的。甚至解释陈述句停止了与分类的关系，与标准的关系，与含义的关系，而且不能由于任何一样东西的是否存在而判定真假。因此，很少采取传统的现实定义与名义定义的区分。回答两个的确不同的问题都是采取定义的形式，首先是关于做出分类的问题，以及做出分类的基础，以及它们之间的关系；第二个问题是关于语言学符号以及它们在传达这种区分和关系时的用法。所使用的符号和它们之间的关系，以及它们所指定的意义的符号
106 表现，是由习俗所决定的。同样，做出何种分类，以及蕴涵哪种意义，是被决定。但是，蕴涵的意义是它们所有的，而不是它们是否应该蕴涵意义。当意义确定了之后，意义的关系就不会被我们的决定以及符号表现的模式而影响。

如果我们考虑已提到的三种定义陈述的意义的一些更多的细节，这会变得更为清楚。

最清晰的符号习惯出现在数学系统中，在这些数学系统在设立和独立于任何特殊的应用系统或解释而被考虑的意义上，是无法解释或抽象的。但只要注意落在正式的结构或不同于经验应用的概念的关系，这种符号习惯的意义可能符合定义陈述的意图。如：可能是，概念 B 和 C 尽

管已知了其中一些应用领域，但并没有明确地仅限定于此领域而是仍不能确定一个更广泛和更窄的含义之间；定义陈述的意图有点像“让我们暂时忽略如何特别地限制概念‘B’‘C’的应用，但却将概念‘A’等同于‘BC’”。事实上，每一个定义陈述都会有符号习惯层次的含义，其意图是陈述一个语言或符号的等义，而不是对概念《A》指定一个已经固定和明确的意思“BC”，或根据“BC”来明确“A”的一个已经模糊地决定的意义。如果可以允许定义表述不明确或不清楚，那么，符号习惯层次的含义是唯一能附加到定义陈述的。除非“B”的意义是明晰和固定的，否则，没有任何陈述词可以将符号《A》或者“A”的意思与“BC”的意思相连接。

典型的解释或字典定义的例子当然是：在其中，表达式“BC”固定的意思是被理解为并指定符号《A》作为它正确的代表。人们会落入这样一种圈套：通过赋值给它一个先前理解意思来给别人介绍了一种新颖的符号。当提及符号《A》的时候，由于没有人知道这种用法，通过提及一种已经被理解的意思，如 BC，就可以得到很好的解释。但是如果陈述句断言 107
的是“A”已经被大家所知道的意思是“BC”的表达式一样，那么这就不是一个字典定义，而是可解释的陈述。

一个可解释的陈述当然是一个因断言了一个相等意义而真的所谓同义反复。要形成这样的分类，定义和被定义项就必须有一个固定和为人所知的意义。但是，我们必须知道，一个相等的意义取代另外一个往往是含蓄决定而没有确定的把握。很多情况下一个精确的定义陈述代表着意义分析上的成就，而绝不是多重身份断言意义上的同义反复。更进一步地说，需要看到的是：意义的精确意思（在其中，解释陈述明确断言相等意义）是内涵的相等，并且，都涉及隐性或显性地参考一个或两个表达式的分析意义。同义反复“‘A’＝‘A’”并不可能解释任何意义，除非它是‘＝’。假若“‘A’＝‘BC’”是解释的，这里的‘A’与‘BC’的意思都是固定且为大家所知的，它能是这样，仅仅是因为‘A’或‘BC’或者二者的意义的一些分析。一个表述的内涵与另外一个表述的内涵相同，或许一个思想的出现恰好是因为刚好出现在内涵的一些成分，如所观察到的，并不是在先前掌握的术语中的另一内涵的成分之一。因此，可解释的陈述“‘A’＝‘BC’”还是可以对一些人传达出新的意义，正如我们所说的那样，那些人之前已经知道‘A’、‘B’和‘C’的意义。

七　惯用的同义和意义的同义

几乎所有定义的形式都有这三种意思，时而一种，时而另外一种。对于说话者或作者与听者及读者来说可能会有不同的意思。但是如果我们不动摇采取这种陈述的方式，或者假若孤立地看待同时牵涉多种含义，我们
108 就会发现，定义中没有事实证实任何分析陈述的真或假会受习惯的影响。因为符号习惯与字典定义并不是分析陈述。解释性陈述是分析的，它认为，真理不会因分类、符号或是语言用法的决定而改变。

符号的惯例要么用劝告的语气表达“我们用《A》做《BC》的缩写”，要么用真的或虚拟的语言符号传递经验主义的信息；“在这个上下文中，‘A’相当于‘BC’”。就像在之前提出的，一旦惯例被接受或者用法被理解，它会让我们觉得任何相关《BC》意义的都会指派给《A》，反之亦然。如果有任何具体的意义这样分配，那这理解就提升到分析陈述了。但是惯例的公式化传达的鼓励或建议跟结果是截然不同的。它本身没有任何意义。如果有，惯例跟它搭不上关系。我们不能规定两种意义的关系：一旦它们本身的意义是固定的这些就是固定的。

字典定义通常是被称为好的、固定在某个被定义的语言符号的意义陈述。这样，传递着通过社会风俗的研究可以核实或推翻的经验主义信息。字典里的定义是如此的经验主义，以至有时候被事实证明是错误的。如果字典编写者点头，那些错误就会通过规范作品的引用或没有支持他的引文而得到证明。

然而，在前面已经提到，即使传统符号和字典定义不是分析的，而是命令或经验事实，但是它们仍有可能在已经指出的意义和方式上提升到分析陈述。一旦采用字典里传递的经验主义信息，我们会注意到微小的区别，“‘A’的意思相当于‘BC’”。当‘A’的意思固定且被人所知，这个陈述就是分析的或错误的。相似地，只要《BC》有了固定的意义，那一个符号惯例就会提升到分析陈述。从更深层次来讲，要求和决定符号有一定的意义，这有不可忽视的逻辑命令的特点和品格。因为公式化意味着束缚
109 我们的未来行为，否则毫无意义。只要遵守它表达的决定，被讨论的符号就必定用命令的方式使用并传递任何指定的含义。

由于符号惯例和字典定义一方与真正解释陈述另一方的紧密联系，区

别于惯例的、意愿决定的特点，有时有助于解释字典定义。分析陈述的有效性可以被定义证明，这进一步扩充了一般分析陈述。但是“惯例”所内含的选择的自由，正是一旦我们经过规定和解释关联意义的陈述的语言使用便消失的要素。有人可能会选择用符号《A》，有人可能会选择用符号《BC》。但是选择之后，他可能不会因此接受或拒绝“‘A’的意思和‘BC’的意思一样”。符号和意义变成固定搭配的决定无论是什么，所讨论的意义就有了相互之间的关系，并且这些关系不可选择，也不可以由它所做的决定而改变。是否‘A’意味这样那样，或‘BC’意味这样那样，是否内涵相等，这些是绝对的和不变的，不管任何被采取或否定的传统。是否‘A’表达的意思跟‘BC’相同，得根据三个条件：①《A》象征什么；②《B》和《C》分别是什么意思，《BC》是什么意思；③这些意义之间相对彼此的关系。在这里，①和②适用于个体抉择或社会惯例，但是抉择或惯例必须有上述前提——如果不是，就没有相关意义——③是一个不可改变的事实。

要推断一个表述是否真实，或者是否是分析的，可以在任何程度或部
分的是语言惯例的问题，除非其所表述的是相应的传统经验主义事实——
是允许一个人被像“‘A’表达的意思”这样的表达式的含糊不清所欺骗。
符号《A》意味着它被决定所代表的东西，但是它的符号的意义拥有完全
独立于被选择的符号物的特点。正是其这样的独立意义特点可以称为分析
陈述。有人可能会用《鸟类》和《有两足的》作为一对选择。但是一旦选 110
择被固定分配的意思，就不能改变分析真理“所有的鸟是有两足的”或没
有人可以创造一个有四只腿的两足动物，或靠称呼水星为海王星来改变其
轨道。意义的分析关系是取决于意义本身，决定的方式是在任何语言惯例
之上的。

定义可能是传统的，不仅在它们代表给符号指派意义的意义上，而且从更远更重要的意义上它们代表根据我们认为对观察有用的和重要的标准而选择的途径所做的分类。我们可能因此而接受并且运用那些意义，或者无视它们。大部分能被思考的具体意义，从来没有被思考或者表达，就像有限的数字，没有人会在计算之外用到它们。但是，从未被接受的意义之间的，是其所是，不依赖被接受，就像两个未被计算的数字之和，是不依赖于任何人的选择的。进一步，一种分类方式的选择，或者声明打算在偏好替代物中使用它，既不反对也不影响任何根据其他可能分类可表达的东

西。

为了观察不依赖于我们可能想到的和如何选择象征它们的独立性，我们不需要假设意义和它们的关系之间有一些超常的状态。它们因而是它们本身，不管它们住在柏拉图的天堂，或它们形而上学的状态都仅仅是没有人会感兴趣去思考或投入的逻辑结果的前提，或是我们通过没有人考虑的决定而隐含地做出的许诺。一般隐含的分析陈述，它们不受自然约束，没有存在或不存在可以影响到它们。它们不禁止也不要求任何经验意义的可能，也没有经验意义或它的缺乏可以支持或反对。没有决定或惯例可以设置、取消和改变它们。它们有无形的和非存在的安全，属于逻辑的安全和固定。

八 定义和形式规则

111 关于已经讨论了的定义的问题与深入的关于逻辑本质和一般分析真理的问题有一个直接的联系。我们已经讲过分析真理是可以被参考意义证实的真理。一个分析陈述能通过参照它的分析意义而证实，即参照它的内涵意义，该意义作为其成分的内涵与在讨论中的陈述的句法关系的合成。分析陈述是零内涵的，它们的意义不会对任何超出限制的持续可思考的事物施加任何限制。因此，它们否认那些自相矛盾或是不一致的事物。

然而，可能有人觉得这个观点中有缺憾。他们可能会说，这很像假设分析真理是一个直接内在的问题，而事实上分析真理是一个逻辑问题，形式的事情，规则的事情。他们会承认我们应该加一些定义到逻辑以便丰富一般逻辑真理的标准。没有形式逻辑的原则将决定，譬如，“所有人是动物”是不参照“人”的具体意义而是分析地真的。参照必须有靠句法规则而有助于包含于它们的成分的定义意义的东西。但是，可能增加的定义和句法规则都是规律的事情并且属于形式的东西。

这个观点的基本正确性是无可反对的。每个人都会保证分析真理是通过参照定义、逻辑和句法而可证实的。但是如果被用来暗示它可减少到形式规则，那么在这儿必须有两个观察。首先，明显地，如果定义是包含于未证实一般分析陈述而需要的规则，那么，被需要的规则就像字典里的定义那样
112 多。而且，如果短语“形式规则”通过无意识的联系而有知识经济或一些特种准确的内涵，或对准确的检测，那么，这个内涵将会是似是而非和误导人

的，因为事实上没有经济会受定义“形式规则”所影响。关于定义的正确性区别于简单直接的观察它充分正确表示定义的意义，没有充分测试。其次，如果为了避免要求识别某个意义对于决定一般分析真理是关键性的东西，要求定义是语言操作规则，并且不需要被测试因为它们是惯例决定的，那么，我们已经看到，这种声称是无效的。它只是符号而非有意义的表达式，它们的关系是传统决定的，并且也可能是根据任意规则决定的。定义没有任何意义，除非符号有明确声明和具体意义。而且一旦它们有意义，根据被讨论的意义是否有它断言的关系，它们的真假就能被确定。如果定义说了任何事，那就会有关于它正确性的测试，这个测试单纯是通过参照它的意义被提供的分析陈述的特点的测试。没有被要求的事先形式规则，因此没有取决于定义的或可定义的意义的一般分析真理。形式规则经常协助陈述的转换，并且帮助决定什么可能是分析地真。但是假定必须有检验规则，这只是智力累赘和字义争执的迂腐。事实上，决定陈述的分析特点的规则，是很重要的且被提供给需要的检测，基本上没有超过启发式设备和对我们理解我们必须处理的陈述不是严格必需的东西。

同样的考虑也应用于一般逻辑规则。如果我们经常无过失地理解所有包含于我们自己的意义的东西，我们必须经常在理解的前提下观察每一个需要的结论，不需要逻辑。在这种意义上，所有的逻辑规则只是单纯的启发式设备改良。如果我们假设形式逻辑为分析真理提供一些充分的和最终的检验，那么我们在兜圈子。因为逻辑的唯一测试本身必须是分析地真。
如果我们要想自己摆脱通过形式逻辑的特点诉诸意义的必要，那我们会某 113
种程度地误解形式逻辑的性质，它确实是有一定普遍性的陈述，但是，使它们具有普遍性的并不标志它们是逻辑的。所有属于逻辑的陈述都是形式的，但不是所有形式陈述都属于逻辑。逻辑只包括是分析的形式陈述，并且保证它们分析的真的不是使它们具有普遍性和形式的，而是其非形式的和特殊意义的成分。**因此，逻辑规则的有效性的唯一最后测试是测试陈述的分析的真**。

九　形式陈述句

使逻辑是形式的是下一事实，能证实的这类真理不是依靠逻辑地证实的陈述中的**具体**意义。逻辑告诉我们没有什么既是鸟又不是鸟，因为它告诉我们没有什么既是 A 又不是 A。如此肯定的陈述参照其形式被证明是真的，由于“鸟”的具体意义与逻辑地可决定的依据无关。类似的，陈述“如果所有希腊人是人，且人终有一死，那么所有希腊人是会死的”通过参照其形式是可证明的，因为它可以被证实，根据原理：对于任何 A、B 和 C，如果所有 A 是 B，所有 B 是 C，那么 A 是 C；“希腊人”“人”“会死的”在这里与确证的依据无关。

因此，在其原则是多变表述的意义上，逻辑是形式的。任何有多种组成部分的陈述称为正式陈述。然而，我们应该仔细区分正式陈述和陈述函数。表达式“没有任何事物都是 A 又都不是 A”可能被打算当作陈述。但是如果它是省略的，“对于每一个‘A’，不可以同时被称为‘A’和‘非 A’”，没有前缀“对于每一个‘A’”，严格地说，它没有做出陈述，既不真也不假，但它是陈述函数。形式陈述中省略这种被理解的前缀几乎是规则而
114 非例外，因为这个原因，它们有时被称为断言命题函数。但是没有一些这样的前缀，它们不是陈述，不是断言；即使有前缀，它们也不是函数。

更精确点地说明这件事更佳。我们知道，假若‘φχ’是任何陈述函数，其中 χ 是变量，那么替代 χ 使得‘φχ’是个陈述的常量（不变的）表达式，或真或假，被称为‘φχ’中 χ 的一个值。同样地，假若‘ψ（xy）’是具有两个变量‘x’和‘y’的函数，用常量‘a’、‘b’来分别代替‘x’、‘y’使得‘ψ（xy）’变为真或假的陈述，那么替代者‘（ab）’就是陈述‘ψ（xy）’中的变量‘（xy）’的一个值，也可以说，‘a’是‘x’、‘b’是‘y’的一个值。因此，“φχ 中变量‘x’的所有值”、“φχ 中变量‘x’的一些值”、“‘ψ（xy）’中‘x’和‘y’的所有值”、“‘ψ（xy）’中‘x’和‘y’的一些值”都是形式陈述。但是“‘ψ（xy）’中‘x’的所有值”同时还有陈述功能，因为‘ψ（xy）’中的变量‘y’在前缀中没有被提到。前缀中所提到的变量“x”被称为约束变量，但是对于没有提到的变量“y”则被称为真变量或是自由变量[①]。因此我们

---

① 顺便说一句，必须注意到“‘φ（xy）’中变量‘x’的所有值”代表着正式陈述，但它是一个陈述函数，因为这里的“φ”是个真变量，就符号意义来说它的所有值只限定于谓词或谓语。表达式“φχ”是两个变量“φ”和“χ”的一个函数；表达式“ψ（xy）”是三个变量“ψ”、“x”及“y”的一个函数。这样的表达式具有符号意义和语法意义。有关‘φχ’或‘ψ（xy）’组成部分的逻辑定理经常省略陈述。例如：“‘φχ’中‘χ’的每个值，φχ 或 φχ 是假的”试图断言“对于‘φ’的所有值及‘x’的所有值，φχ 或‘φχ’是假的”。

可以说，形式陈述会有一个或多个是约束变量的组成部分，但没有真变量的组成部分。

我们也须注意在此顺便再进一步提一小点。在形式陈述中，“对于‘x’的所有值，x是红色或不是红色”，函数部分“x是红色或不是红色”中的‘x’是个变量。但前提“对于‘x’的所有值”中的‘x’不是一个变量，而是参照于函数部分中‘x’的变量组成部分。不管‘x’是否为变量，用一个值来代替它始终是有意义的。但是正式陈述的前缀中“x”的 115
替代者是无意义的，譬如“对于‘约翰叔叔的粮仓’的所有值，约翰叔叔的粮仓是红色或不是红色”。

十 形式陈述句与逻辑

正如上面陈述的，有一些形式陈述不属于逻辑。写“v = gt”表达“对于所有‘v’和‘t’的值，自由落体接近地球的最终速度‘v’等于下落时间‘t’乘以引力常量‘g’”的物理学家做出了一个形式陈述。同样，任何生物学家或经济学家用包含变量的形式陈述表述任何科学原理，或任何其他人用这种方式做任何一般陈述，也是这样。

物理陈述应该证明正确。但是我们在这里表明物理家只讨论落体事物的事实速度和事实时间，否则他的陈述是错误的。我们有意图地将《爱丽丝梦游仙境》中的速度和时间用“v”和“t”代替，在他的公式中，“100 = 10g”，不影响他打算断言的内容的真假。根据他的打算，陈述的前缀应该是像“由‘v’和‘t’的值表示的所有的事实”。但是，在逻辑的形式陈述中，“对于所有的‘x’，x是红的或者x不是红的”，不必要限制所断言的是现实的或存在的：陈述适用变量的任何有意义的替代者，适用是这个值得表达式所命名的所有可思考的事物。[①] 这是因为，任何这样那样属于逻辑的正式论述，由函数中可变量组成部分得出的替代陈述都是分析陈

① 这里，正如我们平时所贯彻的，认为一个事物是可思考的，即“可持续思考的”。但是自相矛盾，如同时是圆的或是方的，在其自身斜面意义上来说是可思考的，例如，我们不知道这本书不同时是圆的和方的。特别是，在圆是可思考的及方也是可思考的这一基础上，“圆方”的概念才会是可思考的，这个短语的语法规定以为人所知的方式结合了这两种意义。但是很明显这两个意义不能如此结合。

我们稍后必须回到表述着自然规律的形式陈述这个话题（见第八章第8~11节）。目前观点仅仅是：这样的形式陈述与逻辑规律相反，不是分析的。

述，譬如“约翰叔叔的谷仓是红的或者约翰叔叔的谷仓是红的是假”因仅
116 据其意义是可以证实的，并且不依靠于现实或经验的实际内容。物理学家的陈述，或任何自然规律，不是分析性的也不可通过参考意义而证实，而是综合的且仅通过经验归纳概括而为人所知。

我们可以表达限制物理学家的陈述为它的函数部分的事实而不是前缀：譬如，“对于所有‘v’和‘t’的值，或者v不是一个落到地面的自由落体具体速度，t不是事实落下的时间，或者v = gt，这里的g是引力常量”。我们可以用相似的方式来对待任何自然规律的形式陈述。但这种陈述的内容仍然不是分析的，也不可由参考意义而证实，而只可以由经验归纳概括来证实，譬如，参照什么存在和什么不存在。如果我们选择，我们也可以把逻辑的形式陈述限制到现实。例如，“对于‘x’的值意指的所有存在，x是红的或x不是红的”。但是，它仍然是分析的（隐含分析），可以根据它的意义而非任何经验来证实。

虽然已经指出，没有必要知道形式陈述中的更多种类的前缀。因为存在的有意的限制会经常在函数部分表达，认识两种前缀是比较方便的，“所有的x（无论命名存在还是只是可思考的实体）”或“所有的x（命名一个实际的或可一致地思考的实体）”，它不把所做的断言限制为存在的事物，另一方面，“对于所有‘x’所表示的所有存在”或者“对于所有‘x’所表示的一些存在”，或者简单地说，“对于所有存在x”或“对于一些存在x”——把断言的事物限制为实际（为了比较，无限制的前缀可以表示为“对于所有逻辑上可能的实体x”和“对于一些可能实体x”）。这会更方便，特别是因为这么多的函数和陈述并不通过它们的表达式的方式明白地表明是否打算限制到存在物。

十一　一个简单的例子

然而，我们已经看到，关于区分属于逻辑的形式陈述与其他陈述的基本观点，不是发现这种将断言的事物限制到存在物或没有这种限制，无论限制是在
117 前缀中还是函数部分被表达。它更多根据事实，不管有没有限制，属于逻辑的形式陈述是分析的和根据参照意义可证实的。是否所有这样的分析的形式陈述都可以看作属于逻辑的，是一个稍后我们会讲到的更深入的问题。但至少很明显，在没有更进一步讨论的基础上，任何非分析的形式陈述都不会有逻辑原则的

特点。

如果以上是具挑战性的，那么将很难明白该怎么去论证。首先，因为“逻辑”像其他词一样可以用作一个选择。而且因为“逻辑”像“物理”“数学”证明一个有些模糊而且可以用超过一种方法限定的领域。但是假设逻辑领域被明确地限制，我们已经讲的仍然可以被正确地证明，通过充分的例子和多种方法证明其整体的真。我们甚至不提供这种充分例证，因为读者能提供他自己的例子，并论证他的观点。更重要的是，属于逻辑的形式分析陈述是通过参照其意义可证实的方式。

举个例子，一个通过形式逻辑理论论证为真的、很明显最具有优势的例子，它也是思维之外时人类发现的清晰和深刻印象的例子。

各种形式中最简单的心理推理应用是表达为 AAA 和 EAE 的推论。广为人知，在具体辅助原则的帮助下，整个三段论理论能够从两个三段论形式是有效的而得出，见亚里士多德的遍有遍无公理。[①] 假如前提“没有 M
是 P”被其等式“所有 M 都不是 P”替代，结论“没有 S 是 P”被“所有 118
S 是非 P”代替，那么 EAE 可减少到 AAA 的形式。凡证实 AAA 形式的东西，可以证实在任何有效三段论的形式中的可表达的所有理由。

进一步，正如德·摩根指出的，AAA 三段论的有效性依靠“所有 X 是 Y”所表达的 X 与 Y 的关系的传递性。[②] 这只因两个陈述，①“如果所有 M 是 P 并且所有 S 是 M，那么所有 S 是 P”；②“‘所有 X 是 Y’所表达的 X 与 Y 的关系是可传递的”只是说同一事物的两种不同方式。怎么知道这样陈述的事实？明显地，靠知道“所有”和“是”意指的东西，并且理解“所有——是……”表达式的句法。懂英语到这个水平就可以知道如此表达的关系是可传递的。换句话说，通过陈述中常量及语法的理解我们知道原理“如果所有 A 是 B，所有 B 是 C，那么所有 A 是 C”。通过这样对所涉及的常量的意义的理解，我们知道这种形式陈述的真是独立于变量‘A’、‘B’和‘C’的任何特殊指定意义，并且对于这些变量的所有的

---

① 为减少所有有效的三段论为这个形式，这个必要的辅助原则是简单而不太复杂的。首先，“所有的 x 都是 y”与“一些 x 不是 y”是自相矛盾的；“没有 x 是 y”与“一些 x 是 y”是自相矛盾的。其次，传统上认为等价式如“没有 x 是 y”等价于“没有 y 是 x”同时等价于“所有 x 都是非 y”；“一些 x 是 y”等价于“一些 y 是 x”；“非非 x”等价于“x”。最后，“如果 p 且 q，则 r”，等价于“如果 p 但是非 r，则非 q”，同时等价于“如果 q 但非 r 则非 p”，这里非 p 与 p 是自相矛盾的。

② 《剑桥哲学、社会学会报》第十卷，第 177 ~ 178 页。

值，它都是真。很明智，我们可以证实任何正确的三段论推理的正确性。

当然这种分析原则的真的知识并不只限于传统逻辑形式的关系之内。在由“所有的——是……”表达时的情况下的关系或关系组，而且对于任何关系组来说都是如此；一个人知道表述“比……更伟大”的意思，或是知道什么是“等价于”“在……北部”“毗邻于”“先前的”“在转角周边”等的意思，他就会知道如此表述的每一对关系，不管其是否是可传递的。同样，我们知道，在足够清晰表述的关系中，是否它是对称或非对称，自反或是非自反的，一对一或多对一或一对多或多对多的关系。任何了解表述一对关系的语言的人，都会知道：任何断言里所表述的属性，通过了解内涵，然后读懂其重要意义。正是通过关系论断中所包含的属性，论述一
119 定关系的段落从前提到结论，其有效性都是逻辑可证的。逻辑原理的分析真理，证实有效的推理模式，如同在三段论里已描述过的那样，通过了解表述理论原理的形式陈述的内涵意义，同样是可确定性的。方式并不是最重要的差别，实际上，它并不取决于所涉及的内涵意义提及的性质，这种方式不是可证实的。

十二　第二个例子

在表达逻辑原理的形式陈述中，前缀“对于所有……的值”，在一般形式陈述中经常被忽略。因此，某人省略加上“无论 A、B、C 是什么”地说“如果所有 A 是 B，所有 B 是 C，那么所有 A 是 C”；或者一个人说“没有什么既是 A 又不是 A”意指“x 是 A 又不是 A，这是假的”；并且，明确“对于所有‘x’的值”，使用‘没什么’，但是忽略提及打算用变量‘A’传达的概括。这样省略表明概括的前缀，不仅是传统逻辑的特性，有些意外地，也在现在通常给予逻辑陈述的更完整的符号形式中。

例如，刚才提到的矛盾律在《数学原理》中表达为：

$$\vdash:(x).\ \sim(\phi x.\ \sim\phi x)$$

“对于所有‘x’的值，（ϕx，并且 ϕx 是假的）是假的。”这里，关于变量‘x’的归纳是清楚的。但是‘ϕ’也是变量，因为明显地，它不传达特殊意义，超过国际符号化限制它表达一些（或任何）预言如整个表达式‘ϕx’的值将是陈述。对这个变量‘ϕx’的值的有意归纳被理解但不明确。原理的完整表达应该是：

$$\vdash :. (\phi) : (x) . \sim (\phi x . \sim \phi x)$$①

“对于‘φ’的所有值，［对于‘x’所有值，（φx，并且 φx 是假的）是假的］。” 120

在一个像以上那个完全是符号的形式的陈述里，读者可能比较困难去看懂所表达的内容能通过所参照的意义去证实，正如有人可能说的，在这个符号里没有特别的不变量意义。然而，这么想很容易被误导。让我们把符号表示出来的常量列出来。

（1）‘⊢’仅仅是断言的记号；后面跟着的 3 个点（一个比接下来出现的数字都要大），表明接下来的所有东西都是断言的。

（2）插入的‘φ’是“‘φ’的所有值”的缩写。

（3）跟着‘（φ）’的两点表示句法上的意思；也就是说“‘φ’的所有值”修饰了接着它的所有东西（由于没有同等数量的点出现在后面）。

（4）‘（x）’是“‘x’的所有值”的缩写。

（5）跟着‘（x）’后的点有着重要的句法上的作用，“‘x’的所有值”修饰了接着它的所有东西。

（6）符号‘～’是“它是假的”的缩写。

（7）在接着‘～’这个符号后的用括号括住的东西有着它们通常在句法上所有的意义，整个被括住的内容是一起的，并由符号‘～’当前提修饰着。

（8）符号系统用法中的‘x’是一个可变要素（特别但没有具体说明）。通过进一步的符号公约，‘x’被限制为名词或代词表达式的值。

（9）通过符号公约，‘φx’中的‘φ’被限制为论断的值——就像，作为一个代词的‘x’的值，‘φx’的一个值将是一个陈述。

（10）在‘φx’和‘～φx’中插入的一点是‘和’的意思，连接着这两个陈述函数。

（11）通过符号惯例，可以理解替换变量“ψ”或“x”的任何值必须替换在整个表达式中出现的相同的符号。

（12）最后，这些变量符号被写下的顺序——就像句子里词语的顺序一样——对决定整个意义有着重要的句法上的意义。如果这些变量符号，

① 一些逻辑学家会认为，这里的‘φ’并不是同‘x’一样是个变量，他们将用另一种方式去处理前缀中‘（φ）’的一般性原则。在作者看来，并没有必要去区分所谓的谓词变量如‘φ’与如变量‘x’作为实词或代词表达式值的一般性原则。

121 每个自身都有上面提及的意义，却用不同的顺序写出来，那么或者传达了不同的东西，或者整个是无意义的。

因此，在这个逻辑陈述的符号中，尽管所有不变意义的元素，被清晰的符号或符号使用策略而不是普通语言中的词汇所传达，但它只涉及众多且相同的不变意义的元素，相当于把它翻译成英语。同时，通过参照这些不变的意义（对比纯变量要素“ψ”和“x”）和整个表达式的句法，形式陈述的分析真理可以得到证明。

也许这会有帮助，去观察这样一个具有象征意义的形式原理通过参照陈述所涉及的内涵意义证明的方式，根本上与表达这个原理的方式相同。这些不变意义的元素在两种表达方式中同样多变和复杂。举例说明，如果刚才讨论的同一原理用更通俗的方式“对于每个‘S’和‘P’，S 是 P 又 S 不是 P 是假的”表达，这个陈述的意义，通过参照其可证明，将由以下成分构成。

（1）任何陈述函数之前的前缀“对于每个——”；

（2）前缀“这是假的”；

（3）“S 是 P”和“S 不是 P”里的‘是’；

（4）“S 和 P”中的、“S 是 P”和“S 不是 P”中间的“和”；

（5）“S 不是 P”里的“不是”；

（6）在三次出现中表示同一样东西的‘S’‘P’；

（7）通过用特定的顺序所说的这些特定部分所传达的整个句法意义；

（8）前缀“对于每个‘S’和‘P’”中明确的可变成分‘S’和‘P’。

由于这个式子的一些重要元素非常显而易见或相似，我们可能会忽略而没列举出来。

虽然意思很复杂，但是任何真正懂得这个表达式的意思的人都可以知
122 道这个真理而不用太多的考虑。懂得任何逻辑真理的人都能从它的意图把握其中的真理，如构成成分的意图和它们的句法关系所构成的内容。他就能发现一贯可思考的东西的真。

十三　所有逻辑的真是分析的形式的陈述

这个分析特点是逻辑真理的本质所在，因为它对于独立于经验事实是十

分必要的。它不仅对于事实而且对于所有可思考的和可想象的情形都成立。逻辑的这个特点的重要性并不存在于我们对任何超凡和可能性的兴趣中。相反，两种十分实际的兴趣扎根在人类的生活中：第一，我们**不知道**什么出现了或什么没有出现，种种情况经常会出现在生活中；第二，事实上不管什么时候我们在考虑要不要采取某行动时，或想要做出明智决定的时候，我们必须至少要考虑到一个不实际或不可能出现的世界（可能会出现与我们最后决定相反的情况，和由此引发的后果）。当我们发现自己对物质事实疑惑或无知时，不管我们觉得应该采取什么行动，我们都必须考虑到一些也许并不会出现的情况——虽然当时我们并不知道会有**什么**情况出现。为了使我们对这些不存在的和非事实的事情的（逻辑）考虑能够运用到实际生活中，重要的是，仅仅是可思考的和永不会实现的事情应该符合一致性的法规。逻辑必须涵括任何的**可能性**，其保证被限于存在的事实的逻辑就不能对人类做出多大贡献。

通过参照我们的意思决定真理的这个可能性，和延伸到所有可一贯考虑的东西，恰恰是分析的普遍真理和经验法则的不同点。正如已指出的一样，**所有**被表述成形式陈述的法则，是被人们称为法则的东西所概括的结 123
论。正如我们看到的一样，普遍的形式陈述可以从两方面来分类：①是否是分析的，②要么通过被表达或理解的前缀“指示存在物的‘——’的值”，要么在陈述中的函数部分，所做的是否限于事实的断言。

任何自然科学的法则（陈述着一个物质事实，而不是定义或仅仅是逻辑或数学的事实）举例说明了那些非分析的类型，断言存在物并且如果断言所有可一贯思考的事物和所有可能出现的情况就是假的或至少是不可能的类型。所以，引力定律“v = gt”，包括了计算落地物和近地面物体的速度和时间——后来加上了空气阻力的计算，但是仍然没有包括所有能想象到的和可能会发生的情况。并且，从亚里士多德时代起到伽利略做了他那著名的比萨斜塔实验，也不会成为世界的真理而被人们所坚信。相比之下，任何普遍的逻辑定律都举例说明了属于分析的那一类是不限于存在物、包括所涉及的变量的所有值的断言。例如，S 是 P 或 S 不是 P，对于不受限制的想象可以出现、只靠自己始终如一的想象而证明的任何 S 和 P，都成立。

我们也看到，如果前缀或函数部分的变量的值不限于事实，当自然法则的形式陈述是假或不确定时，是分析地真的形式陈述能这样限定。但当它们只陈述存在物或实际事物的普遍事实，它们还是靠分析而与自然科学的普遍原则区分开来。

将这同一事用另一方法表达：分析真理适用于所有可能性；适用于所有可能性的真理永远适用于所有实际中；然而适用于所有实际的真理却未必适用于所有的可一贯思考的东西。所有事实上为真但不是可分析的东西，只能从经验观察中归纳出来，并且属于自然科学。

124 事实上，属于逻辑的形式陈述多数以外延和外延关系的形式陈述的形式出现。这意指它们断言实际事物。[①] 因此对我们来说非常重要的一点就是逻辑的形式陈述是分析的，其真可以从它们的成分的内涵和句法构成的内涵来证实。它们的真与变量的值无关，因为其证实是靠参照常量和句法结构，后者是可变的，只有句法和符号意义，仅仅有助于保存。

十四　不是所有的分析陈述都属于逻辑

然而，尽管所有属于逻辑的陈述是分析的形式陈述或能被给予这种形式，但并不是所有的分析形式陈述都被当作属于逻辑的。这些陈述中的问题，是包含在逻辑中，是只通过惯例和务实的决策来解决的。同时，没有一个决定，可以对抗其他可能的、貌似有理的，能有一些东西让人信服的决定。在逻辑原理与其他分析的形式陈述之间没有明确分界线的原因，可以简要说明。

首先，应该看到，除了一般被分类为逻辑法则的东西本身，还有其他是逻辑上可证实的陈述。在原理断言的函数中靠用变量替换常量而推论出
125 的陈述，就是这种类型。进一步来说，属于分析的原理，任何情况下它也是分析的，因为这个原理可以通过其构成常量和不依赖指派给变量的任何特定意义而证实。

---

① 这在相当程度上没有正当的理由，而是由于一些确切逻辑发展的历史事件，或是不完善的理论。在这种情况下，结果就是逻辑原则以隐含分析的形式出现而不是显性的陈述。但是这一部分是因为这样的事实：一个关系可能是内涵的、分析的及必需的；即使相关的事实或假设是外延的、非分析的或是偶然的。因此，在一个特殊的例子当中，可由“如果事实就是这样子，那么它就是这样子”提及的一般陈述将属于一般逻辑理论，即使在某种意义上来说它将是清晰的，是严格遵守事实的陈述。逻辑上的这种复杂性是可以接受的。但是在这里它们并没有改变任何一般结论，也没有兴趣保证我们这里所提到的长段的讨论足够清晰。

把逻辑看作局限于有高度或特定种类的普遍性的陈述，认为除非例子是普遍存在的（尽管很少比较全面的例子）否则其陈述不属于逻辑，是合适的。然而这个领域的限制，是有关“逻辑”一词的用法的惯例：欢迎任何选择广义地运用这个词的人的相反意见，这样甚至还有一定的好处。

更进一步讲，许多是分析的和普遍的陈述没有被分在逻辑一类。例如，“所有鸟类都是两足生物”，或者“对于‘x’的所有值，如果 x 是鸟那么 x 是两足生物”。但这个陈述是由法则或逻辑法则证明的吗？就像所有分析陈述一样，的确是的。对“鸟”这个词义的分析揭露了“鸟”和“两足鸟”有相同内涵，所以“所有鸟类都是两足生物”与“所有两足鸟类都是两足的”有相同内涵。这个最后陈述是由逻辑法则“对于每个 A 和 B，AB 是 A”证明出来的。陈述“所有鸟类都是两足生物”是逻辑可证的——如果您知道“鸟”的意思，知道“所有”和“是”和“两足”的意思，并且明白这个陈述的句法。但是要决定“鸟”的意思，一个人需要的大概不是逻辑而是字典。当知道了字典对于这个物体的解释后，考虑逻辑是多余的，因为字典实际说了：所有称作“鸟类”的生物都是“两足”的。

逻辑没有解释“鸟”的意思，但是它解释“所有”和“是”在这里所表达的关系的性质，以及其他词如“暗示”和“不是”和“要么…要么…”的意思。事实上，所有原理，如我们所见到的，都可以被看作是这些意思的解释性陈述，或源于通过同时使用其他逻辑法则的解释，它们本 126
身具有相似的特点和意义。但是这并不包括一般意义的解释。再次重申，把所有定义和内涵意义的其他解释看作属于逻辑的人，在一贯地坚持其惯例方面是不会遇到困难的，同时他的决定甚至会对逻辑理论的某些简化有好处。

如果，鉴于逻辑的内容组成解释内涵意义的陈述和从这些逻辑派生出的陈述，我们问逻辑解释了什么意思和它包括什么解释，以限制逻辑的这个领域，那么我们就会发现任何关于这点的决定要么只是实际上决定的，要么就是武断的。在唯一被显示的选择原理中，逻辑应该覆盖这些在论述中经常出现的意思，并显示出它们对于决定论述的一贯性和有效性的重要性；单独参照它们的解释的特别意义——或主要参照它们——这样的一贯性和有效性在用变量替换了其他词后还能得到保持，因此产生了这个论述的纲要或形式。我们所关心的是什么对概括逻辑陈述比较重要：为了达到一个关于论述和思想的一贯性和有效性的全面的评论；得到推断的法规。

但是，如果在这种规则下，我们寻找属于逻辑的分析陈述和其他不是这类的陈述两者间任何绝对的区别，是不可能的：只有一个程度上的不同或者说为证明一贯性和有效性而使用频率的不同。

我们可能希望视逻辑为包括有效推断的普遍陈述和一整套证明推断的确有效的陈述。或者我们希望选择一系列陈述，这些陈述能充分证明所有有效的推断，如果我们能确定可从逻辑推断的任何陈述也包括在逻辑中的话。但是如果这样的话，不管怎样，我们都应该找到我们没有写下的包括属于逻辑的每个分析陈述。第一，因为每个分析陈述是形式的
127 （或等同于形式的）和有效的推断。第二，因为包括在逻辑下的任何陈述都是由任何选出来的被称为“逻辑”的陈述推导出来的，包括所有分析陈述。

第一点通过例子已得到充分说明。“所有鸟都是两足的”等同于“‘x’的所有值，如果 x 是一只鸟那么 x 是两足的”。并且，对于其他分析陈述，可能会以一种或另一种方法等同于明确形式。并且，任何这种陈述都是通过用变量替换常量来证明它旗下的例子的一条规则。因此“‘x’的所有值，如果 x 是一只鸟那么 x 是两足的”证明了“如果一只鹰是一只鸟，那么这只鹰是两足的”，“如果我们院子里的一只鹌鹑是鸟，那么这只鹌鹑是两足的”，“如果一个石头是一只鸟，那么这个石头是两足的”，等等。①“‘x’的所有值，如果 x 是只鸟，那么 x 是两足的”（想要从逻辑中排除）和“‘x’‘y’‘z’的所有值，如果 x 是 y 和 z，那么 x 是 y”（想要包括在逻辑中）这两点没有根本上的不同，除了后一陈述更具普遍性，以及它可以用更有限的逻辑常量的词汇来表达。

观察到第一种试图从分析陈述中除掉逻辑的失败后，我们可以尝试第二种方法：我们可以说这不是一个问题，不管给出的分析陈述能否确定其他成为标准的合理推断的陈述，但问题是我们是否要求我们称为“逻辑”中的这特定的分析陈述以得出充分涵盖每个有效推断事例的原理。我们的困难仍是：我们如何让分析陈述在我们的设置之外？我们是否要列举出被归类为逻辑的每一个法则？这明显不实际。显然我们需要使自己包括那些最初没有写下来但从写下来的东西逻辑地得出的法则。但困难来了，那就

① 如果“所有的鸟都是两足的”是一个隐含分析陈述，那么这里的“如果－那么”的意义就是实质蕴涵。但是实质蕴涵或是所谓的形式陈述在一定意义上是说，所有为真的前提不会带来假的结论。

是每个分析陈述是逻辑法则上可推的。事实上，它是可从任何前提——不 128
管是否逻辑，或是真是假，不管它与结论中的分析陈述多不相关——推导的。因为每个分析陈述都有零内涵和无限延扩；任何有这个特点的陈述都是可推的，如果我们被允许作为推理法则地用在逻辑中证明有效推论不能缺的原理。一个陈述有零内涵及可分析的，当且仅当其矛盾陈述具有无限内涵且自我不一致，也就是说，“q”是分析的，当且仅当“q”本身推出其否命题“~q”，“q是假的”。因此假设任何陈述“q”是分析的，那么，它将可从如下的任何前提“p”推导：

（1）如果p，则或者p和q或者p和~q；

（2）但如果p和q，则q，是可证的；

（3）如果p和~q，则~q；

（4）但是在理论上，如果~q，则q，是可证的。

如果根据逻辑这里的任何一步不被允许的话，那么我们的逻辑对于有效推断来说就不够充分，因为这些每一步都是有效的。如果不赞同只有我们提前知道“q”是分析的并可以通过它的矛盾命题推导出来这种演绎才是可能的，那么答案就是：任何是分析的命题如此可转换以至于其矛盾命题会变得清晰且通过其自我矛盾形式。不能充分证明这样转换的任何逻辑，对于事实上有效的推论也是不充足的。

通过严格使用所谓的元数学或元逻辑规则推导，用一个抽象系统的方式从定义和假设中发展一个满意的逻辑，对于这个不同计划，我们不能说什么。计划有它自己的利益和重要性也有自己的问题。但它不能像揭示源于定义和逻辑原理的陈述那样揭示分析陈述。第一，因为如果逻辑是这样的衍生出来的，所以是充分的，从任何一点理智的观点出发，那么它将包括所有视同逻辑原理的形式原理；这个逻辑的应用将证明任何通过一种令
人满意的逻辑方式证明的推断。非逻辑术语中的分析陈述，如“所有鸟类 129
都是两足生物”，将不能从其假定中元逻辑地得出；但这个排除的原因仅仅是，这种陈述中涉及的术语的合适定义将不包括在系统中。第二，达到逻辑原理的这种方式不考虑为什么选择源于它的特定设想。对这点，明显的答案是，如此选择的标准是，作为推理规则时，排除给出无效结果的原理，列入给出有效结果的原理，在充足范围内使系统是可用的推理规则。这个隐含的需求认识到所包括的逻辑原理的有效性的重要性，但是它没有揭示为什么事实上这些特殊原理是正确的而另外一些被假设的原理是错误

的。因此，它忽略一个最基本的问题：什么让这个系统作为**逻辑可接受**，尽管整个发展是由可被接受的外部规范来决定的。

作为一个事实，如此发展逻辑系统的结果表明一个相同结论：区分逻辑陈述与分析陈述的唯一可行方法，就是区分它们与据逻辑常量的一些词语可完全表达的那一类。这样被选择的特定词语只靠对演绎现有目的是充分的实用考虑决定。

总之，分析真理特点可以通过定义和逻辑来证明，但未能回答这个认识论问题：分析的真理的本质是什么？我们怎样知道这些真理？未能回答的原因有三个。第一，被接受的定义陈述本身是分析真理，这是必需的；否则，可从它们推断的一般不是分析真理。在一般分析陈述中，只有连接已有指定意义的表达式的解释性陈述才是分析的。第二，因为逻辑本身必须包括分析真理，有别于绝不是认识论基础的其他分析真理。第三，因为
130 这个问题：为什么被提议的逻辑原理是有效的？只要求证明它是**分析的**。因此，面对“什么是分析真理以及我们如何知道这些真理”这些问题，从作为分析标准的定义逻辑推断可能标明的任何回答，是一个循环回答。因为一个定义的接受性取决于其分析真理，从一个定义来的推断的有效性取决于符合推导原理的分析真理。

第六章　语言意义和感觉意义 131

一　内涵意义的两种形式

分析真理的最初决定和最终判决，不在于语言使用，因为意义不是语言的创造物而是先行的，意义的关系不是取决于我们的句法惯例而是取决于句法用法可能具有的意义。一旦我们进入独立意义的循环并通过我们的表达方式同它们建立起真正的关系，诉诸语言关系能够大大地促进并扩展我们对分析真理的理解。然而这个最初决定和最终测试必须在于意义，即使没有语言表达式，也有意义，而且，成功思考的过程必须遵守真实联系，即使这个思考过程是非正式的。

当内涵的主题在第三章第一次提及的时候，我们发现，相比其他所说的关于它的东西，有多于内涵意义的解释的可能性。事实上可以用两种方法之一来思考内涵。第一，它可能由定义方式和所讨论的词或表达式与其他词和表达式的关系构成，[①] 或第二，它可以被看作根据决定应用表达式的感觉的标准。前者我们称为语言意义，后者则称为感觉意义。

表达式的语言意义是它的内涵，它常见于替换表达式却不改变陈述的 132
真假、不改变它在上下文中的意义的所有表达式中。就内涵意义而言，一个词的内涵意义可以被其他词完全表现，这些其他词在被讨论的词应用的地方也必须能用。一个陈述的内涵意义也可以被由它推论而来的其他词表现。就内涵意义而言，一个词义指的是其他词和词组；一个陈述意指的是其他陈述。一个人试图对不理解他的人表达自己的意思，这属于语言意义；同样，一个人未能

① 有些人可能会说在这里“句法”代替了“分析”。但是我们正在运用的是“语法”和“句法”的狭义（页边码 61 页的脚注），并更接近于这些术语的通常意义。若两个表述式的关系是分析的，那么其关系亦是分析的。

理解一个表达式并试图通过发现同义语来解除他的困难，这也属于语言意义。

或者再举一个更加恰当的例子：一个人试图通过手上的一本阿拉伯词典来学习一个阿拉伯词的意义，如果他对阿拉伯语知道不多，他可能不得不查在定义他找的词的意义中也用到的词，以及定义这些词的进一步的词，等等。[①] 这样，他可能最终会找出所讨论的词与其他阿拉伯表达式的语言联系的扩展模式。如果这个例子里的过程奇迹般地到了它的逻辑极限，一个人会因此完全掌握把所讨论的词和其他所有与之有本质或分析关系的阿拉伯词语联系起来的语言模式。但是，假设这个人同时也缺乏头脑，在查词过程中他除了知道字典给了他信息外什么也没学到，他仍然是未能理解就明显意义而言这些词所指的意义。他所掌握的只是它们的逻辑意义。他可能仍未能掌握它们的感觉意义。

133 通过短语“感觉意义”我们表明作为心中的标准的内涵，通过参考在被呈现或被想象的事或情形中能用于或拒绝用于所讨论的表达式的一个词。[②] 在所有能想象的情况下一个人能用或拒绝用于一个表达式，他会完整地掌握它的感觉意义。但如果通过错误的语言意义或极差的分析能力，他仍不能提供正确定义，那么他不能掌握（至少明确掌握）它的语言意义。

最近由于许多逻辑学家已经开始有点专心于语言学，作为语言（或“句法”意义）的内涵已被过分强调，相应的感觉意义被忽略。内涵意义的这两个方面是互补的，而不是二中择一的，是抽象地可分的而不是分离的。如果有，也少有人完全地研究这两个方面。传统上，内涵的概念已经被人从语言意义、感觉意义或者更多的是从这两个方面进行解释。拒绝或没有区别这两个方面的意义，原则上是正确的，而不是错误的。但是有一些对于认识论是重要的动机导致它们的差别。总的来说应该强调的是感觉意义，它在知识研究中更加重要。例如，那些要求对陈述的意义是理论上可

① 它可以让我们说，如果我们假设所有被定义的词和定义它们的词都用阿拉伯语，其关系是用英语表达的，那就意味着“句法语言”已经被理解。

② 作为心中的标准，感觉意义是内涵意义而不只是意义：正是心参照意义。意义包含重要的属性，无论何时何地提起来这些属性，它们都会有自己的形式，不考虑其与其他句式或表述的联系。例如，兽性明显的就是在各种动物中的各个属性的一个合成体，正是这些而不考虑其与「动物」这个符号的联系。为了消除“内涵”这个词的传统用法的细小的歧义——心中意义与客观性质意味之间的歧义——有必要将意义增加到意义的基本方式清单中。

证实或确证的人，会在脑海中将感觉意义作为一般意义的首要条件。同样地，那些想把经验决定的差异作为真正意义差异的检验标准的人，也会这样。那些想要在任何准确和可接受的概念里获得可操作意义的人，会一直坚持感觉意义的要求。

二　感觉意义的需要

对于感觉意义来说，很明显意象是必不可少的。只有通过想象的能 134
力，一个人才能预先在脑海里对在任何呈现的情况下用或不用一个表达式有个可行的标准。但是，由于在逻辑方面广为熟知的唯名论者和概念论者与实在论者之间长期争论的原因，感觉意义不能简单而直接地归于意象。唯名论者否认感觉意义的可能性，根据不可能想象一般的狗或一般三角形，不可能记住一个足以区分有1000条边的多边形与999条边的多边形的千边形的代表。在很大程度上，正是这种唯名论的坚持不懈，才确立了将意义与语言意义区分开来的趋向。

唯名论最大的缺点在于下一明显事实：我们确实愿意考虑一般意义，如果唯名论者是正确的我们是不会去考虑这些的。但是唯名论的根据明显是正确的；逻辑实在论和大多概念论者的学说的弱点是，它们只对唯名论者的异议给出了口头上难以理解的回答。

康德给出了有效的答案。准确来说，一个感觉意义就是一个先验图式，是将决定用于被讨论的表达式的一个规则或规定程序和一个想象的结果。我们不能准确想象一个1000边形，但我们能轻而易举地想象着计算一个多边形有多少条边并且得出1000这个结果。我们不能设想一般三角形，但我们容易想象用眼睛或手指顺着图形的周围并将发现它是有三条边的封闭图形。

许多可操作的意义的倡导者都没有提到这个想象的结论，按照他们所说的，完全惯例地确定概念或者意义。也许这仅仅是一个疏忽：没有对可感知的结果有一定的预期的意象，例如，陈述某一件物体有三米长，就没有把米尺贴着事物衡量其长度的程序。[1] 当米尺已经放好时，实测出来的

① 三米长度的概念是普遍的，因为很多事物都会有这个属性。长度这一概念更加普遍，并不包含任一长度的特殊性。然而它不仅仅包含长度测量的常规标准，还包括决定所测量的事物长度的方式，或是决定任何已给长度的测量方法，不管所测的事物是否具有该长度。

135 结果就决定了长度，除此之外就没有别的了。仅仅在要建立一个需要做出决定的观测的环境下，这些操作是必要的。如果物理学家发现一把米尺已经摆在了将要测量的物体上，在要求的前提下他不会坚持把米尺拿开，相反的，他会在阅读之前开始他的测量。

但即使我们在这里所说的感觉意义的概念已经被实用主义者、概念论者和经验主义者普遍强调过，那个概念已经被这些知识学说过多地赋予了专利性。而意义属性在这个层面上只需要两个要点：①对一个词的应用或不应用，或陈述的真假，都可以通过感觉可呈现的特征来决定；②在决定所讨论的意义上，这些特征，如果呈现，应用或真的证据会在特定的经验之前。符合这两个要点的所有有意义的表达式，在调查之前，它们在几乎任何认识论的理论中都会被怀疑。要特别说明的是，无论普遍适用的词和逻辑上不可能假的分析陈述是否有感觉意义，我们在这里将接近这个问题。但是，很明显任何人都会否认：对于大多数词和陈述来说，心灵中有一些掌握它们意义的标准，它通过感觉呈现的特征来决定应用或真。无论是谁在一个经验情况下想用或正在用一个表达式，或断言某些正在被证明或已被证明为假的东西，必须——如果他知道他在说什么——在一定程度上准备着接受或者反对他发现的属于或确定他尝试的东西。不然的话，应用就永远不能被定下来，而且就不会有可理解的经验事实或者经验真理或谬误。

三　作为应用标准的感觉意义

136 然而，也有必要观察感觉意义不要求什么，以免把一个太窄而又不利于它的意义强加给这个观点。首先，假设一个有感觉意义的表达式并不要求此表达式直接明显适用于某一特定情况甚至总是可决定的。一个物体有长度，且长度概念有感觉意义，这并不要求必须实际去测量，例如，我们能够在没有米尺的情况下说出这个物体的长度。同理，一样被观察的物体有颜色，且它的颜色可被感知，也并不意味在差光线下可能决定。正如实操性概念所强调的，决定应用和经验真理的情况并不总是现成的，而是更加需要特别地寻找或创造。事实上，我们可能注意到，不管在何种情况下，通常决定应用或不应用没有一定之规。所讨论的意义越重要或越精确，决定所需要的情况就越有可能是例外而非规定。

正因为其真实性，应用的标准或者真理的标准将需要用假设词表达。**如果**符合某种情况，**那么**结果就可以决定其应用或真。如果在一特定情况下假设的条件不符合，那所讨论的意义就不清晰且缺乏特定含义。凭经验判定月亮的另一边有没有山的实际困难，与断言这个猜测的感觉意义，并不冲突。这些困难与心中的标准以及它是否明确并无联系，这种意义模式仅要求这种标准的明确性。

我们的意义的应用问题应该是**绝对的**可决定的，这并不需要感觉意义（在第二册关于探究经验知识的基础时我们将进一步考虑）。我们越是注意怎样去明确叙述我们所想表达的意思，我们就越明显地发现我们很少（如果有）会获得凭经验所知的确定性。尽管我们必须总结出结论：经验事态不可能在理论上确证，进一步的证据不可能权衡或者违背它。然而，这也无法反 137
驳我们心中的标准的特定感觉，只要我们能够认清什么是**进一步**的证据证明和反驳所讨论的术语或陈述所坚持的结论。然而，最后的条件**才**是至关重要的：只要我们没有准备好承认我们发现的进一步佐证，所讨论的意义必须是——至少感觉意义——部分地或一定程度地不确定并要求为所讨论的意义的澄清而去除这个不确定。总的来说，一个表达式的感觉意义并不要求一个既定事例中它的适用性的验证有理论上的可能性，但它要求对于可能的证实没有理论上的不符合。

感觉意义明显不能以外延意思来辨别，且不依靠它意指的东西的存在。一些强调与意义有本质联系的关于应用、检验和经验测试的理论，已经倾向于从外延意义来区分意义的模式。但是这很容易反映出一些思想的困惑。感觉意义作为标准，独立于标准所应用的事物的存在或不存在。有没有人首马身的怪物与“人首马身的怪物”的感觉意义没有关系：如果我们见过人首马身的怪物，那我们就能识别它；这个事实就证明了这个词含有感觉意义。延扩与感觉意义几乎一致，但是外延与感觉意义则不是。

如果内涵**普遍**能被当作感觉意义，那么那些有零内涵并可以应用到任何能想象的事物的术语都有感觉意义，正如有全内涵且不能应用到可一贯思考的事物的术语同样也有感觉意义。而且，那些延扩为全内涵为零的分析陈述，和那些有零延扩和全内涵的自相矛盾陈述，肯定也都有感觉意义，倘若 138
内涵和感觉意义一致的话。在这些情况下，我们很可能会认为，内涵纯粹是语言的意义模式，没有任何经验参照也没有任何根据感觉而识别的有意义的东西。但是在讨论这个话题之前，我们必须对语言意义的性质给予足够的重视。

四 被语言决定的意义

一些学分析学的学生声称他们是根本的经验主义者，但同时他们也告诉我们哲学除了合法地提供逻辑分析之外就别无他物了；同时分析陈述缺乏感觉意义，而探究其意义得通过语言学和语义学的研究。

不让哲学系的学生对原属于自然科学尤其是那些关于世界上人类利益的命运问题和人类价值有效性的问题进行更广泛更普遍的思考，这是教条主义。但是也许我们都应该承认，哲学的特定事务是那些通过反思能够解决而不要求由经验程序决定或可决定的问题，这是公正的。哲学主要关系到的至少是分析真理的分析和确定。但是分析真理的概念主要是口头的事情，涉及事实的表述而不是表述的所有事实。分析真理虽不是直接影响人们的生活，却比语言对人类生活影响更大；分析真理是那些我们不易接受的事情。然而如果我们不能认识到这个概念的意义一般能延伸到像语言被延伸的那么宽，以及能多么准确地研究分析的整个领域，我们就不可能做好。

当一个词的内涵意义被认为是系统性组合在一起而得出一个预期的结
139 果时，或者当它在任何其他方式下，作为可以放在特定情况之前的应用标准时，我们在某种意义上就能得知这个独立于语言应用的意义。这种应用意义说明了即使没有语言习惯的生物为了运用他的智慧创造成功的生活而必须考虑的东西。但是当一个词“A”的内涵意义与由“A”推断出来的所有论断相关联并被它们展现时，并且一个陈述的内涵与它可推论的所有结论相关联时，那么，我们就有了能被解释为专门语言学的意义，并且这个意义也许独立于任何经验应用的问题。即使我们考虑到其应用，它们可能会被认为是从语言联系和语言一致性规则中衍生出来的。例如，当“A”自身的定义推出“B”，我们就不该把“A”应用到所有的事物中去而不应用“B”；当“q”在语言联系中是从“p”推出的时候，我们无论如何都不应该选择“p”而否定“q”。因此，一个人或许会认为意义基本是以定义和其他语言规则而确定的。如果我们只考虑到应用，如何确定语言与经验应用场合和断言之间联系的任何问题仍然很可能被放在一边，并不列入关于逻辑和分析的问题中。因此，作为逻辑地决定的意义或许被认为是能够站得住脚的，而且它独立于在任何人的心灵中与之相联系的任何可感知的特点，或任何决定经验应用的测试系统组合。分析真理的问题可能被认为只要不越出由语言规则所限定的语言联系的范围就是可解决的。

特别地，在思考抽象推论系统时，一个人的注意力可能集中在语言模式的意义上。在这儿，原先假设的词将变成“未定义”；并且，由定义推导的其他词，只在与未定义的词有特定关系的意义上，被指定一个意思。这一整套的词，定义与未定义的一起，将自然产生这些意义，通过与另一个词语的定义联系，通过限制解释它们的可能性的某套更深一层的假设关系。在这个抽象系统内，被使用的词只在由分析关系的复杂模式决定的程 140
度和意义上有意义，源于语言使用的规定并展示在演绎发展了的系统本身中。

五　语言意义与分析

如果我们认为词或表达式的意义仅仅是根据另一些词或表达式能详细说明的事物，那么我们会因为所有的语言应用或多或少都具有这种抽象演绎系统的特点而感到吃惊。如果在表述某个词的意义的过程中，我们仅仅能够用其他词表达它，那么，要不我们必须最终返回到那些没有被定义且它们的意义是先于与其他词的演绎关系的单词；要不我们必须承认语言系统所涉及的所有意义的决定都是相互的，并且只能用语言使用规定所决定的分析关系的模式组成。在这个意义上，语言意义最终必定是循环的，并仅与所讨论的表达式与其他表达式的关系网等同。

然而，可以这样说，这并不是关于意义本质的观察，而是对试图表达意义的困境的观察。我们必须通过词的使用来表述意义，但是如果所有的意义都要归于词，那么所有的单词将不表述任何意义。整个“语言系统”将会“没有任何解释”，并将不会有语言意义这一事实。当然，这个观察本质上是有充分依据的。语言模式的意义完全抽象于应用与经验的语言的功能。精确地，在作为语言意义这一概念中，所忽略的是作为分类标准的和决定感觉呈现可能认知并理解的特点的内涵。例如“红色”的语言意义是盲人像正常人一样接受的意义。然而，作为应用标准的感觉意义可以用语言来表述；确实我们可以说这正是这些词所表述的，但它不能字面上放入词中，也不能通过展现词和词的关系来展现。这样的语言关系模式仅可 141
作为一种指引，因为经验术语的定位意指根据感觉经验。如果在感觉意义的模式上没有意义，那么它就根本没有意义。

从心理学和认知上来说，完全意义是从认知的感性标准衍生而来的。在我们的作为经验呈现或再现的意识之前，我们先有——至少是重要的——一定的事态；整个语言问题——也许还有思维——产生于表现经验显现或可显现项目的渴望和需求。语言模式的分析结构是建立在经验内容和认识的经验标准这个意义的基础上的大厦。更进一步说，任何语言模式的用途最终在于指导我们识别可认知的感觉以便使其服从于我们的目的并且前后连贯。从任何一方面来说，意义的最终目的是为接受或拒绝、认同和分类而坚持的东西。为了达到此目的，语言表述须为指导这种行动方式而发挥作用，这里一定有与心灵中的词相关的、不能仅由词的使用或词的检查及其关系而字面地被揭示的意义。

不过，许多问题的考虑不要求我们超越语言模式本身。综上所述，参照演绎系统可以服务于建议，许多逻辑和分析的问题是这样。实际上，如果逻辑被足够狭义的理解，那么所有的逻辑问题仅从语言意义方面就都可以成功解决，而不要借助于相关的感觉意义。如此理解的逻辑并不需要涉及诸如是否是经验呈现或是可呈现的问题，或是对事物认知的表征架构。在这样的逻辑结构里，在任何人的思维中，只一致地保存的什么图像可能与被使用的语言有关，这并不重要。事实上，假若逻辑只关注经验真空中不会思考言辞的话外之意的游魂的话语（如果这能够使对话成为可能），但由于一些未提及的原因，他们会将自己的言辞遵从于一定的规则。这些
142 规则必须达成一致，这并不是最重要的，就算没有沟通也不重要。每个人都能自己挑选方式跟自己讲述，或者讲述本身并没有任何实质的内容，仅仅是讲述这个形式。如果他通过参照规则来讲述的话，里面将包括一致性或矛盾，推断和逻辑。我们这些普通的凡人，非常有可能因为如此漂亮的灵魂的景象而感到厌烦，想制造一些句子来结束讲述；但是我们这种情绪上的反应与他们为了沉思而编织复杂的却令人赞赏的逻辑模式并没有关系。

通过对所有与感觉应用的联系的抽象，确立语言意义的可能性，是真的，而不是不切实际的。把逻辑和通常理论上被视为分析问题的东西限制到这种语言模式，同样是可能的。通过“数学”和“元数学”程序严格地发展分析的可能性，可能会成为从所有感觉应用中抽象语言意义的一个动机。逻辑能避免所有对词语的应用的参照，不用逻辑的词汇和句法。有人

说只是用语言表达也能达成一致，这种断言当然显得武断。只是方法论上的断言却像在宣称客观事实。仅仅是在某个点上，对学科主题的限定就代表了问题的分离，并且某个地方相反则对那条纪律的用途产生不利的影响，这些是目的会遇到的主要问题。并且，数学和它的历史或多或少显示，这些分析发展的用途并不一定会表明应用问题的包含物。

然而更不用说的就是，因为逻辑的使用并不是为了可以在形式模式中发现美的享受，而是对思想的一致性和有效性的依恋。因为面对时，思想可以指导行动；如果忽略掉逻辑本身，对感觉的参照必定在它应用的某个点上被恢复。很少有问题没被语言的使用影响，但是假设所有反思的问题甚或被恰当地包括在哲学中的那些问题，只通过参照语言的考虑，就能解 143
决，是太极端的一个观点而不能予以考虑。

六　语言意义与交流

关于区分语言意义和感觉意义还有一个深层的动机，这动机可以在可传达和可核实的共通性的意义问题的不同地方找到。假设对一个语言表达的意义很重要的是使用它的人心里有语言应用的标准，但使用相同语言并且通过语言“互相理解”的两个人，是否一定意指相同事情，这是不清楚的。如果语言存在的目的是沟通，就应该用相同的语言表明出相同的客观现实，这是很重要的。但是仍旧不清楚的是相同客体是否会被有着不同经历的人理解成不一样。所以，在表达相同的客观事实的时候，使用相同的表达并不一定意味着应用相同的感觉标准。只要应用的系统性组合涉及公开的行为，通常意义意味着测试程序的共通性。只要决定决策的是被观察到的结果，在相同的场合说着相同的话即意味着相同的意思，但是这并不明显。甚至假设感觉意义是常见的话，这种共通性怎样被核实，这仍旧不清楚。因此，作为决定应用的心灵中的标准的感觉意义的概念，可能会作为涉及参照不可核实和不可说出的东西而被反对。

别人心里想的东西，我们只能观察他们的行为的相似性，包括他们的语言，还有其他方面的相似性。这个结论也许会被认为是归纳性的公正的，如果我们满足于从观察到的相似性到不能直接观察到的一个方面的相似性的可能结论。（也许我们应该发现这种方法是在科学中经常被解释的一类归纳结论，并且不放弃现今的科学归纳就是不可避免的。）因此，我们将会不得不把这个假 144

定的共通性当作猜想——因为肯定它是所有人相信的，至少在他们不迂腐的时候。①

也许有人认为，只将意义看作语言意义这些问题可以被避免，或者至少放到另一个背景中去。也就是，只把内涵当作语言意义，这在方法论上可能占有优势，因为在其他人的例子里语言的应用是可以被观察的行为。

但是如果处理通过直接观察可以被证实的这种问题的限制应该是视一般意义为语言意义而非感觉意义的动机的一部分，那么应该指出任何这方面的可能的优势都是不存在的。有相同的可能性完全根据客观观察的相关把在一个案例中的意义理解为在其他案例中的意义。在另一个例子中，不同人之间的意义的共通性，必须依赖归纳的证据并几乎难以达到理论的确定性。我们认为把感觉意义当作心中的标准是正确的，但是“心中”所指的重要特征是“接受优于有关应用情况”而不必比较心中是什么与根据公开行为描述的是什么。确实打算常识参照作为“内心看得见”的意义，保证超过另一个的任何外在观察。如果有人认为把那些仅仅可以观察的东西剔除出去是重要的，那么事态的那方面就是不重要的。有人也许会认为这种应用的标准，作为提前被接受的意义，依据一个人选择的最初的行为或者行为态度，并且这些东西的观察将是可以跟语言的使用的观察来比较的。真正的问题是，应用所指示的意义与作为不是与客体或客观场合而是与其他语言表达的关系的意义之间的区别。不管强调意义的哪个方面，重要的是，逻辑中所要求的清晰和准确以及类似问题，一个意义应该是确定的、超出任何数量的受观察的使用表达式的场合将保证理论地确定的。没有任何分类可以完全通过观察这些项目被接受为其而固定下来。有关一些特定情形的、还未
145 被检测的理论性的替代物，将会一直保留下去，并留下分类的标准，就好像是测量决定因素——这个要跟行为态度的坚持的问题区分开来。同时就正如在有些场合中意思可以用不同的同义词表现出来一样。因为阿拉伯字典将会让这个变得明显，一个人不通过单独地观察同义词来决定语言意义，除非同义表达式的进一步的语言关系已经被固定。为了理论上决定语言意义，要求对所有同义或非同义的表达式进行完全分类。同时，如果您要解决应用标准的问题的话，被观察的语言使用情况的次数是远远不够的。不管是在哪种情况下，别人用内涵意义模式意指的东西的证据，只能是归纳的并缺乏理论上

① 在 *Mind and the World-Order*（即《心灵和世界秩序》——译者注）一书的第四章及附录 C 中论述了这样的问题。

的确定性。是否我们能保证我们要表达的意义并有理由，这或许是可以忽略的问题。至少我们现在打算，一个意义似乎像我们可能发现的任何事一样可以被直接检查。

七　感觉意义的优先权

在任何情况下，作为语言意义的内涵和作为感觉意义的内涵之间存在着必然和明显的联系，这种联系是从语言本身的功能那里来的。术语通常指示事物并标志它们的特征，陈述句则试图说明事实。如果存在无经验意义的表达式，它们也必然与其他有具体意义的表达式相联系。结果就是，这两种获得内涵意义的方法或方面之间必定存在着相应的联系，除非我们的定义和其他已接受的分析陈述或是决定表达式应用的方法需要改正。

分析性联系的语言模式或许暂时产生于一些受限的观点或是所有的具
体关系，并仅作为逻辑的或“句法的”或是有待具体解释的象征的系统结 146
构来考虑。但如果我们想避免不切实际，那么从某种程度上而言，必须恢复对语言的经验参照。定义必须表达用法的标准，分析陈述句必须限定可允许的分类和标示的样式。我们的术语定义必须和我们的运用相一致，同时我们的运用必须跟我们的定义相一致。好比我们可以从这一关系的任一终结性开始，但最终必须建立联系。至少在某种程度上，我们能建立起语言表达式的分析关系——更确切地说是语言符号——通过约定俗成或是任意。而这些关系一旦建立起来后，我们必须尊重任何解释或用法。如果我们最终的惯例和假定的语言关系跟我们原先的实情不相联系，至少它们是我们进一步实践的解决。它们限制了我们之后创造其他或相似联系的自由，同时它们也限制了我们解释和运用的自由。有效性不仅要求我们所说的前后一致，而且要求我们所说的跟我们所做的相一致。或是，从另一方面来讲，我们能够从可感知的特征入手，作为我们应用术语的要点和构成我们的分类标准。然后我们才能找到下定义的可行方式，以及，由一种用法检验另一种用法的事实，或是一个基本特征对另一个的重要性，或是可感知的特征与另一特征的不相容性，得出的真正的分析关系。

这些解释内涵意义的两方面或两种方法的问题是更加重要的，同时也是有偏差的，至少应当从另一问题的考虑中找到一部分答案：一般而言，语言的存在是为了表明事物中发现的特征，为了由感觉理解指导实践；或

147 是分类、命名和联系事物和为了支持语言习惯并用具体事例证明我们所选择的句法的行动。

在我们感兴趣的只是一个认识论的问题内，最后最重要的考虑是，作为语言意义的意义解释不能为分析真理的决定提供足够的线索，然而感觉意义的解释可以显示它显而易见的来源和准则。

一些陈述的分析和先验特征的唯一来源，与其他陈述的综合的和后验的特征相反，通过参照语言用法，前一类陈述最终可从定义和逻辑转换和推导的规则证明。进一步的探究这种定义和逻辑格式化所具有的相对于经验事态的独立性，在于作为语言用法的定义陈述的传统特征，在于作为可从定义和已接受的语法用法中推导的逻辑规则的相似规定的特征。

承认这些考虑的准确性，承认把逻辑视为衍生于定义和句法格式化的可能性，这种解释的不足之处只是它没有解释它所需要解释的东西。它并不为独立于经验事实的分析真理的先验特点提供线索。它解释这种独立性，但是它取得这种解释是通过丢弃分析陈述的真理特征，或至少是通过靠它们可能是真或假而从分析陈述的任何特征中抽象出来。

已经指出，没有定义性陈述能够同时是约定的也是任一种事实的表达。从语言的约定俗成考虑，定义是决议或是劝告（真诚的规定），或是它们只是对事实上的用法或打算的用法的经验陈述。此外，约定或是语言学用法的经验事实无论如何都不能决定或影响意义的联系——从单词“意义”的任何一种含义。符号的使用服从约定，某一特定符号的代表的意义
148 同样地也服从约定。作为可取代另一个并传达特定意义的符号的习惯的和好的用法，是可以报告的经验事实。同样地，表达由特定的语法顺序或是说或写的其他方式所确定的关系，也受约定支配；实际上这类用法是经验事实的问题。如果没有确定的语法约定，那就没有意义跟符号之间的联系，没有符号的顺序和意义间的联系。因而任何分析真理的表达方式是由语言约定所决定的，它同时也是形成和传达任何经验事实的方式。但是，由于它们的规定或习惯用法，由于通过符号的顺序排列来传递的意义之间的联系，由于句法规定或习惯句法用法，通过符号传达的意义是优先于并独立于影响它们要传达的语言学方式的任何约定的。在要说出的真理（或是谎言）的本质中，没有什么能够从表面上就看出来，直到运用语言符号有一个固定的可理解的意义，或是直到被称为一个陈述的言辞的语法结构传达一个同等固定的和被理解的用符号表示的意义的关系。这里没有关于

任何真理陈述、分析的或其他的，直到一个意义关系在一些意义样式中被断言。通过语言意义阐述真理的方式，依赖约定俗成的语法用法。但是所表达的东西的真假，与影响表达的任何特定语言习惯无关。如果惯例是另一种情况，那么阐述的方式也会不同，但所需要阐述的内容及其真假，会保持不变。这就是语言规则所不能触到的地方。直到影响表达的惯例固定下来，然后所讨论的意义也固定下来，字面上成串的符号并没有表达什么东西。当惯例和意义都固定下来之后，所说的内容的真并不是由符号所决定，而是由符号所表示的意义所决定。

我们已努力阐释，的确，逻辑结构和偏差的问题，例如从定义和公理演绎数学体系的定理，会沦为有名的象棋比赛，作为句法类型的样本、定义和规则的符号，好比操作允许走法的象棋规则一样，被当作公理。由于这些演绎的术语是意义和断言的结果，这些根据规则的走法所得到的最终 149
结果严格地限制在这些术语中。甚至曾经还有一些意图要减少这种象棋比赛的演绎和系统建立。但我们要更加谨慎才能自然地轻易地清楚区分什么属于象棋比赛与什么属于分析真理的建立，即使在这种情况下存在点对点的相关性。句法规则下的符号游戏，它的结果只能说明象棋游戏的结果。直到赋予意义为止，在讨论中没有真理——或只有用特定的符号按被允许的走法所能做什么的真理。一旦符号代表了意义，符号的取代和其他允许的走法必须谨慎地依据这些意义并由真理管理，否则，它将会是一场有微不足道的结果的很拙劣的比赛。

八　语言交流

这个约定论者的解释认为，超过定义的语言约定和句法使用的意义，在分析真理中不能发现意义。事实上，在已经讨论过的意义上，所有的分析陈述说了同样的事且什么也没有说。关于经验事态，他们的重要性是空的，并不要求有另一种经验的特别的事实，也并不禁止什么。但同时也看到，只集中考虑内涵，所有的分析陈述都有相同的意义并是空的。分析上考虑，作为其内涵是由组成成分的内涵意义和语法顺序构成的表达式，分析陈述说不同的东西，它们断言的是可通过它们的组成部分的特定意义的特定关系可确定的东西——它一般不是经验地空虚的意义。“所有的猫都是动物”断言了既非零也非全的“猫”的内涵意义与同样既非零也非全的“动物”的内涵意义的关系，否则，它断言这两类的关系，这种关系被认为是考虑“猫”跟“动物”的内涵的关系而是先验的。这个陈述是否断定是隐含分析的类别的关系，或断定是明确分析的内涵意义的关系，
150 这两种情况，后面这种关系必定被知道，如果这一陈述被决定为分析的真，就是说，我们只通过知道“所有的猫必定是动物”就能理解“所有的猫都是动物”的分析真理。

关于分析真理的认识论问题联系到了这个必然性的本性和我们如何知道它。约定论者的回答的优点是指出这个必然性不是从自然力量或经验事情中产生的。这不是一个物理或是生物或是其他自然的必然性。自然可以是任何可想象的东西和任何可想象的自然的力量，但是仍没有不是动物的猫的可能。但如果说这种必然性产生于使用表达式“猫”、“动物”、“所有”和“是”的语言约定和影响表述式“所有的猫都是动物”的语法用法，那么至少难以理解这里的“用法”意指什么。实际上，我们将难以通过观察语言意义和语言约定意义上的用法来回答认识论问题。

是否“所有的猫都是动物”是分析地真的，或“一些老鼠成三角撕咬”是分析地真的，不参照陈述中的词的约定用法和语法顺序，这个问题是不能决定的。如果表达方式“老鼠”（更精确地说，符号“老鼠”）跟“猫”一样使用，还有“一些”、“三角”和“咬”，跟“所有”、“动物”和“是”一样使用，同时如果语法顺序的约定是德语的陈述，那么“一些老鼠成三角撕咬”将会是分析的真的。如果“猫”跟“老鼠”一样使用，依此类推——读者可以填出例证的余下部分——那么“所有的猫都是动物”就不是分析的真的。决定分析真理的不是语言符号也不是与其他符合的约定关系，也不是句法约定。这些只决定它的表述方法，它所表达的东西才是分析的真或假。一些是“猫”表述的东西（但可能用“老鼠”来表述），跟“动物”所表述的东西（但也可能用“三角”来表述）之间有一些联系，这个联系是被“所有都是”表述的但可能用“撕咬”来表述，而
151 这样所表述的整个事实是独立于经验事实可决定的。分析真理附加到这样表述（无论如何表述）的内容，是认识论问题。定义和句法的惯例并不能为那个问题提供什么答案。

九　感觉意义与分析

通过参照“猫”和“动物”的感觉意义，以及我们把这些表达式应用

或拒绝应用于事物的标准，可以找到答案。

有零内涵的表达式的感觉意义是空的。说它们*没有*感觉意义会犯微小的错误，因为在理解它们的意义中，我们会理解凭借我们知道的、先于任何特定经验的某些东西，无论这个经验是怎样的，都会跟表达式所要求的相称。如果“不是方形也不是矩形”*没有*应用标准，那么我们就永远也不会知道它是否应用，而不是知道它总将应用。这种类型的表述缺少它的组成部分“方形”和“矩形”所拥有的感觉意义。它的普遍应用的这个知识事实上源于对这些组成部分的感觉意义上的把握，以及构成整个表达式的这个独词句感觉意义的“不”和“或”的意义的把握。我们在特定场合之前知道的是，凭借“方形”和“矩形”的应用标准，“不是方形也不是矩形”总将应用。我们不要求检验特殊例子，因为*想象中的试验是足够的*。

相反，“圆的方形”缺乏感觉意义，它永远不能应用，我们也不能想象任何符合它的东西。但这种意义的缺乏使它的内涵归于独词句：组成成分“圆”和“方形”有特别的感觉意义，因此有时可以应用，有时不可以。“圆”和“方形”之间被语法表述的联系，规定了联系“圆”和“方形”的意义的特定方式，就像在决定“红色的方形”的感觉意义时规定“红色”和“方形”方式。短语“圆的方形”不缺少感觉意义，在这种表达式是“外质”的方式上：我们不困惑于如何检测它的可用性，而是很清楚知道所讨论的是什么检测；从理解为了满足我们先于经验所知道的“圆的方形”的东西是什么，它将永不应用。在想象中尝试用语法描述的方式将 152
“圆”和“方形”的感觉意义放在一起的试验，足够保证这种普遍的不可应用性是先验的。

十　标准关系的分析真理

正是表达式的应用标准的相互联系这个事实，对保证分析陈述的先验的真，保证自相矛盾的陈述是先验的假，是恰当的。因为任何明确的分析陈述句所断言的东西，当我们不仅独词句地而且分析地考虑它的内涵时，是它的组成成分的内涵意义的联系。一般说来，这些组成部分的内涵既不是全也不是零：仅用总应用或永不应用的表达式不能说任何事。如果所讨论的陈述只是暗含的分析的，且不断言它的组成部分的内涵的联系而是别的东西，为了知道它的真是分析的和先验的，我们必须知道相应的明确分析陈述的真，它断言内涵意义的这样一个联系。我们知道“所有方形都是矩形”，因为在想象如果“矩形”应用于一个事物必须满足的检测中，我们观察到必须满足“方形”应用的检测已经包括在里面了。想象中的试验——如果我们知道我们表达的意思且当我们看到它们的时候能够辨认出方形与矩形，我们就一定能做的试验——足够保证由“所有是”所规定的“方形”的内涵意义和“矩形”的内涵意义的联系。

这种由分析陈述句所传递的事实，很明显，其支持或是不支持是由任何人都选择去拥有还是碰巧去确认它而决定的。抛开这些感觉意义的字面表达式，它们之间的关系是残酷的事实，不随我们的意愿而改变，并将保持不变，不管我们的任何决定或是惯例，就好像树有叶子而石头是坚硬的一样。从这个意义上来讲，逻辑和数学的例证是固定的，不可操控的，就
153 好比物理事实或您不能把大量苹果放在小秤上的事实。正是这种事实让两种表达方式各自都代表事物某一种特别的特征，或真或假，都跟两种表达方式的字面符号或是影响关系陈述的语法惯例独立开来。

这是分析陈述句的一个更加重要的意义，它们所表述的是关于任何智力生物（即使他总是缺少语言习惯）的事情。这种生物由于拥有智力，会分类并根据一些特定的可觉察到的特征辨认出所属的范围。作为一种分类的标准，当这种联系能够通过参照作为分类标志的可辨认的特征而先行决定时，为了避免过于经验事实的直接联系的不必要的问题，这种特征与另一种特征的关系也是智力问题。事实上，为了发现是否方形的东西也是矩形，或小秤能否支持大量苹果，而去等待特别的经验场合，这是不经济也不理智的，这个事实不依赖于语言用法，而产生于先前的“方形”和“矩形”、“小秤”和“大量”这些词的意义的联系。字面上的表述“所有方形都是矩形的”传递了一个逻辑上必然的事实，这并不能在组成成分的表述“方形”和“矩形”所传达的东西的完全独立中决定，但“所有方形都是矩形的”所表述的关系的事实并不由表达惯例甚或语言的存在所决定。没有语言系统的设计方式可以影响到它，我们并不能从中得出什么结论。

十一　感觉可知的特质中的衍推和不相容

可感知的特征的相容性和不可相容性，一个包含另一个或是一个排斥

另一个，是这个问题的根源。当相互联系的特征组成分类和语言表达应用
的基础时，产生了一个先验的事实。分析陈述句所断言的，是先于特定场
合可知的，不受经验发现的相反影响，这反映一个事实：它是分类的关系 154
和所讨论的标准。如果性质或特征 A 的检验和性质或特征 B 的检验如此相关以至于在满足前者的同时也必定满足后者，这种关系能够找到，不引起特定满足和不满足的任意测验的问题。而这种由检验标准所找到的不会因任何事实依据的存在或是不存在或是经验的揭露而推翻。如果 A 测验中的正面结果包含 B 的正面结果，那么现实事实或经验可能是他们所喜欢的，但他们不能可想象地向我们展示 A 的个案但不是 B 的个案。这种为现象分类的方式并不强制限制分类的存在事物或是由经验上展现出来的事物。相反，特定现象是事实或是所呈现的东西，并不能限制我们选择来用作分类的可感知的特征，因为我们只坚持我们自己固定的标准。

“您决定‘方形’应用的设计包含‘矩形’应用的设计吗”这个问题与另一个问题“您计划去芝加哥观看菲德尔博物馆的计划包括您去尼亚加拉河观看瀑布的计划吗”的一般回答方式是相同的。一个测验，就像一个计划，当执行的时候必须是可感知的。正像一个计划，它必须是可以预先设想的。如果计划缺乏预先设想的可感知的特点，那么我们永远都不知道我们是否会执行它，或是所发生的事情是否刚好满足它。相似的，如果一个语言表达式的应用标准缺少感觉意义，在任何情况下我们不可能决定实际呈现的是否与它一致。一个标准，就好像一个计划，是先于理解满足它或不满足它的东西而决定的，并且，当我们运用它时，无论发生或不会发生什么，都不改变或影响这个标准本身。分析陈述句可能表述的标准的一个联系，是一个可感知的关系，就像一个计划包含另一个计划，或两者的不相容性。

我们所能说的用法标准的任何意义只能是心中的，它们之间的关系同
样也只能是在心中的，而不是一个公开的事实。但是很明显，说一个常规 155
测验和它的可感知的结果只能是在心中，这是可疑的。恰当的观点是，就任何特定的经验场合而言，作为分类的基础，一个常规测验和一个肯定结果只是猜想。事先决定包括或排除分类中的事物，根据是否符合这个测试，超过了起相反作用的任何公开场合的能力。

然而，相信或断言我们的标准有特定关系，我们可能会犯错——尽管所有的错误就其本身来讲是可以更正的。让他担忧的是，每个具备逻辑或

是数学能力的学生会发现这一点。不存在真分析陈述句，也不存在假分析陈述句，其唯一原因是，当所断言的关系没有得到承认时，我们并不把在我们的意义或标准的联系的陈述归类为分析陈述。所以分析陈述所断定的正好符合知识的名头，且在可能错误中有一个有重要的对立面，即使它是能够先验地确定的并能够独立于任何存在事实或任何特定经验呈现的一类知识。

十二　终结性的分析真理的三个因素

总的来说，三个因素决定陈述是分析的真，其中两个受制于惯例，即使它们的方式不同，其中一个并不服从我们做出的决定。第一，是语言表达的惯例。由字面符号传达意义的方法通过惯例固定下来，并且，不参照字面表达，没有什么陈述能被决定为真假或是否分析。但符号与符号之间的联系，由所谓的符号约定所决定，这可能表明，以某种方式象征的无论什么也能用另一种不同的方式象征，并可能不允许其他某种方式的象征，除非它也能够代表另一个，这样建立起来的关系不决定真理，除了间接决定以这种方式惯例性地象征的任何意义的关系。直到符号有固定的特殊的意义，它们之间的一个联系才传达意义的联系。而一旦附属在符号上的意义固定下来，是否符号的一个联系表述真理，这依赖于如此表述的意义之
156 间的关系。并且，无论它们是否被语言象征化，也无论它们符号代表的方法是什么，这些具有意义的联系总是存在的。因此，语言惯例不决定分析真理，只决定可能的表达方法。它们是陈述的分析的真的一个因素，只因一个联系的正确表达对于陈述的真是必不可少的。

第二，根据我们自己选择的标准，存在由我们分类方式构成的因素。每个有着固定意思的表达都暗含着一些可验证和可识别的特性或特征，这些特征是它的适用性的重要标志。我们所选择记录的特征，或者发现记录它很重要，是关乎决定的问题。那样的话，所有能被考虑和表达的意思之中，我们要考虑和表达的意思就被习惯地决定了。这些表达式应用的标准，事先考虑或者假设涉及经验场合，构成了我们选择应用的表达式的内涵意义。这些内涵意义也可能是所讨论的表达式和其他表达式之间关系所暗含的。但是语言意义必须与相关表达式的运用相一致。而且，只能借助参照语言表达之外的、影响这些表达应用的因素，才能实现语言的一般意

义或表达的特定意思，不管是和其他有怎样的联系。当标准应用意义上的意思被赋予语言表达时，那么语言表达的联系就不再受任何决定的控制或影响，但取决于实际和可发现的与标准相关的联系。

这个问题的根源在于第三个因素，即在于可验证的和可感知的特征和语言表达应用的联系中，这些特征是我们分类和应用语言表达的标准。一个这样隐含的重要特性可能包括或蕴涵其他的，如同方形的标准包括矩形的标准，“猫”的可应用性蕴涵“哺乳动物”的可应用性；而且这样一个特性可能排除不相容的另一个特性，正如满足方形的测量排除满足圆形的 157
测量，也正如“猫”的可应用性排除了“鱼”的可应用性。就是在被当作表达应用标准的感觉意义的这些联系中，终将找到分析真理的决定。这种关系如它们本身所是，并不取决于任何惯例和决定。它们能决定，先于和独立于表达式应用或不能应用的任何特定场合，通过我们能够对这种标准进行的设想，如果在发现一个例子时能够识别它和知道我们所要表达的意思。

一个分析陈述本身没有特定的应用标准，除了决定它在任何情况下都能成功的那些。它有零内涵，没有限制，可适用于所有可感知世界，不管它所包括的特定经验事实。但是，靠它断言的、特定意义之间的关系，把这个独词句意义作为分析构成来掌握，才能决定这种零内涵。要么它肯定了它的组成部分的内涵意义的联系，这个联系通过参照作为感觉意义的这些内涵可证实；要么它断言它的组成部分在意义的其他模式如外延的关系，但是能够被确定的——且**只能**先于特定经验场合确定——通过确定内涵意义的一个相应联系。正是在这种意义上我们才能决定任何分析陈述的真，如果我们理解我们表达的意思。

十三　先验综合的问题

这种有意义的语言表达与它们可能应用的标准或真理之间的紧密联系，对于这些问题——是否存在先验综合真相，是否独立于特殊经验的证实能被知道为真的所有陈述是分析的——也是重要的考虑。

在这里详细地探讨这个问题并不怎么值得：这基本上是一个死胡同；确信所有先验真理是分析的，这在现在很常见。另外，有关任何足以支持这一结论的前提，并没有达成相应的普遍结论。为了顺便搞清楚我们更关注的其他问题，简短的考虑是值得的。

158 这里有其真是先验可知的综合判断，这个信念给人印象深刻的历史表达是康德的观点。这种观点认为，存在着对我们接受感觉印象的能力的限制，因此也就对我们陈述或想象的能力有了限制，但不是同时限制我们设想的能力，因此并不限制概念意义。

这种学说在“先验美学”上并不怎么清楚，因为说类似“三角形”“直线”这样的术语有一个不受直觉和想象三角形和直线的可能性的限制的概念意义，是很荒谬的。这个观点是非常怪异的，因为这些词命名明显是空间的事物，并且，空间和时间，作为直觉的形式，是与概念的理解对比的。因此康德没有提出是否数学概念像实体和因果的物理概念一样有着令人疑问、在限制我们应用的直觉和陈述之外的扩展。他只指出，数学术语的定义和逻辑对原理是不足够的，类似三角形总度数等于两个直角的度数和，以及直线是两点之间最短的距离等。因此这些命题是综合的，而且它们的先验必然是对包含在概念中的东西的陈述的条件。

正是在后面的部分，考虑到理解概念，先天综合判断的基础变得很清楚——尽管康德的语言有些表达不清，和他提出的学说也有些不一致。

让我们尽可能根据康德的设想来讨论涉及的问题。我们对概念如“物质”和“起因”的可能应用在时间表现条件下是受我们图式的限制。超过我们把它们应用到可能经验的能力，它们对我们而言就没有任何意义。（康德有几处说到了这个，他用的是词语是 Bedeutung 和 Sinn。[1]）除了感觉呈现之外，它们仅仅是概念的空白名称。不过它们有一个在感觉经验之外的问题延伸。例如，“物质”的概念意义仅是“物体，且不能做谓语”。从
159 这个定义性意义不可推论出在所有改变中物质是永恒的这个原理。然而，这个物理原理有先验的必然性——所以康德相信——当更深层次的图式条件如把概念应用于感觉事物的条件增加时。因此这个原理应该说是先验的和综合的。

类似地，发生的每件事意味着按一定规则发生的事情，这个原理应该是先验的，但不是综合的。起因的概念有感觉体验之外的有问题的延伸，无前因起因的概念并不为这个概念排除，但是对自然现象来说，是被暂时的图式条件既而被我们对概念的应用所排除。

① 德语 Bedeutung 的意思是意义，Sinn 的意思是感觉。——译者注

因此康德设想，逻辑和术语的定义性或概念性意义，不仅延伸至现象而且至我们不能直觉到或陈述但能想到的超感觉的或实体的事物。如果问，超过感知事物领域之外（在这些感知事物中我们能发现它们的应用）我们如何赋予这些概念有问题的内容和意义，康德用“相似物”的概念回答。这个概念比较模糊，除了明显建议相似物是对我们不能完全陈述的某事的不满意设想，通过对我们能经历或想象的事物的不完全的类推。因此我们能大概想出最初的起因，例如超感觉的自由道德代理和像上帝这样的实体，不是受空间和时间限制的存在。“物质”和“起因”的**概念**意义成问题地延伸到了这些非现象的实体。

因此，这个观点是，术语有纯粹的概念意义，可通过定义表达，且不局限于我们可能经验到的物体，延伸至“一般事物”。它们也有感觉意义，但是更远地受到了我们把它们应用于经验物体图式的限制。这种图式强加了不可从它们定义推论的条件。例如，每件事都有起因，这是通过不可从所讨论的定义或概念意义推论的（因此不是分析的）概念的任何可能经验 160
应用的图式（因此是一个先验的真的现象）来保证的。

然而，撇开可能构成康德式学说的批判不谈，我们必须观察到它犯了一个含糊的谬论的错误。“物质”和“起因”这些术语不止包含一个意义，而是两个。例如，广义上的“物质”是实体且不能做谓语，不仅蕴涵了物理物体和精神物体，还延伸到了超感觉的物质。这种广义的意义没有蕴涵物质的时空特征。狭义的“现象或自然物质”包括图式涉及的所有东西，通过这个图式我们能给出术语的经验应用。“起因”的广义意义是“缺了它，一个事物不可能存在”，而狭义的意思是“缺了它，一个现象不可能经验地存在或发生”。

必须承认，为了讨论，有一些这样的术语，它们被运用到实际中同时有更广且不受实际应用条件限制的概念意义。让我们与康德假设，有这样一些陈述，“所有 A 都是 B”，“A”的概念意义并不蕴涵“B”的概念意义，但“A”的经验应用的图式或呈现蕴涵“B”。现在假定“所有 A 都是 B”是先验的，因为“A 不是非 B”不是可表述的或可想象的。“所有 A 都是 B”是综合的，因为“A”不蕴涵“B”。那么我们就有关于四个术语的谬误了。因为如果这里的 A 不限制在对现象的理解，而是也延伸至一般事物，那么不可能表述“A 不是非 B”就证明不了关于“A 和 B”的关系（在这点上，康德是赞同的：他并不假设有关超感觉的先

161 天综合命题）。[①] 但是如果陈述局限于“现象 A”，正如为了是先验的而它必须是，那么它就不是综合的，因为“现象 A”蕴涵着对于 A 是经验中可识别的是重要的所有条件，包括术语的经验应用图式所涉及的所有东西。

因此康德关于先天综合真理的主张是似是而非的，只因为他没有写“现象”的资格，反之他是把它当作理所当然的，而且这对他的议论很重要。例如，如果“发生的任何事”意味着所说的东西的暂时性，如果暂时发生蕴涵着被引起，那么“发生的任何事都有起因”就是一个分析命题。但如果这里没有暗含暂时性，或者如果暂时的事件不蕴涵被引起，那么根据支持这个命题是先验的。

您可以反对说，我们错过了这一点：康德相信他已通过所有可能经验和表现的必要东西确立了暂时的事件蕴涵着被引起。但是这种联系是不能从“暂时事件”和“引起”的概念或定义推论的。这种反对无疑阐明了康德对事态的理解。他设想，这（或一）些蕴涵（其说明在几何证明中）类似地不是逻辑蕴涵，而是产生于必要的感觉呈现和所有可能经验。但是必须答复的是，任何对一个事件的暂时特征是重要的东西，都必定被作为一个暂时事件包括在它的这个充分概念中，而且，缺了它几何实体就是不能被识别的东西，必定作为空间包括在它们的概念中。一个定义，如果不逻辑地蕴涵对被定义的东西是重要的所有特征，是错误的。

有证据表明，康德在这一点上受困扰。面对是否空间实体的概念不必包括属于它们的空间特征的本质的东西这个问题，他不能——像他在物质和起因概念所做的那样——宣称逻辑本质或定义与我们可能直觉的限制的区别。他不能这样做因为空间是绝对的现象。但时间也是如此。同样的考虑适用于“暂时发生的”。在他的书中有一些证据表明，由于这种困难，他坚持，作为直接形式的空间和时间不是概念。但是如果一贯地坚持这
162 个，那么就会产生不好的影响。例如，要么空间和时间没有关键特征，要么这些不能被设想且是不可表达的；要么没有“三角形”和“圆”等概念，要么这样的概念遗漏了这些实体的特殊空间特征。如果是后一种情况，就很有理由想出超感觉的三角形（不被空间呈现的必要性局限于概念），犹如想出超感觉的物质和原因。

① 除了“从实际角度来看”——这是我们这里最好撇开的一个问题。

责怪康德没有从真正充分的数学定义预见数学定理是可推论的，是不公平的。难道今天我们就有这种完全充分的概念了吗？相反我们要感谢他指出了不可缺少感觉图式或经验意义的构造。但是，无论分析我们先于特定经验证实而感到确定的那些分析真理是多么困难，我们必须找到太令人不安而难以接受的选择。例如，假设我们像康德一样思考然后发现，数学证明的一定步骤只有在参考了空间结构或者计算的暂时图式才是有效的，而且不只靠逻辑从它们的前提推导。那么我们必须想到有一个没有表达的前提，暗含在结构要素中，而且这样当它被引出和明确时，我们的结论就会跟随纯粹的逻辑。因为这种结构要素本质上属于空间顺序或时间顺序，我们不能充分定义一般空间物体或暂时实体，直到它被包括在定义详述中。因此一旦我们通过正确分析修改我们的步骤，我们已证明的定理将因是分析的而被揭示为先验的。考虑到这样一个先验真理的明显的综合特征，我们只能有两种选择。要么我们必须假定，所有空间和暂时的东西都有特征，我们肯定承认其重要性，但我们不能表达和包括进定义陈述中；要么我们必须假定，加上参考逻辑原理的证明，在前提和结论之间有一种 163
辩驳，可承认为先验有效，但其有效的理由不是我们能作为一般推论规则表达的。

十四　分析与形式推演

抛开康德的任何问题和对其学说的正确诠释，我们可能理解表明先天综合判断的不可能性的重要考虑。任何特性，缺了它我们就拒绝应用一个术语，是重要的，它不可在术语的意义中。任何不蕴涵这种重要特征的定义，体现了对所讨论的意义的一个错误分析。这样的分析错误是很容易犯的：几乎可以说它们是规则而非例外。每个柏拉图以来的逻辑学家都发现且常会指出，我们如何可能像接受定义一样接受公式化，这些公式化已经包括容易想到的例子但不能够引出和包括我们在使用定义术语时本应该陈述的特征。意义的联系是内在的，因此它的陈述就对被所讨论的术语包括的所有事物是先验的。但是我们对这些意义的语言表达可能遗漏了它们的这个内在联系的根据。所以，通过分析的失败，就会产生先天综合判断。

正常地，我们的感觉意义是最先明确的，而我们的语言表述则要求与之一致。在例外的情况如现代数学的抽象体系中，很可能是语言表述在控制，以及根据将被决定的意义的可能解释。但是在语言表述和感觉意义不一致的情况下，我们必须徜徉在超感觉的天堂里，或者认为一个被接受的意义不能是不可表达的，又或者我们必须承认其不一致性和不充分性，然后想办法去纠正错误。

如果意义仅仅被当作语言意义，那么关于分析和综合的差异是和语言或者语言体系相关的推测就变得有可能，实际上这是一个进步。语言系统
164 的概论很明显是从“理想语言”和数学系统的类似推导得来的，从包括定义的一系列原始命题推导来的。且这种类似——在其他方面有着用途——在一个重要点上却是误导人的。在一个数学系统中，所有被定义的表达式最终都是根据最初被认为没有被定义的原始命题所定义的。而且这些未被定义的表达式在抽象数学体系中没有被赋予任何意义。因此这些没被定义的表达，和系统中的所有命题，都是被解释的，且一般都能有不止一种解释。但是在一种语言中——无论是真正的语言还是人工理想化的语言——没有无固定意义的词语：没有意义的符号不是语言，甚至不是符号。即使意义只解释为语言，术语大概不能被剥夺命名和应用的功能，没有表达式会被解释为模棱两可的术语。[①]

如果一种语言靠类似这样解释为数学系统，且意义仅被当作语言上的，那么从它可能是真的意义上，很明显，有些陈述是分析或综合的都与语言系统相关。把问题简单化：有可能一个陈述“所有 A 都是 C”在逻辑上是可证明的，如果有第三个术语“B”通过其定义方式用必要的形式连接“A”的语言意义和“C”的意义；但是如果这个术语“B”和它的定义脱离了语言体系，那么很可能“所有 A 都是 C”不再是逻辑上可证实的。（类似的事实经常可以在数学系统中观察到，源于定义和一套通过逻辑规则的假设。）

但是，它并不需要扩展到逻辑数学复杂性的检查，以揭示是否没有经验证实的陈述能被知道为真（像分析陈述能一样）与一个人的词汇有关的假定的惊人的特征。即使当我们发现它有优势，从某些观点
165 或为某些目的，靠参照已被接受的定义和系统中的组合，仅用语言形

① 很可疑的是如果任何关于别的表达的语言形式可以明确地决定其意义。在一个语法结构系统中，具有不止一个一致解释的表达式，具有综合的结构，不是内容而是一种变量，该变量的可能性内涵是它们的值。

式解释意义，把分析陈述的可允许的证明限制到靠被接受的形式准则从这种被接受的定义而来的推导，仍不允许忘记：如果这些语言模式的词没有固定的意义和应用标准，那么语言就不是语言。而且是否这两个使用意义以靠分析可证实的方式被连接或不被连接，并独立于经验特例，这不可能与我们使用的词汇有联系。然而，的确，我们对这种关联的发现会受到间接术语呈现的帮助和其缺失的阻碍，这将会使对它的演绎服从形式的和已认可的语言衍生原理。这样一个联系类似矩形和正方形的联系，它和“方形”与“圆”的不相容性，不需要靠语言来识别。相反，好像这种关系的事实是，什么规定我们可接受的定义性陈述并给它们比空话更重要的东西。这样的分析联系可能会服从形式推导，一旦被象征的特性或这些属性是必不可少的东西，被一致地定义至它们实际有的联系上。没有这些定义陈述，符合意义的分析联系，逻辑原理对于分析真理的推导是不充分的。明显的是，这样仅从逻辑能被保证的真理的范围，没有其他前提，被严格限制，而且对一般分析事实的范围是不够的。

已经指出，每一个分析陈述是从前提推出来的。但是推论这个词在普通和最有用的意义上，是与根据一些限制语言衍生规则的正式推论不同的。例如，来自一个人可能选择的任何前提的推论“所有人都是动物”，在某些点上和方式上，不借助矛盾术语“非动物的人”承认“人”的意义和“动物”的意义及二者的联系，就不能完成。

因此如果定义或联系可以用来推论仅仅当它们已被语言形式所接受，且允许的唯一推论是那些根据已接受的语言转换和衍生的正式原则，那么靠被接受的形式规则可从被接受的定义推导的陈述——或许称为分析 166
的——将真正根据被定义术语的词汇和已接受的术语定义、参照已接受的语言转换和衍生规则来限制。而且被表明“分析”的陈述与其他的区别，不能被期望与平常或者普遍被认为的这类陈述相一致，除非语言体系的设计者在确定接受逻辑原则的衍生规则和使词汇、已接受定义和理想词典内容相一致时非常细心和精致，没有遗漏普通推论需要的东西。就充分逻辑而言，在设计语言体系中，被接受的东西与靠通常的逻辑意义可接受的东西的一致性，是一个容易控制的理想化。但是就词汇和定义而言，在实际限制内，它显然是不可实现的。

这里的重点是这种语言体系的设计必须着眼于一些先前决定的目

标——例如，为了计算或者一般数学的充分——否则，它仅是根据任意规则玩且没有重要意义的结果的一种无价值的游戏。但是使游戏值得玩的这种唯一目标，受根据被接受的规则从被接受的定义推导的东西与被承认是分析的东西的一致的支配。这种程序的这个合理意图明显暗示的问题，仅仅是这个问题：为什么这些已接受的结果被当作分析真理或这样的一些类？这是有认识论意义的问题。巧妙设计的语言体系本身参照一些先行标准是可接受的或不可接受的。如果我们没有其他办法确定分析真理，之前的努力、这些努力本身就是无意义的。如果我们有语言体系价值的先行测试，这个有着根本重要性的、还有待解答的问题是：这些标准是什么？它们有效性的来源是什么？

167 并没有反对这样的认识：当一个语言体系和理想化相一致时，分析和综合的区别会与根据形式转换和衍生规则从已接受的定义可推导来的陈述与那些不可这样推导来的陈述之间的区别相一致。我们仅仅顺便注意到，实际不可能用简洁词语陈述足以识别分析真理的语言体系，以及既定语言体系中的这类可推导的句子与可作为分析接受的一类陈述之间的不一致的不重要性，只要语言体系没有达到理想化。

我们应该承认，当严格设计的体系的结果与先行认可的分析真理已经适度地达到了一致，那么是否余下的不同表示体系的不足或者表明以前没被注意到的常规概念的不足，这个问题就变成一个严峻且重要的问题。但是被称为“分析”的陈述的相对性仅参照任意设计的语言体系的已被接受的形式，不参照体系与之前标准的一致性，这种相对性就变成没有重要影响的问题。由于语言事实上不是从天上掉下来的，而是人类设计的产品，与这个标准或控制陈述接受的先行标准相关的重要问题，这些陈述被当作定义的和容许的引导推论语源的规则提出。

它是那种我们尝试解决的问题。语言只有当它拥有固定意义时才会成为语言，这决定哪些表达式表示和要求基本运用。这些运用的标准是感觉意义，是测试常规和细心应用的结果。这些标准因为它们的功能是可以在特定应用之前被设想的。而且通过与标准对比可确定的、独立于特定经验场合的感觉意义之间的联系，是分析知识的来源。这些知识，像它涉及的含意，是独立于语言形式的，尽管语言表达模式通常且或多或少依赖于如此表达的意义的关系。

168 当然，这种表达式的应用的检验图式是重要的，不仅在与分析真理的联系中，而且或许更明显，在与经验知识（其陈述是综合的）的联系中。的确，可应用于客体的概念与这种客体呈现给我们的直接经验的联系，受我们至此还未讨论的复杂事物的影响。概括地说，一旦我们面临经验知识的复杂性，关于感觉意义的见解，需要更多的检验。因此，我们有必要在第二篇中回到这些论题上来。

第二篇 169

经验知识

第七章　经验知识的基础 171

一　经验真理只有通过感觉呈现知道

如果前面讨论的结论能被接受，那么所有知识都有一个最终的经验意味，因为可知的甚或有特殊意义可思的必须是对可描绘意义的参照。但是这个观点，即分析的真和先验可知的命题通过参照感觉意义被确信，当然不取消独立于感觉所予材料而可被知道和不能被知道二者之间的区别。分析陈述句断定意义之间的一些关系，非分析陈述句要求一个意义与特殊场合被发现的经验之间有关系。可表达经验知识的只是后一类。它们与事先可想象的事物的错误相符。

除了最终通过感觉呈现，经验真理不能被知道。大多经验知识的断言，将通过已被接受和相信的其他断言直接辩解和证明：这种辩明包括依赖于逻辑真理的一个措施或一些措施。作为经验的总类仍将是正确的，然而，如果这些陈述中要求归纳地或演绎地支持被讨论的断言，那么这里有一些断言不能通过逻辑或意义的分析而只能通过参照所予经验的内容得以确信。我们的经验知识作为一个很复杂的结构出现，它们的大部分通过相互支持是非常稳定的。但它们根本上依赖于感觉的直接呈现。除非这里有一些陈述，或可了解和陈述的事物，它们的真假取决于所予经验并通过其他方法是不能决定的，
否则非分析断言的真假不能被决定，并且没有作为经验知识的这类事物。但是 172
如果这里没有无须依靠特殊场合就能被考虑的意义，那么这里也不可能有经验知识。没有经验将决定一个陈述句或一个信念的真，除非在这些经验之前，我们知道我们意指什么，知道什么经验将证实我们的断言或假定，以及什么经验将怀疑它。对我们意欲认识的事物的标准的理解，必须先于任何证实或反驳。

然而，我们将发现，大多经验陈述——所有通常做出的——事实上是这样：没有单一经验能决定性地证明它们是真的；并且任何经验结论性地

证明它们是假，这一点是可疑的。我们的确坚持认为，有一种能被决定特有或不特有的可断定的意义。但是，有这种意谓的陈述不是被平常地表达，这既因为很少有场合表达它们，又因为没有语言能清楚地表达它们。它存在于能被清楚地说明的经验的结构的上层：它在底层或接近底层、要求支持整个经验信念，没有暗示真正属于其意义，它便难于表达。于是，一个普通经验判断的分析（像可能在所予经验中表示其基础的判断一样），最初碰到用公式表达的困难。如果我们不是陷入某种误解，该误解一般说来对于经验知识的理解是致命的，那么，其原因一开始必须被理解和了解。

二　直接感觉的知识

我们现在转到最简单的经验认识上来，即靠直接理解的知识。在此举两个例子。

我正在下爱默德大楼的台阶，并且眼睛指导我的脚。这是一个习惯的和通常的自发的行为。但在这种场合为了它能清楚地构成一个理解知识而代替未经考虑的行为的例证，我充分注意其主要特点成为清楚意识的过
173 程。这里有一个呈现给我的固定的视觉方式，一个在我的脚跟上有压力的感觉，有一定的肌肉触动、平衡和行动的感觉。并且，已提到的这些，分别的（它们在一个移动的呈现整体内，能真正发生但不单独存在）合并在一起。许多这些呈现的内容，我发现难以用语言表达。我发现这困难，因为，如果我试图用客观的清晰的方式表达它，我应详述与下楼这一行动有关的肌肉和它们的运动，以及这类别的事。并且，事实上，我不知道用哪些肌肉以及如何使用。但是，一个人不必为了走下楼梯而研究哲学。什么时候我走得正确，通过感觉我知道——或我认为我能知道。并且，把您放在我的位置，您就能知道我的感觉——或您会认为您能知道。这是完全有必要的，因为我们在这里是谈论直接经验。您将用您的想象通过这个例子同意我，并理解我的意思——或您用相同语言意指的内容——根据您自己的经验。

当我走近楼梯并向下看时，我所有的经验是人所共知的：它是决定性地明确的，并无疑为我的行动提供了线索。例如，如果我闭着眼睛走近楼梯，那么为了避免跌落下来，我被迫采取不同的行动。出于特殊考虑，让

我们指出呈现的可见部分。通常我们没有机会表达这种内容：它执行引导我行动的职责并因此失去意识。但是，如果我试图表达它，我可以说“在我面前我看到一个看上去像一段 15 英寸宽 7 英寸高的花岗岩台阶”。惯用语“看上去像”表示我试图突出这个事实，即我不打算断定台阶是花岗岩的，或有上面提到的大小尺寸，甚或从绝对的肯定的事实而说这里根本没有台阶。语言多半是被客观事实和事件所取代。如果我希望（正如我现在希望），要将其局限于一个呈现的表达式，我很可能最好求助于：表达我认为是客观事实的事物，并使用像“看起来像”“尝起来像”“感觉像”一类惯用语或一些别的上下文暗示来指出在这个场合下限制的意图（限制我对呈现本身的事实所说的为陈述的余下部分更通常地意味的对比的客观事态）。

这个行为呈现——在我面前看上去像一段花岗岩台阶的东西——导致 174
一个断言：“如果我向下走，我将安全地到达下面的台阶。”通常这个断言不是表达甚至不能被清晰思考。一旦这样简单地表达，它就会显得过于迂腐，并且恐怕不太合乎我们有意识态度中简单地向前看的能力。但是，除非我准备同意它，为了防止我的注意力被这些问题牵制，我现在不应继续前进。再者我使用的语言，通常旨在表达我的身体和一个物质环境中的客观活动。但是，在现在这种场合，我试图只表达我经验中的直接的和无疑的内容，特别地，试图引出将这个有意识的程序作为认知模范。像我短暂站立的姿态和看我前面一样，目前的视觉方式将引导我断定：一定方式的行为——向下走——将伴随更进一步的经验内容，是同样明显和可认识，但是同样难于表达（如果没有比我现在意指——在下面台阶上平衡的感觉经验——更多的建议）。

我接受建议的行为方式，并事实地伴随着预计的经验结果。我的断言已被证实。作为暗示生效的视觉呈现的认知意谓，被发现是站得住脚的。它的这个功能是一个经验知识的真正例子。

让我们举另一个不同的例子，不是有关情形的任何特点不同，而是我们考虑它的方式不同。

我相信我面前有一张白纸。我相信这一点的理由是我看到了它：一定的视觉呈现已给出，但是我的信念包括这个期待只要我继续向同一方向看，这个呈现，及其本质上不改变的决定性的特点将不变；如果我将眼睛移向右边，它在视觉区域内将脱离原来位置而移到左边；如果我闭上眼睛，将看不见它，等等。如果这些断言经过试验被反驳，那么我应放弃现在在我面前有一张纸的信念，而宁愿相信一些特别的后像或令人迷惑的反应或令人不安的幻觉。

175 我向同一方向看一眼然后转过头去并闭上眼，就产生了预期结果。至此，我的信念被证实。并且，这些证实使我更确信在此基础上的任何进一步断言。但是，它不是理论地和理想地完全被证实，因为我面前有一张真实的白纸这个信念还有未被检验的进一步含意：我看到的这个东西能无裂缝地折叠，但一片赛璐珞不能；这个经验将不伴随在不同环境中唤醒，以及太多而未提到的其他含意。如果我面前现在是一张真实的纸，那么我将期望明天在这里发现它：因为在我的信念中，我认为是真实的属性和特征，暗示着明天或以后有大量可能的证实，或不完全的证实。

回过头来看看我刚写过的内容，我说过，我已彻底屈服于已提及的详细表达的困难。我在这里已谈及：我现在未实施的进一步检验的可预言的结果；折叠纸并试着撕开它；等等。在任何情况下发现这些被证实的预言，只是我相信一张纸的理论上的一个不完全的检验。但是，我的意图是提及这些，来预言：尽管它们只是我相信的客观事实的不完全的证实，但它们本身能被决定性地检验。我的意图已失败。纸试验性地事实地被撕碎，这将和现在在我面前的一张纸一样不能用正确的确定的事情证明。假若它发生，它将是关于我的临时经验理论上能欺骗我的一个真实的客观事件。我打算谈及的是确定的被期待的经验——纸被折叠的外观和感觉的经验，它好像被撕碎的经验。这些经验的预言，如果我们去证明这些经验预言的话，它们将决定性地毫无疑问地被证实或否认。但在这点上，读者将很可能已理解了我的意图并完善我已做出的陈述。

三　一个客观经验信念的含义

让我们转到讨论的论题上来。我已说过，即使是实施已提及的有关纸的经验信念的检验，结果也不是一个理论上的完全的证实，因为存在着仍
176 未被检验的信念的进一步和相似的含意。在下列事例中，像一个行为或一个展望的重要文件，或像问《仲夏夜之梦》是莎士比亚写的还是培根写的这样一个重要争论，这些含意可能经受多年甚或数世纪的检验。并且，一个否定性的结果可能合理地导致怀疑一个特定时间一张特殊的纸放在一张

特定的桌子上。我举的例子，除了重要性外，没有不同：我现在相信的事，有着在将来将无限地可证实的结果。

进一步说，我的信念必须扩展到我应将其失败作为信念的否证接受的这种断言，无论在将来有多久，它们关心的可能是时间。并且我的信念必须尽可能暗含我应将失望事情的失败作为倾向于怀疑这个信念的事情予以接受。

同样如此的情况是，信念暗含的这些将来偶发事件，并不是能被先前经验证实绝对否定的事件。无论多么不可能，事后检验可能有一个否定结果，这仍是可想象的。尽管信念自身的真暗含一个事后检验的肯定结果——纵使这个可能性与理论的必然的区别应是这么小，以至在这个问题上犹豫不决是愚蠢的。我们不能太贬低这个区别：如果审问经验，将发现许多特殊场合，当时很确信一个被觉察的客观事实，但后来环境超乎我们信念之外以至于令我们吃惊，并迫使我们收回或调整我们的信念。

如果我们现在问自己，如此被暗示的信念的后果是怎样广泛，那么，很清楚，像假设现在人们面前的一张白纸这么简单的例子一样，它们的数量是无穷尽的。对于一个事情，从时间上它们可能永无终点，因为永远不会有一个时间，在这时间里，放在桌上的这张纸的事实或非事实将无细微区别。如果不是这种情况，那么将来一定有个时间，实际和理论上都有可能有一点证据支持或反对这个现在所假定的事实。对于每个人想起是这类证据的某物（如果出现在恰当的时间），这是不可能的，甚至最不重要的真 177
实事件在一定时间后将无可想象的区别，这是不合理的。如果是这样，那么属于过去的超出一定时间范围的事件，可能是比它本身中的一个不可知的事件更坏的事件，可能是：它的这个假设可能对任何人的合理行为没有可想的区别；并且，任何在其真或假中被提出的兴趣可能被显示为是虚构的或无目标的，或被限制为对词的一定形式有别的断言式估计。在这个意义上，这个信念变得无意义，没有它的真或假的可想象的推论，这个真假是可检验的或依赖合理的兴趣。

读者最好在这个问题上得到他自身清楚的决定，无论是不是一个客观经验信念的真，有一些不可穷尽的推论，这些推论没有数量限制，对它的决定理论上无条件地先于一个进一步检验的消极结果；因此推断地指出所有进一步未检验的推论。之所以最好弄清楚，是因为这个论点对于经验知识的性质是决定性的推论。这些推论令人不安：那些对理论比对事实更感兴趣的人，将一定会否认这个观点，无论他们承认这种否认还是只是勉强地接受。

事实上，我们很可能立即会接收到此观点的一个反对意见，并很快使我们怀疑我们相信的信念，这个信念的推论——通过暗示我们对它也必须相信——不是有限地可数的。但是这个反对意见不会带来严重困难，因为它反映的首先是对于“相信”和“知道”的必要的评论，它不可能比“我们根本不能知道任何事”这个观点更不合理。这个困难影响一个意思，在这个意思中，一个信念的“推论”——那些被证明是假后将使这个信念显得可疑的陈述——是“包括在”信念中的。这将提醒我们，每个命题有无数个通过逻辑规则可以推导的推论，如果不是这样，逻辑学家通过提供给我们一些公式（通过这些公式，只要我们能想起一些新词来在一定地方用
178 这些公式书写，我们能够从您喜欢的任何给定前提推导出无限不同的结论）能够使之清楚。这些公式给出的命题的这种可推导的推论，与我们这里思考的这种，即被讨论的这种推论的性质将要求进一步检验，不是完全可比较的；并且别的重要问题已讨论过，尽管我们这里最好不停留在原始讨论上面。但是，对被讨论论点的比较，认为：对任何命题的信念使我们有无数推论，任何一个推论的否证将合理地要求信念被收回，无论我们是否清楚地思考证实信念的推论。无疑地，被假设或断定为经验事实的东西，不能不顾将来是与它有关的证据、不顾进一步可能的检验（该检验的失败将使我们的假设或断定显得可疑）的假设和断定。我们肯定的信念的这些推论是无数多的，这个事实不能作为对这个观点的有效反对意见而成立。

四　表达语言

现在关注两个例子，特别要考虑它们的不同方式。它们都代表通过感觉说明知识的事例。并且，在两个事例中，对这些知识的感觉的揭示通过所予呈现提供，认知意义似乎不在于这些感觉提出的所予，而在于基于它们的预测。在两个事例中，它是这种预测，其证实将表示被做出的或真或假的判断。

第一个事例，用眼睛指导我们下楼梯，在这个事例中，所做的预测是单一的一个。或者，如果所做的不止一个，那么其他的可能像被顾及的一个而被当作典型的一个。这个判断是这种形式，“如果我以方式 A 行动，

经验的事件将包括 E”。我们发现，用语言（该语言除了说意欲的事物外不说别的）表达作为感觉揭示被虚构的呈现的内容，这里有困难。表达行为 A 的方式，我们遇到同样的困难，正如我们根据感觉经验设想一样，正如一旦辨认出它一样，正如我们意欲的行为一样。在我们试图表达期望的
呈现的可能发生的事件 E（E 的发生在我们的预测中已被预料到）时，又 179
一次遇到这个困难。

当我们考虑第一个例子时，其意图是将其描绘成一个事例，在这个事例中，一个可认出的事物的直接可理解的呈现被虚构成对单一预测的揭示。其预测是：一定的直接可认出的行为将导致特殊的和直接可认出的结果。如果我们打算真正地描绘这三种认识的情形——被设想的行为、被期望的结果和必须用语言描绘（该语言将直接指谓被呈现的和直接地可呈现的经验内容）。我们打算澄清被像“看起来像”“感觉像”等惯用语使用的语言的这个意图，于是将这个意图限制在经验经过内完全降临的事物，这个经验经过能完全和直接决定它为真的事物。例如，如果说“我面前有一段台阶”，这不应仅仅报告我的经验，而应断言：它需要大量进一步经验完全符合。的确，超出一个合理怀疑的所有可能性，是否任何数量的进一步经验能理论地支持这个断言，这是可疑的。但是，当我说，“我看到我面前有一些**看起来**像台阶的东西”，就是我们自己限制在所予的东西内。而且，我通过这话所要说的是我不能怀疑的一些事情。并且，**您**对它可能存在唯一可能的怀疑——因为它与我现在的经验有关——是怀疑您是否正确掌握了我打算报告的内容，或者是怀疑我是讲真话还是撒谎。

明确地表达一个直接的呈现或可能呈现的经验内容，语言的这种用法被称为它的**表达用法**。与之相对照的是语言的更一般内容，例如“我看到（事实上的东西）有一段台阶在我面前”，这可称为“**客观**用法”。表达语言的特点，或语言的表达用法，是指谓称为**现象**的语言，在这样参照现象或肯定什么出现中，这种表达用法**既不断言也不否认出现的任何客观现实**。它仅限于对呈现本身内容的描述。

在这种表达语中，认知判断“如果我按方式 A 行动，经验的事件将包括 E”通过检验是能被证实的——假定我事实上能检验它，能按方式 A 行
动。一旦这个假言判断的假设被我取舍为真，那么结论便通过推理成为真 180
或假，并且这证实是决定性的和完全的，因为在判断中没指出超过经验经过内容的任何事。

我们考虑的第二个例子“一张白纸现在在我面前”中，被判断的是一个客观事实。如果呈现是错误的，如果我看到的不真是纸，如果它不真是白的而只是看起来是白的，那么这个判断就是假的。这个客观的判断也是能符合的判断。正如在另一个例子中也是如此一样：判断的任何检验真正涉及一些行动方法——通过连续地看，或眨眼，或合着撕等来做出检验——并且通过在经验中发现或不能发现一些预期结果来决定。但是，在这个例子中，如果任何单个检验的结果像预期一样，它只构成判断的部分的证实，永远没有单个检验是绝对地决定性的和理论上彻底的。这是因为就它是有意义的而言，判断不包括不能被检验的事物，它仍有一个超过任何单个检验或任何有限的系列检验的意义。无论我怎么完全地调查这个客观事实，仍有一些理论上的错误的可能性；如果判断是真的，并且不是所有这些将已被决定，那么这里将有进一步推论。进一步的检验如果被做出，可能有一个消极的后果，这个可能性不能一起被作为前提，它表示被讨论的判断不完全证实并且不能绝对地肯定。回避这种可能的怀疑，在大多事例中，将不是常识。但是，我们不试图权衡理论上的怀疑的程度（这个怀疑是常识事实应考虑的），只是试图得出知识的一个准确分析。能进一步事实检验却理论上不太肯定的这个特性，经常来标示参观事实的每一个判断。标示每一个判断：如此一个真事物存在或有一定客观事实的性质，或者一定的客观事件实际的发生，或者某客观事态实际上是这个情况。

181 第一个例子是这种判断中的一个——一个特殊经验经过的预测可用表达语言描述——可被称为终结性判断；第二个例子是这种判断中的一个——客观事实的判断，这个客观事实总是可进一步证实并且永远不能彻底地证实——可被称为非终结性判断。

然而，如果被提出的解释是正确的，那么客观事实判断暗示理论上能证实的任何事物。并且，因为任何证实，甚至不完全的证实只能通过在一些经验经历中被揭示的事物来做出，所以，客观非终结性的判断必须能转化成终结性判断。只有这样，其证实才能发生。如果特殊经验不适合作为它的证实证据，那么它根本就不能证实，一般经验与其真假无关，并且它必定要么是分析的要么是无意义的。非终结性判断反映的事实，不是陈述句暗示不能在终结性判断中表达的任何事物，而是无限的这种终结性判断对于其经验的意义可能是充分的。

可以肯定，符合假设不可证实的客观事实的陈述无意义这个原理的

“可证实”的意思，是将要求进一步考虑的。“可证实的”像大多“可……的”一样，是一个高度含糊的词，意味着被暗示而未表达的情况。例如，这张纸的另一面有线，这是可证实的，月亮的那边有山，这是可证实的，但在二者中可证实的意义不同。使用“可证实的”意义的这么多种情况中，关键在证实经验是“可能性”这种情况中的意义，而不是构成证实的经验的性质。并且，一般我们可安全地说，对于在客观事实是充满意义的陈述句的任何意义，在“可证实的”中，有一个同等的和指示的意义。

也可能是这种情况，至少对于某些判断——那些被称为“事实上地确定”的——其证实可达到这种程度：在场判断的事物比片刻之后对事物的证实更具有确定性。这依靠我们还没准备检验的考虑。但是将出现的这些 182
被延搁的考虑会进一步支持而不是怀疑这个结论，即：所有的客观陈述都不是理论上地和彻底地确定的。对于这个结论（它是现在的论点），提及的根据似乎是充分的。

五 经验陈述的三种类型

这里有三类经验的陈述。第一，对当前经验所予的表达。这种陈述事实上不经常做出，因为很少需要表达直接地和不可怀疑地呈现的事物。它们也是困难的——或更合理地说——它不能用普通语言陈述，就我们通常理解，普通语言具有可进一步证实但事实上不是所予的一些事物的含意。但是，精确表达的困难和只是经验所予内容，这对于知识的分析是一个相对不重要的考虑。我们如此试图表达的内容扮演着同一角色，无论它是否能被表达或能否精确表达。没有对这些直接的和不可怀疑的经验内容的理解，就可能没有任何经验的基础，且没有对它的证实。

对此别无选择，即使某人希望假设所有经验陈述是受不确知的事物影响，他不能——除了荒唐的怀疑主义外——假设它们在同一程度上（即如果没有经验，它们就是可疑的）是可疑的。并且如果有一些经验陈述不是如此完全可疑，那么一定有某物告知它们这个比完全可疑好的地位。并且，该物一定是被了解的事实或经验的事实，如果这种事实不可能用语言清楚地表达，它们明显是所有经验知识的绝对不可少的基础。

那些从语言领域分析所有问题的思想家，对经验地所予的观点提出了无数挑战。我们将不停下来澄清所有关于已被如此包围的论点的争论。这个论点很简单：这里有像经验一样的事情，它的内容是我们不能发明的，是我们愿意也得不到的，是只能发现的；这个所予是感觉的一个元素而不是整个感觉认
183 识。在我们说的内容中，除开我们看到或听到或从直接经验不同地学到的东西，除开所有可想象地可能是错误的内容，剩下的是归纳这个信念的经验的所予内容。如果经验中没有这种坚实的核心——如当我们以为看到一只鹿但这里没有鹿时，我们所看到的事物——那么，“经验”这个词就没有任何事物可参照。

在所予的陈述和表达中（如果试图表达），一个人用语言传达这个内容，但是，被断言的内容是语言被意欲传达的内容，而不是语言的正确使用，任何情况下记住这一点是很重要的。例如，如果一个人说：“我看到一个红色的圆形事物”，他是以假定而不是断言词“红色的”和“圆形的”正确地应用于现在所予的某物。最后一个不是当前经验的所予事实，而是从过去经验的概括，它指示英语词的传统用法。但是一个人不必为了看到红色而知道英语，并且，词“红色的”应用于这个当下所予的现象，这不是那个经验中所予的事实。

没有当下所予的表达，知识本身可以进步，因为如此直接呈现的事物不需要言辞表达。但是知识的讨论几乎不能，因为它必须能多少有些参照这种基本的经验现实。如果没理解讲述所予事物的语言的方式，知识的分析就不得不发明一个，要是通过说话的武断形象就好。但是，我们的情形几乎不是这么坏：这种表达能用一种方式做出，至少，它的内容可以通过我们所称作的语言的表达用法被认出；其中，它的参照被限于现象，限于所予的东西等。

这种表达陈述的理解不是判断，并且，它们在这里也不被看作知识，因为它们不遭受任何错误。然而，这种理解的陈述，可能是真或假，因为关于当时所予的经验的呈现内容没有怀疑，但是撒谎是可能的。①

---

① 这是可能的，即：将所予的陈述看作包括所予本身性质与词的一个固定的（表达的）意义之间的相应的判断。但是，一个判断“所予的东西是‘－’表达的东西”不是所予的表达式而是它与词的一定形式之间关系的表达式。在任何可陈述的事实的情况下，这里有这么一个“表达判断”。假设“P”是一个关于语言什么也没说的经验陈述句。那么，“这个事实是被‘P’正确地陈述”是一个不同的陈述句，它陈述“P”断言的事实与字母表达“P”之间的一种关系。相应的，总可能犯表达的错误，甚至在关于被表达的内容能没有可能错误的地方。（在第一篇中，在我们经常涉及逻辑的地方，我们遵照当前逻辑用法，用小字母p、q等代表陈述句。）但是这里开始如果我们用大写字母P、Q等代表陈述句，将更易阅读。

第二是终结性判断和它们的陈述。这些表示进一步可能的经验的预 184
测。它们在所予中发现提示，但是它们陈述的事是：被认为通过包括行动在内的一些检验是可证实的。因此终结性判断的一般形式是，“如果 A 那么 E”，或“对所予 S，如果 A 那么 E”，这里“A”代表被认为可能的行动的一些方式，“E”代表经验中的一些预期结果，“S”代表感觉提示。假设“A”在这里必须表达一些将是**不可怀疑地**真实的事物（如果它通过采取行动而成为真），而不像我的肌肉关于环境的一种情况，客观事态只部分地证实而不能当时彻底地确定。结论“E”代表**经验**的可能发生的事件，这一旦发生便直接地和确定地可以认出；不是客观事件的结果，这个事件的事实可能有或可能要求进一步证实。因此，这个判断“如果 A 那么 E”的前件和后件需要用表达语言来表达，尽管我们不称之为表达的陈述句，同时所予的表达保留分句。不像所予的陈述，这种终结性判断表达的内容被归为知识，因为被讨论的预测要求证实，并遭受可能的错误。

第三是非终结性判断，它断言客观现实和现实的事态。之所以这样称呼它，是因为：一旦这种客观的陈述句（它是内在的不可证实的）的含意中没有任何事物，那么，它们不包括任何事物，它们通过一些终结性判断是不可表达的，然而，对经验的可能发生的事实的无限特殊预测，能彻底地穷尽这么一个客观陈述的意义。这在最简单的和最不重要的与最重要的
事情中，一样是真的。例如某物是蓝色的或方形的这个陈述，与仅仅看起 185
来是蓝色的和显得是方形的比较，总有进一步可能的经验的含意，超过任何特殊时间已被发现是真的内容。一个客观判断的理论上完全或绝对的证实是一个无终点的任务，因为它们的任何事实的证实只是部分的，并且我们对它们的信心理论上总是不太肯定的。

非终结性判断代表一个极广的类，它们事实上包括几乎所有我们习惯上做出的经验的陈述。从最简单的感觉事实的断言——如“这里有一张白纸现在在我面前”，到给人深刻印象的科学归纳“宇宙在膨胀”。一般说来，经验客观事实的断言越重要，它离它的最终根据越远。例如，科学定律通过若干次客观归纳才能得出。但是，它们是非终结性判断，都是只有所予经验材料而无别的最终基础。

六　呈现的可确定性与客观可能性

区分经验所予材料的表达陈述与终结性判断的可证实的陈述，以及二

者与客观事实的陈述（它代表非终结性判断）的要点是：没有这种区分，几乎不可能分析经验知识，揭示它在经验中根据和它从这些根据推导的方式。

所有经验的知识最终依靠这种证据并需要由呈现事实组成的证实。被觉察的事实的任何陈述的揭示是在这种呈现中，并且，如果有这种陈述的任何进一步证实，那么它只通过一些进一步的呈现便能发生。但是，如果呈现本身的事实不是其揭示或证实的客观事实，我们将永不能理解或表达客观信念接受它的保证的方式，或解释看似正确但后来却被证明是错误的信念。

例如，一个人说“我看到一张白纸”“我听到一声钟响”“我闻到金银花香”，这是一些感觉材料引起表达的信念。但是，所相信的内容不符合
186 感觉的事实，因为被表达的信念可能是错误的，如我们所说，经验是“虚幻的”。然而，这种所予材料的实在的性质，是毋庸置疑的。如果被表达的信念通过进一步调查被证实，那么这又将有感觉材料。但是，这些添加的证实材料将不是被相信和证实的客观事实的整体，并且，证实经验事件的表达式将与客观事实的表达式不一致。

再者，如果客观事实的陈述（无论在什么程度上，它可能已成为确信的）更重要——如果它指出什么可能是进一步地和经验地决定的但不是严格地从过去和现在的发现可推导出的——那么，它总是意味可证实的但还未证实的并且本身相应比例地遭受一些理论上的不确定的一些事物。我们已做结论：所有客观事实的陈述都有这个特点。这个结论被假定对于将所予和当下确定的陈述，以及以后经验可促进确定的终结性判断的陈述，与这种客观事实的陈述区分开来，这个结论成为必要的。否则，确信客观真理，甚至确信这是或然的，这将成为不可能的，如果肯定客观信念并因此显示它是或然的东西本身是一个客观信念并因此只是或然的，那么将被肯定的客观信念只可能被促成或然。因此，除非我们区分经验可促成或然的客观信念与提供这个保证的那些呈现和经验经过，任何对有关客观现实的一个陈述的证据的引述，和任何可提及的证实，将与仅仅或然的无限退步相关联——否则它将绕一个圈运行——并且概率将不是真正的。如果某物是或然的，那么一些事物必定是确定的。最终支持一个真正概率的材料，其自身必须是确定在推动信念的感觉材料和以后能肯定它的经验经过中，我们没有这种绝对的确定性。但是，这种开始的材料和后来证实的经验经

过，都不能用客观陈述句的语言表达——因为能被如此表达的东西永不多于或然的东西。我们的感觉确定性只能通过语言的表达用法被表达，在其中，被意味的东西是一个经验的内容并且被断言的东西是这个内容的所予。

这里当然不打算否认，一个客观陈述能通过别的陈述被证实，或坚持 187
所有信念的证实是通过直接参照当下经验。一些客观信念可从别的信念演绎得出，并且，许多——甚或大多数——客观信念是被别的信念和更好地支持的客观信念归纳支持。在一个客观信念是被别的信念支持或证实这种情况下，只主张：①这种证实只是暂时性的或假定的；②必须有对通过直接经验的证实的最终参考，它独自是决定性的并提供任何确信的基础。如果一个客观陈述句“Q”被另一陈述句“P”支持，那么“Q”的真的保证几乎只是“P”的证据。最后，这种证据必须反过来支持确定的信念——或者如我们已说过的，绕一个圈运行和循环。有一些先前的概率的两个命题，在特定情境下，可因其相互一致而成为更可信的。但是，没有客观判断能通过在经验中直接证实达到概率，客观判断不通过依靠用“真理融贯论”方式互相反对来获得支持。没有经验陈述能不参照经验而成为可信的。

在我们面前，可有一些呈现，我们能确信其所予。同时能通过或依靠这个呈现，知道一些客观事物或事件，这不是被否认而是被肯定。然而，直接的和确定的事物，不是客观事情事件，或已知的事态，而是证明它的经验的内容——作为具有一些概率，它可以是“实际的确定性”。① 至少在
理论上，任何这种信念的内容是完全可以在经验中得到证实的，也是可以 188
肯定的，但是，信念的这种完全证实，是立即地完整地给出。

① 这个陈述不含有在认识中对心灵与现实的关系论的或现实主义的解释。根据这里提出的观点，它仍是可能的，即：肯定呈现的内容是一个可信部分或方面，该部分或方面是已知客观现实的成分。一旦违反“部分”的通常意义或客观事物的“成分”的通常意义，这种语言是比喻的。但是，如此比喻地表达的观点可能一贯地和字面上的正确——倘使一个人准备接受这个含意：一个椭圆形可以是一个圆形硬币的真实成分，水中的弯曲的棍棒是真正笔直棍棒的一个成分，一个人的噩梦是晚餐中的肉馅饼的一个成分。据这里提出的观点，直接感觉呈现与如此被证明的客观现实之间的脱节，不是否认呈现的内容可以是与客观现实的一部分或一方面“数量上相等”，而是否认它曾是被相信的客观现实的整体，或它清楚地确定地曾是对一个客观性质或一个特定客观事物或事件的存在的陈述。一直是感觉呈现的这种“成分”，能是在这样每个不同事物和客观事态中的“成分”！另外，这里没有说物理的材料是意识材料，或说心灵和物质都由中性物组成的含意。这里根本没有关于这个形而上学观点的含意。

七　所予和它的理解

感觉知识有两个相：被给出的某物的所予和我们据过去的经验加上的解释。在感觉白纸的例子中，被给出的是感觉和特质的特定复合——桑塔亚那称之为一个“本质”。① 这是通过使用颜色、形状、大小等形容词用表达语言可描述的。然而，如果我们的理解止于此，那么这里将没有知识，呈现将不对我们意指任何事物。没有过去经验的心灵参与就没有知识。对于这种心灵，在呈现的易接受性中理解将被穷尽，因为没有被建议或强加的解释。

如果有人选择把“知识”这个词放在当下来理解——并且，许多人事实上是这么做的——那么不存在对那种用法的抱怨。所予的这种理解的特点是确定，纵使我们如此肯定的东西是清晰和精确表达式一旦脱离加于其上的解释便难于说清的事物。并且，没有这种感觉确定，这里不可能有感觉知识或根本没有任何经验知识。我们已选择不用这种方式使用“知识”这个词。并且，如果它被给出包括当下理解的这个较广意义，那么它一定记得：一个人不能同时要求一般知识应拥有超过认知经验本身的某物的一个意义，或者，它应代表与一些可能错误的差别。所予的理解依靠自身将不满足这两个要求中的任何一个。

189 构成一些客观事实的信念或断言的是加于这个呈现的解释。这个解释是根据过去的经验强加的。因为我们以前曾用纸写过字，所以，这个当前给出的白色长方形东西导致我相信面前有一张白纸。这个解释有几分是被呈现事实本身证实的：信念有一定程度的可信性仅仅因为给出了这个呈现——如果我面前不是一张白纸，一定程度的可信性与这个呈现的不可能性相当。至于其他，我的信念对其他经验有重要意义，被看成可能的而不是现在给出的。归因于呈现事实并通过产生的信念表达的这个意义，等同于作为它的完全证实将被接受的意义。这种设想的证实的实际概率，或它的任何部分，在这里不重要，这里讨论的是意义。一旦我坚持所予经验的这个解释，这个对客观事实的信念，就必须知道所设想的经验意指什么（如果意义是真正的），否则它的真理甚至不是理论上可决定的。

① 尽管桑塔亚那将一些别的事物也称为本质。

诠释所予经验的这个解释——这个对出现的客观事实的信念——成可证实的和其意义能据它的可能证实被设计的某物，是指示这个客观事实的信念可转化成预言的终结性判断的陈述。如果我们包括所相信的客观陈述句的整个范围，那么，无止境地许多这种预言将包含于它的意义。这是与下列事实有关的，即无论什么程度上任何时候客观信念已被证实，它的真仍将影响进一步可能的经验。并且它是与以下进一步事实相关的，即在任何时候，这个客观断言是我现在能用多种方式进行证实的事物。我选择做的检验，不否定或排除信念的客观内容，以及参照我择取不投入检
验的其他可能的证实的事物。至此，做出一个客观信念或陈述的所有可能 190
的证实和它的完全证实，这是不可能的（这与一个人永远不能数完所有能被数的数字一样不矛盾）。

意义和经验信念的证实二者都影响被其真暗含的进一步可能的证实的预言，这个事实使终结性判断成为是如此可能转换的、对于理解经验知识的性质是十分重要的。我们在下一章将转到这个主题上。这章的余下部分将是关于客观经验陈述的意义的观点的进一步细节，这个观点是以上叙述暗含的。

八　非终结性判断的确证

客观经验事实的一个陈述可转化成一些叙述性陈述，其中每个表达式直接经验的可能证实，整个这种陈述群（在数量上不可穷尽）将在一定方式中显得令人迷惑不解，并提议一定的反对意见。由于没有对大量伴随现象做出预测，即将出现的大多数这样的问题将得不到满意的解答。当我们面对后面章节的讨论时，我们希望给出的答案是很明确的。但是，似乎我们在这里开始关注它们会更好。

首先，一个客观陈述的认知意义是与一些叙述性陈述群（每个对应一个理论地可能的证实）相关的，这个陈述不准确。也正如之前所指出的：所予经验中的当前感觉提示，已是一个不全面的证实，并且在产生的信念的认知意义中肯定有它的位置。也正如之前所指出的：当前材料所予可构成一个不完全的证实，这个证实导致由它产生的信念有很高的概率，因为任何事实材料 D，证明判断“P”是或然的，无论什么程度上，如果“P”是假的，那么 D 本身就是不大可能的。例如，我现在的经验在某种程度上证明我相信我面前

191 有一张白纸是或然的，在这个程度上，如果这里没有这么一张白纸，那么我刚有的这个当前所予的经验内容是不大可能的。并且，我可以说，相当于实际的确定性。它不完全是靠它们自己来保证确信的当前感觉材料：一个幼儿看到我现在看到的东西，会不相信我相信的信念，或者，不会发现，如果他能理解它并合理地评估它，我的信念对于他是可辩明的。感觉材料与我感到确信的一定的进一步信念都是重要的——这是后来让我们混淆的原因。但是，也许在产生的信念的证实里注意当前所予经验的意义，将足够排除可能阻碍我们的误解。

另一点困难是关于完全证实的无终止的特点。难以否认，考虑到每个客观事实总有一些进一步经验意义和后续可证实性，客观事实的证实是如此无终止的，我们希望，没有更多讨论，读者也能感到这个考虑的重要性。但是，如果困难存在于完全证实是无终止的，我们像不能更接近于我们信念的完全证实，并且证实好像要滑入被芝诺的自相矛盾影响的情形，那么这个困难能被排除。证实的非终结性——假定所有进一步可能的证实可从已经做出的经验的事实推导——真正地可能提高客观信念对理论的确定性的证实的概率。但它不来源于增加先前概率的新证实。除非怀疑主义是唯一可能的经验知识的公正检验的结果——并且这里没有事物可合理地建议这个——否则，情况必定是：一个客观信念的每一个新证实必须是信念的前件概率，除非这个新证实是可据过去的证实演绎地和确定地预言的。并且由于同样原因，必须增加每一个进一步可能的但还未证实的信念的前件概率。[①] 因此，尽管经验信念的概率永不能达到理论的确定性，但
192 这里没有事物在当前观点（即否认无限增加的概率）中，并且没有事物先验地是与它缺乏确定性但可增加概率不相容的。

然而，也许我们会碰到另一类困难。一个客观陈述句的意义应存在于无数可能进一步证实的预言（与现在所予一起），这疯狂地打击我们。这种可能的反对意义有许多不同的形态。

一个是关于像“现在我面前有一张白纸”这样一个用符号表示的简单客观陈述句与无数它的可能证实的预言的可能的逻辑相等。读者将观察到，无论怎么惊奇，它可能是：一个简单陈述句“P”应等同于无限其他陈述句系列，最难的是这么一个无限陈述句系列不能被联合地表达。

① 通过另外的确证支配这些前件概率增加的原则，是已提及的“逆向概率”的一般原则：在确证事件 V_1、V_2……Vn 后，一个新的确证 Vn+1 在量度上增加“P”的概率，因为如果 V_1，V_2……Vn 是这种情况而“P”是假的，那么事件 Vn+1 前件地是不可能的。

已说过：每个陈述句“P”有无限含意“Q_1”“Q_2”“Q_3”……并且几乎没有人反对，在一个陈述句的意义中，没有什么超过包含于它的一些含意之外的东西。

读者将已观察到在第一篇中有关感觉意义的内容与现在经验客观陈述的分析之间的一个联系。也许他难决定先前的观点和现在给出的观点是否是相容的。在那里，我们将感觉意义定义为就感觉而言的标准（通过它，表达式的含意被决定）。并且，我们通过先前的参照已指出这个问题（即一个意义的含意是否靠理论的确定性可决定）的进一步考虑的必要性。但是我们没有观察这种可能的怀疑的原因。我们现在看到，断言一个事物是方形的或白色的或硬的，其感觉意义必须是根据包含于这些性质的终结性判断。只有这种终结性判断根据感觉直接表达客观属性的意义。并且靠相同证据，一个感觉意义必须有一种事先注意的复杂性。例如，客观方形的标准，不能通过对可能带来完全地决定性的结果的单个检验的详述，而被表达成一个感觉决定的标准。因为没有现实的检验是这样理论地决定性的，更精确地说，一个感觉意义是可能的证实的一个标准，并且通过包含 193
于要被检验的性质的客观属性中的终结性判断的总体来表示。

然而，感觉意义代表证实的标准而非可能的任何决定性的证实的标准，这个事实不损害比较其中的感觉意义与是决定性的一个结果的可能性（这是第二篇的重点）。在这些例子中，例如正方形和矩形，或正方形和圆形，能够经比较而得出肯定的结果。因为我们也许不能决定一个事物是绝对地正方形或矩形，但我们能先验地决定假如它是正方形，那么它是矩形。我们能够通过这些作为证实标准的比较决定这点：通过论述无论什么证实正方形它必须事实上在同等程度上证实三角形；论述否证矩形的证据必须在同等程度上否证正方形。同样地，我们可以从对可能的证实的标准的检查，论述无论什么证实“正方形”的含义它将否证“圆形”的含意，并且因此先验地决定没有东西既是正方形又是圆形。

这里有进一步的引起混乱的考虑必须在后面论述。但是，我们可论述：一系列可能的证实（其证实一起构成一个客观陈述的证实）也散漫地显示这个客观经验陈述也具有的感觉意义——这么一个陈述的感觉意义与它意指的内容相符根据经验完全地决定它是真的。也许，指示“感觉意义”的意味，与适用于客观经验事实的陈述，一样是明确的方式。这么一个重塑的感觉意义与它的意思相吻合，根据经验，完全决定这是真的。在这些词里，任何客观陈述意义不能详述，这将很可能遇到反对意见：详尽列举那些所有其真将暗含根据可能的经验不能确定完成的例子。但那不完全是事实吗？我不能精确地和完全地以及将所有细节即它意味着桌子上有一张白纸的细节告诉您。如果我不知道在刚才这些词里意思是什么，我不能发现是否它是这种情况——不能证实它。为了所有实际的目的我能很充分地告诉您，我能指出少数要紧的检验，它的肯定结果，对于实际的确证是充分的。但是，如果用客观信念的所有力量和含意代替被限定的“实际
194 的”意义，实际的心灵不久将指出一个客观经验意义的这么一个“实际的”界定的不足。说被“理论地”包含的疏远的和优美的推论不是真实地包括在一个做通常经验判断时意指的内容中，这样说是很合理的。事实是这样。我们的通常意义或多或少是粗糙和仓促的，并且相应地限制在它们的实际地暗含的和可检验的推论中。因此——它可能是——它们是根据感觉证实可有限地陈述。但是，这种“实际的”意义在哪里，什么时候停止？它们精确地停止在它们的意义这点上，在这点上我们能够说“超过这些，经验能提供给我们的东西不能影响我意指什么的真”。一旦真能这么说，那么这种意义的限定真正是将被接受的。但是明显地，一个人冒险对经验意义安排这么一个限制：可能的陈述是“粗糙的和仓促的”“不准确的”“粗心的”，谨慎地反对在任何时候和在一些联系中被客观经验事实的陈述所要求的东西。明显地，我们应将所有客观陈述看作这种限定意义的陈述：对经验知识的一个充分考虑必须至少要为超过任何可能被安排的这种限制的意义留下空间。如果将意义作为不能彻底陈述的感觉术语来接受，是令人不舒适的，它似乎是一个我们尽可能去忍受的不适。归纳似乎有进一步成为假的缺点，这同样是令人不舒适的。

然而，像这里被想象的一样，如果它组成一个困难，一个客观陈述句根据经验意指的内容不是有限的能陈述的，那么，别忘记，“我的桌子上有一张白纸”正是被要求的根据感觉陈述所有这些它的非终结性推论的简单符号表示的方法。这个陈述句，有关它的感觉意义的详细解说，根据它暗含的所有终结性判断，是像三个全称命题有关它归类的所有特
195 殊事实一样。像这些陈述句，例如“所有人有鼻子”意指“苏格拉底有鼻子，柏拉图有鼻子，并且这个人有鼻子，那个人有鼻子——并且我不能告诉您有多少其他已活过或正活着或将来活着的人，但他们每个人一定有鼻子”。（或像“所有自然数能被数一数”与“1 能数”，“2 能数”，

“3 能数”……）当我说“所有人有鼻子”时，我意指有关每个人的一些事。并且我现在知道这些，并且我知道我关于每个人意指什么。我不能将他们告诉您，不能命名每一个，这不应被认为是一个困难：我通过说“所有人有鼻子”告诉您了。并且一旦我告诉您（或自己）“我桌子上有一张白纸”，我便告诉了比我能穷尽地详述或清晰地提醒我更多的通过可能的证实经验可检验的推论细节。特别因为它们的大多数，或也许所有都依赖于难想起的证实的情形。但是，我现在通过我的陈述句意指所有它们；并且，如果检验任何一个被特别指出的对我所说的检验，那么我能明显地提醒自己——如果它真是包括于我现在打算断言的内容内。对这个难题的回答是，它不是一个难题而是一个事实。这似乎是我们持有的这种经验意义，并且我们似乎有持有它们的心灵能力。

如果这里要遵守一个规则，它也许是：我们最好不要混淆意义分析和形式逻辑分析。通过一个客观事实说明其特殊可能证实的一个陈述，含义不是一个能由逻辑规则推导出的形式含意（用“形式”的老式意思）。它像“今天是星期五”通过“昨天是星期四”得出的含义或一个人能通过查字典发现的含义——只能靠知道一个意义被决定的、没有这些就不能通过任何逻辑规则的应用发现的含义。

九　意义的操作定义

我们会遇到的，关于同一问题即客观事实的陈述句在其可检验的结论中是否是非终结性的另一种反对意见，是一个通过参照意义的操作概念可能产生的意见。那个概念可据证实详细解说意义，然而，这种证实是决定性的和完整的。然而，关于检验，与当前观点不同的这个区别将被证明是不真实的，否则是可疑的有效。如果操作主义者，例如，通过“如果一定的指定工具从高度 h 落到 A 上，它将造成一个深为 n 的坑”定义“A 有硬度 m”，这不意指建立被检验的客观事实的经验中的检验结论是单一的，甚或有限可背诵的。 196

首先，尽管硬度 m 在这里是被一个“标准测定”定义，但它不是被其单个试验将与理论终点一起建立的任何事物定义。这个检验本身，如前所述，是根据其他客观事实，即：检验工具是正常工作并且它穿入被检验材料的深度确实是这么多。这样定义检验工作是细心地被调节，为了使之尽可能容易地和确定地在一个单一试验中可被决定。但是，物理学家将不会坚持：任何观察者对检验条件和结果的单一检验观察，理论上超过了所有像被检验的客观事实的决定一样的问题。为了满意地定义讨论中的事物，“标准测定”也必须是可重复的一个操作。并且，如果重复给出一个不同结果，那么较早的决定将经受校正。它不像被一个试验决定的结果，它不是理论上确定的。因此，如果操作的定义不是根据像客观事实一样的检验结果而是根据被观察到的检验结果来表达，那么任何这种单一检验的结果不是决定性的证实而仅仅是证实——尽管它也许在许多例子中对于“实际的确定性”是充分的。

其次，纵使客观性质通过一定种类的检验操作定义，但这个性质将有其他含意，并因此有除了在其操作性定义中提到的以外的其他证实。例如，已提到的硬度的检验将有被检验的材料在比检验状态更多的其他状态下的行为的含义。并且，如果没有这种情况，它的这个决定性的检验将是一个对完成相对无用的检验。操作主义者仅仅指出一种检验，这类检验的结果是相对易决定一个相当高程度的确信，并且是宽泛地表示其他可检验的推论，作为科学家，他需要有被检验的性质的事物。操作主义者带有一
197 的推论，作为科学家，他需要有被检验的性质的事物。操作主义者带有一定程度的武断地仅仅选择一定的客观的检验结果，并只说通过例如“硬度m”将意指什么。但事实上，他不只通过被检验的客观性质的预言来意指。他仅仅是通过少数无害的独断并用强硬手段解决意义的疑难问题。

因此，一旦意义的操作性概念被仔细检验，它可能好像没有能据我们提供的意见成立的不同推断。

十　过去的知识

已产生的反对这个意见的另一种不同的反对观点是：客观陈述的解释像意指证实它们的事物一样，不违背我们关于过去的知识。通过像在将来可能经验中证实它的东西为全一样描绘“恺撒死了”的意义，这个概念可能负责将过去的事物转化成将来独有的事物。这个反对观点的力量是将感觉明显的事物。但这个明显的观点是，大约有一些难题将引出。事实上，产生问题的人使他自己面对同样的“明显”的反对。他坚持认为在过去事实中真正重要的东西是独立于所有可能的证实的吗？如果是这样，他或任何人知道它的兴趣是什么？它仅仅是事物的不可决定的性质的伤感的附件

吗？

然而，反对的真正观点是明显的。“恺撒死了”意指的内容，应根据您或我通过展开历史调查可能发现的情况来解释，这感觉是一个不可接受的悖论。因为当我们说“恺撒死了”，我们是往回指出一个不可挽回的过去事件。过去的事不能等同于现在或将来或任何人能经验的事。但是，发展这里已提出的这么一个经验意义的解释的人，将没有——如果他知道他是谈论什么——这种目的。困难是，反对者——也许很失望地——理解我们是在肯定：恺撒的死的过去事件真是以零碎的方式属于将来，像确定的证实的事件。但是我们不意欲这种明显的荒唐事：我们是在内涵的意义上谈意义，
为此，如果每个可从另一个推导，那么两个经验陈述有相同意义。例如， 198
如果任何人问我们“昨天是星期一这意指什么”，我们可能答复说“它意指明天是星期三”。这不是意义的一个好的解释，因为它不大可能澄清还未理解的某事：那些不能理解陈述句“昨天是星期一”的人大概也不能理解“明天将是星期三”意指什么。然而，真正提供解释的陈述句与被解释的陈述句有相同内涵意义，这满足要求。并且一个人这么说“昨天是星期一”和“明天将是星期三”有相同意思——有相同逻辑推断和是相互可推导的——这个人不是在断言明天是星期三或星期一与星期三是同一天，或昨天碰巧是星期一这个事件与明天碰巧是星期三是同一件事。

实际上这里有比见到的更多的这种反对，并且，它的进一步检验将揭示一次和同时涉及几个不同争论。只有其中的一些通过上面提供的例子能得到很好的说明。但先让我们将注意力局限在那些问题上，对于它们它将是充分的。

可以设想，这里可能有人反对认定“昨天是星期一”和“明天将是星期三”在意义上是真正相等的。但是，如果这样，那么可能在讨论中的观点已经在第一篇中讨论过。它们二者之一可从另一个推导。对于一个通过形式逻辑规则的推理，“星期一”和“星期三”，“昨天”和“明天”的定义是必需的，但这些定义将被接受，并且它们也是说明陈述句。它像分析陈述句一样，当像“昨天是星期一”这样的任何前提是假设的时，它是明显地给出的。

既然这些陈述句的每一个可从另一个推理，并且它们有相同的内涵意义，那么，除了分析意义外，它们在每种意义样式上也有相同意义。然而，关于分析意义，它们是不同的。这个陈述句之一将昨天作为主语说起

并断言它是星期一的类中的一个成员；另一个说起明天并断言它是星期三
199 的类中的一个成员；并且在一个句子中成分“昨天”和“星期一”没有在另一个句子中找到等值词。在这个分析的意义上，它们谈及不同事或事件。一个谈及昨天而另一个谈及明天，但是作为整个陈述句来看，每个通过含意也断言另一个的真。

既然它们有相同的逻辑推断和相同内涵，它们必须也意味**相同事态**。并且也许是在这里，反对者不可接受的、打击反对者的情况开始出现。他也许将提出异议：昨天是星期一与明天是星期三**不是**同一事实或事件。但我们已经承认反对者可能会准确地断定可证明的每件事，如昨天不是明天，星期一不是星期三。并且我们已达到共识：“明天将是星期三”没谈及“昨天是星期一”所谈及的事情。但是这两个陈述句中的任何一个都含有对方所谈及的事情。它们中的每一个这样指称**同一事态**：为了真，一个所要求的情况准确地和完全地是另一个所要求的；决定性地证实一个陈述句的任何事也决定性地证实另一个；并且，确证一个的任何事也同样确证另一个陈述句。但我们也指出：被一个陈述句指称的事态就现实物而言不是一个事件。就现实物而言，如果一个人将被陈述句断言的事态等同于一个事件，他将干出怀特海已称为简单定位的谬论的事。

根据这些观点，似乎我们能表达的只有一点，这点是任何反对者在辩解时心中可能一直有的。例如，昨天是星期一是与明天将是星期三不同的事件，一个人将昨天是星期一这个过去事件转化成明天是星期三这个将来事件将不对一些事或另一些事施暴。被“昨天”和“星期一”指谓的现实事物不同于“明天”和“星期三”指谓的现实事物。但反对者将不得不承
200 认：明天是星期三的任何证实等于昨天是星期一的证实；并且，如果他未能观察他相信的东西交付给他的或暗示的一些事物，那么任何人不知道明天是星期三也就不能知道昨天是星期一。如果他仍感到这里有与这种分析有关的未被注意的更多事实是有缺陷的，为了提问，将出现：他引出争论的主要问题并比现在所做的更尖锐地标明被提出的缺陷。

有关经验知识的一个重要考虑是：**不能**希望对过去事实有理论上的充分的证实。我们上面的例子——或我们对它的讨论——不能得出一个中肯的论点。不仅恺撒的死是不同于任何属于将来的事件，而且，任何人将来能用理论的确定性能决定的事中，没有一件将刚好等同于恺撒死于一个确定的过去时间这个事实。说“恺撒死了（在这么一个时间）”意指什么将证实它，我们

也承认：这种理论上知识证据充分，与时间倒回去和发现我们自己同恺撒的死一起呈现在经验中一样是不可能的。过去的事实可能证实的“相等”，或一个“转化”成另一个，这表达了一个极限或永远不能完全实现的经验知识的理想。

十一　实用主义和主观主义

这同一论题关联着在这里推进的经验知识视野中经常做出的另一类批评，也就是，攻击它是主观主义的或现象主义的。[①] 可怕的是，那些坚持一个实用主义的或意义的“证实”观念的人，永远没有充分地解释为什么这个特别的批评没有使他们动心——尽管他们不承认一个唯心主义思辨哲学。对那些提出这个反对的人，现在的观点与贝克莱经验主义属于同一家族，它可能被认为是断言我面前有一棵树这个事实或事件意指我心中现在有一个确定的感觉内容。对知识的任何考虑，它似乎说一个确定的相信的事态意指的东西根据经验是如此这般，它将这些反对者作为主观主义者进 201
行批判。如果讨论中的意义的意思认为证明被相信的事物的经验内容与存在物和被接受为证据的内在现实的特点是同一的，这就是主观主义。并且反对失败了，因为没有意义的意思像这里被意欲的一样。

贝克莱是一个唯心主义者，因为他意欲通过说“‘这里有一棵树’与陈述句‘我有一个一棵树的观念’谈及同一事件或现实物”可能建议的东西。如果他打算只断言树的存在是可从观念推断的，并且一定条件下的观念可以从树的事实推断，并且因此这两种陈述句有相等的内涵，那么，他将不会把自己交付给唯理论或实在论。在他的经验主义的知识考虑之上，还剩下另外一个问题。的确，对我们已经论述过的进一步论点，贝克莱不能做出公正的判断，即没有单个感觉经验能是充足的保险，超过对在它基础上相信的一个客观存在的可能的怀疑。幻觉和感觉的错误的可能性，靠它本身能充分阻止两个陈述句“我有如此一个给出的感觉内容”和“现实物的客观事实如此”之间内涵意义的真正的相等。但是，经过这点，应论述两个陈述句可以有这种内涵意义的相等，尽管在其中它们表达的词可能

---

① 这个反对意见已被 R. W. 塞那斯（Sellars）提及，参见 *The Philosophy of Physical Realism*（《物理实在论哲学》），p. 145；也可参见 J. B. 普拉特（Pratt），“Logical Positivism and Professor Lewis,” *Journal of Philosophy*（《逻辑实证主义与刘易斯教授》，《哲学杂志》），Vol. XXXL，p. 701。

有不同的提及。被断定的相等只是被暗含的推断的相等。并且，如果它是真的——像它是真的一样——“我有如此如此一个感觉”对于相同的推断像“如此如此客观地存在”是一个充分的前提，这里仍不表示无论什么包括于那个事实——“一棵树的观念”指谓的与被“树”指谓的是同一事物，其含义不比下面含义多：“昨天是星期一”与“明天是星期三”的逻辑相等暗含被“昨天”命名的存在物与被“明天”命名的存在物的同一。这种内涵的相同，并因此可能证实一个陈述句的事物与将证实另一个的事物的相符。坚持认为在一个陈述句中与在另一个陈述句中被提到的项目之
202 间的任何东西没有共同点，这可能在其他方面是多样的和不能比较的，像很不相同种类的事件一样。在这些事件中，我们依然发现相同事实的证据，或者从这些事件中，我们能得出相同的结论。

这里有严重的困难，先前提出的经验知识的分析将不得不遇到（如果它能）这些困难。但是，上面提到的反对观点不是属于这些，因为这种反对产生于错误的假设，这个假设是：陈述句的逻辑的相等坚持认为在它们中谈及的事物的存在是同一的，并且证明一个客观现实或证实它的事物必须以某种方式包括于它形而上学的性质。我们将在下一章看到，这里常出的观念会影响实在论反对唯理论的形而上学问题。但是，这些批评家已错误地定位了很中肯的论点。

第八章　终结性判断和客观信念 203

一　终结性判断的一般特点

一个事物的存在，或一个客观事物的发生过程，或任何其他客观事态，是可知的只因它是可证实的或确证的。并且，这种客观事实只通过感觉呈现能作为或然的被证实或确证。因此所有经验知识最终被给予，在所予内容的觉察中和对将被给出或可能给出的进一步经验的一定经过的预言中。我们称为终结性判断的是这种对可能的直接经验的预言，并且它们对于所有经验知识的重要性将是明显的。

终结性判断的一般特点在前一章第一个例子的讨论中已经指出过。它们根据直接经验，而不是根据这种经验可突出或确定的客观事实，并且因为这个原因它们只有在表达语言中才是可以陈述的，它们的词指谓像这样的现象。对于这种表达的用法，很可能没有语言是我们可用的，除了在其更通常意义中它谈及客观事情或事态的语言。因此，陈述句“如果我向下走，我将安全地达到下面的台阶”，在其通常意义中，预测一个包括我的身体和环境的物理事件。这个物理事件，如果发生，就成为世界历史的一个成分，因此到时间的最后可确证。在我走的那一刻，它没成为一个完全的理论上确定的事。相反，它不比花岗岩台阶的现实更确定，台阶的存在 204
的真是被认定可以证实的。在我的终结性判断中，我打算预测的不是物理事件，而只是经验本身的经过。并且，经验的这个预知是在下楼那一刻将成为完全地真实或确定地假的事情。在做出这个判断时，我没有断言客观现实的任何事物，只是断言，例如，如果我有一个瘫痪者在走的错觉，那么什么仍可能被检验；并且，用确定的结果检验，如果错觉是充分的系统的。只通过将陈述句限定成一个可用表达词表达的意图，任何事能被单个经验结论性地证明，并且只有当其根据经验是结论性的真，任何存在物或现实事实才能被促成或然的。如果一个特殊经验是不真实的——如果客观信念（它是加于经验之上的解释）是无效的——那么它本身，如果能证明则只能通过其他经验证明。

如果否认如此局限于经验过程的这种预言是能够被表达的——这是一个似乎合理的否认——那么，在这种经验过程中，无论是否能用语言表达的一些事物将成为完全的确定的，这一点仍是真的。并且只有通过这种感觉的确定性，才能提供哪怕是客观信念的不完全的证实。如果没有真正的表达语言，这里仍有感觉的直接理解和只能如此表达的终结性判断，并且任何对知识的考虑都需要论述它们。用语言准确表达它的不可能性，仅仅构成对一些错误的评论，这些错误在于靠用语言分析代替经验检验。

205 这里还有其他问题，即假定的表达最终结性判断的方式将在读者的心目中出现：为什么将来可能经验的这种预言需要行动的一个假设；如果任何这种假设是必要的，是否这里没有其他条件；在这种终结性判断中被“如果－那么”表达的是什么关系；并且，一个终结性判断，关于被假定证实或确证的一个客观事实的判断，如何精确地保持原状，最后一个问题是最重要也是最麻烦的，其还与仅仅被一个行动方式提供的条件不同的其他条件的问题有关联。我们将在最后讨论这两个问题。

关于行动的假设和这种条件与期待的结果的关系，另外两个问题对于超越知识本身的分析的论题有重要意义。两个问题中的第一个与指导行动的认知的实际意义有关，与那些评价问题或隐含在这种实际意义中的道德问题有关。另一个问题，相关于终结性判断例证的“如果－那么”这种陈述句的精确含义，与出现在包括最后一章的形而上学争论有本质联系。事实上，它精确地关联着从休谟以来常见于认识论和形而上学的那些基本问题。然而，在对终结性判断的这两个特点给予关注时，我们将不转移我们对知识的分析的主要目的：在任何事例中它们的检验直接摆在我们面前。

二　终结性判断是有前提的

已提出：终结性判断是“如果A那么E”或“S被给出，如果A那么E”这种形式的判断，这里“A”指一些可能的行动方式，“B”指一个预期的经验结果。

为什么这种预言必须是有条件的而不是无条件的，其主要原因很简单：总体地说，人类经验中所有事物都需参照行动提供和可能改变的条件便是完全可预知的。

这里容易陷入混乱并引起一种无意义的反对，根据每个存在事物是内在地可预言的，我们都是在科学的传统或物质决定论中长大的。并且，纵使科学现在发现这个决定论不是像先前认为的那样，不是科学知识的可能性的一个必不可少的预先假定，我们将不易被说服；现在必须承认的这种无条件可预言的便是影响现实的事情，它不是物理的不确定原理应用的逊亚原子现象，只是影响普通经验和我们的行动的决定的摩尔现象。即使宏观世界的规律仅仅是基于在微观领域中的机会分布的统计学的概括，这个事实对于预言实际关心的事没有 206
多大的重要性。那些经验知识必须首要处理的现象仍是无条件地可预言的。

这些关于物质决定论的深奥的问题根本不会影响我们。要点是：这种对物质世界假定地无条件的可预言性与客观事实相关，而终结性判断的预言与直接经验相关。例如，抛出去的球无条件地将画出一个弧形轨道并以一定的终点速度在一个确定的点落下。但是什么经验伴随它？确定的有限的经验，假定某地方一个人的手刚好在适当的位置，或一个人的头在飞行的线上。但是，球的行为的无条件的可预言性自身不包括某人的一个经验的任何无条件的预言。一般说来，可能从它得出的经验的预言，是在一定的经验条件上并可被一些行动方式改变。

事实上，科学知识的有用性依赖于这个论述。预见不可避免将发生的事物的实际价值，是为了确信它不发生在我们身上，或发生在我们身上；或根据发生的事意指的一个痛苦的或令人满意的经验。对客观事实做无条件的预言的用处是为了将这个事实能化成假设的经验预言，讨论中的假设关心行为的一些可能方式。

应该看到的是：假若科学决定论问题的关键是我们的行动和客观事实是在先前决定的和内在地可预言的，那么我们又能避免这个古老而高尚的问题成为一个与我们无关的问题。它事实上是一个虚假的问题，因为它谈及一个情形，在这个情形中，忙于知道对它有可想象作用的事情的人不能发现他自己。没有人曾忙于决定一个对于他是可预见的行动和行动态度。因为一个可预见是确定事物的行动已经被决定，做或不做的问题完全是虚构的。并且，对于我们是如此确定地可预言的行为就适应意义而言不是一 207

个行动而是强迫地发生在我们身上的事。如果任何人发现自己曾预见过一个可以完全避免的经验——并且将简单地提出这个问题——至少得承认预测这种绝对不可避免的经验是无用的，因为不能对它做什么。

许多事情是——在实际的限度内说——无条件地可预言的：月亮将出现月食；天将下雨；抛射物的路线将是这样；等等。并且实际上，我们能做的任何事情都将不会影响和改变如此无条件地可决定的事物。但是，在这里，知识的功能是通过指导行动来改善我们的经验，这一点仍是真的。通过预见下雨，我们可带伞并避免淋湿和不愉快。不可避免的将来事实的知识的价值刚好在于通过预知在我们经验上被预见事物的发生可改变我们的决定。

三　终结性判断与行动的可选择性

这里与我们特别有关的一点是：如此无条件地预知的事物是一个客观事态。并且它仍是这种情况，即：这种客观事实的绝对决定，不差强人意无条件地决定任何人的经验，不宣布有条件地依赖一些行为决定的经验的选择余地不可能。无条件地预言的任何事对于经验有含意。例如，它暗含所有那些经验，在这些经验中，它能像事实一样被证实和揭露。但是它不暗含像无条件的将来事实一样的这些经验：可预言的客观事实能被转化成的经验预言是假设的；是视证实者的行动方式而定的。如果他做了适当的检验，一定经验的发现就会被揭露出来，而且应该如假定的一样。一个不可改变的客观事实或不可避免的将来事件，不暗含任何不可改变或不可避免的经验，它根据经验暗含的是一定的视行动而可能发生的事件，是如果我们如此这般行动，那么不可避免地我们将在经验中发现的事物是如此这般。

无须说太多与读者对客观现实的普通感觉或他表达的习惯方法无关的
208 东西。但有必要注意两个一般考虑，它们对我们的知识是最基本、最重要的。第一是：就明显的意义而言，一个假定的客观事实，一旦离开证明它的经验中的所有显露来考虑，便是事例的性质，缺乏人的意义，根据我们的可能经验对它所做的表达，包括每个事物，这些事物借我们在实际生活中实际地给予它的这种意义给它的观念。第二是：没有根据经验指定的意义是真正地实际的以及对生活事实是真的，如果它是一个不可避免的经验的意义，没有行动能影响。根据可能的经验，客观事实转化为终结性判断表现它的事实的和不可缺少的认知意义。并且，这些表示客观事实的可能证实的终结性判断，不是经验的无条件的预言而是其实现依赖于一些选择的行动方式的可能性的预言。只有这样，我们的客观事实的知识才能有任何实际价值或是如此意指它很可能对我们有益。知识的理论的和道德的意义都能通过说“一个客观事实**意指**的东西是经过我们的行动而实现的一定的经验的可能性”来表达。或者如果这意味着主观，那么换个说法：被对我们的行动开放的经验的可能性所指称的事物，是客观事实世界，它的存在和性质一般是超出我们影响或改变的能力的。但是，知识不是要胜利的事物，或一旦占有便有价值，如果客观事实无条件地暗含经验，在这个经验中它可被证实或确证。

诚然，在经验方面，离开行为态度提供的一些条件，似乎没有事情是可预言的。或更确切地说，任何经验都不会被看作一个整体，并且出现在事物的多个部分或是各个方面，这是不可避免的。可被称为不少避免的经验的事物不是一起的，而是表现一个经验的一些成分或对我们开放的有选择余地的可能性的一些狭窄限定的范围。“可预见但不能避免的经验”的一些典型例子，它很可能通过反对这个陈述句引证，甚至不是这种情况：无条件可预言的客观事态是特殊的并排斥选择余地。例如，可以说死是确定可预言的，并且，这确实是一个人将来经验的事。但是“我的死”是一个高度抽象的表达：它的确定性忽略了在其无条件的可预言性中仍未被决定的时间地点和方
式的所有选择余地。甚至，当预言有一个影响我们的高度特殊事态时，它仍 209
是这种情况：将被期望的特殊经验有依赖于我们的决定的特点。被称为“不可避免的经验”不是一起的，这被我们可以有一个关于预测或不预测的选择权的事实所证明。我们的一些人只希望知道什么时候牙齿将被拔掉，一些人确实不希望知道。这里仍有关于“不可避免的经验”一直能做的事，它是“为它做准备”。“做准备”稍稍改变当它来时经验依然具有的性质，并且如果任何人倾向于不管我们的态度而使之不重要的这种区别，我们可提醒他斯多葛主义和斯宾诺莎的伦理学：生活的适应方式的整个信条可能是建立在此点上。

无论是什么关于物理的事物和客观事态的可能出现的情况，可预测的**经验**遵守非决定原则，预知本身和我们的行动态度能改变它的性质。这是为什么老式的唯意志或决定论论战与根据现实生活是虚构的而引起争论的

问题有关的一个原因。指知道能被预测的事可能有用。并且无论什么，它对于预见它们有可想象的作用，只是这样，因为关于它仍能做**一些**事，可能影响我们的经验通过我们自己仍然向有资格的人开放。虽然这种考虑可能被认为是细微的，它仍指出我们经验知识的普遍特点：关于我们的知识是直接的，无论事实可能是什么，如果我们根据将说出它的证据的经验提出事实的意义，我们将发现，如此预示的是**值得**知道的一些事，因为在一些部分或方面已是有条件地依赖于我们的行动的决定。

我承认，一些经验——或更准确地说，一些经验的一般特点——可能会预言带有实际确定性而没有逃避的可能性。当看到闪电，我们知道将听到雷声，我们可绷紧肌肉或者不，捂上耳朵或者不。并且，这些行为有点影响性
210 质，有了这些性质，被预言的事情将是被经验到的，但是听到雷声的一般特点可能是无条件地不可避免的。这种例子是例外的并且代表一种限定的情况，这一点将被承认。但是，在这里行为的选择余地不是完全地剔除，它们只是严重地被限制。并且，在这个意义上，这里被例证的事情只在一定程度上区别于更一般的例子。事实上，它可精确地引导我们至有理由的和深思熟虑的归纳：**任何**无条件地可预言的客观事件和可知的客观事态，一旦能翻译成确证经验的词，将意指视行为而定的可能性的限制，但**永远**不意指将这些选择余地减为一个限制。甚至在那里——像在更一般的例子中——对我们开放的选择余地，鉴于被讨论中的客观事实，是太多而不能提到，被相信或被断言的事态将反映在同样多的经验的**其他**选择余地的剔除中，这些选择余地视行动的选定方式而定，如果这个客观事实**不是**多种情况，这些选择余地可能向我们开放。这是客观事实的一般特点，一旦根据证实或确证它的经验被抽出：它意指，确定的经验不能依赖任何事对于我们是可能的；但是这里有经验的其他选择余地，如果一个合适的行为被采取，它们中的任何一个可随着发生。一张白纸现在在我面前，这意指我现在没有可能途径能直接前进到我面前的绿色和圆圈的某物的呈现，也意指一定的其他呈现是可预言的是视恰当的行动的决定而定的。可能经验的选择余地可限制到怎样窄，或可能性范围开放到怎样宽，这依赖于讨论中的特殊客观事实或事件。但无论如何它能剔除可能不同样获得的经验的一定可能性，并且无论如何它能排除可能性并留下视我们的行动的决定而定的一件事，在产生经验知识的一个实际价值
211 的可能性是这种事实：凡能被知道的事物，其知识可能使我们避免无收获的努力，能使我们改进很多，并通过选择对我们开放的行动来提高影响我们的

将来的经验的性质。

如果是这样，我们将看到，终结性判断的一般公式对于被讨论中的论点是正确的，并普遍地适用。客观事实的任何可证实的陈述的感觉意义，是可用一系列终结性判断表达的，每个终结性判断在形式上是假设的。如果采取一定行动方式，一定的经验事件将因此发生，这是一个判断。通过采取在讨论中的行动方式和把它们投入经验，可能会决定性地证实或发现这种判断是假的。并且，通过终结性判断的这种结论性的证实，在它的意义中的成分，客观信念——非终结性判断——或多或少会得到高度概率的证实。

四　终结性判断中的“如果－那么”关系

已提出：我们必须考虑终结性判断和在客观事实判断中的结论，直到我们到达已被延搁并将在这一章的结论部分被考虑的两个问题，但至少我们看到它们在形式上将会是假设的。不过，它的断定的假设与预期结果之间的“如果－那么”关系是什么，这个一般问题肯定要涉及。在信念“如果A那么E”中的行动方式A与预期结果E之间的这种关系的问题，将依靠检验证明：关于存在于主观主义或现象主义与现实主义之间，怀疑主义与相信知道独立地现实的可能性之间的争论要有一个态度。

这一事件的难解决之处在于：当假设“A”是假的，即当行动方式A没被采取，被相信的事物的检验没有做出，这时对于一个“如果A那么E”这种形式的陈述句将是真的，这意指什么？

这类问题的答案，如果没人问，我们知道得很清楚，但一旦被问起，我们不知说什么。它确实是要被决定的事情，不是通过震撼世界的理论来说明，只是简单地通过一个意义的仔细检验，在做这种断言时我们都隐含地意欲并理解这个意义。但是，引出这个意义是特别麻烦的。不幸地，它将需要靠近的注意和稍有复杂和冗长的讨论。我们也将发现现代逻辑的研究，对于 212
我们可能自然地能向假设陈述句的详细说明和精确表达，事实上不提供需要的答案。确实，它们不对它提供什么，除了剔除可能被认为是被讨论中的“如果－那么”的多种意义。这种逻辑研究提供给我们的，像假设陈述句的可能解释一样，正好是那些它们不是终结性判断的所欲意义的可能解释或行动的假设与它的结果之间的、能被断言的任何关系的可能解释。在“如果A

那么 E”中“A”到“E”的关系，不是准确地解释为被许多当前逻辑的发展视为根本的实质蕴涵，不是在《数学原理》中被称为形式含意的东西，并且它也不是像“E”是肯定地从“A”推演的严格蕴涵或衍推。一般的，它是休谟在说“事实的必然联系”时心中有的那种关系。我们记得，休谟确信不能建立这样的关系，尽管（我们也记得）他不怀疑这样一种关系经常被断定，像一个客观事实或超越感觉呈现的任何事被看作经验地知道一样经常。并且，无论反对派可能提出任何在其他论点上的分析来反对休谟，但在意义这点上他确实是正确的。

五　这种关系不是严格蕴涵

在终结性判断“如果 A 那么 E”中被意欲的“如果 - 那么”关系不是“E”从“A”推演的一个关系——不是严格蕴涵或是逻辑衍推——是从这个考虑，即这个判断本身是一个经验的事实，不能仅仅通过逻辑被证明，或充分地证明的。证明它是假的，这种情况是逻辑地可想象的；相反的陈述句“A 但不 E”不是自相矛盾的，尽管这被认为是假的。这里我们必须小心不要将确实是在争论中的问题与相关的其他问题混淆。像我们已经想象这个事一样，终结性判断本身是可以从客观判断（在其中，它是一个成分）推演的：从“我面前有一张白纸”可推演出“如果我的眼睛向右转，看到的现象将换位到左边”。这种推演关系成立，因为终结性包括在客观
213 陈述句的意义之中。但是，我们现在的问题不是关于客观信念和终结性判断的这种关系，它是关于在终结性判断本身中前件“A”与后件“E”的关系。问题不是“如果一张白纸在我面前这是真的，那么可推演如果我的眼睛向右转，看到的现象将换位到右边吗”。问题是“当我断言‘如果我的眼睛向右转，这个看到的……吗’时我意指什么”。并且，现在的要点是：我不打算断言“看到的现象将换位到左边”是可从假想“我的眼睛向右转”逻辑地推演。我能断言：只有它是逻辑地完全不可想象的，所予呈现应是虚假的，或我的客观事实的判断错误。并且，情况不是这样。我也不认为它是这样，除非我未加思考或在客观事实的经验知识的分析中犯一些粗制滥造的错误。

终结性判断表达的行动方式与它的结果之间的关系，不是逻辑推演关系，这一点也可用另一方式证明。它是一种只能从过去经验中学到的关

系。当我看到一个看起来像一张白纸的东西，我预言经验（这个经验是我转动眼睛的结果）的能力是先前类似场合已教给我的某种东西。但是如果“E”可从“A”推演，我不需要这样学到它，“如果A那么E”的真在这种情况下能无须参照经验仅仅通过思考被决定。①

六　这种关系不是实质蕴涵

在一个终结性判断中假设到结果的关系，不是被称为“实质蕴涵”的 214
这种关系，这一点将被证明。通过事实：“如果A那么E”意欲一个断言，该断言的真或假不受假设“A”的真或假影响。

一个实质蕴涵“如果P那么Q”一般用符号表示为“P⊃Q”：用这种略语将会很方便。这个关系“P⊃Q”成立，当且仅当“P是假”和“Q是真”二者中有一个是真陈述句。现在，终结性判断“如果A那么E”不蕴涵至少“A是假”和“E是真”中有一个是或将是真的。如果“A”是真（如果行动方式A被采取）和“E”是假（预期结果未能出现），这个判断被看作证明是假的。因此，终结性判断“如果A那么E”的真包括和要求实质蕴涵“A⊃E”的真。但它也意欲和要求更重要的一些事，这些事是“A⊃E”的真不要求的。假设“A”事实上是假的，它仍要求如果“A”是或应是真的，那么E将是真的。例如，在相信一张真实的纸是在我面前时，我相信如果我眼睛向右转，看到的纸将换位到左边。但现在我的眼睛不向右转，我不检验我的客观信念。然而我仍相信如果我的眼睛向右转去，预期结果将伴随，并且，我的信念被看成对客观事实有意义，只是因为我相信这种未被检验的预言的有效性。

这点难用符号表达，而且也要花很多笔墨才能讲清它，但它是很重

① 这点可能被反对：“我的眼睛向右转”的感觉意义包括后承“这个被看到的东西向左边代替”。这是被这里所给予的考虑所暗示：因此谈论的“如果－那么”类型的命题将被发现一个可演绎性的关系，一旦前件和后承的感觉意义被恰当地纳入考虑。这是合理的如果行动的假设和“我的眼睛向右转”在这里是一个客观事实的假设：一个确证我的眼睛向右转的句法是这个被看到的东西向左边去了。但我们不能混淆客观陈述句，“我的眼睛向右转”的相应的属于一个终结性的假设：在这个终结性判断中，行动的假设和被预期的后承经验必须用表达词；它们不是谈及我的身体的客观排列等，而谈及一个直接的感觉经验的内容。“我的眼睛向右转”所表达的经验内容，及其经验表达式“看到的东西向左边代替”，这二者之间的联系是如此难以表达，该种联系的可信度已从经验中学到且没有经验不能学到。

要的。我的信息，即如果我的眼睛向右转（尽管我目前没这样做），看到的东西将换位到右边，这是我对我看到的东西的客观现实信息的一部分。我相信，当我不按方式 A 行动时终结性判断“如果 A 那么 E”将是真的，正如当我不去看，我相信一个真实的东西仍在那儿。这一点对“客观现实”和“主观经验”是根本重要的。并且，我们可通过求助于假设语气（should - would - ）表达的这种“如果 - 那么”关系，不能根据实质蕴涵表达。因为，当假设“A”与实际相反时，“A ⊃ E”成立，不管“E”的真或假，也不管如果“A”是真“E”是否就是真这
215 个问题。[①] 例如，因为我目前不向右转动眼睛，“我现在转动眼睛”实质地蕴涵“看到东西被换位”成立。但也因相同原因——也就是说，关系中的前件是假——“我转动眼睛”实质地蕴涵“看到的东西不是现实地被换位”，并且也实质地蕴涵“听到了很大的爆炸声”或您高兴提到的任何别的事作为后件。不管陈述句“X”是什么，当“A”假，则实质蕴涵“A ⊃ X”成立。因此，一个与事实相反的陈述句的推断——在任何意义上，其中一些事物是这种推断，一些不是——不能根据实质蕴涵表达。

让我们用另一种方式论证，这种方式不参照特殊形式。在这种形式中，我们已经分析了经验的客观的判断，而只参照这个事实，即重要的客观信念就一些意义或其他意义而言是可检验的。一个客观信念的经验的检验只能通过建立或找出适当的条件和观察结果来做出。经常地，我们做出客观事实的断言，没有完成那些检验，那些检验的结果应作为它们的证实或部分地证实接受。事实上，很明显，我们对实在的感觉是一种对无数客观事实的连续的信念。这些客观事实，在任何既定时候，我们根本不检验。或者我们可以说，对一个真实界的这个信念，是对无数可能的行动方式的无数特定后果的相信，对于这些行为方式，我们发现在任何既定的时候都没有理由去采用它们。这个对客观现实的信念只是像相关的信念，即：尽管一定的假设现在是假，但他们有一定结果（如果做出检验，就会

① 这里可能的反对意见是：当 A 假且被知道是假，对于“如果 A 那么 E”这一判断，如果它所意指的多于“A⊃E”，那么它就是不重要的，因为其不可检验。这个反对意义会求助争论的这个要点，但其无效性可从混淆了“不可检验”与“未被检验”这个事实中被观察到：当“A”是假，终结性判断“如果 A 那么 E”的真是未被检验，但是“A”能够是或可以是真，故它不是不可检验的。

发现这个结果是真的）而不是其他。

顺便说一下，正如休谟所想，对这个的可选择性不是理想主义而是怀疑主义。一个唯物主义者相信所予呈现是其他物的“符号”，并且他几乎不能将这些意义限制于那些可检验的事物之内。争论的问题不是相信物质的实质与精神实体和心灵方式之间的问题，它是相信可知现实并超越所予呈现的（无论用什么词）与相信虚无之间的问题。

如果做出的这种检验证实或确证了所相信的客观事实，但只当检验 216
被执行时，那我们不应关注做出的这种检验，并且它们没有认知的含意，这一论点也是切题的。这种证实的要点是：它们确信当下被检验的事物或多或少依赖于任何不被检验的事物。如果做出这种检验的时间和场合不能证实事物的真或所导致的可能性，那么我们应对经验没有认识的兴趣，也不会认为它是事物的一个检验或它的结果是事物的一个证实。如果我们不相信，假如一些事物被检验，有时事实上它未被检验，则确定的可详述的结果将发生并且不是别的，那么我们不应相信客观现实或事实。没有详细地可陈述的事物是可证实的（尽管未被证实），就没有知识且没有知识可掌握的事物和事件的世界。无须过分分析，简单的事实是：没有认识到与事实相反的假设有意义的结果，那么不可能有现实或知识的观念。因此，这种“如果－那么”的关系式是不可以通过实质蕴涵来表述的，对这种实质蕴涵，任何事实上是假的假设，有可想象（和不可想象的）结果。

已说过，这一点不依赖于以下观念：客观信念的证实是必须通过是根据直接经验的终结性判断，并只能用表达语言表达。它对于任何合理的理论都成立——任何将经验知识看作可被经验和观察检验的理论。但是，如果我们关于终结性判断的性质的观念和通过发现这些是真的而被证实的客观判断的观念是正确的，那么很明显，上面的考虑适用。实质蕴涵“A⊃E”是终结性判断“如果A那么E”意欲断言的事物的一个逻辑地必要条件：当“如果A那么E”是真的，“A⊃E”必须是真。但它不是一个逻辑地充分条件。终结性判断的意义也要求：如果“A”假它仍成立，如果“A”真“E”将真，并且一定的其他命题（例如，“E”是矛盾的命题）不是真的。这个进一步意欲的意义不能根据实质蕴涵陈述，因为如果“A”
是假，那么“A⊃E”“A⊃E－假”“A⊃X”（无论陈述句“X”可能是什 217
么）都同样成立。

七　这种关系不是形式蕴涵

然而，尽管终结性判断的“如果－那么”关系不能根据实质蕴涵表达，它可被认为是可根据现代逻辑所熟悉的其他“如果－那么”关系表达的，这种关系在《数学原理》中被称为形式蕴涵。在我们讨论这些可能性之前，最好用这种关系解释，并且它将有必要检验一个有关它的正确解释的问题。用这种方式，它可能被要求应用于必须考虑的终结性判断。

形式蕴涵通常用符号表达式表达，如“$(x).\phi x \supset \psi x$”，它可读作对于“对于‘x’的所有值，$\phi x$（实质地）蕴涵 ψx”。如果在“ϕx”和“ψx”中，变动“x”的值是“x_1”“x_2”“x_3”等，那么“$(x).\phi x \supset \psi x$”将是真的，当且仅当不是“$\phi x_1$”真而“$\psi x_1$”假，也不是“$\phi x_2$”真而“$\psi x_2$”假，等等。不是这种情况，即对于任何（一些）“x”的值“x_n”，“ϕx_n”真而“ψx_n”假。也就是说，“ϕx”形式地蕴涵“ψx”，当且仅当，无论“x”的什么值“x_n”被选择，“ϕx_n”形式地蕴涵“ψx_n”，并且不存在“ϕx_n”真而“ψx_n”假。

然而，在形式“$(x).\phi x \supset \psi x$”的表达式的两个可能解释中，哪一个是被看作正确的，这仍是可疑的。在原理和更近的逻辑研究中，这一点已被许多理论混乱包围，但是，尽管这么混乱，应该存在并必须继续存在的这个问题是一个简单的问题，它允许通过相似例子说明，它不可避免。①
218 它意指要说一件事，“有性质 ϕ（或 ϕ 是确实可预言的性质）的每个存在物也有性质 ψ”，而“有性质 ϕ（或 ϕ 是确实可预言的性质）的每个可想象的事物也有性质 ψ”。它们意指不同的事情。这第二个成立，仅当有性质 ϕ 逻辑地衍推有性质 ψ；当“ψx”可从“ϕx”推演；“x 是一个动物”可

① 在被谈及的问题复杂中，问题有：（1）什么将发作一个命题函数中的一个“变量”；它是一个人约翰还是一个词“约翰”，这个词是“X 住在大陆街”中“X”的一个值；（2）是否非存在的个体能被“命名”，作为对比被“描述”；（3）是否当一个描述描述非存在物时，每个带有作为主词的描述的单称陈述句从而成为假的；（4）是否关于教学类型的实体的每个陈述句能被分成一个或几个分子那些“最低类型”“个体”的陈述句。按我的观点，这些问题都没有认识结论上的意见。对于（1）、（2）或（3）的任何回答是一个语言约定，且对任何逻辑的经院的事实没有影响，而只对我们表达这些的方式有影响。对（4）的回答是肯定的，但那个事实缺少它可能被认定所具有的重要性，因为“个体”本身有不同“类型”。

以从“x 是一个人”推演。然而，这第一个成立，不仅在这种情况，即一个性质或特性逻辑地推衍另一个，而且在所有情况，即**存在物**中，一个性质或特性是**完全**地被另一个**伴随**。因此，就上面的第一个而言，这些成立：“x 笑”形式地蕴涵“x 是人”；“x 有角和分开的蹄”形式地蕴涵“x 反刍”；并且（因为没有半人半马的怪物存在）“x 是一个半人半马的怪物”形式地蕴涵“x 有蓝色翅膀”。

这里我们当然不从事《数学原理》中正确解释的一些问题，或它的作者的意图，也不从事于更近发展的一些相似的问题。我们只需述及我们关心的问题，用这两个方法中的一个或另一个论及形式蕴涵的结论。如果“$(x) . \phi x \supset \psi x$”被解释为意指“对于所有**可想象**的事物，如果 ϕx 那么 ψx”，那么仅当“ψx”是逻辑地从“ϕx”推演时这种关系成立。为什么“A”与“E”的关系不能通过终结性判断“如果 A 那么 E”表达，不能被解释为逻辑衍推或推演关系，其理由已经指出。无须进一步讨论，很清楚：如果形式蕴涵表达这种逻辑衍推关系，那么在终结性判断中被断定的“如果 - 那么”关系不能根据形式蕴涵表达。只是关于其他解释，对于这些解释“$(x) . \phi x \supset \psi x$”成立当且仅当**没有存在物**，它具有性质 ϕ 却缺少性质 ψ，终结性判断是否可根据形式蕴涵表达这个问题才要求进一步的检验。因此，我们将我们的进一步注意限制于形式蕴涵的这个解释，并且作为无疑正确的一个来谈及。[①]

八　终结性判断的含义概括

终结性判断可根据形式蕴涵表达，这是合理的，其理由是：终结性判 219
断是绝对一般。在一个所予呈现了的场合我们做出的是“如果 A 那么 E”这种断言，是我们相信它，只因为我们对行动方式 A 与结果的经验 E 这种场合的关系有一个更一般的相信。就像被应用于这个或一些别的单个场合，这种断言是决定性地可证实的并且这种被严格地称为一个终结性判断的特点。但为了方便，我们可参照作为这个终结性判断的“一般形式”的基本信念。为了使这点更加清楚，我们继续用已用的简单例子。我坚持客观信念即一张真实的纸在我面前而不是一个虚幻的呈现，因为这个呈现的

① 事实上，这里很有怀疑，在那些掌握区别的人中间，这是普通被采取的解释——尽管一些逻辑学家带着不惜冒险的机敏尝试回避所有这些争议。

一定特点，因为它看起来是真实的并感觉着是真实的。但是，如果问信念的理由，在我的辩明中，我不得不参照比这单个场合更多的场合，我不得不包括这个事实，即看起来和感觉着的东西，在适当方面，正如现在所做，被证明一般地（尽管不是全体地）是一种真实的对象。至此，我们只涉及一个所予呈现 S，和客观信念——称之为 R——是对其解释的关系。但是，经过时，我们可观察：尽管这种判断只可明显地参照当下场合，因其根据，它是绝对一般。为做它，我所有的理由，同样应用于与 S 的有关特点的一个呈现应给出的任何场合。也就是说，我相信“R”因为我断定，对于任何场合 o，如果 So（如果 S 是在 o 场合被给出），那么可能 Ro（可能在场合 o，一定的真实事物被呈现）。

在相信“R”（一种真实事物在我面前）时，我做出终结性判断“如果 A 那么 E”（如果我转动眼睛，视觉的呈现将被换位），并且在检验的基础上发现其真，这构成“R”的一个进一步证实。但是，这个终结性是绝对一般。它表示一个证实，这个证实被视为可能的，不仅命题 R 在当前为真，而且持久为真；或更准确地说，只要“R”真且被所予呈现突出的检验的基本条件是令人满意的。也就是说，如果我希望（正如我现在希望一
220 样），表达一般形式的终结性判断是成立的，只要它证实的客观信念是真，那么我必须重新提出：像假设一样，对一些所予呈现的参照指出检验的可应用性。①（例如，我不能对一个黑暗中的真实事物做出建议的视觉上的检验。）因此，我判断的是：“对于每个场合 o，当 Ro 时，如果 So 和 Ao，那么 Eo”（在任何场合，当一定的真实物体在我面前，如果像这样一个呈现物转移了我的眼球，那么视觉的呈现物将被换位）。视客观信念为前提，我推断一般形式的终结性判断——它成立，并且一旦客观信念“对于每个场合 o，如果 So 且 Ao 那么 Eo”成立。

九　终结性判断和与事实相反的假设

我们现在能检验与我们有关的论点，这种终结性判断是否表示“如果－那么”关系可根据形式蕴涵表达。并且，问题是，这样一个判断“（假定客观判断是被证实的）对于任何场合 o，如果 So 和 Ao 那么 Eo”的

① 这个考虑要求在这里被介绍只为了避免准确，我们必须在后面回到它上面来。现在，它可能从例子中暂时消失了。

真实目的是否是令人满意的——如果对于每个存在的物或实际的场合，当So和Ao成立，Eo也成立。已说过，对终结性判断绝对一般特质的这种依靠的合理看法，现在变得清晰了。然而，这个最初是合理的看法在进一步检验中消失了。并且，与之同样的原因，我们已在实质蕴涵的情况中注意过了。其意义限于实际事例的一个根据不能覆盖终结性判断的意欲意义，因为当它与事实相反时，这个意义要求假设仍要有重要的结果（并且不是每个可想象的结果）。

再说，这个论点可通过许多方法说明，这些方法不依靠这里被采用的终结性判断的概念而是相关于任何的合理的经验知识的观念和它的检验。例如，一个实际重要的真理是：如果我从二楼窗户上往下跳我会伤着自己。当我站在窗户前，所予呈现和我对动作讲的客观事实的信念导致我做出一个新的预言："对于任何场合o，如果刘易斯像这样在场合o从窗户跳 221
出，刘易斯将在场合o受伤。"是否一个人将这看作关于我的身体和环境的一个客观陈述句，或看作意欲用表达语言的一个终结性判断，并只参照像这样一个场合的当下经验的经过，这些将对当前论点没有重大影响。将这个陈述句看作一个形式蕴涵，它满足于提供每个实际场合，何时刘易斯从二楼窗户往下跳是一个场合，何时刘易斯就受伤，不能表达它的重要认知和实际目的，不能这样，因为它不指称关于在这个或任何其他场合，如果我向下跳将发生任何事。并且，这个意义是本质的。事实上，我永不从二楼窗户往下跳。并且这个事实本身确信在讨论中的形式蕴涵只说"没有刘易斯从二楼窗户跳下来而没受伤的实际场合"。我不跳的重要理由——它不得不对付与事实相反的假设"如果我跳"的假定后果——是在这里一起被省略了并且不能根据这种形式蕴涵表达。

因同样的理由——也就是说，我不从二楼窗户往下跳的理由——下面的形式蕴涵同样是满足的："对于每个场合o，'刘易斯在场合o从2楼窗户跳下来'蕴涵在场合o有月食。""对于每个场合o，'刘易斯在场合o从2楼窗户跳下来'蕴涵在场合o后所有水往山上流。"它也是一个事实，即我永不在衣袖里带手绢。并且因为是这样，同样的形式蕴涵成立："对于每个场合o，刘易斯在场合o在衣袖里放一个手绢"蕴涵"刘易斯在场合o受伤"。然而，就关于终结性判断或关于从客观信念推导的，任何行为结果的"如果－那么"而言，我不相信在衣袖里带手绢的实际严重后果，并且相似地不相信我跳出窗户对月亮的月食和河流的流向有任何影响。表示我的客观事实的知识和管理我的行为的预言不可表达为形式蕴涵。如此表达它们的企图，忽略了真正是整个核心的东西。

222 我在这个例子中没有恰当地陈述认知和实际情形，这可能被反对。我的信念的基础——可以说——不是关于事例的一个空类：如果没有人曾从二楼窗户跳下去，并且没有类似的体重从一个类似的高度以可测量的终端速度落下，那么我就没有理由相信我所做的。我的预言是基于一个不同的和更宽的假设，它在许多例子中是真的，并且在所有被观察的例子中，它有一定的相关后果。还有，这个更宽的假设和结果之间的关系——可以说——是可作为一个形式蕴涵陈述的。

这个反对的一部分是正确的。但是从有关形式蕴涵和这个例子——或从我们的知识预言的任何例子——得出的结论是不作为必然结果且是假的一个结论。我的实际判断的根据是确信如果一个重 150 磅的东西从 25 英尺高落下，它带着充分的力量击伤一个人的身体，这一点是真的。并且，这个确信是基于实际事例，这一点也是真的。但是更精确地说，是什么使这个实际信念成为实际的，使其不可能将意义限制于实际情况，并且因此阻止它可作为一个形式蕴涵准确地表达。陈述句“‘x 重 150 磅并从 25 英寸高落下’形式地蕴涵‘x 得到一个足够砸伤一个人的身体的动量’”除了说如果我（重 150 磅）从二楼窗户跳下来（大约离地 25 英寸）将发生什么，什么也没有说。它说的只是：重 150 磅的东西从 25 英寸高落下的实际情况的类，包含于获得足够砸伤一个人身体的动量这种实际情况的类。形式蕴涵不说关于假设与事实相反而任何结论成立的任何事。或者更确切地说，它在这种情况下说的是：每个可想象的和不可想象的结论成立，并因此没有什么是有意义的。如果这么一个重物从这么高落下来（在任何例文中，重物实际没下落）将发生什么，它没有告诉我们。就像形式蕴涵“‘x 笑’蕴涵‘x 是人’”没告诉我们，如果进化产生了事实不存在的某些动物，情况又将是什么。

223 至少反对者将承认，在这些场合，没有 150 磅的重物——无论是我们身体还是其他任何事物——从 25 英寸高落下来。如果是这样，那么形式蕴涵“如果 x，重 150 磅，从 25 英寸高落下，它获得砸伤一个人的身体的足够力量”仍然是真的，即使如果我现在从这个窗户跳出我会伤着自己这是假的。同样的理由，形式蕴涵“如果 x 笑，x 是人”是真，尽管“如果叫战争将军的这匹马能笑，它就是人”是假，也是这种情况。容易被思考的一个混乱的认定：如果我们知道形式蕴涵"在所有'A'真的实际情况中，'E'也真"，我们通过知道在A必须为真的任何情况下，"E"将会为真。但是，最后例子指出，这样解释形式蕴涵，是简单地误解了它事实断言什么，并且自以为是地加上了形式蕴涵未曾能陈述的更重要的一些事。

十　终结性判断与真的独立性

我们已经较长地讲述了这件事，不是来自渴望调查逻辑的精确，或坚持解释的符号的准确，而是因为这里的论题是难定位的也是基本的。相信客观现实或事实的断言式知识都不能被理解，如果没有理解：像它的实际意义和可检验的结论一样，它是带有下列特点的假设命题。特点即：①在这个假设陈述句中的后件不可逻辑地从前件推演。②虽然如此，假设陈述句本身的真——像陈述一个逻辑推演或衍推关系的陈述句的真一样——是独立于前件或假设的真或假的：对于这么一个假设陈述句断言其为什么成立的"如果-那么"关系，这个假设有相同的结论，无论它是真或假。③因此，一旦已知的假设是与事实相反并被知道是相反，这个假设陈述句可被有意义地断言。

让我们着手讨论这种例子，它用一些对知识理论而言很重要的形式作为这些论题的例证。自从休谟开始，便提出一个真实世界的常识假设（当这个假设的意义被有效地解释）与总结陈述句即在一定时间我们有一定的明确的感觉印象之间没有区别。事物的"顺序"和"关系"的所
有意义，直到是证实的或事实上将来会证实的事构成事件的这种秩序， 224
将被包括在经验实际感觉内容的这个总结陈述句之内。常人认为休谟主义假设等同于假设客观现实未被观察时可以"消逝"但一旦被观察总是"回来"，并且认为这是一种无害的哲学的玩笑。很可能他不能清楚地说明他对它的天生否认。但是可给出一个说明：这种狂热的主观主义者与我们相信世界是可知的和不依赖于被观察而存在。二者之间的区别是这样一种区别：一方面假设被证明的经验概括不具有超过形式蕴涵的意义，另一方面假设这种经验来概括的可证实性包括对于可能经验的假言陈述句的参照，并且这些假言陈述句具有在前面一段里总结的那些特点。

例如，我相信隔壁有一间房子，里面有桌子和黑板，尽管没有人正在观察它，而且甚至有时没有人会想起它。我对这个客观现实的信念不同于主观主义的观念，即已存在只能被感觉到时，靠我相信下列项目的事实存在。

（1）如果在任何时间（这个属于继续存在期间），一个正常观察者 A. B. 亲自到这个地点观察这个房子，那么 A. B. 会有被“观察一个有桌子和黑板的房子”意指的这种经验。

（2）“A. B. 现在亲自在这个地点观察这个房子”是假，现在没有人观察它。

（3）“A. B. 观察一张桌子和一块黑板”不是可从“A. B. 亲自在这个地方观察在讨论中的这个房子”逻辑地推演出。

（4）“如果 A. B. 现在在这个地点观察这个房子，A. B. 将看到一头粉红色大象”是假。

理解这些陈述句的明显意图时，可注意下面一些问题。上面的陈述句（1）将被解释成一个一般假言陈述句，对于任何正常观察者和任何时间
225 （只要要被证实的现实继续存在）都成立。陈述句（2）断言对于任何观察者和一些时候，或事实对于任何观察者和特定时间（现在），假言陈述句（1）是假。陈述句（3）表达这个事实：假言陈述句中的后件不是可从前件或假设逻辑地推演的。陈述句（2）和（4）一起指出：对于这个假定判断的意欲意义——即这断言的“如果－那么”关系——对于一些观察者和特定时间（A. B.，现在）对于它的假设是假，它真；但是，这个与事实相反的假设具有任何结论，这不真——例如，它有结论“A. B. 将看到一头粉红色大象”这不真。

总的来说，这些特点标明对一个可证实但不依赖于被证实或被经验检验的客观现实的信念的意义。它们同样指出在关于经验知识的可能证实的陈述句中的“如果－那么”的熟悉和意欲的意义。

如果这是我们对未被观察的事物的现实信念的一个较好说明，那么表达这种信念的方法是：用关于一个正常观察者（他应用一种在这种整体检验条件下适合于检验在讨论中的事物的方式行动）的经验的一个假言陈述句的形式。但是，在这种假定陈述句中，被“如果－那么”意欲的意义是事情的本质并必须仔细对待。它不是可根据逻辑的推演表达的，也不是可根据实质蕴涵式形式蕴涵表达的，假设到逻辑地可推演出结论

的“如果－那么”关系，是能被单独反映证实的且不要被经验证实，实质蕴涵的“如果－那么”是这样，即一个与事实相反的假设具有任何或每个结论：当事物未被观察，实质蕴涵“如果这个事物被观察，那么……”将是真，然而这里的空白可被填充。形式蕴涵（假设这不用于逻辑推衍的蕴涵）的“如果－那么”是这样。如果每个实际做出的观察有一个确定的结果，根据它，陈述句“对于任何正常观察者在任何时候，如果观察者按适合于这个事物的证实行动，那么会有一个确定的论证经验的结果”将是满足的，并且关于在事实上没有企图证实情况下，结果 226
没有任何假设。①

这整个事情可总结如下：对于认为现实是可知的和可证实的等任何观点，相信这或那是真实的，这意味着相信“如果做出这样的实验，那么这样那样种种将经验到”这种一定形式的陈述句。并且，这里进一步的和关系重大的问题关心着这种假设陈述句中“如果－那么”关系的解释。将这看作表达前提与逻辑地可推演的结论的关系，这是有问题的：那将提出一个难以认同历史上的任何理论的观点，且几乎不值得讨论。将这个“如果－那么”关系看作据实质或形式蕴涵可表达的观点，这将精确地等同于下面的极端主观主义——易变成怀疑主义——它坚持认为存在即感知；它坚持认为，被相信的现实的存在，与在一定场合、一定的实际感知者实际地具有的一定感知之间没有有效的区分。信念和可证实的现实是不依赖于如此被知道或经验的存在的，这个实在论观点必须将“如果－那么”关系解释为一种关系，对于这种关系，这个假言陈述句的真假不依赖于它们的前件从句的真假；对于这种关系，假设具有相同后承，无论观察被做出而假设真还是观察未被人做出而假设有悖事实。因此，这是用形式“如果如此做出这样的观察，那么就会经验到如此”可更清楚地表达的一个关系。

① 这一点不仅关心主观主义与实在论之间的争论而且关心现在开始出现的一个问题，即是否这种形而上的争论是充满意义的。但是太普遍地，在当前的讨论中，这些争论的真实情况被未能正确地用逻辑词表达它们所损害。也许这总起来不是一个意外：那些认为形而上学没有意义而加以拒斥的人，也打算否认超出据实质式形式蕴涵可表达的东西之外的假设陈述句的任何意义。（然而，这里有一些这个概括的例外）通过表面上严格但实际上似是而非的逻辑分析，这是乞求在讨论的问题的一种方法。它会把这个问题辩解过去，通过拒绝陈述它，通过拒绝逻辑的警戒“如果－那么”的意义，单独据该意义，客观信念的常识断言的实际意义能被表达。

十一　终结性判断与“真实联系”

227　刚才最后提到的、对于表达任何客观事实的实在论观点是必需的这个“如果-那么”的意义，还没有名称，且被大多逻辑分析忽略了。但是它被普通思想和论述所熟知。我们可以参照表达为“实际的联系”或“自然的联系”或“真实的联系”。并且，一个假设的后承，在这个“后承”的意义上，可被称为它的“自然的后承”或“真实的后承”。这些名称是合适的，因为“如果-那么”的意思包含于任意关系的断言或依自身规律联系的断言。它是这种联系，即一旦我们因“现实是”或因自然事实是这样那样从而相信任何假设的后承是如此这般，那么我们就会相信它。它是这种联系，即一旦我们预测到一定条件下一定行动的后果将是如此这般而不能是别的，那么我们就会信赖并清晰地断言它。因为相信行动的后果是可以预测的人都坚信：尽管我们做出我们自己的决定，但是一旦我们亲自做，那么随之发生的事情会是固定的且难以控制。只有通过独立于决定本身的这个联系的“现实”，这里才能有像行动的“可预见的后果”这样的事情。设想行动的一种可能方式但将其作为不聪明的而抛弃，这些人都相信“如果我如此这般做，结果将是这样”，且相信这个联系不依赖决定本身而成立。并且懊悔做出决定的任何人都相信“如果我那样做，结果就发生”。他不会仅仅因为假设是错从而相信这是对的；如果他相信了，那么懊悔就是伪装的。

如果没有不依赖于证实的决心而被决定的某物，那么对于证实经验，这里没有任何事物揭示——除了它本身，它不证实任何事物，因为这里没有独立事实要被证明。相信独立现实的任何人，都相信在经验中可被揭示的这些真实联系，并且，相信在经验中可证实的这些联系的任何人，都相信可知但独立的现实。并且，不相信这些真实联系的任何人——如果他不只是糊涂和不一致——都不只是相信经验知识的可能性，他不相信这里有可陈述的、将被如此认知任何事物。

228　将很明显，这些联系是被休谟作为“事实的必然联系”而参照的一类东西。这些将有别于“意识的必然联系”——区别于逻辑的联系。关于“可能的经验”这个常见短语，一个相关的术语学观点将被注意。（客观的）事态的可证实的含意是：一定的经验是可能的而一定的其他经验是不可能的。但是，“不可能”所意指的事物，可以仍是——且多半将是——完全地可想象。这个经验的“可能性”和这个真实的“必然的”联系二者都不是逻辑的，都不是可被反映先验地决定的。它们是只通过习得经验知识的方式可揭示的。①

休谟已正确地坚持认为的，这个真实联系真正地获得的唯一可选择的许可，是怀疑论。并且，休谟本人最后承认，一贯的怀疑论令人不满的特点，对于已述及的行动是通过其含意表示的。没有“必然联系”，就没有任何行动态度的可预见后果；并且，没有这些可决定的后果，行动就不可能是真实的——其意识是落空的。像古代犬儒主义者一样，怀疑论者拒绝倒空货车，而只是假装。一贯地，他能不采取态度，甚至不采取行动的态度。并且，能放弃行动本性——且不做尝试——的任何人，如果不激起我们的羡慕的话，都必定引起我们的惊奇。至少，他将不看重他的怀疑论，也不希望我们看重，因为他什么也不看重。

然而，我们用“真实联系”意欲表示的东西与休谟用“事实的必然联系”之间，有一个基本的区别。与他那个时代的哲学家一样，休谟打算将词“知识”看作只可严格地应用于可确定的东西，不能对概率问题以充分的考虑。因此，对于他，可二者择一的是①这里应有普遍联系，该联系能 229
在事实中建立和成立，或者②没有合取的事实，只有纯粹巧合。未曾着手讨论围绕这些事情和以后必须被考虑的所有疑难问题，我们立即可说：真实联系这一意识不要求 A 被给出 B 肯定能预测二者 100% 的关联。这也是令人满意的，如果 A 的发生真正地影响 B 的发生，如果 B 的概率在 A 出现时明显不同于在 A 没出现时，那么 A 的出现是 B 出现的一个概率 - 指标。如果这种关联能建立，那么一旦 A 被给予，这里会出现一个有效的 B 的概率。例如，如果一个人从二楼窗户跳下，他将或然地受伤。这么一个或然 - 联系不适宜称为“必然的”，但它具有上面论及的本质特点。一旦假设与事实相反并且如果在此处假设的事实未被决定，它是有重要意义地可断言的。关于概率的这个观点的重要性不久将出现。

① 康德也在这个意义上用必然的（notllendig）这个词，特别在他关于经验类似（Analogies of Experienle）的讨论中。并且，在他关于形式的范畴的讨论中，他指“可能”的相关意义。他也使用短语“根据一个规则”（nach einey, Regel）作用等同于这个意义上的“必然的”。根据他的观点，联系的特殊规则就先验而言不是必然的，但他相信这点被确信，即这里必定有这么些规则，如果事实的参观次序是被区别于仅是意识联合的主要联系，区别于所予经验的只是临时的次序。

在前章中已论述，实用主义批评经常攻击下一观点：在认为经验陈述句的意义与证实它们的东西二者等同这方面，一个人将被相信的客观事实的意义降到只是经验的一个意谓，且因此这么一个意义的“证实理论”是真实地“唯心主义的”或“主观主义的”或“现象主义的”。但是我们现在有能力精确、清晰地提出这个观点与任何主观主义的观点的区别。

这里坚持的观点是：客观信念和超出理论上可证实可表达的东西之外的任何客观事实的陈述句，都没有意义。但是，此观点没有主观主义的含意，它蕴涵着否认这里有任何内在地不可知的客观事物或事实——该事情或事实对于任何实际的甚或任何假想的观察者不可能是经验地可证实的。批评者错误地理解了主观主义与实在的确证之间争论的问题，该实在的确证是不依赖于事实检验的，且犯**不相干的结论**的错误。

对不可知现实的否认，我们希望并不意指所有的一切都是可认知和
230 可证实的。主观主义者断言，不可能有**实际**经验之外的现实。然而，这里不是坚持认为，对**实际**证实经验（证实实际已做出或将来实际会被做出）的整体的参照，穷尽了客观事实的意义。相反，这是被否认的。已指出，客观信念不只蕴涵着将付诸检验的终结性判断，而且蕴涵着不被检验的那些断言。这些我们已强调。这种终结性判断断言“如果－那么”关系，由该关系在假设是假且指定的证实没做出时仍必须成立，并因此用“如果做出如此的观察，那么将会观察到这样的结果”这种形式可更清楚地表达。

在例子的本性中，必须有仍未检验而被看作真的这种终结性判断。不可能做出所有可能检验，同理，不可能用所有可能方式行动或采取所有可能决定。对终结性判断的承诺突出显示了不依赖经验的客观现实的承诺——清晰地确证它们中蕴涵着什么——该终结性判断在任何客观信念的例子中仍未被检验，在对未被观察的事物的观察和未被证实的事物的可证实性的断言中，或永不会成为现实的经验的可能性。

通过这些与主观主义的分歧，我们发现有必要坚持认为，可发现客观经验断言的可证实意义的终结性判断必须表达一个真实联系——不依赖于被发现而被实际检验所支持——在行动方式与一系列经验事件之间。具有这种意义的陈述句如何被确信的问题，是客观实在经验知识如何可能的问题。

十二　进一步的问题

我们现在可以转到较早提及但被延搁的两个问题上来。一旦一个终结
性判断表达所相信的客观陈述句的一个可能的检验，那么，找到这个终结
性判断，经过试验，其决定性地真不决定性地证实这个客观信念但只认可
它并显示它是或然的。但是，假设经过试验终结性判断被发现是错的：采
取行动方式，但所预言的经验事件没有接着出现。恰当检验的客观信念因 231
此决定性地证明是错的吗？第二个问题：我们已经看到，客观陈述句在直
接经验中的任何检验，要求行动的假设，被预测的经验事件是以检验的执
行为条件的。但是这里没有其他条件吗？如果预测的经验事件的自然或非
自然产生与客观信念有关，并且组成它的一个检验，那么该条件是必须要
满足的。这两个问题是相互关联的。

至此，我们已说，如果表达客观信念的可能证实的多种终结性判断只是蕴涵在那个信念的陈述中，并且如果这一点绝对正确，那么，这么一个终结性判断不能通过试验而真，这是对蕴涵它的客观陈述句的决定性的否证。我们前面已注意到一个怀疑，即事实上是否是这种情况，但是，在那里我们没有继续追究这个问题。

客观的陈述句不是通过任何单个检验可决定性证实的，这一点相当自然地建议。同样地，它将不是决定性地可否证的。但那仅仅是一个容易的意识联合且无说服力。如果陈述句“P”有许多含意“Q_1”“Q_2”“Q_3”，等等，但这些中没有一个等同于“P”本身，那么，这些蕴涵的陈述句中的任何一个“Q_n”是真，这将只提供“P”真的证实，但是，找到它们中的任何一个“Q_n”是假，这将决定性地证明“P”假。并且，这个考虑在此很合适，因为没有任何终结性判断能等同于任何客观陈述句。如果是这样，那么，客观陈述句能被同一确定程度地被证明，该确定程度被检验与终结性判断相关联。

那么，怀疑客观陈述句是决定性地可否证的，其根据不是关于证实和否证中期待的调和的这个根据。毋宁说，它是认知的经验本身的直接检查，该检查将提出这个怀疑。例如，我看到的东西引起我相信在我面前的一个确定地方有一真实的门把手。并且当我伸手抓住它，预期触觉的发生将构成有效概率的对该信念的一个证实。但是，假设我未能找到

232 并用手转动门把手：我似乎看到了，我将立即信服这一信念是假的吗？事实上不。如果这种失败发生［即未抓住门把手］，我将迷惑不解，但是也许我同等倾向于怀疑我的触觉与视觉，且我愿意怀疑我的触觉与视觉的协调甚至二者中的任一个。正在谈论的检验是最经常和实际的且最具决定性的一个，它欣然接受检验讨论中的信念。并且，大略估计，相对于判定它为真而言，我们将认为它的失败是该信念的证据。其他例子可能揭示一个不同的比较，谈论中的客观信念的证实程度是将一些中肯的终结性判断投入到检验所给出的肯定结果与一个否定结果指出的其否证的确信程度之间。并且，我们将发现许多例子，在这些例子中，终结性判断的决定性否证将使我们实际地确定这样被检验的客观信念是错的。但是，我们应找到在其中失败会引起确信一个人会不假思索地冒生命危险和对未来幸福生活的希望的一些例子吗？这几乎不受欢迎。我们不确认到*任何*感觉中的确信程度，太多其他解释的可能性——不同于客观信念的真假——将使自己想起所有单个检验的结果。随便举例，一个人愿意认为：如果通过直接经验选择最接近地确定的可能检验，那么肯定结果是接近确定的真，如同否定结果将是确定的否证。并且，我们不能较好地假定直接经验中的*任何*检验带绝对确定性地证明或反驳一个客观信念。

这个结果好像令人不安，因为它通常要求对真和假的经验决定的考虑有复杂的限制条件。且因此，复杂地限制客观陈述句和信念的意义，据这个意义，它与应用性和真的标准相符合。

除非客观经验关于经验的陈述有所言说，否则它们是无意义的。我们可以承认：分析陈述句不依赖经验将检验的任何事物能具有意义。但经验陈述句肯定不能这样。除非它们说了一些经验将直接或间接决定的事，否则，它们根本什么也没说。并且，除非至少通过暗示它对实际的
233 或可能的特定经验有所言说，否则，陈述句不能对经验说任何事。但是，如果我们自己问自己，当我们对客观事实做出陈述时所意指的东西，是否是任何单个经验能绝对地最终地显示为真或假的东西，那么，直率迫使我们做出否定的回答。在一些例子中，有实际的确定，但是没有完全的理论上的确定。通常，我们最能宣称的是：客观信念或它们的大多数，在直接经验中有检验，这些检验的肯定的结果将指示高程度的概率，同样地这些检验的否定的结果将指示否证的高概率。通常，同一检验将符

合这两个要求：它的肯定结果将保证信念的高概率，否定的结果将指示极度的不可能性。是这种情况的地方，我们可称谈论的检验为**支配的检验**（ruling test）。但是对于一些客观信念——特别是那些综合性的信念，像一个科学概括——一些单个经验可以给出几乎决定性的否证，但没有任何单个经验可提供同等可信的确证。并且，也许对于一些客观信念，实际的确实可能通过一些决定性的检验来保证，但在任何单个经验中不能找到同等确定的否证。当令人满意的检验条件难以达到时，可能是这种情况。

十三　客观信念不是决定性地可证伪的

接着，我们将被迫限制先前关于客观信念的非终结性判断与构成它的一个检验的任何终结性判断之间的关系所做的陈述。如果终结性判断被决定性地发现为真，那么客观信念因此被证实为或然的。并且，如果终结性判断被发现为假，那么客观陈述句因此被证明不可能、不确实。要求限制的是后一个考虑，前一个已一直被明确地公认了。我们再也不能说**如果**客观信念是真的，那么终结性判断将肯定是真的。我们只能说它将是或然的——在大多情况下，在较高程度上，也许在与实际的确实等同上。

然而，在这么一种接近方式的范围内，通过采取科学操作主义者可能用于他的科学的意义的公式。例如，通过说长度和硬度的概念是通过一些其决定性的检验来定义，我们能够回避现在这种困难吗？我们可以说“x有 m 硬度”意指“标准条件下被操作的校准检验器械将在 x 上打出一个 k 234
深的坑”。这提供了一个真正的等式，该等式是可简单地表达和直陈我们研究的事物的真实性的检验。如果不同意这里有其他合适的检验和其他证实方式，那么，这个要点也可用这类词处理。**最终的**检验被做出。但根据一些明显的原因，我们将承认一个高的事实，也许这个检验结果与其他检验结果之间 100% 的协调。这些其他检验将**证实**硬度 m，但作为决定性的证据而被接受的检验是特种检验。

已指出，这类操作主义概念的问题仅仅是它未能解决有效性和真实性的一般和最后问题。因为如此用公式表示的标准不真正是根据感觉——纵然它可以欣然建议公式进一步要求的事情。它不是根据直接经验，这一点已被事实证明。这个事实是：一个情况良好的标准器械是否已经适当地被操作，是否精确地进入物质的 k 深处，这是并经常是一个问题。关于错误经常发生是一个复杂的事情：它属于提出相同普遍种类的确信问题的客观事实，如同属于有关被检验物质的硬度的最初问题。因此，同样地，我们被要求说：检验的检验是什么，并且被报告的结果怎样被确信为可值得相信。

物理学家、生物学家或心理学家可以很恰当地觉得，他不被要求进一步追究这种问题，也恰如他不被要求考虑较低下的和较普遍的知识种类，如一个人确信在他面前某一确定位置有一个门把手。一个普通种类的操作的定义满足了他的要求——只要他在他自己的科学方法论上不陷入认识论的陷阱。但是，在这点上（这里可能有一些话要说，但我们在这里暂不去讨论它）对于那些关心认识论问题的人，这么一个定义表达是开端而不是解答。它留给我们三个问题：一个检验器械是在确定的被
235 称为“情况良好”的状态的决定标准是什么？我们怎样确信一个规定的检查常规是被恰当地执行？物质被进入一个特定深度这个事实是怎样使人确信的？从认识论观点看，这些问题都不比最初问题“我们怎样可知道谈论的物质有一定程度的硬度”简单。它们也不是本质上不同种类的问题。

对于任何进一步进展我们必须在任何客观事实和直接从感觉角度说的事物之间建立联系，只有在这里，我们才能找到经验信念的真或有效性的终极决定因素。只根据感觉经验中可被给予的事物来说，只根据出现什么来说，我们能做这种直接接触。感觉呈现可能是难于甚或不可能表达的，但它们是我们可确定的东西。除非据经验来说是确定的，否则没有哪怕是或然的经验意义的事物。再者，我们好像有必要抛弃任何可选择的观点，而仅仅追随问题和事实的强迫。

现在我们面临两个使问题复杂化的考虑。第一，甚至据直接可证实感觉而可陈述的客观信念的后承，不是发现它们中任何一个真，将超出偶尔地证明信念的真；也不是发现它们中一个假，将是证明信念为假的决定性的证据。第二，我们还未考虑可能条件，它不同于行动的条件，为了确定的直接经验的发现应是属于谈论的一个客观信念，它可能是必要的。

十四　客观信念的确证与证伪

我们先论述这两个问题的第一个。它的一部分后承已充分讨论过：不能根据单个的终结性判断被发现为真而确信客观信念，这一事实指客观信念不能决定性地证实而只可确证。一个决定性的或“支配的”（ruling）检验可给予总计达到实际的确知的保证，但客观事实的理论上的确知是不能到达的。并且，无检验能保证确知的任何地方，没有理由挑选任何一个这样的可能的确证，如同特别显示一个客观陈述句的感觉意义。据直接经验 236
来说，为了陈述句为真所有将证实它的这些发现，同样是被认作清晰地存在于它意指的内容当中的后承。

下面这个观点可能遭到反对：一个被相信的客观陈述句与将确证它的经验发现之间的联系，更应被看作从过去经验学到的东西，而不被看作蕴涵或包括在被相信的客观陈述句本身之中。下面一点很正确甚至很明显：没有从过去经验学到的东西，就不会理解和知道像终结性判断这种联系。在后面的要点中，我们必须回到那个事实。但是，对它的认识不包含任何与“这种联系包括在客观信念本身中”这一观点相反的意思：我们从过去的经验学着考虑和理解的正是*这些意义本身*。

这种历史地学习通过意识的联合和习惯的形成而产生。但是，如果任何事例中，这样产生的信念受到挑战，唯一能为之提供的证明，是通过一些归纳地证实经验中的真实联系的多样事物。如果您移动眼睛，被看到的事物将移出视觉范围——除非幻觉。如果您伸手摸到了具有确定能认出但不能描述这些视觉特征的东西，您将用手感觉到它——如果理解是诚实的。通过在经验中学习这种真实联系，我们才能建立被看到事物的真实情况，才能学会具有一定的视觉的和其他线索突出显示的特点的真实存在物体。这样归纳地建立真实联系的明确的公式，同时将我们的合乎习惯的信念的感觉意义（经验标准）给予我们，该信念我们可以通过肯定客观事态表达，其也将基本概率给予我们，通过这个概率，一个可经验的物体世界被认为存在。

仍需进一步重视的是，从下面事实可推断什么，这个事实是：发现一个客观陈述句可预言的后承为假，这将否证它但不证明它一定是假。从实际观点看，在这个发现（即客观信念难以结论性地否证，如同难以证明一

样）中，没有令人不安的东西。我们将仅仅选取那些“支配的”检验，
237 这些检验的结果将尽可能接近决定性的——如果结果是肯定的那它是真，如果结果失败那么它是假。让我们在此停顿一下的考虑是这个事实，即我们再也不能将任何终结性判断“一旦 S 给出，如果 A 那么 E”看作被一个已被相信的客观陈述句“P”所严格蕴涵着。我们只能说，“如果 P，那么，一旦被给出且行动 A 被执行，E 将随着被观察到这是多少有点较高可能性的”。因此，如果现在问，怎样理解客观信念的感觉意义，我们会发现，它被想象为许多蕴涵的直接经验发现系列，如同呈现和行动的恰当条件下的**可能性**。

然而，这对客观事实的确证或否证没有施加任何实际的或理论上的困难。下列两点仍是真的：这种确证或否证可在一些意义的确定中发现，可将一些终结性判断付诸检验来决定；被检验的信念的相应概率可明确地被确信。对于任何客观陈述“P”，我们将有一系列可能的检验，每一个可通过一些终结性判断表达，这些终结性判断有如下两种。

如果 P，那么，当 S_1 和 A_1 时，E_1 有一个概率 H；

如果 P，那么，当 S_2 和 A_2 时，E_2 有一个概率 K；等等。

如果客观陈述句是假，一旦检验被做出，它的被预知的后承将不被发现，这里也将有一个能被判断的概率：

如果非 P，那么，当 S_1 和 A_1 时，非 E_1 有一个概率 M；

如果非 P，那么，当 S_2 和 A_2 时，非 E_2 有一个概率 N；等等。

这些假定的概率不得不被直接地判定为：没有被影响的概率 - 公式，且没有任何东西在认知的通常例子中（在这里，有关的材料几乎不承认统计学的公式表示法）许可很精确的估计。再说，在一定程度上，客观陈述句被肯定的检验结果确证，或者一旦结果是否定的它被发现是不可能的，这个程度是对它们的大小顺序的常识来适当地估计，而不是被计算出。在这个联系中，有用的概括仅仅是：一旦检验结果是肯定的，确证程度是较高的，根据是，若陈述句**假**则这个肯定结果是更**不**可能；一旦
238 检验结果是否定的，被检验的陈述句是更不可能，根据是，若陈述句假则这个否定结果更是不可能的。一旦“P”假“E”也假的概率接近确定，那么，一旦“E”被发现为真，对“P”本身的确信度将接近确定。并且，一旦“P”真时 E 的概率接近确定时，那么，“E”被发现为假时

“P”假的确信度就接近确定。①

这里观察的是：一个客观信念的确证，在接近确定的程度上，是推导于如果信念“P”实际上不真预期检验结果“E”将被发现为假的概率，不是推导于用一个终结性判断形式“如果P，那么（假定S和A）E”陈述的“P”与“E”的关系。因此，我们被迫放弃假设，即终结性判断表达从P（和“S”、“A”）发现“E”的一个无限制的缩减，这对“P”的确证接近确定的可能性没有重要意义。

关于客观信念与可服务于其确证或否证的检验结果之间的关系，这里 239
有两个进一步的重要事实也应注意。第一，任何一个这种检验的肯定结果增加仍未做出的其他检验的一个肯定结果的前件概率，因为它增加客观信念本身的前件概率，并因此增加它的任何进一步后承概率。这使人确信下列实际地重要的要点：尽管根据直接经验在客观信念为真的情况中被保证的预测不是带有理论上的确定而只带有或然，但是，确证此信念的任何东西增加了确信，与此同时，其感觉－可预测的后承能被预期存在于将来经验中。第二，我们应论述，一旦被相信的客观陈述句只给它的任何一个可预测的感觉后承以多少有点高度的概率，此时，它与整个这种后承系列的关系将颇为不同，该关系可通过相关的终结性判断表达或可对任何相当多的这种后承的类表达。如果“E_1”、“E_2”、“E_3”等都是这样，即发现其

① 被一个检验的建立的概率度也是与“P”的前件概率相关的，是与检验做出前“P”的概率相关的。上面的概括依然是无条件的正确的。

被检验的“P”的真一旦被发现，便是“E”的一个“原因”或解释。我们可以将所有其他情况一起括起来，这些情况能在“非P”名下解释这个发现。遂概率原理将应用如下：

证“P”的前件概率＝W；

“非P”的前件概率＝1－W；

证如果“P”真“E”的概率＝K。

证如果“P”真“非E”的概率＝N；

如果“P”假“E”的概率＝1－N。

那么当“E”通过检验被发现是真的，“P”的概率通过 WK/WK＋（1－W）（1－N）被给出。这个分数将是接近1的人根据W是接近1的或N是接近1的。这样“P”将确信有近似确定的一个概率，如果“E”将不被发现除非“P”真的概率为N。

一旦“E”被发现是假的，“P”的否证度（“非P”的概率）通过（1－W）N/(1－W)N＋W（1－K）被给出。这个分数将接近1，根据“P”的前件概论W接近空，或“E如果P”的概率K接近1。这样，一旦“E”被发现是假的，“P”的否证将接近一定的假，如果P真而“E”的确信近似于确定。

这里，逆概率原理的应用不受从上面假设中遗漏下来的条件S和A的影响。因为当检验做出时这些条件被相信为确定的，且它们的概率系数都是1。

真会保证“P”的一些概率，那么，根据一个相当明显的原理，发现“E_1”“E_2”“E_3”的真将迅速保证一个高程度的概率。这种后承，如果“P”假则每个或多或少不可能，它们都是真的，发现这一点将显示一个惊人巧合，如果“P”事实上是假的则很不可能。谈论的原理可通过大量证人的例子来说明，每个证人不比个别的独立地讲详尽故事的报道者更值得信赖。如果它们一致，一个人必须迅速相信他们讲的是实际地确定的。用同样方式，一个客观信念的概率，和仍未检验的相关终结性判断，可达到一个高概率，甚至根据分别得到的证实的基础，不能保证特别高确信度。

我们在这里不能解释上面被指定为“概率”的精确意义，它必须是一个单独的和后面的论题。但是，恰当的意思与平常表达式即某物被预期有
240 99%（或一些别的分数）所暗示的东西一样。这个说明更恰当，因为提到的分数是属于比喻表达式：在估计谈论的概率时，没有被认为真正可能的那样的精确，但它依然试图有粗糙的精确。

让我们将这个讨论的结果应用于下一事例：看到门把手并试图通过握它来确证因此导致的信念。在我面前的一确定位置我似乎看到一个门把手。如果此处真有一个门把手，那么一旦像我现在看到的这种视觉呈现被给出，如果我着手确定而不易描述的但立即可认出的握这一动作，同样不可描述但可认出的接触这一感觉会被期望有99%的可能性。但是，如果这里没有门把手，一旦这种呈现被给出，那么如果我着手握这一动作，被期望的接触这一感觉将99.9%不会随着发生。（在这里，概率是否被合理地甚至粗糙地估计，对于常例说明无关紧要；但请注意，被指定的两个概率——一个是客观信念为真的概率，另一个是客观信念为假的概率——是不同的。）应记住，当关于门把手被相信的东西用客观事实的语言陈述时，呈现的内容、采取的行动、经验的结果，都是用表达语言描述，像我们可立即确定的东西的项目一样。也就是：

让“P” = “在我面前和左边，这里真有一个门把手”；

让“S” = “我似乎看到这样一个门把手”；

让“A” = “我似乎将亲自着手一个确定的握它的动作”；

让“E” = “接触门把手的感觉随之发生”。

那么做出的两个判断是：①一旦P、S和A，那么E的概率是0.99；②一旦S且A，但P假，那么E假的概率是0.999。

作为②的一个结果，如果一旦现象被给出且行动已着手做，预期结果

实际地伴随发生，那么客观信念因而被确信也同样有 0.999 的概率。因为根据逆概率的普遍原则，一个假设的概率，该假设通过发现假设是真的一 241
个后承而被确信，将接近确定，当假设是假后承的不可能性接近确定时。并据同一普遍原则，应用上面的①：如果关于门把手的信念被付诸检验于门把手，接触的感觉没有随这发生，那么这个信念将被否证，并且，信念为假的概率同样是 0.99。

诸多问题在这里将浮现出来，其中一些将在这章的结论中得到解决，其他的则必须等待属于概率的更详细的讨论。但是，临时地，如果我们问，根据感觉确定性，客观信念陈述句意指什么，那么，现在能从这个例证中得出答案。好像看到门把手的地方真有一个门把手，这意指，这个信念的无尽数量的证实将是可能的，其中一个例子是，伸出手去握门把手并像预期那样用手找到门把手。然而，不得不承认，这样一个检验的成功将不能达到对被相信的事实的 100% 的证明。并且同样地，单个失败将不构成信念的 100% 的否证。如果通过参照这种可预测的信念的感觉后承做出大量检验——不管“相同”检验的重复还是不同这些后承的检验——那么，符合成功的累积结果将决定信念的一个概率，该概率比任何单个确证建立的概率在量上会更高。[①] 用这种方法，信念的确证，在有帮助的例子中，在有限数量的检验的基础上，将接近确定。然而，信念是真不要求尝试确证的完美的成功。（如果所有证人都精确地讲无细节上的不同的相同故事，也许其确证将是“太好而不是真的”。）在尝试确证时，我们合理地预期。最后，甚至假设信念为真时一些失败可发生。这些预期“有一些别的解释”。例如，因协调的失败，我们有时不能抓到在我好像看到门把手 242
的地方确实存在的门把手。与此一致地，为了理论上的精确，要求被相信的客观事实的后承的终结性判断用概率措辞来陈述：如果我好像看到一个门把手的地方真有一个门把手，那么，如果我试图抓住它，我将感觉到它在我手边的概率约为 0.99。

然而，也许问题是属于一个不同种类。我们怎样知道信念或其陈述拥有一些确定的终结性判断作为其后承而不是别的？唯一能给出的回答是：我们在知道通过客观事实的确信意指什么的过程中知道这点，就知道信念包括什么而言，必须通过任何经验能给出信念为真的证据

① 由于归纳的老生常谈的缘故，以及能据概率论陈述的缘故，在“不同”检验的成功中的一个符合，比被同一检验重复给出的符合，将保证一个更高的确信度。

的方式知道这点。因为这些终结性判断表达客观事实（该客观事实是经验能提供的）的唯一可能的决定，并因此构成唯一可用的属于经验客观真理的标准。像科学操作主义者通常所做那样，我们可以用公式表示下列东西，即我们根据一些真理的决定性的检验，用客观语言表达的东西。但是，如果是这样，那么将只有用这个相同的确证形式和概率形式，我们才能相信这个事实：即这个被详述的客观的检验是实际地令人满意的。根据在经验中直接能发现的东西，并因此根据单独是经验地可决定为确定的东西，证实对于一个客观信念只是可能的[而非确定的]。

十五　假设检验真理的进一步情况

包含于前面部分中的相同考虑，与将调查的两个问题中的另一个有直接关系——对于客观信念的一个检验的任何预期结果，除了着手行动这一条件外，没有其他条件吗？如果是这样，如果它将被完全地和准确地表达，这些进一步条件不必被引进到任何终结性判断的假设中吗？

通过用标准检验器械决定强度的例子能够说明，这里时常将有属于任何检验的进一步条件。并且，它显示，在这方面这个例子是对于一个客观信念或陈述的大多数可能证实中的典型。我们必须确信器械是处于良好状态；我们必须确信它实际符合公认的标准；我们必须确信给器械
243 和物体定位的方式是与规定的一样。如果这些条件被忽视，检验结果与被相信和检验的客观事实之间的相关将是可疑的。因此它显示：用公式表达客观事实的一个可能确证的真正正确方式是："如果 C_1 和 C_2 和 C_3，以及 A，那么 E"；或者，合并在一个大字母"C"下的这几个条件，并将事情更精炼，可表达为"一旦 S 给出，如果 C 且 A，那么 E 的概率为 K"。

然而，我们已经看到，为什么"A"和"E"在这里表示的内容必须用表达语言来表达，它将立即可决定的某物当作经验的特定内容来陈述。我们还看到了这些相同的考虑迫使对可预测的事件"E"的概率限制。像有关被"C"表示的任何进一步的条件一样，相似的问题必须立即被论述。这些条件将据客观事实陈述——例如，器械的确是良好状态——或者，它们是可据某物（所予经验本身可决定性地确信该物）陈述的条件吗？任何物

理学家准会遵从的、准会有客观词表达整个事情的是常识程序：条件，实验的活动，寻求的结果，都据物理事实表达。他将分别写到为了减小检验和其结果可能被实验的或观察的错误所损坏的概率而采取的保护措施。但是，在检验本身的陈述中，因为这些可能的错误，他可能不会合并成任何保证。所有这些也许是像它应该是的那样。但是在被客观词如此表达中，检验过程和结果的陈述将省略一些问题，这些问题对于我们关于客观物理事实的可能确信的认识论问题是极重要的。对于这类问题的任何解决，我们被迫询问：任何物理事实的确信——包括检验的执行和它的物理结果以及令人满意的检验的任何其他物理条件——如何可以以及有几分可以从能据经验完全确信的材料发生？

观察这些必要情况，我们看到：为了使结果是物理事实的一个真正确证，检验器械必须是标准的；且如果器械同样必须是处于良好状态；等等。那么下一个问题是："我们能确信这些检验条件吗？"回答明显必须是否定的。我们可能有合理的自信甚或实际的肯定，但不能真正地排除怀疑的可能。既然是这种情况，根据在检验时我们真正能相信的东西，检验结果将不得不被看重。并且，这将是我们通过一些直接观察能相信的东西，这些东西可据能实际呈现的东西用公式表达。检验的恰当假设一旦实际完成，就不是器械的一个物理条件而只是像直接观察者能给出的这种确信。 244

因此，如果为了完成任何检验，这里存在属于客观事实的条件，那么其结果将确证或否证一个客观信念，那些应限制总结果的确证或否证的可决定的条件，不是属于客观事实的那些，而只是可被直接给予和确知的那些以及可表示客观的和"理想的"检验条件的那些。例如，我们完全可以决定的是：器械显得是处于良好状态的一部标准检验器械。

再说，用表达词而不用客观词表达任何检验条件，其必然性不妨碍任何确证的可能。如果在一定物理事实条件下，由一定可观察的检验结果提供的确证或否证度能被陈述，那么它也能根据假如所予呈现表示这些物理条件满足的一个可决定的概率时直接可确知的东西来陈述。如果"就我们能看见而言"这是一个处于良好状态的标准检验器械；并且，如果器械不是这么令人满意我们应看到一些它不令人满意的证据，如果这里有一个可决定的概率；那么，根据呈现，这里会有一个确证或否证的度，如果在其呈现提供一些概率的物理事实的条件下，这里有任何可陈述的确证度或否证度。并且，如果在检验时，这里没有表示对于检验是必要的任何客观条件并给予确定的确证度或否证度的呈现，那么，永远不能决定这里有这种确证或否证，因为我们会永远不知道甚至没有可能知道一个有这个结果的检验已实际地完成了。

245 那么，假设 C 是一个检验的条件的一些客观事实，并且 SC 是可直接作为 C 的证据观察的东西。更特别地，让我们说如果 SC 被给出，C 是客观事实，这里有一个概率 K。假设我们知道：

（1）如果客观信念“P”是真，那么当 S 被给出且 C 是充足的且行动 A 被着手做，E 将被观察到这一点具有 M 程度的可能。

（2）如果“P”不是真的，那么当 S 被给出且条件 C 是充足的且行动 A 被着手做，E 将不被观察到这一点具有 N 程度的可能。

那么，如果我们用“SC”代替“C”，这些公式表示法仍将成立，倘若（1）中的 M 和（2）中的 N 这些概率是被概率 K 限制的，当 SC 被观察到这个概率 K 是 C 的概率。[1] 也就是说，上面（1）和（2），与这个考虑，即一旦 SC 被观察到那么 C 是客观事实这一点有一个概率 K，它们一起给我们下面这些推导：

（1′）如果客观信念“P”是真的，那么一旦 S 被给出且 SC 被观察到且行动 A 被着手做，那么 E 将被观察这一点在 KM 程度上是可能的。

（2′）如果“P”不是真的，那么一旦 S 被给出且 SC 被观察到且行动 A 被着手做，那么 E 将不会被观察到这一点在 KN 程度上是可能的。

并且，在（1′）和（2′）中，用于标志“P”的真或假的这个单个检验，将被决定的整个事，是独特地根据在检验可以完全确定时的经验来陈述的。

因此，在一个终结性判断的假设中，永远没有必要包括客观事实的、表达一个可证实的检验条件的任何条件。用客观词表达任何条件，自然不同于检验行为的表达。一旦我们在现在未获得的条件或那些相关于我们现在来打算做出检验的条件下考虑可能的证实，情况就更会是这样。但是，可被任何检验决定的实际的认识的有效性，不能这样表达。当一个检验完成时发生的任何确证，有一个重担，该重担不依赖于属于客观检验条件的

---

① 因为通过概率的乘法规则，如果 C 的概率是 K，且如果 C 那么 E 的概率是 M，那么 C 和 E 的概率是 KM。并且，如果 S 的概率系数和 A 的概率系数是 1，那么它们在假设中包含不改变这个规则的应用。

事实，我们在检验时不能确定其满足的事实，但依赖于我们对那些客观条件的自信度，这个自信度是由它们一些可直接观察的证据提供的。因此，直接与一个证实有关的并真正可确定的条件，不是客观事实但必须包括在检验时所予现象之中。它们必定是直接呈现的项目，并且我们可以认为它们包括在我们的变化例“一旦 S 被给出，如果 A 那么 E 将有一个概率 M”中的“S”里。 246

十六　客观信念只是或然的

然而，如果我们因此认为是一个确证的条件的感觉呈现包括所有直接可观察的相关证据，那么我们将注意到，这些呈现的证据不是局限于事物的现象将被确信的信念的对象，但它将包括多种其他呈现情况。例如，看门把手并通过握检验基于看到的信念，在这个例子中，一个相关的感觉条件不仅仅是门把手的现象：一个人的眼和手的协调应是正常的，如果这是影响有关证实的重要性，那么一个人当时昏厥或晕的感觉将也是相关的呈现项目。并且，这符合我们的常识，即慎重考虑该事情，万一我们试图握门把手但未能达到预期结果。与一个客观事实的确证有关的呈现项目可以是多么广泛和多样的，这是将在以后论战中吸引我们注意的事情。

因此，我们对于客观信念和我们对于它们的真的可能知识的普遍结论如下。这个信念的理论的和实际的意义，将在我们作为其证实而接受的事情之中，在可检验的后承中被认为蕴涵于信念本身。无限数量的检验会完全详尽阐述任何经验客观信念的这个有意义的内容。并且，通过相同证据，没有其完全的和决定性的证实，将我们的确信带到这么一个程度即没有可想象的进一步证据能可能地慎重考虑它。它的永不优于可能的，尽管 247
能被确信的概率度在有帮助的例子中可以达到一般地可称为实际的确定。并且，甚至在由单个检验形成的确信度相对较低的地方，在这种检验中的肯定结果的符合可以迅速提高到一个很好的确信度。进一步说，这里没有直接可观察的任何单个实验结果，如果信念为真我们应要求一个绝对的确定，并且其失败我们应看作超出信念为否证所有可能的怀疑的。尽管在这里，信念是假的这一点概率度（它从这种否证中产生）有时可达到实际的确定。

然而，这仍允许：被一个或许多检验确信的信念的概率，可以被最终决定。因为任何这种检验的必要条件都据立即可确定的东西表达，且预期结果同样能据感觉呈现（该呈现可以是一个完全确定的东西）表达。终结性判断本身必须据概率表达，这个事实没有与之矛盾的后承了。客观事实的经验知识不能被理论地确定，但能确定：它是真正地或然的，且在有些例子中它是高度可能的。的确，这里有进一步复杂考虑至此未论及。特别地，对于真正可能的一个经验信念的建立是必要的材料，比一般所认识到的更复杂，比在这类问题的例子中通常所称为的“材料”更广泛。然而，在我们谈这个主题之前，我们必须先关注属于作为或然的经验知识的更一般和更基本的问题，并特别精确地关注在称其是或然的中被断言的东西。这个基本问题我们将在下面两章中讨论。

十七　对批评观点的总结

鉴于这一章所书写的方式，至此最好带有分析的逻辑方面的特别参照地附加一种总结。我们从终结性判断的一个相对简单的描写开始，关于客观事实的
248 非终结性判断随后，然后发现有必要使这个开头的考虑复杂。任何别的呈现方式会冒同时提出这么多问题的危险，这些问题中的任何一个的理解已被损害。

现在让我们用公式表达做出的陈述句，像它们最后会出现的那样，在此用我面前一张纸这个例子作为我们的变化例。且只此一次让我们利用符号，既为了简便，也为了提出一定的重要的属于分析的考虑。采取用符号表示的方式将不完全精确但是参照随后的注释将会使之充分地清楚。那些对符号的精确有兴趣的人，将看到它们如何可能达到，但也将观察到许多更复杂的事情被涉及。

让 P = 一张真实的纸放在我面前；

S_1 = 一个视觉的纸张呈现被给出；

A_1 = 我移动眼睛；

E_1 = 代替这个呈现的所见伴随而来；

S_2 = 我好像用手指感觉到了纸；

A_2 = 我拿起纸并撕它；

E_2 = 一个被撕的纸的呈现伴随而来。

作为符号的简写，让

XY = X 和 Y；

~X = X 是假的；

X < Y = X 蕴涵 Y，X 有分析后承 Y；

X→Y = 如果 X 那么结果 Y；

（h） X = X 的所有概率，

Xo = X 在场合 o 下；

（o）. Xo = 对于任何场合 o，Xo。

所使用的圆点－标点是通常在符号逻辑的公式中出现的那样。然而，下列不是公式且不能据逻辑演算的一般规则操作。它们是陈述句的形式，这些陈述句支持所选例子，并且，一般地对于这类例子，它带有一定的被谈及的例外。

（1） $P.<: S_1A_1.\to.$ （h） E_1

（2） $P.<: S_1A_2.\to.$ （h） E_2

（3） $P.<S: S_2A_1.\to.$ （h） E_1

（4） $P.<: S_2A_2.\to.$ （h） E_2

（5） （o）: . $Po.<: S_1oA_1o.\to.$ （h） E_1o

（6） $\sim P.<: S_1A_1.\to.$ （h） $\sim E_1$

（7） $PS_1A_1.<.$ （h） E_1 249

（8） $\sim PS_1A_1.<.$ （h） $\sim E_1$

（9） $S_1A_1E_1.<.$ （h） P

（10） $S_1A_1\sim E_1.<.$ （h） ~P

（11） $S_1A_1E_1.<: S_2A_2.\to.$ （h） E_2

注释 1：假设“S_1”或“S_2”不仅包括它超出说明的陈述的内容，而且包括依照 15 节中“C_1”“C_2”“SC”等的讨论，所有立即观察到的是在谈论中的“P”的确证的条件。

注释 2：在上面的陈述句（1）中将观察到，“如果－那么”的两个意义被涉及，分别用“C”和“→”表示。这两个中的第一个是（1）断言成立于“P”与“$S_1A_1.\to.$（h）E_1”之间的蕴涵关系或分析后承。这个关系“<”不仅包括任何前提与据演绎逻辑的规则可从它推导的一个结论之间的关系，而且也包括，例如“T 是红色的”与“T 是有色的”之间的关系，这个关系不能单凭逻辑规则证明但只通过知道“红色的”和“有色的”的意义并理解这两个意义的相互关系。因此“Z < Y”一旦是真的，便是先验可证明的，或者通过参照逻辑规则或者通过参照所涉

及的意义或者通过二者一起。（第一篇清楚地证明了，可被逻辑规则证明的任何东西，也是通过参照“逻辑常量”的意义和句法可证明的，因此我们能更简单地说，成立的任何“C”关系是通过参照意义可先验证明的。）

这里谈论的意义的特定方式是在第一篇中被称为“感觉意义”的那种。一个陈述句的感觉意义存在于它应用于现实的实验标准。用意义的这种方式理解一个陈述句所意指的东西，将能知道什么使我确信其真。因此，“P”的意义包括确证其成真的东西，并且，任何这类确证是“P”的一个分析后承。

注释3：陈述句（1）中，我们说“P”有分析后承“$S_1A_1. \rightarrow. (h)\ E_1$”；“一旦一个视觉的纸张呈现被给出且我移动眼睛，那么在所有概率中一个被看见的这个呈现的代替随之而来”。相信一张真实的纸
250 放在我面前，我做出终结性判断：一旦这个呈现被给出，如果我移动眼睛，一个看到的代替物将发生。并且，将这付诸检验的一个肯定结果，将确证我对纸的现实的信念。但是，我们已观察到，检验的一个否定结果不决定性地否证信念。因此我们不能用较简单的形式“$S_1A_1. \rightarrow. E_1$”表达这个“P”的分析后承，并且这个终结性判断在分析中可能无条件地发生。

这里“→”表示的关系依赖于我们称为一个“真实联系”的东西。据一个经验中可观察的项目归纳地建立的相关关系，是另一个的概率－指数。没有这类真实联系，就没有任何客观事实的信念或陈述能具有任何有意义的内容。通过“→”连同加在前头的“（h）”表示的是据真实联系而成立的一种关系。“P”的真要求，如果 S_1A_1，那么 E_1 具有所有概率。

读者可能立即会问这个“P”所分析后承是否不应写作“$(h)\ (S_1A_1. \rightarrow. E_1)$”即“在所有概率上，如果一个纸张呈现被说出且我移动眼睛，这个看到的代替物将伴随”。但是，这个困难将消除，如果我们观察到：它通常仅仅产生于合乎习惯的但不准确地表达的假想概率的方式。当我们说如果 A 那么 B 的一个概率 h 时，我们意图指的是 B 的一个概率 h，当 A 是这种情况时。我们这里希望表达的“P”的分析后承不是“S_1A_1”与“E_1”之间的一个关系“→”的概率，而是它们之间的**概率的一个关系**。

注释4：我们已提出“（h）X”读作“在所有概率上 X”代替“X 是

高度或然的”，为了稍微排除一个困难，该困难在概率的进一步讨论中和我的信念的逻辑中不能令人满意地解决。然而，所涉及的一个要点在这里被提出来。例如，如果一个人看天空并预测要下雨，那么他不打算只断 251
言天空的现象与后来下雨的发生之间有一个概率关系：无论事实上下雨还是没有，这个断言会依然同等地真。这个冒险的预测（作为或然的）是天将下雨，一个其结局将决定性地被证明为真或证明为假的断言。“在所有概率上天将下雨”，这个表达式至少带有某种意义上如此决定性地可证实或证伪的预测。

这类考虑进一步强调有必要表示：表达一个预测的终结性判断本身不作为一个将被确证的信念中的一个无限制的成分出现。

注释5：我们将（2）、（3）、（4）还有（1）看作提醒我们，对于一个单个客观信念“P”，这里可以有不同证实——比较（1）和（2）或（3）和（4）——相同感觉材料暗示不同相应地带有确证结果的不同检验。并且——比较（1）和（3）或（2）和（4）——不同感觉材料可以暗示相同检验和结果。

更明显，这里可以是一个检验的重复。即，通过在不同场合参照相同感觉材料、检验和结果来确证。这一点在（5）中通过（1）的概括被暗示。在感觉材料和检验行为相同的地方，确证结果一般将是相同的。大多数例外的出现要归于对例子的公式表示法的错误或未能观察到，不同确证结果有一个独自是本质的公共部分。不常有的真实例外将通过可二者择一的和不可观察的检验条件及其结果来解释，并且，这些检验一般不提供一个高确证度。

注释6：陈述句（5）用它的一般形式表达（1），“对于任何场合 o，如果‘P’成立，那么如果材料‘S_1’被给出且通过‘A’检验已完成，根据‘E_1’结果，将在所有概率上继而发生”。对于（1）本身，“S_1”、“A_1”和“E_1”是陈述句，由于被理解的是对于一个特殊场合的参照：（5）表达这个事实，即在这个场合下的所予材料、检验行为和确证结果，根据相应的陈述句对于任何场合成立——只要“P”是真的，各自是可认识的材料、检验行为和确证结果。因此，在（5）中，“S_1”、“A_1”和“E_1”被允许表示陈述句函数，在这些陈述句函数中，（1）中相应成分是 252
特殊的值。

可能有人反对（5）是错误的符号表示，因为“P”至少仍是陈述句而不是函数。这是真的，如果“P”本身包括对一个特殊场合或一些场合的参照，在这些场合，一张真实的纸放在我面前。但在这种情况下，“S_1”、“A_1”和“E_1”必须限制在同一场合或一些相同场合，因为属于过去的一个检验或将来的事实一般必定不同于当前事实的一个检验。例如，我们不打算断言“如果在1945年5月16日10点钟，一张真实的纸放在我面前，那么在任何场合，一旦一个纸张呈现被给予并且我移动眼睛，这个呈现的一个被看见的代替物将在所有概率上伴随”。这是真的但不是（5）打算断言的内容。谈论的概率在那种情况下仅仅是后件的前件概率，假设和真实性是不相关的，且一个肯定的检验结果不提供对一个现在已过去的场合的假设我面前有一张真实的纸的确证。就像所予，公式（5）因而是正确的。已做出关于任何场合的断言，这些场合在“Po”、“S_1”、“A_1o”和“E_1o”中是相同的，它不做任何断言，关于在一些陈述句“P”中没有含蓄地被参照的任何场合，这些场合是“Po”的一个值。

上列（1）到（11）的其他陈述句能同样地被概括。

注释7：通过参照“S_1”、“A_1”和“E_1”对于“P”的确证，更直接地依赖（6）而非（1）被一个检验的肯定结果提供的确证度，是关于若“P”假时“E_1”的逆概率，而不是关于“P”真时“E_1”的概率（见14节和本章第8个脚注）。

不能假定“h”在（6）中像在（1）中一样表示相同等度的概率，因为很少会是这种情况。在我们的例子中，“h”在（1）和（6）中都表示概率的一个高度——无论相同与否——谈论的检验是属于我们称为“决定的检验”的那种。

注释8：（7）从（1）推导。是否它也是等于（1），这依赖于我们这里将不着手的问题。例如，它们的相当要求下列也成立：

“S_1. < PA_1. →. (h) E_1”

和“S_1A_1. <: P. →. (h) E_1”。

同样，（8）从（6）推导。

253 注释9：对“P”的确定是直接的公式表示是（9）给出的，对“P”的否证的最直接公式表示法是（10）给出的。已注意到，“h”在（9）中的值与在（6）和（8）中的值相关；“h”在（10）中的值，与在（1）和（7）中的值相关。

注释 10：我们认为（11）也使人记起，客观陈述句“P”的确证，通过建立“P”本身的概率，从而导致或然的任何进一步检验的一个肯定结果。然而，不能假定通过发现“$S_1A_1E_1$”建立的“P”的概率，同样地将是据（11）为“E_1”如此建立的概率“h”。这将也依赖于前件概率，且依赖于检验之间的关系。

254 # 第九章　经验信念的辩明

一　证实与辩明

经验信念的有效性有其含意的两个维度或方向：它的证实和它的辩明；决定其为真和决定其为合理地可信赖。属于一个断言的认识的评价，或一个断定的心灵状态，注意被断言的事物的**真理性**，但它也注意信念的理由或根据。被肯定的东西可能碰巧是真的，但如果肯定它的人缺乏其断言依据，那么他的保证可能是幸运的一个但依然没有有效性且不是知识。

在先验知识中，不存在这两个维度的区分：它的有效性与它的真理性是一致的。它的真只通过找到一个充分合理的根据能被确信，且这样的根据的揭示完全决定它是真实的。但这是唯一情况，因为先验真理的标准包含在我们的意义中。如果肯定的事物能够得到正确的解释且对于我们的意图来说为真，那么除了它是确定的，就不要求更多的确证。

对直接所予东西的陈述（在这里它不归纳为知识，但因某种原因它是与知识相关的），决定真的东西与肯定的任何证明根据二者没有区分。它们拥有或需要的这个唯一根据，是当下的经验，该经验也决定它们为真。

然而，对经验知识来说，两个维度是分开的：这么一个判断可能没有被证明但是真的，也可能被证明——像许多其他被接受的信念一样被证
255 明——然而不是真的。它的真理性涉及它与未来的关系并注意它的证实，但它的辩明只注意其可信赖性的根据，这种根据存在于现在和过去之中。

对于经验信念，这个区分的必要性推导于两个简单明显的考虑：第一，经验认识的不可缺少的功能是关心将来发生的事件；第二，判断时，

这些发生事件不可能被完全确定地确信。

经验认识的本质上的暂时的特点通常是不清楚的，因为我们将用来表达被认知东西的命题与我们知道它混淆了。被认知的可能是超时间的，例如，一个科学概括的真同样覆盖过去、现在和将来。并且，在一个明显的意义上，如果真是完全的，那么被认知的任何事情是超过时间地真的。但是作为经验知识没有这种事情，除了在一些特殊时刻所做的判断形式，并且对于这种判断，具有材料身份的无论什么事物，不是**被判断**的事物的一部分，但**借助这些**已被判断。并且，可以带一点夸张地说，没有人能两次有同一经验知识，因为新的和相关的经验对于他的理解总是流动着的。因此，即使被相信的命题是——像科学概括——超时间的，且其真依赖于过去和将来相同的东西，情况仍是这样。任何准备考虑概况时，过去的证实，甚至这些是假定地被确信，不是所做判断的认识含义的一部分，而是属于它的根据。并且，将来的确证，通过这个将来确证它进一步地更好被确信为真，对它的目前确信无贡献但构成真理性的危险，在这个真理信念假定的认识的肯定。因此如果我们——这样说——在被认知的命题之后命名我们的知识，我们必须不允许这一点掩盖下面的事实：这个命题陈述的东西中的信念，在不同次数中带有不同根据和不同真理性危险和不同信念。并且在任何时候，对于每个经验信念，目前确信其保证与它目前要求的证实二者之间的区分是绝对的。

任何时候，当经验知识作为认识的理解起作用时，其根据对于带确定性地确信它，是不充分的，这一点也是经验信念的一个本质特点，不是一个它的仅仅是偶然性的和令人遗憾的限制。如果它不是为了它的这个特点，就没必要被称以“经验知识的”单独范畴。如果在一些时候一个信念 256
仍有预测的意义，对于其真是必要的所有进一步确证成为完全的确定，那么那时所做出的判断就是严格的先验的。是其根据的材料与对于其证实是必要的进一步经验二者之间的联系，不是这么一个逻辑联系，不是推演地可确信的，这个事实与它的较少确定这个特点是相伴随的。它具有较少确定性这个特点，这一点不是当然地被经验知识与先验知识之间的流行的区别所证明。毋宁说这是另一种方式，指定分类的是这个事实：我们找到了这类认识的理解，主要是求确证，这些确证的将来产生不是从信念的根据可推演的和确定的，但是如果判断赖以做出的根据应使它的所有继起的证实被确信，那么经验知识就会是可区别的——像唯理论者有时断言的那样——只通过其前提中有特殊经验，但能通过判断与所判断内容之间的任何不同关系，或它的断言内容的任何不同特点而被做出判断。

二　辩明和预见

属于经验知识的这些表示区别的特点与进一步研究的特别兴趣二者之间也有一个联系值得注意。这些表示区别的特点反映这个事实，即源于这类知识的价值，不是因其自身产生的总的价值，而是为了可欲求事物的达到和不可欲求事物的避免而产生的价值。如果我们关于知识的主要兴趣在于知道的兴趣——在于正确占有真理——那么在目前一些不确定影响的但是可证实的事例中，我们总会继续进行证实，在任何可能的时候，同时暂停判断。我们不是如此沉迷于证实，这反映了一个事实：经验知识的功能是为了指导行动。经验的这个实际价值是作为预见的价值，且依赖于这一些对它的确信，这个确信是可能在证实之前的，认识的事后理解实际上是无价值的。证实炉子是热的这比整理和慎重考虑相信它热的根据更迅速更
257 容易。但是，信念的主旨是为了避免这个特殊符合。并且，一般经验知识的主旨是为了在主旨这个信念作为或然的来蕴涵的所有确证当中，应被实现的只是那些满足我们的不同于认识的兴趣的东西。

真正只根据知识的缘故独有地评价知识的知识者，不会——像传统具有的这样——采取深思的态度。相反，他是易忙的蜜蜂：忙于从一个证实到另一个证实，并不参照他意识中的经验知识，而是将它们所有付诸检验。但很清楚，这不是经验知识的特别动机。它的兴趣是实用主义的，并且它的价值是外在的和功利的。经验知识关心的是被做出的那些证实，以及如果不将我们的目的适应允许被判断为或然的将发生事件的实现，可能永远做不出那些证实。将我们从缺少预见的行动的危险中挽救出来，这是经验判断的功能。在这个事实中存在着知识的辩明的意义与其证实之间的区别。

三　可信度与真

这些终结性判断关心一些单个经验事件并因此可能被决定性地证实，这些也是关于证实做出的判断。一旦这种信念付诸检验被发现是真或是假

的，它不再是做出的判断且被即刻确定的理解所代替。证实判断继续有意义的*经验事实*——也许作为一些*其他*判断的根据。并且，*这个预测它被证实*这个事实继续仍有意义，它也许成为关于过去经验的一些概括的前提。但是，像这个假设的和预测的终结性判断一旦被证实便流逝了。它不具有将来认识的意义，如果它具有，它仍会关心将来的事物和就该事实而论现在未决定性地发现为真的事物。

这样，经验知识只以判断形式存在，无论该判断是终结性的和单称的 258
还是非终结性的和全称的，都是在经验的特定的结合上、在当时所予材料的基础上做出的。但是它们断言的真理不是关于这些所予材料，也不是由于逻辑，或由于二者的结合而成为肯定的。它们关心的这个真理性只能通过证实被证明；但当信念被持有的时候，它还未被证明；并且如果后来发现它为真，那么显然那部分或在那个范围内它被这些证实了，它的认识意义——它的超过目前所予的参照——随之消失。它随之消失，因为它的认识意图这时已得到实现，与之相联系的信用已转化成了即刻的兑现。

这样，我们说的东西我们知道但不确信。我们确信的东西不作为认识发挥作用，这在于经验知识的特点。经验肯定的真理性不能证明肯定它的判断，它只能被确信为合理地可信赖的。在一定意义上可以说我们对于作为认识的信念的兴趣仍保持在对其真的兴趣。因为对其行动的成或败依赖于其真。如果信念是假的，那么在此基础上的行动同等地倾向于灾难，无论它被证明与否。这样，我们对于信念的保证的兴趣是一种对其真理性的间接兴趣。还有，既然这个真理性本身不向判断展示，我们只能在所予的基础上评估其有效性。

四　经验知识是不可证实的

历史上的观点有时忽视了这些更明显的事实，即要求区分辩明与证实，区分合理的可信赖性与确定的真理性；并且认为经验知识能被确定，缺少理论上的确定便不能被称为知识。这样，我们有唯理论者的那种理论，只包括与经验知识的辩明有关的考虑而且省略了证实的任何检验。这种理论可能被建议作为属于*真理*的理论，但只在错误假设上，经验知识在所予的材料和逻辑中有一个依据，充分确信其确定性。另外，我们经验主
义的理论——且很不幸，实用主义理论也——忘记了经验信念的证实总是 259

到判断之后，提出考虑证实的好像它是知识整个情况，并省略了通过参照其根据考虑其有效性。这样，我们忽视了未被证明但有望在行动中可证明的信念与那些纵使被高度证明不幸运的信念之间的本质不同。

怀疑论者也经常省略了这个必要的区分，且通过这样做了而错误地设置了他的论点。这发生在任何时候，只要提出证明经验知识永不是确定的这些考虑，好像它们证明了这种知识不是真正的。这种争论已攻击认为那些这种知识必定是确定的人。但是，经验认识的那种观点仅仅分配任何可能的例子给知识，它的结构以致它永远不是很适合于人类生活的任何真实现象。并且如果怀疑论者仅仅假定——像他有时做的那样——在确定不是可能的地方，合理与不合理信念的区别也必须失败，那么他是**用歪曲对方论点的手法驳斥对方**，且未能讨论他的怀疑主义关心的唯一严肃的问题。这个问题就是，是否在不大确定的信念之中，那些是合理地可信赖的和证明的信念与那些不是如此的信念之间仍存在一个有效的区别。

五　过去经验与有效性

影响经验信念的证实或确证的基本事情已讨论过了。我们现在转到影响信念的辩明的事情上来。第一，我们将尝试大概描述经验判断的根据的性质的一般特点；第二，这么一个根据为判断提供的保证或确信的种类；第三，这个意义在于，作为一个对于判断的充分根据被假设提供给判断的做出者。这里将遇到大量的难题，并且它们其中一些是令人沮丧的复杂。历史上，它们中的一些已被大量地忽视或回避。那些是很基本的和决定性的争论问题，将在这个初步讨论中出现。并且，我们能遇到的这些尝试，将在以后章节中继续讨论。

一般来说，很明显，经验信念的重要根据是类似情况的过去经验。无
260 论什么问题，该问题维护这一老生常谈观点即经验知识依赖于从过去经验的概括，这里没有合理的替代，这是充分地明显的。宽泛地说，争论的问题依然是休谟提出的问题：或者这个概括有效地支持关于将来的信念，或者经验信念没有有效性。它们的这个特点，甚至在我们已称之为终结性判断的经验知识中是很明显的。这种类似于信念的看法——我们几乎不能避免假设——表示像我们一样的一个心灵的最初认识，且是继续预见清楚知识的那些动物行为方式。动物行为在直接呈现中发现其信号。对这些信号

的反应被两个因素决定：直接地理解信号的显性特点和经验的那些过程的
特点——特别是它们的价值特质——在过去，它由讨论反应产生，一定被
包含在像现在所予的一个呈现中。它要求不参照知识理论特有的问题来承
认这里的两个事情。第一，作为一个事实，这种动物行为方式的建立，是
被一种方式决定。在该方式中，在生物的过去经验中，一方面是信号，另
一方面，继谈论的反应方式之后的经验的特点，两方面之间已有联系。可
能需要加上的无论什么说明或限制考虑，它们仍不擦去或提供可疑的这个行
为的轮廓，甚至这种行为是在任何意义上能被生物本身变更控制。第二，无
论我们是否认为这与知识有效性问题有联系，将观察到对于可归因于动物行
为的这个一般特点的任何价值或意义——为保存个体或类的价值，或作为服
务于任何其他生命功能的条件的意义——这种可描述的行为方式的重要性，
依赖于假设。过去经验建立的刺激或被理解的信号与行为方式的结果之间的
联系，对于将来类似场合是有意义的。甚至“动物信念”是完全不易理解的
事实，是上帝嘲笑的一个宇宙玩笑，在一个世界里从过去经验总结出的概括
对于将来场合应缺乏可信赖性。无论我们感觉到在“知识的有效性”标题下
要求思考什么，它将仍是一个事实，即被称为认识的人类态度据这个经验被
采取。并且如果这个是这样，任何“经验知识的有效性”必须要求并依赖 261
这样延伸到过去经验教导的将来经验的有效性。任何独创的认识论都不能
取代对那个术语的常见理解。

六　经验知识的复杂性

然而，这里谈论的从过去经验来的那种概括，几乎不是通常被称呼的这种，而是原始的东西。动物行为的信号在通常意义上不是“物体”或“事件”而是短暂的现象、呈现、感觉、所予性质。并且，在进一步经验中被预测的东西有一个类似的特点。对一个物体的理解，甚或对一个客观性质的理解，认定这些更原始的概括并进一步认定它们的有效性。曾指出过，客观的“事物”只在通过某种感觉暗示而被突出这个意义上是可立即理解的。假定被突出的是它被认为是的这种事物，或是**任何**一种客观事物或事实，这个假定认定从感觉呈现来的这种感觉预言的有效性。并且，对于关于客观大小、形状、颜色或凭借其他客观性质，这同样是真的。对物体、客观事件和性质的理解，是建立于并认定为有效的在先的概括，根据

直接经验，这个概括是终结性判断的唯一可想象的基础。当我们根据客观事物和事件概括时，我们在知识结构上增加楼层，但是建立在同一基础上。并且如果反过来，我们将这些关于物体的一般事实用作进一步归纳的前提，并将也许如此到达的结论用作更高概括的基础，组成的整个大厦仍建立在我们据直接经验所做的原始概括上。

关于那些项目的知识所具有的极为复杂的层次的特点（如果要求以经验知识为例，我们很有可能重述那些项目），至少引起一些短暂的注意。通常，这逃脱了我们的注意，因为如果质问我们所知道的事情的有效性，我们通常通过举出使之有效的最接近的前提来自我满足。并且，尽管这些前提本身是经验知识的项目，它们反过来必须有它们的辩明，但是要求我
262 们继续追问该事情时看不到任何最终的和不容置疑的根据。因此，我们的日常知识与其在实行经验中的最终基础之间的遥远距离，经常是不易察觉的。然而，回到这个开始的前提这个事可能是复杂的，仅仅被它的复杂所震惊，很明显，只有依照实际经验（这经验具有经验知识的特点）中的最终根据，且只有像这些根据的整个退步应全部是有效的，我们说我们知道的东西才能是有效的经验知识。

七　从特殊推论特殊

然而，如果从这种考虑的观点看，我们的知识结构开始看起来像在象牙塔上建立帝国大厦的任务。目前可评论的是，这个结构的整个复杂性对于使用我们的知识通常是不必要的。我们的终极的认识兴趣，像判断的最终根据，单是经验的可能内容的项目：将呈送的经验性质的事物是否采取确定的行为方式。并且，为了此事的确信，根据我们有希望表达我们的信念的根据来参照我们的客观知识的复杂结构，大半可能是不必要的。早先提及的一些事情可适合做一个例子：我们不必为了走下楼梯而学习生理学。如果要求证明我们安全下来的预测，我们根据物理环境的客观事实和身体器官的布置，以及物理学和生理学规律来答复，那么我们必定——或应该——惊奇于如此答复所承担的辩明任务的极大的复杂性。但是我们也可以注意到这个复杂事情是可避免的。通过参照过去类似的“走下楼梯”的经验场合，我们有一个更直接的和更简便的对于当前实际认识的辩明。

这样，为了确信最终实际的要点，从直接经验的根据，通过客观事实

的多层概括，最终回到我们开始的根据，这个过程可能经常是到达认识目的地的一个不必要的迂回曲折路线。并且，它本身显示，我们知识的通常 263 的和暗示的表达，至此相比为了它的最终用途而言，更是为了精简的和经济的表达的目的。但即使如此，不应被这种考虑左右而免除使科学知识的特别表达有效的任务。并且，那些很有特色的是人类的认识，纵然不太经常，也是这样不能如此有效，通过对过去经验的简单参照而无复杂的中间的概括。正是在认识的这种复杂性上，我们是很有智力的且我们的行为远离了其他动物的行为。

八　两个进一步的考虑

这里也有两个同等明显和不可回避的进一步考虑，它们在推进知识证明中会遇到复杂问题和困难：最后我们能渴求的唯一经验是我们自己的；有效地被涉及了记忆。

通常，在引证说我们知道的东西的基础时，我们不仅远离我们提到被认为是理所当然正确的最接近的前提，而且利用任何方便的和相关的信息，不管来源于我们自己的经验，还是别的来源。并且，将范围延伸到我们从别人那里学来的东西，这是标志人的智力的卓越的一个明显特征。但是，明显地，我们为此学到的东西，在成为我们的知识时，必须是可信赖的，并且，通过参照最终是一手经验的证据而被信赖。通过自身经验而累积的知识成了我们的后续经验，这个是可信的。从别人那里接收信息或观察他们的行为，是——经验已教给我们——相对地无痛苦的和特别多产的获得知识的方式。但它仅仅是从我们自己的确定经验中学来的一个复杂方法。并且，除开表示言辞信号的解释的特征的一个确定的复杂情况，它不是特别不同于被客观事实的被建议的方法——例如，大概等同于通过记录工具的阅读来学习。所有知识是属于某个人的知识，并且，最后任何人对信念都有存在于他自己经验之内的根据。

这个考虑强调，有关记忆的有效性的问题的重要性。因为当我们说经验判断的根据是过去的经验时，这一点不能逃脱我们，即像这样的过去经 264 验不能被严格地再次拥有。并且这里有特别的困难，像我们为了相信被记住的东西而需要的证据，包括记忆不是普遍可信赖的证据，并因此记住它的一个未被确定的事情但最好要有一个为了相信它是或然的保证。我们依据以进行概括的那些过去经验，并不是我们从经验中进行概括的最终材料。只有对过去经验的回忆，才是实际地给予的材料。并且一旦这个事实被考虑，它可能好像：为了实际地使通常拥有和表达的信念有效，我们被要求不仅在象牙塔上建造帝国大厦而且要在我们没得到和不能被给予的象牙塔上建造它。

这些困难对于假设（即假设经验知识能实际地找到充分的根据）的一个率直的检验明显是不可回避的。它们不是这里所提出的经验知识的特殊概念所特有的，而是任何这类假设，即假设这类知识在经验中实际地找到其基础——假设这里的确有任何像经验知识这类东西必须遇到它们也涉及一定的问题，这些问题产生于经验知识的不太确定的特点。在我们能将属于经验知识的根据的这个问题设想为一个整体之前，我们必须更详细地考虑它的本性，该本性的特征是必然性而非确定性。

第十章 概 率 265

一 概率与归纳

很明显，讨论经验信念时，它是作为正当的或是合理的而很少是作为确定的，我们有意在暗示它们的一个特征：通常是说它们是或然的来表述——尽管单词“或然的”很可能还具有别的更狭窄的意义。经验知识一般具有某些程度概率的这个特征，而不是完全理论上的确定，这表明：没有注意这个概率话题，真正充足地分析知识是不可能的。现在事实开始受关注；我们已有像凯恩斯及赖兴巴赫的研究，他们认为概率是认识论的一个分支，而不仅仅是作为允许进行统计处理一些问题的处理方法。[①] 越来越明显的是，标称“推理逻辑”的大而重要的话题与概率是不可分割的；很多推理问题的一个障碍可部分归结为没有明确地把它们当作概率问题来处理。

但同样清晰的是，没有充足的理由可以认为概率与推理可以包含于经验知识的整体分析内：这些话题范围太广、内容太复杂、在允许其执行的现实中有太多的细节困难。任何试图做出这样全面的总结的努力都是不必要的。正如对先验论认识的分析包括调查研究和演绎推理及推理肯定规则
的发展历程是至关重要的；因此同样这里的概率推理细节将会是不恰当 266
的。重要的是，引出划定问题的基础考虑，到达最终达到理解它所意指的概率意义，这种对概率肯定的理解方式和程度可得到真正的证实。

我们将不会忽视关于概率决定论基本原理的讨论，并将自身局限于可以不经过系统发展就能被衡量出的重点考虑对象。我们因此可以避免基础

---

① 见凯恩斯的《概率论》；汉斯·赖兴巴赫的 *Wahrscheinlichkeitslehre*；赖兴巴赫的《经验与预测》一书的第五章也有。

的认识论问题与多种其他无实际意义点的混淆，不管它们有多么的重要，它们也只从属于我们当前的研究。

我们首要关注的是决定被称为或然的信念或是判断的总体特征。当我们转向文学著作来探讨这个问题时，曾遇到过概念的基础理论分歧：它通过先验论给一般概念赋予某种意义给一般陈述的任何形式"'P'具有性质'a/b'"；同时也通过经验理论，它给予相同概念一相差甚远的意义。这两种解释对同一事物都有可替换的概念，每个的提出都是完全概率。当然最初假设需肯定这个假设："或然的"这个单词有一个基本意义，用不同的角度去看问题时每一种解释都是正确的。然而，我们一定不能忽视，所给的这些解释可能只是用相同的字母单词去解释判断或是信念所具有的不同性质。

二　先验的理论

根据先验论，说"'P'具有性质'a/b'"意指特定的前提和资料"D"根据概率原则而给出"P"的这种概率"a/b"。尽管在任何理论上对概率的描述不是很清楚，我们仍可能会认为这是正确的解释。但如我们将看到的，事情并不是这样的。先验论的性质包含着这些规则，并利用像等概率原理与无差别原则等基本原理，这可以解释如下：若两个可替换的"P"和"Q"都与给定的资料相对称地相关，那么在这些资料的基础上"P"和"Q"是等概率的。事实上先验论者应用了这一规则，并且经常被
267 经验主义者推翻，以至于它经常被当作先验主义区别于经验主义之处。然而这是很不幸的，因为先验论者可能会——如果他是聪明的话就一定会——承认这一理论的应用遵守着规范限制。经验主义者就会——若聪明的话一定会——承认在一定的限制范围内针对特定的问题它将是非常有效的准则。

先验概率论更基础更具区别性的一个特征就是刚刚提到的那个。概率论是一种逻辑或是被称为判断的前提或先验决定关系，不需要参照无差别原则也是完全可能和连贯的。

就这个先验概念而言，概率决定论在有效性方面类似于普通推导结论，根据正确理论或是推导方法，给定资料就是一个与这些前提无关的问题。当然概率论结论与通常所称的演绎结论有两点不同之处。第一点是明

显的，这里的推导原则不是通常推导理论的一般原则而是概率推导理论的特殊原则，并且结论是一种概率而不是对不确定性东西的确认。第二，通常演绎结论没有提及所保留的前提，但是提及概率结论中做出判断的保留资料是非常重要的——尽管这通常是心照不宣的。在一般演绎结论中，若前提已知是真或事先被证实为真，那么结论“P”就会被认为或证实为真，被证实为真的结论“P”在任何意义下，其前提也是可证实的。但是在概率结论中，若前提真，被严格证明的结论并不是“P”甚至不是“‘P’有一个概率‘a/b’”，而是“‘P’具有与资料‘D’相关的概率‘a/b’”。

第二点不同的存在是因为不存在事件陈述或是判断陈述的同一概率，不同的事件具有不同的概率。一个常见的例子就是一副给定的牌中的两张王牌在某人手中出现的概率。这样的步骤可能会得出不同的正确结果：(a)
有一个人检测没有人作弊，(b) 一个游戏操作者发现他手中并无王牌，(c) 268
另一操作者手中只拿一张王牌，(d) 又一个操作者拿着两张或是更多的王牌。因此，在概率推论这一实例中可以总结出：为完整的表述，结论需提到做出判断的相关基础。

明确地说明先验概率论的这个明显重要的特征可能会更麻烦。因为它会混淆于不同的事件，概率结论有时是确定性的断言而有时却只是个假设，作为可疑的或仅仅是假设的资料的结果。例如，若“约翰有两个苹果，玛丽给了他三个，那么约翰会有几个苹果”这样的数学问题。作为回应，我们不会认为“约翰有五个苹果”是个事实陈述；我们只认为这仅是个从前提条件中推导出来的假设。然而，这些前提不能只是假设而应该被证实，那么我们把这个定义为结论。这里的区别在于结论间的有效性，从前提中准确地推导出来，那些前提是正确的结论也会被证实为真。这两者的联系在于：当前提为真的时候，其有效的结论是真的。

确切地说是相同的区别与联系在概率结论中起作用。但因为先验主义者认为概率结论与其前提相关，它的整体叙述格式须是：“根据资料‘D’可以得出结论‘P’有‘a/b’的概率”。他还认为没有必要指出仅是有效的假设的结论与那些前提为真的、明确的、被证实为真的结论间的区别。“若前提‘D’为真，那么根据前提‘D’，‘P’有一个概率‘a/b’”将会是赘言；这里的假说是多余的，“根据前提‘D’，‘P’有一个概率‘a/b’”就能说明整个问题。然而区别的存在是有必要的。如果有人说“使用气压计测量，就会清楚明天的天气”，这不仅仅意指“如果气压是高的，

那么明天就会是个好天气”。目的是想证实当前提为真，结论“根据气压
269 显示，明天可能会是个好天气”就是一个绝对的概率陈述。例如，一个人仍需参考判断基础，因为西部无线报道中明天可能会下雨的判断可能会碰巧是真的，但是除了能做出判断的相关资料外，并不存在明天天气是这样的概率。

因此概率结论间与一般推理结论间存在着同样的区别，那些仅认为是有效的，从假设的可疑的前提演化而来和那些**因为前提为真**，它们自身也被证实为绝对的真之间也存在同样的差别。对于后者来说，偶尔的细小的考虑将会变得十分重要。但是要记得这一区别以及概率决定论同判断基础间的关系，我们就会很容易地阐述先验概率论独特的论题：**根据概率推断正确的原则，作为前提数据的必然结果的概率决定论是有效的；并且当前提为真的时候，其有效的决定也将会是真。**

概率的这一概念演化成概率决定论与判断基础间的某种特定的逻辑关系，以核实或**确认**事物概率的方式来陈述一件事情将会是无意义的——除非这是意指证实资料或核查依据规则而得出的结论的操作的非正常意义。根据资料“D”陈述“P”具有概率“a/b”，在新的前提条件下它将会有不同的概率。但是事实依据资料“根据材料‘D’”，“P”会有概率 a/b + N，这既没有否定也没有肯定之前的判断，“根据前提‘D’，‘P’有一个概率‘a/b’”。如果那个判断是正确的，那么将不会有可以明智地影响其有效性的新观测或是别的什么了。

我们将在以下的章节里继续讨论无差别原则。但为了对比起见，我们提到先验论所认为的若前提为真（这一点很重要）则概率陈述为真这样的事实。

三　经验的理论

与此相比，经验主义概率论背离了这样的事实：我们做概率确定时的
270 注意力是对现在不确定的事物的描述；与陈述句“‘P’有概率‘a/b’”相一致的期望，如果从长期看“P”所断言的事件按“a/b”所测量的频率发生，将会被满足。因此正如这一理论的支持者所言，对“‘p’有一个概率‘a/b’”做出的任何陈述都是在说可以通过由“P”表述的频率而被部分证实，这在过去（过去正确或是错误的例子中）是正确的，这还将

会被进一步证实或否认，将来这些例子被检测，并发现接近于“a/b”的一个发生频率或是一个与那个决定不一致的结论。那就是，在所有的相关实例中（包括那些已被观察和未被观察的实例），当且仅当由“P”表述的期望值被“a/b”所测的频率满足时，判断“‘P’有一个概率‘a/b’”是真的。

然而，正确表述概率陈述的预期经验意义有一些困难。第一个困难在于可用概率描述的任何事物都是一个事件或是事物陈述；一些可通过描述表述的事情——如“明天将会是个好天气”——它只有两个例子，肯定或是否定。但这一困难很容易消除：这一事件或事件描述的概率可通过认为它是具体或是可具体作答的问题的一类例子中的其中一个例子来判断。当正确判断概率时，那些所有已知的作答会影响已描述的事物性质的发生。例如，“明天”这类的判断，明天的随后几天的天气状况与所测的今天的天气状况相同。

因此在经验解释方面判断“P”（“明天将是个好天气”）的概率，它将会以这样的方式进行：“c 具有性质 ϕ”，这是陈述句函数“ϕx”（“x 将会是个好天气”）的一个例子。ϕ（是个好天气）这个性质可以被称为**目标属性**。通过参照问题中的实例 c（明天）而得出的概率，同时也属于另一个由具有属性“ψ”而区别开来的类（随后几天的天气状况同所测的今天的天气状况一致这类）。这一属性“ψ”被称为**参考属性**，拥有这一属性的事物类被称为**参考类**。因此“P”的概率或是 ϕc 被称为是目标类成员的 271
频率，它们都具有属性 ψ：明天将会是一个好天气的频率与当天气状况同今天的状况一样时的今天之后几天是好天气的概率一致。

它更类似于用“‘ϕc’具有概率‘a/b’”这样的范式表达的经验或是频率论，而不是“‘P’有概率‘a/b’”。但这并没有揭示当与先验概念相比较时建立在这一理论基础之上的任何概率确定或是概率陈述表明的必要限制。“P”与“ϕc”的区别是无意义的，因为对于任何将被认为是可能的陈述“P”，都会有“c”及属性 ϕ 以至于“P”与“ϕc”都只是同一事物的两个符号。就其性质来看，尽管频率只是个比率或分数，在经验论上这并不排除诸如“‘ϕc’更有可能”或“‘ϕc’的概率很大”这样不是很明确的陈述或确定。明显地，如同别的概念支持者一样，经验论者将会认识到有问题出现，相关的资料不允许分数的精确确定来测量所涉及的频率，并给予他自己用“‘ϕc’有 1/2 以上的概率”或是“‘ϕc’的概率接近 1”这样的方式表达的特权。

我们同时应该看到阐述概率的经验主义方式承认概率同给定资料的同样的相对性——或至少是相似的——经验主义者一定会坚持这样。事实上就经验论而言，在目标属性已固定的情况下，这个相对性说明仍然有可能用不同的方法详述参考类。例如，明天将会是五月的一个星期三，可能是西方早已播报了有特定的天气状况的一天，同样也是直接观测天气状况的随后一天。这个问题的目标属性已确定：我们的例子当中出现的今天是个好天气。但我们可能会判断明天将会具有这一属性的频率——若缺少更好
272 的证据或是足够幼稚——仅仅在明天是星期三或是它是五月的一天这个基础上；也就是说，所有的是好天气的星期三的频率或是五月里所有的好天气的日子的频率。或者我们可以依据更好的原因来推断，在西方报道之后出现的好天气的频率，同样依据可直接观测到的好天气出现的频率。据推测，对于每个参考类的不同选择，我们须达到不同的概率确定。即使有些选择很少用到，经验主义者同先验主义者一样会说“对于这些资料——也就是说，那个参考类中的目标属性——概率（频率）如同所描述的一样，尽管不同的资料（不同的参考类）对于相同目标的正确决定一定会是不同的”。经验主义者通常参照这样的格言承认这一相对性，在一个特别的参考类中，事件或事物的概率不可能会脱离其归类。

准确阐述“‘P’有一个概率‘a/b’”的经验意义将会遇到的第二个困难在于相关实例的总类－参考类将不再会被彻底地检查，成为不能被彻底检查的一个典型。我们的例子用于阐述：我们已经观察的像今天这样的天气及所注意到的是否接下来的天气也是晴好的次数是受限的；相关实例的总类中晴好天气的频率将会被确定，这类不可能给出一个明确的数字。推断起来我们想要说的就是：“长期以来，所有情况 ψ（好天气的随后一天）中情况 φ（好天气）出现的频率是 a/b。”

概率的经验概念由实践提出，用统计方法处理大类在实践中被证明是正确的。这样的实践是复杂的，但它们所坚守的一个基本原理表述如下：可检测的情况 ψ 中实例 φ 的频率已被确定为 m/n，达到一定点，在随后的一点时间里这个频率逐步确定，因为观察越来越多的情况 ψ 并将累积的结果汇总，绝不可以偏离 m/n 而不是一些小的数字 e，未检测或不能详述的
273 情况 ψ 的概率将会是情况 φ，在 e 的概率范围内这可以被说成 m/n，有一个关于所发现的频率的偏离在偏离范围之内的这个检查的长度的确认度。当然这里还有其他相关的调查准则，在任何情况下准则都被用于给出概率

更精确的确定。但是所表述的原理仅仅是在一定的确认度下，过去经验建立起来的相关频率可能会延长到未来；在这里我们的目的在于用足够适用于任何可以有效应用这一过程的资料集的范式来表述这个理论。

将会说到的有利于仅用已接受实践来简明地表征正确的概率判断，它也可能会有原始概率：这一规则阐述了归纳推广的所有实际可操作性原理。那个假设，也就是说，完整定义的类中任何属性的发生率，如观察到的过去的足够多的实例就会大概揭示整体上那个类中的那个属性的发生率。如上所述，我们稍后将会参考这个推导法则。

然而，所述的这个规则貌似缺少精确性：它只是说近似，还包含同其运用相一致的 e 的重要性的表述，或是构成对未检验事件预测的稳定基础的检测的最短长度。经验频率论可以被恰当地认为是通过一种理论推断来试图弥补缺陷。简单的假设：未来经验将会类似于过去，过去的事情自身显示出一种对频率的固定测量方法的趋势，并认为这样的概率更加精确。如果我们必须试着给那个假设自身更精确的范式提出其基础，就必须考虑更困难
的事情。作为概率阐述的基础，同样我们试图解释的就须是完整的，因为除 274
了用概率就没有别的可以准确表达它自身了。尽管当揭示这种考虑时它可能是值得的，甚至是没有作为最终证据的说服力或是用以声明的解释。

常识认为运气是均匀的。这可以从经验中总结出来，尽管仔细检查时这个问题就会显得勉强。“运气”这个概念自身承担关于合理的可计算的期望值，参照这个可知好运气或坏运气这样的例外情况，或者它的一种先验基础可被提出。事实上如果一类事物在某种特定的比例下具有某种特性，我们将这一类作为样本并收集这一属性存在或不存在的情况，那么我们所累积的经验“一定会”非常接近于相关检测中的类的客观属性。因为还有更多可以选择的标本，它们相对于那些较少代表一类事物的标本更接近于代表着一类事物的整体。例如，六张卡片有更多的相互结合方式，三张黑三张红比起四张红两张黑或两张红四张黑更容易从一桌卡片中提取出来；五张红一张黑或五张黑一张红的结合方式出现的概率会更小。同样，在这些可以提取的不同标本中，那些不能代表牌自身构成方式的标本也不能用相等的数字以相反的方式代表它。事物数量作为标本的明显资格，同样的事情通常也存在。因此我们所整理的结果不能最终代表类本身，那么我们就一定是很倒霉，倒霉到令我们吃惊需要更长时间的调查及我们的发现与事物自身特有属性相差甚远的地步。

或许我们可以用另一种可以避免对所调查事物类的客观结构的初步假定的方式来看这个问题。推导法则推定先前的经验将是之后经验的指示这样一个直接后果就是，累积结果中越来越多的经验就必须越来越接近一致性标准。例如：假定投币 1000 次，每次投币之后都会记录总数中正面向上
275 的比率；假定所有这些比率平均价值接近于 0.5，这一系列投币中正面向上的次数与背面向上的次数之差不会大于 17 次；在投币 500 次之后偏离 0.5 的最大比率近乎 0.02。假定再投币 1000 次给出相似的答案，平均频率又一次的接近于 0.5，第二系列投币中正面向上的次数与背面向上的次数之差也不会大于 17 次。然后假定第三次投币出现同样的结果。那么如果我们将这 3000 次投币总结成频率累积经验的一个系列，我们将会得到最大偏离平均值的更小值。1500 次投币之后在任意点上的最大偏移值不会超过 0.0016（这个值可以更小）。在 2500 次投币之后，这个值就几乎不会超过 0.0013。如果接着进行 1000 次投币，它将会平稳地接近于第一次的投币结果，投币行为越往后进行，就会发现平均值的最大偏离值会越来越小。

用另一种方法来看：发觉平均频率比的最大偏离值不会随着试验的进行而越来越小的唯一情况就是持续以同样的方向偏离平均值——正面向上或是反面向上的概率越来越大；这一点与自身接近 0.5 的平均值不一致——或是在后来的 1000 次投币过程中出现越来越多的单个正面向上或是反面向上事件。

因此通常情况下，如果推导法则有效地运用于情况 ψ 中实例 φ 出现的频率的调查，那么积累结果将显示在后来累积的越来越多的试验中，偏离平均值 m/n 的最大偏离值 e 将会越来越小。

因此可以得出一些看似对推导有效性十分重要的简单的假定。当我们在足够多的具有属性 ψ 的实例中发现另一属性 φ 以相对较小偏离值的概率出现，就会得出结论说，这个标准值可总体标志事件 ψ，并指出事件 ψ 拥
276 有属性 φ 的高度准确的概率。也就是说，**一个未观测的或是未确定的事件 ψ 的概率将会是事件 φ 的一种情况，它是并且仅是 m/n，当观测到越来越多的事件 ψ，所观察的事件 ψ 中事件 φ 的概率值就越加确定，当所观察的事件数量接近于无限时，一系列这样的值将会接近于 m/n**。①

① 当将要采取的实例中的次序取决于选择时，采取何种分类原则将会有困难；但是当这些困难是可解决的时，可确实的要点是简单且明确的：任何次序自身都影响所发现的频率，这个次序是要避免的。

四　经验理论的基本要求

不能忘记的是，如果我们对这些涉及的问题是明智的，那么只要我们处理事实经验问题（任何别的事物的概率都是无意义的），我们所涉及的频率比不是可以从任何规则中数学地推导出来的，后面的值可以从前面的值中得到确定，后面的内容只通过后来整理的经验得以证实。基于过去的经验，我们可以用数字提前提出期望，但很明显，在经验事实被证实之前，任何频率比的发现都是不确定的。

这一简单的专属事实的结果是最重要的。持久性谬误扰乱了关于概率的经验概念的讨论，对于某些可数字建构的期望或是论断，其后面部分能够从前面部分中参考推断出来，变成可替代的实际频率比，它仅从实证结果中得以证实。同样，当我们考虑接近于极限的一系列事物时，我们易于用在这里并不合适的数学例子去举例说明。尽管，经验确定系列可以真的认为是接近于极限 m/n，并被提出越往后去其最大偏离值 e 偏离极限 m/n
的值就会越小；并提出每个值数字 e，尽管它很小，系列中都存在一些点， 277
超越了这些点，后面偏离标准值 m/n 的偏离值（正偏离或是负偏离）都会小于 e。

然而，需要注意到的是，数字和经验上确定的不同意义和方法将接近于一个极限。我们来简明地阐述这一点。假设数字系列

1，3/4，5/8，9/16，17/32，33/64…

因为这一系列数字遵守着一个明显的规则，我们可以确定地说它的极限是 1/2。如果这一系列中的任一形式可被构成，那么下一组也可被确定描述出来，未来所有组都同样可被描述。我们不仅可以说对于任一数字 e，尽管这个数字很小，都将会有一个点，在这个点之后的偏离标准值 1/2 的偏离值都不会大于 e，但我们同样可以说，对于任一已给值 e，系列中哪一点之后会是这样子的。因为这一系列的 n 次运算，对于任意值 n，都将会是：

$$(2^{n-1}+1)/2^{n}$$

现在来考虑能够表明实证结果的总投币数中正面向上出现的频率的不同的分数系列，已经做了100次的投币行为并将其结果做了记录。可能会是这样：

52/101，53/102，53/103，54/104，54/105，54/106，54/107，55/108，56/109…

我们可能很确定这一系列数字，如果通过后来的投币和整理结果行为这个数字是无限继续的，那么，对于任一数值e，它尽管很小，都将存在着一点，这个系列中在这个点之后的数值与标准值1/2的差额不会大于e，但我们从对这个系列中给定点的观测不能猜测出下一个系列将会是什么样。总体来说，任何项目的特殊值都是不能事先预测的。我们不能预测出这个系列从哪一点开始出现后面的数值与标准值2/1的差额小于特定的小数目e，但我们可以预测出在哪一点上是可能的。

278 需要看到的是，对于“‘P’（或‘ϕc’）有概率a/b”的经验意义，这一陈述总是具有预知作用。它预测了经验确定的频率比的进一步行为，系列并不完整但通常通过进一步的实证结果来补充。这一给定的概率a/b至多被看作评估，这个评估参照已整理的资料及与现在相关的一系列行为被或多或少地确定，并且可做进一步无限制的证实。但在任何“‘ϕc’有概率a/b”是精准的真的事件中，它都不可能是确定的。因为，首先，对于一个因此可被经验而不是数字确认的系列，它试图汇聚到一个特定点的事实将永远不能确定它能够继续汇集未来所有的发现。其次，假设这样一个经验控制的系列将会继续无限地汇集，永远不能肯定地说是从它的行为到给定的点，而只是说它将汇集的极限是什么。因此，对于经验概念而言，说“ϕc”有任一概率通常是现在还未确定的预言；即使假定它有个概率，这个概率值是多少也是未确定的。

经验论有时承认第一点，它们承认其概念需要诸如涉及的系列会汇集到一个极限这样的假定。那个假定可能不会比“之后的经验可以从先前经验中推导出来”这样的假设更好或更坏。事实上，它可以通过精确的形式表述那个假设而不需要无意义的推导。但是第二点就没那么容易处理了，它要求承认任何概率的估测都需要自身不确定性和只有未来实证结果才能给出的证据。

就先验论而言，所谓的概率是在做出判断时就能够被完全证实的事物：

如果从给定的资料中得到有效的概率确定，那么它具有与资料本身相同的确认。但就经验论而言，所谓的概率是从一部分经验事实需要留到未来以做判断的经验事实中所得出的频率比（一系列的限制）。当做出判断时，频率的 279
限定值只能够被预测到或被估计到，并且做出的任何估测到后来可能会被证实为不准确或是完全错误。因此，经验论上概率的任何*判断*都是我们所谓的无穷判断中一个特别清晰的例子：在任何给定的时间内它要求能证实其真的事物，这些事物只有未来经验可确定，并且我们不能给出其完全终结的时间。

五　两类理论的基本区别

单词“或然的”的意义的这点区别是两类不同概念的基本区别。不依赖于那点，其他别的区别没有平时所认为的那么重要。若要很好地判断结果的话，就必须从概率论的应用方面来考虑这些最大值。如果我们在任一理论基础上考虑那些最大值的影响，这一情况就更会是这样的。同样是意义的基本区别在这里对我们很重要，但是如果首先注意到经验论的某些次要特征与参考类的类别有关，我们有可能将眼光转向这个问题。

它依据定义概率的经验论方法，参考类并不是已经或是确实可以仔细检测的事物。那些经验论者平时并没有注意到这个要求，但是没有做到这点将会使他们陷入自相矛盾的旋涡。不仅讨论当接近极限时的有限内容的相应的频率比是无意义的，而且任何有限的参考类的类别将会显示出在确定目的属性的频率过程中所要观察的事物间的一些微小的混淆。任何有代表性的基础问题都可以阐述这一点。例如，从一桌牌中抽取出的一张是王牌的概率。有人可能判断这一概率为1/13，因为一副牌中王牌出现的频率是1/13。推测起来，经验主义者并不反对对概率的这一估测，但是如果他因为认为所抽取的牌与剩下的52张牌中任一张的概率相同而接受了这一估测，那么他就倒向了先验论——它们中有四张是王牌——如同别的牌一样；这取决于他所推翻的无差别原则。同他的概念相一致，概率与*一副牌*中*王牌*出现的概率并不相同，而 280
是等同于从一副牌中*抽出*任一张牌的概率中*抽到*王牌的概率：由频率比代表的抽出任一张牌中所抽到的是王牌的比率的极限将会汇聚。当一副牌的类是有限的并可以被彻底的检测，一副牌中*抽出一张牌*的合理的参考类将会是不彻底的。

经验主义论者可能没有异议地假设，若 B 中 A 的比率是 a/b，那么每次随机抽取一个 B——或其他别的可以恰当的以 B 来举例的方法——将会产生一系列汇聚为分数 a/b 的频率比。在牌和骰子为例子的实例类中，他可能会想到经验总体上支持这样的相互关系：B 中 A 占的比率和随机抽出的一个 B 会是 A 的频率间的相互关系。但是如果是这样子的话，作为经验主义论者，他仍会坚持频率确定的**基础**是**经验**——从整副牌中抽出一张牌的经验——而不是一副牌中抽取一张所显示的 52 种可替代的选择之间的“我们无知的平均分配”。

因此，经验论要求参考类必须不能是有限的彻底的。定义“可能的”经验论方法不能运用于有限类的情况有双重原因，如“一整副牌中的各个牌”“死亡的面孔”“提出的案例”，或是如“结合”这样的参考类的分类通常一定会造成用经验和可确定正结果概率的实证结果类的行动基础来代替无知和先验可替代的基础。

同一事件的细微不同之处可通过另一个实例来阐述。或许所选的阐述方式是如此的明显以至于有点愚蠢，但是所要说的重点并不是这样。假设我们在投币，问题是正面向上的概率。这枚硬币第一次是正面向上，然后
281 背面，第四次投的时候它掉进了排水沟并且不能够被捞出。假设我们中一个是概率论中的先验论者，另一个是概率论中的经验论者。先验论者现在会说如果经验论者是始终如一的，那么他认为这枚硬币正面向上的概率是 1/3。世界上不会进行多于三次的投币，其中的两次都是背面向上。经验主义论者会回应——他一定不会吗——“这枚硬币的扔投”是参考类的一个不合适的选择。首先，接受参考类中只有三个成员这个假设，没有需要确定的剩余概率这样的事实就阻止了这一参考类的选择。在给定的所有被观测的投币行为中，任意一次投币正面向上的概率都是 0 或 1。而且一般情况下都是这样的。这类实例需属于参考类，并且如果是这样的话，所有其成员已被观测的参考类都不能被合理的选择。其次，所提到的“这枚硬币的扔投”的选择在这个实例中是不可接受的，因为它并不包括作为概率判断基础的我们的经验的现象类。我们投币这种经验太贫乏而不能作为真正的相关资料，这个事件中判断的合理基础是扔投像这种硬币一样的其他硬币，或是扔投一般硬币。因此这里的频率不是扔投**这枚**硬币时正面向上的频率，而是扔投所有硬币时正面向上的频率，或是扔投一般硬币时正面向上的频率。所以，在这里，任何合理选择的参考类都会是一个无限大

的类。

这个实例还告诉我们三点，每一点都有其重要性。第一，所询问的实例——具有目标属性 ϕ 的事例 c 就是这样——必须属于参考类。参考类任一显著的特例就是对问题不完善表述的肯定描述。第二，目标类不能是有限的。如果它必须是，那么由于参考类不能是有限彻底的，相关的概率将会是 0，因为长期以来概率必须最终小于任何可指定的分数。第三，资料必须是参考类中的实例。也就是说，作为判断的直接基础的最接近的资料必 282
须是这样的：尽管对于很多甚至大部分问题，都将会有相关的资料信息，因为过去经验是对参考类的目标属性频率的描述，而不是表示过去实例的统计整理。

因此，经验论方式定义概率的一个必然结果就是目标类与参考类都要细化为不能是有限彻底的，在作为一个整体的参考类中，目标属性的频率不可能被有限的实例确认。我们同样观察到，看似摆脱了这一要求的问题，其陈述一定是假；一个正确的重新构建将不仅移除问题中的困难，而且还会更好地表述概率判断的真的或是合理的经验基础。

六 经验理论的困难

因此，经验论真正的困难并不是产生于概率看似经常关注有限类中某种属性的频率，那种困难仅仅是显然的。真正的困难是那些无限类中某种属性的频率的确定。

通过之前实证结果的原则去影响一个不能被彻底检测、其成员不固定的类中某种频率概念的困难的存在是十分明显的。经验主义论者是否试图将这一频率定义为接近于无限系列的频率比的限制值是可疑的，这并没有加重这些困难而是消除了困难。无限参考类成员可以在越来越大的数目中得以检验，迄今为止，比率累积表述目标属性的频率将会被记录在一个相应的系列之中。但到目前为止，对这样的一个无终止和由经验构成的系列的初始部分的检验变得越来越明显，没有作为最终限定值的判断，这些比率在任何时候都可被证实，甚至有些疑虑也能被证实。

从这些系列的行为到一个特定点，可以提出它的近似值，这个近似值严格用数学术语来描述，并且从这样的一个数字系列的初始部分所展示的 283
特征来看，它汇集到一个极限将被演绎确认所证实。但是从这个数字系列的数学属性中不可以得出任何相对于这一经验确定系列的后面部分的结论，除非是一个代表对于未来实证结果的可描述性预测的外推法，并且这个经验预测的基础正是那个特定点。（问问题的方式是经验主义论者所谈论攻击的谬误。人们几乎可以说，以我们必须严格遵守客观经验事实的严厉要求开始是经验论者的典型特征，但是不久就会发现，尽管已经换了内容，他们所讨论的只是纯粹的先验数学问题。）

当参考类不是有限可耗尽的时候，这个问题的关键在于所涉及的系列的无限属性。根据一定点，经验行为发现频率比可能会合理地产生一些预测，这些预测是关于一些未来行为系列的可对比的有限拉伸，它代表后来可描述的实证结果；但是这种归纳推断的有效性会越发可疑，因为与已检测的实例数目和已确定的系列初始部分的长度相比，进一步地拉伸因此会变得更长。不过由于系列的长度接近于无限，预测必须是一个可接近的极限值，这种已被确定的实例数目同所做出的预测之间的关系通常是有限数值同无限数值之间的关系。因此在任何这个系列将最终汇集到一个特定的极限值的时候做出这个判断，有些类似于当上面部分的大豆数目已被确认时对在无限深的豆包里的所有大豆所做出的判断。

用另一种方式来看同样的问题：经验确定的频率比将会汇集到一个特定极限，如果这个保证的可测量度将会从系列汇集到一定点这样冒失的判断中推导出来，那么我们可以带预测性地说，若这个系列最终不会显示并
284 维持向所提及的极限值汇集的情况，那么至今已被确认的最初部分将会具有事实上已发现的属性，这可能是可测量的不可能度。并且对于无限系列，现已构建的有限初始部分，剩余部分将会参照还没有做出的实证结果而构建起来，对于问题“若整个系列不会汇集到一个定点 m/n，这个初始部分就会如此这般？”的答案看似是完全可疑的，无论这个系列同现在的点是多么吻合。因此不会提供任何证实的明确度，这样一个无限和经验确定的频率比系列将会接近一个特定值 m/n。

除非我们用不必要的深奥方式去考虑这个问题，让我们回到一个合成例子上。投币 100 次之后，正面向上的频率是 0.46。200 次投币之后其概率是 0.476，300 次投币之后其概率为 0.517（精确到小数点后三位数），在 784 次投币之后的概率正好是 0.5，1000 次投币之后的概率是 0.498。这一经验证实了投这枚硬币时正面向上的概率大约是均等的，不会有人怀疑这个。当投币的次数接近于无限时，正面向上的频率比的值将 0.5 作为极限值，定

义这个概率过程中存在着可疑性。因此，一方面，如果我们问，“若一个无限投币系列*不将* 0.5 作为极限值，而是 0.56；那么根据现在的资料我们*不会*发现以上的论述的概率?”这看似不存在清晰合理的答案。另一方面（也是更重要的），对于一个无限系列做出这样的论述看似太偏离了极限而不能表述我们所有的真实期望值，并且它可以证实我们所冒险做出的其概率接近于 0.5 的假定。

真实存在着三个独立问题：①未检测或是未分类的实例 ψ 的概率将会是事例 φ 与实例 ψ 中 φ 的频率是一致的吗；②当我们处理经验而不是数字类时，说内容是无限的类实例 ψ 中事例 φ 的频率是有意义的吗；③无限类 ψ
中事例 φ 的客观频率，是可以像频率比将会接近的极限值同所观察到的实 285
例 ψ 无限接近的数目一样是正确定义的吗?

所有的这三个能够使通常概率的经验定义有效的问题都需要肯定的回答，但是那时候我们只注意到第三个问题。除非用的是特殊形式且取其不明显意义的语言，那个问题的答案就是，这个定义客观频率的方法严格说是无意义的。经验的而非数字上确定的无限类将接近一个特定极限值的声明，看似并没有预测到任何*有限的*可确定特点，因此就不具有经验论所要求的必须是经验的和可证实的意义。当实例 ψ 中 φ 的频率被提出时，这看似是不可能的，只说与时俱进（任意时间）的经验的何种性质是需要的，或是说什么与其不相容，或是查明任何产生于任何特别的、可有限完成的实证结果集的确认或是不确认的可测量度。可有限完成的或是可完成的结果与最终无限确认的结果之间的关系击败了任何有效的归纳推断。

当这些类不是有限的时候，是否存在实例 ψ 中 φ 的客观频率这样的事实是另一个问题了。在这样的情况下，“实例 ψ 中事例 φ 的频率是 a/b”就是个可有限证实因而在经验上有意义的陈述。诸如这样的陈述“所有的投币中正面向上的频率接近于 0.5”或是“在今天的随后一天中晴朗的天气的频率约是 0.8”一定具有实证意义，对此我们不应过多地怀疑。这类陈述的真正意义可通过坚持它们的相当简单朴实的目的得以确认，它们并*不是*果断可证实的。首先是因为不能对将要检测的相关实例的数目做出明确限制，考虑到他们要在这些实例的基础上做出预测。其次是因为我们不能说，*如果*问题中的客观频率是上述的 a/b，那么已检测的前面一百个实
例的频率——或是前一千个、前一百万个——将*一定*会显示出一个特别小 286

的数目 e 范围内接近于 a/b 的频率值。[①] 我们只能这样解释，“如果正面向上的频接近于 0.5，那么前一百次投币不可能会显示出小于 0.4 或多于 0.6 的频率；那个频率与 0.5 的差额很有可能大于 0.2；几乎肯定所发现的那个频率将会在 0.2 与 0.8 之间”。但是由于我们可将这样的概率真正隐含于客观频率的证实中，我们同样可以揭示出前一百次投币所显示出的确认或不确认度，或是任何有限完备化的进一步调查的稳定结果将会产生出什么。若在前 100 次投币过程中正面向上出现了 45～55 次，那么正面向上的客观频率接近于 0.5 的判断将会被证实；但是若在这 100 次投币过程中出现了少于 40 或是多于 60 次的正面向上现象，那么那个判断就会或多或少显得不大可能；若出现了多于 70 次或是少于 30 次的正面向上现象，那么我们可以肯定那个判断一定是错误的。

因此，当相关事实类不是有限耗尽时，尽管对客观频率的判断永远不会被精确地证实，不过“当按照它们所意指的方式去做的时候”这样的论述是有限检验的，并可以被确认或否认，那就是实证意义的所有要
287 求。确实，正如我们所看到的一样，对任何客观事实证实的实例中所有的都是理论上可行的。证实这样的客观经验事实的意义在于它所产生的整个结果类，这显示了哪些会肯定它或哪些会否定它。在无限类中对客观频率做出论述的这个实例中，对可有限检测类的唯一解释是概率解释，尽管这是个独有专利，但是在有限预测的情况下某些发现的可能性或不可能性的含义，通通是证实或否证所要求的，因此也是实证意义所要求的。

可以说，这正是在一个无限系列接近于极限值 a/b 方面的频率定义所蕴涵的意义。通过揭示理想的或最大这种肯定，那个定义达到了所需的精确度，这是我们之前的表达方式中所缺少的。但是如果制定出那个断言，

---

① 将无数经验实体类指定为无限大而不是无限将会更加公正。任何代表非有限事物的表述都不具有真正的经验意义，除非是当它的目的可用其产生的并能代表有限事物的陈述来表述。正如康德所发现的，当被认为是无限的时候，不能建立有限极限的这些经验总体则会导致自相矛盾：对于任何一个经验实体来说，无限都意味着无限的大。

用我们现在的问题来说：任何经验都不包括关于无限类中的频率的表述，除了通过各种有限可终止的调查所发现的可预测的结果。之上所讨论的精确问题就是，在作为一个极限而被无限系列所趋向的经验类中，是否这样的频率定义暗含着对那种类的特别预测；或是否这样的一个无限系列对其极限值来说太长而对于其有限的初始部分不具有任何明确的含义。

在这里则希望将会观察到那个正确的问题。我们已经存有疑虑，例如，“当投币的次数接近无限的时候，所有的投币中正面向上的频率比接近0.5”这样的论述具有真正的证实或否证程度的任何意义，这些意义产生于前一百次、一千次或是别的有限的扔投次数中的任何特别发现中。因此，我们怀疑这样的论述是有限可证的，并具有实证意义。如果移除那个疑虑，那么对定义无限类中的一个频率的这种方式所提出的批判就会被撤回。但是在任何情况下，如果以接近一个极限值的系列这种方式的定义，具有同样想得到的结果，这些结果产生于归纳法中对客观频率的论述的意义的解释，那么与这一家常规则的结果相比，所提出的理论精度的优势是假的，这点必须是明显的。问题是通过推迟频率比的预测值与依据永不会到来的时间而得出的实证结果间的精确一致的确认，它是否不能达到这样的精确度。因此，它通过避免任何实际可完成的测试的后果，使自己免于必须以近似值和概率的方式去表述。如果是这样的话，那么那个预测将会变得太过考究而不能做任何工作，太过漂亮而不具有任何意义。

然而，对这一困难没必要做出最终判断，因为我们还没有触及经验论 288
的要点。到目前为止我们所讨论的都是些无限类中的客观频率，尽管已提出是否可以用接近于极限的一个系列这样的方式来表述客观频率，但我们没有提出是否存在着一个表述客观频率的真正有意义的方式，它允许证实或否证。不过经验论最核心的问题是概率与这样的一个客观频率间的一致性。对于那个最核心的问题，经验论遇到了一个不可逾越的困难。将频率判断定义为一个无限系列所趋向的一个极限值是否是真实可证的，这存在着疑虑。这样的一个客观频率是否可以用我们提到的方式（证实或否证都是真正可能的）成功地解释同样也存在着疑虑。但对下面的说法将不存在疑虑，即：对无限类中的频率两种定义方式，无论是哪一种，任何对无限类中这样的一个客观频率的判断都可能被精确地证实但不会完全确定。

这里的批判点或许是清楚的。根据概率的经验概念，陈述“未观测的和未分类的事例 ψ 的概率将会是实例 φ，即 a/b”等同于也被定义为“事例 ψ 中实例 φ 的频率是 a/b”。由于知道问题中事例 ψ 构成了一个无限类，这个频率用接近极限值来表述：“当作为这一比率基础的事例 ψ 的数目接近无限时，事例 ψ 中实例 φ 确定的频率比接近于 a/b”。但事实是，我们对最后的这个陈述真实性的把握永远不会变得完整。假设认为这个判断“事例 ψ 中实例 ϕ 的频率是 a/b”是合理的，通过对越来越大的事例 ψ 有
289 限类的频率比的连续确认的系列观察，这个判断可以被高度证实。然而，不可能的是，无限类中客观频率这样的一个陈述必须是精确可证实的，并要完全确定。因此在经验论上，任一这种形式的陈述“‘P’（或‘ϕc’）有概率 a/b”都会变成是客观频率的陈述，无论何时这个陈述都会或将会是确定的，但是会是——什么呢？我们可以说“可能的”？不管我们如何揣摩那个问题，也不管先验的数学能给予我们多少帮助，我们不能确认由经验性的事物组成的无限类的客观频率，这不仅仅是指概率。任何看似是对那些灾难性的总结的回避——对经验论来说是个灾难——永远都不会胜过微小谬误的结果。

如果接受经验论对信念“P”的认知状态所给出的解释，我们有证据去相信这个信念“P”，但是它还没有被确认，那么我们将永远不能触及问题的根源。因为这样的解释，“‘P’有一个概率 a/b”几乎等于可能的。如果我们将同样的解释运用于有一个概率 a/b 的概率“P”中，那么将一定不会有确定性，而只有一个概率“‘P’有一个概率 a/b”是可能的，等等。因此，当面对我们将怎样得出和表达对有些证据但不确定的信念的认知状态这样的一般问题时，我们将会发现对概率的经验解释不会提供一个解决方法，而只是一个永久性“口吃”的开始。

假定也得到了不少谴责。当我们做出实例 ψ 的概率是通过分数 a/b 检查的事例 ϕ 的判断时，实例 ψ 中事例 ϕ 出现的概率也经由分数 a/b 检测，我们仅在此基础上做出这个判断。但是需要注意的是，这个假定并没有说，当且仅当实例 ψ 中事例 ϕ 出现的频率是 a/b 时，实例 ψ 将会是事例 ϕ 的概率是 a/b。它所说明的是，涉及的概率成立，当且仅当判断的给定基础使得其成为可能——可信的，合理得直到相信——实例 ψ 中事例 ϕ 的频率是 a/b。说“当且仅当给定的资料显示实例 ψ 中事例 ϕ 的频率是 a/b
290 时，实例 ψ 将会是事例 ϕ 的概率是 a/b”。当且仅当实例 ψ 中事例 ϕ 的频率事实上是 a/b 时，说这个概率是 a/b——如经验论所做的那样——就完全是另外一件事。这类事实对给定的资料而言可能是理性可信的，但它不是也不可能是理论确定的。正是这个原因，概率的经验论定义将概率 a/b 等同于频率 a/b 的客观事实，这个概念只能导致无限的退化，这一定会使经验解释变成谬论。

言归正传，我们同样要看到，任何将总体上合理可信的事物等同于各种形式的客观经验事实的理论已经很正确。对适用于尽管具有一定的证据但还是不确定的经验信念的认知状态的唯一可能的解释就是，当给出其做出判断的基础时，它将会把这样的概率等同于先前已知的事实。就其本质而言，合理可信的信念取决于所相信的前提条件和这些前提与一般类逻辑关系前提之间的关系。

七　概率是对结果的有效估计

它自身提出，当注意到被我们断言为有基础或是有理由而并不确定的整个认知状态问题时，概率论中的先验论者与经验论者相比，其基本观点一定会有更多的共同点。一方面，尽管先验论者坚持若判断是准确地从资料中推导出来的，概率判断之前任何事物都不可能使之无效——我们总体上观察到了在合理可信方面这个意义是正确的——然而他还是几乎不能断定，用以判断事物的频率和概率将会被发现是正确的且是相互不相关的。他也不会振振有词地否认，做出概率判断的目的在于标记所期望的未来事件的重要本质。更具体地说，他不会否认，当且仅当我们的理性期望是实
例 ψ 中事例 φ 出现的频率接近于 a/b 时，实例 ψ 将会是事例 φ 的概率通过 291
a/b 检验。如果概率判断不是这种意义上的预测，那么它们将几乎是毫无意义的，也不会被做出。另一方面，经验论者不仅不可以否认仅从给定前提及逻辑（某些广义上的“逻辑”）中推导出的合理可信的意义，他也不得不认识到他自己做出的未得到确认的客观频率的预测性判断将会具有或是缺乏有效性，这依据于它们是否是从合理的资料或前提中以可接受的方式推导出来的，依据它们是否因此而**有效**得出这一判断是否是值得信赖的。经验论者必须承认，在他被称为判断者的那一刻，判断那个客观频率也只是做出了一个**估测**。如果将要宣告理性的信任，他会要求从给定的资料中以一种可阐述的方式推导出这一估测，这个方式代表着做出这个估测的明智的模式。因此，他必须承认，当他冒险地声称概率 a/b 时，他这样做事实上是因为他发现 a/b 代表着对给定的整个相关资料的频率的**正确估测**。认识到他实际做出概率判断行为中的这一事实，他因此需要一贯地接受下面的断言，这个断言与所有这样的概率判断都相关并具有约束力：当且仅当可从给定的资料中推出实例 ψ 中事例 φ 的频率被有效证实为 a/b

时，给定的实例 ψ 等同于事例 ϕ 将会被证实为在 a/b 上是可能的。另外，先验论者不能愚昧地否认概率判断的现实意义，他同样一定会同意下面的说法：当且仅当可从给定的资料中推出实例 ψ 中事例 ϕ 的频率被有效证实为 a/b 时，实例 ψ 将会是事例 ϕ 具有一个先验概率 a/b。

因此它自身提出，概率的解释必须是可能的，它同时存在于这两个理论中的，并且可能比其差别更为基础和重要的默认概念共同体，即为一种解释，这种解释将频率是从给定资料中推导出的有效估测作为其偏离论文的点。

292 但是，通过提出每个理论中的隐性假设并修复它们，如果因此而有可能调和这两种理论的话，那么还需要进一步处理另外两件事情。首先，如果我们说，当且仅当可从给定的资料中推出实例 ψ 中事例 ϕ 的频率被有效证实为 a/b 时，实例 ψ 将会是事例 ϕ 的概率是 a/b。那么，我们必须看到，这一频率判断自身是合理可信的，它的可信度（真正频率与估测概率相一致的概率）并不是实例 ψ 将会是事例 ϕ 的概率 a/b。这个从给定资料推导出的频率的合理可信度，是我们称作概率判断可靠性的一个方面。这样的可靠性总体上将会是概率判断的一个特点，它在实践中被一般地认识，尽管在理论上经常被忽视。它具有自己的重要性，同上面提到的迫使我们去考虑它的那些考虑是非常不同的。

其次，由于先验论者对无差别原则的应用，经验主义论者所声称的且先验论者通常承认的是，先验方法的应用代表着同经验判断根本不同的概率判断方法。那个理论的有效性因此成为这两个理论间的争议点。

这两个事物中前一事物对后一事物具有重要的影响。据此，我们用提到的方式将它们结合起来。

八　一个或然决定的可信

就如刚才所说的那样，概率判断的属性在这里被说成是它们的可靠性，对此的注意是有必要的，因为我们可能会将概率估测的可信度（从给定资料中推导出频率的确认程度）与通过频率估测所做出的概率相混淆。然而，除了由通常概率系数测量的维度，概率或可信度具有其他变异方式，这个事实代表了对我们可以争论的从给定资料到做出概率判断的实例
293 的确认度，这被每个理论的支持者默许，与应用问题相连接，尽管它还没

有被阐述出来。[①] 或者它只是在准则中控制着资料或是参考类的选择，它仅是作为务实的，不受那些与概率确定自身有效性的本质相一致的原则的控制。

在先验论中，概率的这种含糊的维度，可通过给定或已选的资料很容易地得以解释，这些给定或已选的资料与概率判断相关，它们将会或是不会提供准确的判断，会判断其事件发生或是已做出判断的那个事件仅是个期望。为相同目的概率判断所提供的不同资料——对同一件事会得出不同的判断——作为判断的基础，如果其中一个非常依赖于做出的概率判断的话，它们将会以令人满意的某种相关方式排列起来。最明显的是，如果一个资料包含于另一更广泛的资料中，那么，从更复杂资料中推导出来的结论总体将会是实际决定更可靠的基础。然而，由于对相同事件或事物状态的概率的这两种不同判断中任何一个都与所给资料相关，这两个判断是同等有效的。因此，尽管忽视附加的相关资料将会是非常不实际的，这实际上导致一个决定会越来越好，而另一个将会越来越差。这个相关的可信性或可靠度并不被认为是对这两个“同等正确”的概率确定的一个维度。

在经验论上，这个同等的考虑出现于这样的情况中，参考类的选择具有相似的实践重要性，它受那些可运用或是可确定资料的影响并将会代表着对身边事件预测的最可靠基础。尽管在这里，相对可靠性问题不应该影响从任何构成判断基础的资料中推导出的概率判断的“准确性”，因为这样的选择可从其目标属性的频率将被确定的特别参考类中反映出来。相同的目标属性在一个参考类中有一个频率，在另一个参考类中其频率就会不同，这样的事实允许了偏离但不能说明同一问题“同等正确”的概率判 294
断。例如，尽管任何保险精算师实际上并不关注对不同的经验的选择会对相同的概率给出不同的判断，但他的职业生涯并不长久。

它同样会促使人们忽视对概率的这个考虑。在经验论上，经验论者将概率等同于参考类目标属性的实际频率，而并不是等同于给定资料所给出的估测。他继续这样的行为，仿佛他很确定问题的客观频率。或者是这个

① 凯恩斯承认这种可信度的一个方面——对依据证据数目做出的概率判断的确认度——并称此为质量。（见《概率论》，第 312 ~ 315 页）但是他似乎将这个与“数学期望”及一些其他与这里我们所说的可靠性没有本质联系的事物相联系。同样他没有将它与问题资料中的实例与所求点之间紧密类推起来，尽管他对此也进行了详细的讨论。正如我们所设想的一样，资料的数量或充足性和问题中事件类推的紧密性是概率判断中同一问题可靠性的两个方面。

频率不确定，概率同样不确定，也不可能会被确定。他总结或是提取出对总体的参考类与所探索的问题之间的断层的理论论述。他忽视了这个问题，概率并不是对把参考类作为一个整体而得出的预测，而是对参考类所包含的特殊或是未被观察到的情况的预测。在理想化的相类似的实例中，是否目标属性的频率将会与所选的参考类中的频率是一致的，这是个可疑的问题。我们被迫做出这样的选择，以至于我们会知道一些关于参考类中目标属性频率的信息，即使那意味着会包含我们对与这个类在某些方面是相似的其他参考类的了解，这些相关方面是可疑的。例如，我们感兴趣的是这对骰子显示出七所出现的概率，而不仅仅是对总体上哪一对骰子会显示七的频率。由于我们对那些特殊的骰子没有经验或相关信息，我们能做的就是总结一般类“扔投两个骰子”的概率。但是我们可能会注意到，尽管对正在进行的扔投骰子行为没有任何证据，而且这个行为也可能会有其自身特殊性，但刚才那个类中七出现的频率会对现在的扔投骰子行为给出
295 一个相当可靠的判断。这一考虑并不局限于我们有特殊的、明确的证据去怀疑一般参考类的频率对所要证实的事物提供一个很好的参照。这通常是正被讨论的问题可能具有会影响目标属性发生的自身特殊性。理想相似性——参考类中的实例在可能会影响那个频率的所有方面都理想地具有同质性——是永远都不可能的。不同的事件间仅有的区别是从对一般参考类的论断推及我们所讨论的实例，其论断的可相信程度不同。

因此，正如对特殊参考类频率的估测，概率判断的可靠性受两个方面的影响：从给定资料推及作为一个整体的、其目标属性的频率将会被确定的参考类的论断的可靠性；从整体参考类推及个别实例的论断的可靠性。尽管经验主义论者在实践中不会忽视这两个考虑，经验主义理论却忽视了。

对我们正在处理的问题的资料的可靠性的考虑，并不局限于这种情况。我们在选择作为做决定的基础的资料或是做判断的参考类别过程中可能会出现反常或过失。甚至当在这些方面都正确操作的时候，在给定的情况下对概率做出的最好最具可能性的判断，这一判断仍会有更大或更小的可信度。例如，我们必须对未受专业训练的采矿者所拿回的相当少的样本中的一个矿体进行判断，或我们可能会有充足的、经专家根据详细的计划而确认的资料。测量微小项目的正误比的概率系数在这两个事件中可能碰巧会是一样的。但在任何一个事件中，这个单一维度概率系数都不会道出

哪个投资者将会做的概率的整个情况。相似地，如果一个朋友通过投币来
解决棘手的问题，正面向上概率是一半；如果面相可疑的陌生人邀请我们
对此打赌，它的概率同样是一半。因为即使那个陌生人拿的是假币，它同 296
样会出现两面全是正或两面都是反这两种情况。但是我们无权赋予两个不同事件同样的确定。用方言说就是，对具有很小概率系数的事件做出假定或冒险假定的人将会有**长期**的机会。但是在资料不充分或基础不太相关的情况下做出的判断，有人对此判断进行假定或冒险，便因此依据有效但可信度很小的概率判断会有**很大**的机会，即使那个概率系数很大。因此，对在匮乏或是不太相关的资料基础上做出的判断结果正误比的预期，投资者投资不熟悉的股票或是与别的同伴对局或冒险对其经验之外的事物进行预言都会有很大的机会。

由于需要注意的是，除了由通常的概率系数测量的维度外，概率判断还具有这种可靠性维度，因此把后者作为概率系数有点混淆。让我们称这个一般的“机会”测量为期望系数或仅仅是**期望值**；并用“对于资料‘D’，‘P’可能具有期望值 a/b 及可信度 R”这样的格式来表述我们的概率判断。明显的是，可靠性使期望值合理。这里的“R”代表着可靠性，这个可靠性使得“a/b”可以归属于 P 将会是那样的期望。尽管可靠性通常不能以使得其能用分数适当表示的方式加以测量，但它是个表示多或少的事物，因此也就是个度。为了理解，我们将“R”作为**可靠性系数**。①

除了参照目标属性的频率被判断的参考类所反应的，还要保留对前提的参考，当解释概率确定的可信度时，为什么这是必要的可能会明显起来。但是为了清晰解释那个问题，也为了提出某些相关的问题，我们再举
一个例子。假设问题是对某伐木公司的雇员在其后的一年中发生意外率的
精算。两种方案可供参考。方案一，长期以来，多种行业显示出，每年平 297
均的意外补偿率是 27.8‰，而且这个数字每年的变化不大。方案二，但是仅对伐木业而言，短时间内所显示出的那个意外补偿率是 43.4‰，且每年的赔偿率比率都与这个数字有很大的差异。尽管如此，方案二还是被选为其判断基础，报道显示“正在讨论中的非特定的员工来年发生意外的概率是 0.0434”。经验主义论者可能会说这个阐述意味着“伐木业员工每年意

① 回顾过去，我们会发现在归纳法（本书第 272 ~ 273 页——英文原著的页码，即中译本的边页码——译者注）中，术语“确认度”是指归纳结论的可信度，而不是经“m/n”检测的概率系数或期望值。

外发生率是 0.0434”——或者他会说对这些资料所提供的事件并没有确定的概率。相反，我们应该说这个概率陈述并不是错误的，它是指“在方案二所提供的资料中，那个公司的员工在接下来的一年中发生意外的频率的有效估测是 0.0434”。但是，必须认识到，所给的资料不足以判断伐木业工人的意外发生率，它并没有密切相关到可对公司工人意外发生率做出相关判断（尽管资料会比方案一中的资料更密切相关）。对于任何一种或多种原因，这个公司的运行风险总体上可能会比伐木业的运行风险更大或更小，或是比起那些运行经验已在方案二中列出的伐木公司，其会有或大或小的概率。一个好的精算师无疑会发现预测该概率的更好的办法，但是若不考虑这些复杂状况，我们原始的例子只会描述出主要的相关点。

判断所讨论问题的概率的“理想”基础可能是实践表，这个实践表要包括足够长的时间来描述任何事故发生的一般趋势以及平均值的波动范围。或者是公司运行或公司员工没有足够广泛到构成判断的可靠性基础，那么制定这个公司运行的实践表的运行条件与所讨论中的任何一个运行条件越类似越好。那些可得到的或是被选为判断基础的资料没有成为“理想”基础的各种不同形式，说明了对期望系数判断的更小可靠度的必要认识。尽管它们并没有揭示出那个系数“必须是”更高或更低——没有揭示出估测中的任何错误，而只是揭示了这个或是其他别的判断必须与其资料、资料的充分度以及它们的相关度联系起来。即使在接近于理想资料的资料基础上，期望值系数不能等同于任何参考类中的实际频率。因为那个客观频率将会同参考过去经验一样去参考将来的经验，我们也只能通过对
298 过去的归纳推断来对此做判断。因此，我们需从作为整体的一般参考类的资料中所推出的这个判断的可靠性做出测量。除此之外，即使给定资料需是接近于“理想化”，它们在某些程度上不会百分百地相关于将做出判断的事件，最好的可能性参考类也不能复制当前事件的那些可能会影响目标属性发生率的所有情况。为此我们同样需要测量从参考类推及所述情况的可信任度。因此，对所掌控中问题的期望值系数的判断必须面对从给定资料中预测出一般参考类的频率这样的风险，将这个判断的频率运用于影响目标属性发生频率方面与一般参考类不同的一个或几个事件将会面对更多的风险。对这两个风险的测量是对刚刚判断出的期望值可靠性或不可靠性的确定。

九 可信的三个因素

概率判断中影响可靠度的因素可归结为以下三点：资料的充分度、资料的远近度以及资料的一致度。

这里“充足”的意义是明显的。如果相关于正在讨论的概率的过去经验是广泛的，那么期望值判断在相对应的那个方面就是相对可靠的。如果那个资料是模糊的，那么整体上那个期望值就会相对不可靠。尤其是我们明确知道，相关的附加资料在某些程度上会增加其可靠性（不管它们对期望值系数可能会产生的任何影响），尽管增加的可靠性可能不会与对增加 299
的信息的测量成正比。

资料的“近似”意味着在资料中与所讨论的问题中已知的能影响目标属性发生的特殊属性类比的相似或相近度。正如所提到的那样，“近因”问题可分解为两个部分：由已观察的资料中的事件构成参考类与一般参考类的类比度是多少？一般参考类中的实例与所讨论的问题的类似度是多少？假设问题是测量某个五角的硬币在一次给定的投扔中出现正面向上的概率，那么参考类“这个五角币的扔投”将会近似于所讨论的实例。“一般五角币的扔投”就不再那么相似了，因为一般的五角币可能会不具有影响其正面向上概率的某些属性，并且“扔投一般的五角币”这个事件也会不那么相似。同样，如果必须选择“扔投一般五角币”这个参考类，但我们过去的经验只限于一美分币的扔投，那么在一般硬币中，一美分的硬币可能会具有影响正面向上概率的自身特殊性。出于此原因，这个参考类就不那么相似。那就是由于不近似于所选的一般参考类，那么资料也就不会近似于所讨论的资料。或是我们用另一个例子来说明：当问题是讨论意外发生率时，一个代表伐木业工人意外发生率的表格比起所有行业的意外发生率来说是更接近、更可靠的。伐木业工人的意外发生率的表格是关于①小地域范围的运行；②运行相似的机械；③砍伐数量同等的木材；④雇佣相同的劳动力；等等。有了这样的附加条件，这个表格将会是更近似的。

资料的“一致性”是指对目标属性的频率近似于所有合理选择的目标属性的子集的同等值的测量（如果用之前不会影响到已发现的频率的方法，将会“合理地选择”到子集。例如，根据“同等样本”的原则）。更 300

准确地说，如果参考属性中目标属性的频率是 m/n，且已发现子集 l 的频率偏离 m/n 的最大偏离值 e，依照 e 的平均值会更小更接近于 m/n，那么这个资料将会更一致。①

一致或是不一致影响可信度，因为它影响到对从一个参考类子集（可能会包含我们的资料）推及另一个子集（可能会包含所讨论的事件）的确认度。换句话说，资料的不一致是一般参考类目标属性频率不一致的归纳指示，一般参考类中的目标属性频率的不一致降低了从所估测的任意集中的频率推及正在观察的实例的可信性。

在实践中，对充足及近似的考虑通常存有差异，这是司空见惯的。选择可以获得更多资料的参考类通常意味着，选择它所包含的与将被判断的参考类不太类似的那些事件。例如，对一组伐木工人的意外发生率的判断中，人们不能同时选择能代表整个行业的最广泛的参考类和与最接近于在影响其意外发生率的条件下的伐木运行最接近的参考类。这个考虑不会更经常地出现实际困难，这是由于对资料数目的增加而使得其可信度的增加遵守递减原则（像回报递减原则一样）：超过了一定点，仅增加资料中事件的数目在整体上将不再会影响所发现的频率。

一般来说，概率确定的可信度和期望值系数的大小是相互独立的，它
301 们需要分开确认。在理论表述上对可靠性维度几乎完全的忽略是个显著的缺点，这个缺点会导致反常的结果。先验论理论上不可能承认这个明显又重要的事实，对可接触到的相关资料的忽视是个错误，并且作为结果的概率判断没有它原本应该的那么好。也不会承认，借鉴后面的经验所做出的判断会比之前在不充足资料的基础上做出判断更好。任何概率判断都与其资料相联系的说法并没有掩盖这一点，而是把这些“同等正确”的概率确定中优先的确定作为某种实际脚注而留给了对其不提供任何解释的理论。在经验论中，在已确定的假设目标属性的客观频率的情况下，对可靠性的忽略没有提供概率判断的理论证据显然是荒谬的。概率论中的经验主义者必须一贯地将通常所做的概率判断分成两类。对于包含很少捏造事实的那一类而言，可以假设资料完全决定参考类的频率。而对于另一类，由于这样的频率是完全不确定的，我们就一定会假设单词“概率”有另一种或仅是口头上的意义，由于没有科学的解决办法，必须提出合理确定度的问

① 关于这里所说的一致或不一致，在可信度与可能的错误间的明确联系。

题。事实上，这两种事实只是在程度上不同，在经验主义论者的参考类中
不可能会有完全确定的频率。面对没有提供具有很小的确认度的理性预期
的一些基础的这一不确定性，几乎没有任何做决定的真正实践问题。对那
些把自己陷于用统计学明确解释的问题中的理论主义者，仅对于余下的我
们为合理的处理生活中大部分紧急情况而想出的初级方法是必要的。如果
在不舒适但不可避免的情况下没有合理的方法做出决定，那将会最令人不
安的。如果对于宽泛类的“口头上”或“道德上”的概率没有明确的阐述
理论，那也将会是最令人不安的。如果“非科学的”概率决定与“科学
的”之间没有联系，那么它至少是令人吃惊的。如果我们认识到，所有对 302
期望值的确定只是对所涉及的事物频率的更好或更坏的估测，那么我们可
以掩盖这个更广泛领域的重要问题，同时能更成功的处理更窄领域上的专
业问题。可以合理做出这种估测的质量是概率决定的一个独立维度，它通
过参照将要判断的事物相关的资料的属性而测量出。

然而，尽管期望值系数与可靠度总体上是相互独立的，它们并不是完
全独立。一个建立在充足的、密切相关的，因而会是相应的可靠的资料之
上的期望值决定，它可能会与另一个资料相对不太充分，因而也相对不那
么可靠的概率确定会有明显的区别，这是司空见惯的。同样，即使都是相
对可靠的不同的资料实体，对期望值判断仍然会给出稍微不同的测量方
法。并且，毫无疑问的是，当我们接近于所提供的仅有资料显然不充足的
或是缺少所掌控中实例的近似事例这种情况时，我们同时接近了同等满意
或不满意的情况：对判断基础的选择将会对预期估价给出明显不同的答
案。没有一个会提供具有较高可靠性的判断的不同资料将同等的遵守原则
和有效性，但差异很大。然而，若对一个频率的两个估测能够同时广泛分
散且都具有高度的可靠性，那么这是自相矛盾的。因此我们须认识到通常
将会是这种情况，不同资料中推导出的“同等概率”不会是对同一频率的
估测，而是对不同参考类中具有相同目标属性的频率的估测。在两个期望
值评定中，当参考类一样时，这些估计——在这些情况中参照同一频
率——会因此而差异甚远，仅通过两个材料中的一个或两个都明显不足。
因此，在这种情况下，将不会出现两个估计都高度可靠的情况。在对同一
目标属性频率的两个不同判断中，当参考类显著不同时，不可能出现的
是，两个资料集（命令对参考类的不同选择）同时紧密接近于所要检测的
事件。因此将很有可能出现，对被讨论问题的偏离的期望值决定在作为 303

“和在特定条件下所期望的结果一样好”这个意义上将会是令人满意的。但是当用绝对术语而不是相对术语测量可靠性时，很显然，偏离的评定不可能具有高可靠性。在这绝对术语中，高可靠性的确定必须要高度一致。因此，评定与评价的可靠性并不是完全相互独立的事物。对于任何一个问题，概率决定的这两个维度中的一个都不会完全脱离另一个而变化。当然，无论是对于任何一个特殊问题还是对于一般的概率确定问题，期望值的大小与决定的可信度并没有任何联系。要记住的一个主要事实就是，两个决定同时有效但它们中的一个或同时可靠性都很低，对于这个特殊情况将可能会有显著差异。

十　概要陈述

到目前为止我们可做出结论：我们曾提出为了避免定义中无限回归的自相矛盾，也为了与“概率”最常见及最有用的意义相一致，我们必须将它等同于对频率的一个**有效估测**，而不是为了将对概率的测量等同于实际的客观频率而用经验论者的方式去定义概率。也就是说，“具有属性 ψ，也将有属性 φ 的实例 c 的概率是 a/b”的意思，我们应该理解为“从资料‘D’中有效推导出的实例 ψ 中事例 φ 的概率是 a/b”而不是“实例 ψ 中事例 φ 的概率是 a/b”。除了参照参考类（实例 ψ）的特性，还需参照所必须包含或是理解的资料，因为我们的资料不可能会包含这个参考类中的所有成员。如果对问题的阐述没有任何错误，那么在任何情况下，参考类都
304 必须无限大，将会观察到的只是它的一些有限数目的成员。对频率进行有效的估测，因而必须相关于那个资料中包含的供观察的子集。

尽管没有涉及无差别原则的应用，不过由于估测的有效性仅取决于资料与原则，这个概念从属于一般先验论，参考类中频率这一概念是可利用的。

尽管概率陈述在这个概念上并没有对**频率**做出估测，然而仅当频率断言自身会是有意义时（尽管当对所测频率的断言可能会出错时，那个估测也可能是有效的），对频率的**估计**将会是个有意义的陈述。确切地说，对于通过“实例 ψ 中事例 φ 的频率是 a/b”的意指的那个问题，当实例 ψ 不是有限类时，可以指出，任何这种形式的陈述都表示一个非终结性判断，它不能做出决定性的证实，但由于其一贯的可证实性，它是有意义的——

至少是理论上有意义的——能够进行进一步证实或否证。不过由于这样的非终结性判断是经验式预测的，超过了经验的可证实结果所包含的事物或是其所包含的一些别的事物之外，它便是无意义的。因此，如果我们能确认什么样的结果、何种**类型**的结果、**有限可终止**的调查将会给以证实、什么将会否定它，我们将会发现它要求被发现的唯一意义以及合理归于它的唯一意义。这样的调查结果中哪些将会证实对客观频率的特殊估测，哪些会否定它，事实上已被很好理解了。对于任何的调查，都有一些相对较小的数目 e——取决于所观察的实例的数目及一些其他情况——频率的偏离值偏离 a/b 的数目小于 e，就证实了那一判断；若偏离值偏离 a/b 的数目大于 e，就会减少了之前确定的确认度或是增加了否证。

如果我们必须接受经验主义的以一组无限数字系列所趋向一个极限值这样的术语来定义频率的方法，当揭示其频率确认的类时，那个阐述方式就必定是可疑的了。如果是可接受的，它至少必须是以不明显的、与所用语言的通常量学意义不一致的方式来解释。不然的话，这种定义方式将不能揭示产生于特殊的可终止的调查的确认度，因为整理的事件代表着关于 305
有一些有限数字同无限数字比率的整个事件集。我们已相应地提出通过参照归纳法，这种确定的方式是更清晰的，可从中提取的结果也是清晰的。如果趋向于极限的陈述所意指的与那个事物不同，那么，用极限表述的定义在理论上是不健全的。

对给定的资料中参考类目标属性频率的有效判断，决定所谓的概率系数，我们称之为期望值系数。对概率系数及其运用到所讨论的事例的确定，受可靠性或不可靠性程度的影响。可靠度是每个概率判断的一个单独维度，代表着对从资料中估测的频率与参考类中目标属性的实际频率十分一致的合理的确定度，事件中并没有影响目标属性发生的自身特殊属性和代表一般参考类的特征。这个可靠度是由资料的充分性及一致性和将被测量的资料的近似资料两个方法的结合所决定的。

对概率判断的完全陈述应该是这样的，“事物 c 具有属性 ψ，同时也具有属性 ϕ，其期望值是 a/b、可靠度为 R，对于‘D’来说，它是可信的”。如果事实上，资料 D 做出这样的判断，实例 ψ 中事例 ϕ 的频率是 a/b，并且如果资料的充分与一致度及它的近似资料显示这个确定的可信度是 R，那么这个概率判断将会是**有效**的。由于可信度和频率估计的正确性仅取决于相应的资料和判断理论的准确性，因此当其资料 D 是正确的时候，**有效**

的概率陈述是真的，当其前提资料是可断言的时候，在任何条件下它都是可断言的。

十一　无差别原则

至此，我们还没有探讨过除了基本的归纳法和调节可靠性的一般考虑
306 外，概率推断还有哪些正确的原则。由于之前已提过的那些原因，我们将
不会详细论述那个问题。但是否这样的原则是要用已观察的事件（过去经验）和将要做出判断的事件间的关系来表述——像归纳法中所指明的那样——还是用无差别原则中所揭示的用先验确定的可替代的术语来表述，这是一个根本重要的一般性问题。特别的是，尽管都是错误的，对那个理论的接受或是拒绝被看成先验和经验理论定义概率的基本区别。虽然这一理论是有效的并可被运用于大类的事件中，不过在这一章的结束处可能会很好地说明为什么它不是基本的，也不要求对给定的可信度系数做出证明。

传统方式无疑将无差别原则定位为概率的数学评价的一个基本原则："如果一个事物可以以 m 种方式发生，而不能以 n 种方式发生（每一种发生或不发生是等同的），那么将会发生的概率就是 m/（m + n）"。这里的插入语经常被忽略，但是可合理地认为其是默认假设。那个限定条件时常被否定表述，"没有理由假定这些事件发生或是不发生的每一种方式都会比其他方式更具有可能性"。这是一个隐含于无差别原则中的否定阐述，它提出用"对我们忽视的平均分配"这样的术语来表述那个理论。对那个原则的任何阐述都是轻率或幼稚的，肯定的、不脆弱的陈述方式已被揭示出："任何两个同给定资料对称相关的可替代的陈述对于那些资料而言，是同等可能的"。

对于该理论的这个问题精确地取决于那个重要的限定条件所提出的考虑。将这两个可替换的陈述看作同等可能的有效基础，基础是我们没有理由认为其中的一个会比另一个更有可能性，还是我们可以从过去的经验中得出一个使得它们等同的正面原因？例如，对从一副洗好的牌中抽取出黑桃 A 的概率是 1/52 这个事实的解释，我们从中会发现这样的考虑，一副
307 牌有 52 张牌，我们没有理由去期望它们中的任何一张牌与另一张牌相同。
或是过去的广泛经验揭示从 n 个相似的客体中随机抽取出一个客体，长期

以来，n 个客体中的每个客体被抽中的概率是同等的吗?

因此，或许这个问题将变得空洞，但如果是这样的话，那个事实本身是很重要的。经验主义论者与先验主义论者都同意当过去的经验肯定地揭示了替代品的等同性时，那类的原则就可以被有效地应用。两者也都会同意，当经验肯定地揭示出逻辑替代品集中的其中一个会比其他的**更**频繁时，这些替代品就**不是**同等可能的，我们也不能运用那个理论。这将使得一种情况是可疑的——那些借鉴无差别原则的实例将给出任何结果，都不会类似于归纳法根据过去经验得以证实，也不可依据通过参照相对频率而确定概率的一般原则。这类的实例是，**过去的经验不会揭示出关于问题中替代品的相对频率的任何问题**。我们要怀疑是否会发生这样的事情。

不常见的是，当问题中仅有的事件是过去的经验没有揭示出是否那些替代品具有同等可能性时，对于那个问题一定是——不管多么的空洞——或是不存在。尽管如此，那些遵守无差别原则的事件经常会正确地定位这一假定的问题，并企图只通过那些单独看起来可能是重要的事例（没有相关的经验）去推倒那个理论。在查尔斯·皮尔士的著作中可发现这样的说明:[①]

> 从概念上（**先验主义者的**）来看概率，当判断一定不能背道或驰向假设时，完全忽视由概率 1/2 来表述。
>
> 但让我们假设我们已完全忽视土星居民头发的颜色，然后我们来做一个颜色表，这个表内所有可能的颜色都被轻微的着色于其他颜色中。在这样的一个表格中，不同颜色所处的地方是完全随意的。我们 308
> 用一个完整的线条来围住这样一个区域，并问降落在那个区域的土星人头发的颜色在概率论原则上会是什么样的。答案不可能是不确定的，因为我们一定会有某些信念；的确，概率论者不承认不确定的概率。就如对一个事情不确定，答案就会在0 与1 之间摇摆。当那个资料不提供数字值时，数量必须取决于概率自身刻度，而不是从资料中计算出来的。由于判断不能支持或反对假设，因此答案仅代表其自身，这个区域的真就是别的任何一个区域的真。对于第三个包含其他两个区域的区域来说也是真的。但是对于每个更小的区域的概率将会是一

① 《论文集》第二卷，第 422 ~ 423 页。尽管这个例子在一些方面并不是很好，我们选择它是因为它能很好地揭示出所讨论的问题进一步的意义。

半，大的区域应该至少是 1 这样的说法是荒谬的。

皮尔士在这里想要论述的是两点。首先，没有经验证据的可指定的概率会支持或反对一个假说，这种假设是毫无根据的。其次，无差别原则通过指定仅代表任意的逻辑决定的替代品的同等概率，允许对相同目标属性做出不同的概率判断来减少荒谬。

那个阐述对这一困难提供了一个有些原始的例子，任何一个先验主义者曾经都会反对皮尔士的颜色区域理论作为“替代品”，但是对于这同一点我们可以给出一个更细微的论述。批判者可能会坚持的就是原理自身或理论通常所包含的事物不会阻止这样过分的应用。事实上，即使无差别原则中最严谨的表述都没有通过其应用的清晰有效的联系去避免这样的任意性与结果间的自相矛盾。①

然而，重要的是这些例子对于无差别原则是不可行的，它对于同一目
309 标属性给出不相容的确定，但它们属于下面两种类型中的一个。其一，像是皮尔士的这一个，它们指示着脱离平常经验的那些事物，或是同概率问题一样，对一个 1 到 3 个特定的已知表述的测量将会是 1 到 2 之间，它们是如此的难解并脱离经验实际，以至于它们仅是口头上和杂散的表述。因此，试图对无差别原则谬误的这种缩减的证明很少，或是根本就没有。就如它们至此所接近的一个完全忽略的真实实例，它们看似并不重要，因为它是如此的排外以至于没有人能够合理地将无差别原则运用于这样的一个例子中去，这就是为什么他们没有总结出最重要一点的原因。对所有相关经验的完全忽略对于任何有意义的经验问题来说完全是虚构的。任何概率问题都不会忽视能够直接或间接揭示过去经验中的一个频率的经验资料。

让我们从这个观点出发来检验皮尔士的那个阐述。如果有任何真实的基础（无论多么的不可靠）去假设存在有头发的土星人，这个同样的证据——无论它会是什么——将会同样地提供证明他们的头发将会是红色的概率的一些基础。例如，我们将会知道这些设想的生物与我们所熟悉

① 凯恩斯假设：“无差别原则并不适用于一组替代品，如果我们知道这对替代品中的任何一个都不能进一步划分为一组同原始格式相同的可能但不相容的替代品。”（《论文集》，第 62 页）皮尔士的颜色表区域例子就是这样。然而，即使是详尽的论述，它首先并没有提到“相同格式”这个标志并同样面对使得其自相矛盾的同样的困难。

的生物体间的广泛类比，在他们是“居民”而且还具有头发中所暗示的。我们也将会知道同我们自身生存环境相比较的他们的生存环境，他们生存在土星上所暗示的。或许，我们会知道，照到他们星球上的太阳能数目，同生物颜色组织相关的某些化学物质的相对充裕或短缺。在任何情况下，通过提出其回答能够理论上证实的可理解的问题，我们会或多或少地知道在某些程度上相关的复杂有机体信息。否则，那个问题将仅是捏造的、无意义的，同样也可以问，“一个为描述的客体生存在一个为确定的条件下，它具有某个特定属性的频率是多少？”那将是替代品关于完全忽略的实例的一种仅有问题，那个问题口头上的可能性并没有使 310
得它有意义。

需要看到的第二点是，如果*存在*相关的经验资料，且如果这个相对概率同在这样的经验基础之上的判断所揭示的相对频率不一致的话，那么替代品的相对概率是无效的。如果皮尔士的例子不止是应用无差别原则的一个未证明的歪曲模仿，那么同样的过程对于克鲁马努人头发颜色的问题应该是有效的，或是对于我们从未见过的邻居的头发颜色是红色的问题来说也是有效的。这样的事例中仅有的区别将会有更小的合理性，尽管并没有关于目标属性的相对频率的经验资料。但对于我们的邻居问题上曾经明确的是，考虑到在一般人类中红色头发的频率差别巨大，头发是红色的可能性不可能是1/2。尽管任何对克鲁马努人头发的颜色的判断是不确定的，任何对那个问题有兴趣的人都会观察到相关的指头数、颚结构，以及一些别的对那个种族的认证至关重要的特征，并会考虑这些特征与历史上的人的头发颜色间的已知联系。除去所有的这些相关资料，您就是除去了问题自身，仅有“克鲁马努人”“红头发”等词组不能建成一个概率问题。

然而，尽管对经验资料的完全忽视揭示出所提出的替代品的等同性或非等同性，但它一定会致使问题自身不真实。另外还有一些真实问题，在这些问题中的相关资料将*不会紧密相关*于判断基础。例如，对一般人类中红色头发的频率问题，对于判断我们邻居或是一个指定却未见过的人可能的头发颜色来说，那个资料是十分不相关的。这一点并没有掩盖问题的重要性，一个需能够用钱来打赌下一个遇见的人的头发不是红色的人最终会发现，这是个高收入的行为。但是它会致使任何一个对这一事件期望值的评定都很不可靠。当这些问题中的资料是真实的但极少相关时，正是经验主义者推翻这些问

311 题的趋势推动假设。它们有仅以假设来解释的真实的问题和方法，这个假设就是，相对概率不参照任何揭示相对频率的经验基础而从先验替代品中推导出。[1]

认为经验基础之上的是对频率的真实估测而不是对频率的认识是错误的，对频率的认识是做出期望值判断所需要的，这个期望值有助于在没有经验基础之上合理判断替代品相对概率。概率问题无根据的限制因此产生于经验论并留下一个等待填补的缺口。它留下了不能用平常经验推翻的问题，对于这些问题，每个人都知道不依据任何理论解释的并有一定可靠性的常识性解决办法。经验基础上的概念“我们无知的均等分配”通过似乎填补了这个空洞而得到了合理性。经验论不能掩盖实际必要的概率判断这个广泛的领域，如果不是因为这个事实，对可测量的期望值的非经验基础的假设将不那么合理。对可靠度的一般考虑通过没有留给我们认识方法而推动了不期望的结果，在我们的理论中，在充分和紧密接近的基础上做的判断明显是更好的，它优先于从相对不充分和相对较远联系的资料中推导出的判断。尽管如此，后者的概率确定方法是同等有效的且是理论可行的，当不能提供更多的满意资料时，尽管相对不那么值得信赖，但它代表着实际决定的完整基础。

我们必须进一步观察到，当仅有的可得到的相关资料与所要判断的实例相差甚远、对期望值的有效判断是相应的不可靠时，很可能会有解决那
312 一问题的可替代方法——对目标属性频率估测的替代品，通过选择一个或几个别的参考类——这些将会是同等合理的但期望值判断给出的是偏离值。事实上经常会对任何目标属性的期望判断都存在偏差，尽管是错误地判断，对参考类的可能不同的选择将会得出这样的偏差。当我们过分忽视时，就会很难选择结果仔细判断的参考类，因为任何选择几乎都会给出不可靠的期望值确定。就如所指出的那样，对同一目标属性的期望值所给出的两种不同的判断需要，当这两个期望值中的一个或两个都是不可靠的话，那么这两个值应该差异很大，这并不是自相矛盾的。事实上，我们可以说，当我们接近任何相关的经验资料的最远的偏离极限时——“完全无知”——我们同样接近同等正确的判断将会出现任何程度的偏离这种情

① 正是这一导致近乎荒谬的格言经验趋势，没有同这个概率一样的个例的概率，当事实上几乎所有的概率判断都通过个例来表述时。所知的个例仅作为一类时是可指定的，它通过一些引用的特征集而划分出来。因此，任何个例都可能相对偏远于相关资料。但是，当运用于一个特殊个例时，已证实的推断仅会是对相对不确定的期望值的判断。

况。我们是否可以通过说完全不存在像别的实例中的替代品那样的用以揭示目标属性频率的经验资料来掩盖这个极限值问题，这并不存在什么不同，那个期望**没有有效的**赋值，或是在这种情况下来说明这个问题，**每个**期望赋值将会是有效的，但可靠度是零。然而，在理论和实践中，如果我们拒绝承认对可靠度相对较低但可能的期望值这种情况，并推倒没有资料明确地显示所选择的参考类和这个参考类中几乎确定的目标属性频率的所有情况的话，这样将会很不同。

是否可以将逻辑代替物的相对概率称为先验的，或是仅参照揭示相对频率的经验资料，这个问题必须仔细地区别于那些代表摇摆于一般先验理论和经验上的概率概念的最终确定性问题。如果一个理论认为当其前提为真时，**有效的**（根据正确的原则和推导方式从资料中推导出来的）概率结论就是**真的**，那么这个理论就是先验的。当前的这个问题与此无关，但涉
及另一个问题，即从给定资料中确定概率的哪种方法是**有效的**。当无差别 313
原则被作为是基本原则且其应用不受任何限制时，我们判定代替物的同等可能性将被有效地认为是先验的。可替代的概念是替代物的相对频率仅在揭示这些替代物相对频率的经验资料的基础上可被有效地赋值。我们所提到的是，尽管先验主义论者有时会根据无差别原则给替代物的相对概率赋值，当这些赋值都无效时，那个问题就是空的。因为先验主义者承认，当给定资料所揭示的**不**等同于代替物的概率时，那个理论就不能应用。当经验资料揭示问题中代替物的**同等**频率时，没有人会质疑这个结果。仅剩下当经验资料不揭示**任何**有关替代物中目标属性的相对频率时的情况了。当我们认识到相关资料可能会相对较远尽管仍然与那个问题有关时，提议就是如果问题自身是真的并且有经验意义，那么就不会发生那类事件。

相当特殊的事实是，大多数无差别原则在实践中经常应用到的那些问题——关于骰子、牌、硬币及假设的同质集合体中的个体——是或巨大规模的多或少的紧密联系的相关经验，整个质量都支持这样的假设，就如平时指定的那样，替代物的代表等同的发生率。对于宽泛类而言，当我们处理十分相似的同质体集时，无差别原则通过给予我们计算复杂概率的简单方法而提供了常见的有用的经验法则。但是关于这类事件的重要考虑是给予代替物同等可能性的真实基础，这并不仅仅是一个逻辑决定并与整个资料集对称相关——如果“对称相关”意味着任何区别于同等发生率的资料所揭示的事物——而是产生观点宽泛的过去经验。它不仅仅是缺乏经验信

息，这些经验信息说服迷信的我们没有咒文可以使得正面概率大于反面概
314 率或是得到 1/7 的概率。我们说服某些替代物是同等可能的真正基础仅是使得我们排除仅有的逻辑选择：硬币会直立并在接下来的扔投中一直保持这样，或是硬币被投出去而永远不再下来。无差别原则不是基本的原则，但是只运用于与经验无关的基础之上——可能与所讨论的事件有相隔遥远的基础但是相关的——而假定问题中的替代物代表着同等发生率。

我们所有讨论的结论是，对“概率”的任何持久考虑的基本意义不需要也确实没有空间，除了一种情况，即将它等同于所判断的期望值系数和做出判断的经验基础间的先验决定的关系。但是仅当这些基础对某些参考类中的目标属性的频率做出相应有效的判断时，它们才可以提供这样的期望值判断。在实践中，被确定其概率的事物将可以通过多种方式进行分类，这些分类总体上会给出不同的期望值判断。要到达正确判断的实际问题是选择一个能够给出最高可靠度的参考类。不过判断的正确性并不必然受这个选择的影响，因为在任何的概率判断过程中，明显或是不明显地，其做出判断所参照的资料必须是保留的。这样参考判断的基础也将会明显地揭示出确定的可靠性，因为可靠性也只关于逻辑关系，例如充分度、近似度及一致度，当将被做出判断的资料和事例已确定时，这些因素明显是确定的。

第十一章　或然知识和记忆的有效性 315

一　被辩明的信念是或然的

我们现在讨论可能或可信的问题，因为我们发现，有理由认为，所有的经验知识具有至少在理论上是不确定性的特征。并因此引起了这样的问题，“在什么意义上可以明确什么东西是目前被称为知识?”我们已经看到，通常的观点认为，没有经验的信念是正确的知识，除非①它是决定性地可证实的，或者是始终有能力证实的，至少在理论上，其进一步证实没有限制；②有一些理由说明这信念是合理正当的。

我们现在得出的结论是，这样合理可信的经验信念，涉及信念（或它的陈述）的逻辑关系或构成其证据的前提；并且，一个陈述“P”的可信，在普遍流行和代表着有必要考虑的“可能”的唯一基本含义的意义上，与“P 是可能的”正好一致。具体来说，我们得出的结论是：“‘P’在 a/b 程度上是可能的”的形式判断，只有当对于一些 c 和一些性质 ϕ，“P”等价于“c 拥有性质 ϕ”；并且，有一些 c 的其他性质 ψ，我们的数据“D”有效地给予估计事例 ψ 中 ϕ 有 a/b 的频率，才能证明。（我们还认为，我们有关“P”或“ϕc”的保证，是受另外一种考虑的影响，代表我们可以从以上实例中给定的数据中得出的可靠性。）“‘P’是可能的”，在通常的用法，是作为一个简短的俗语采取暗示“P”有在上述意义上至少有超过 1/2
的可能性。在一般情况下，这些确信会被正确地理解为暗示了这个期望无 316
限可能但仍远高于“P”是真的机会，并相当可靠。

但是承认这个概念的可能或可信的可接受性，我们还没有恰当划定可能的知识的性质。现在关于这个概念或其他任何似是而非的概念，这里仍然有一些问题是一些非常困难并很少得到充分考虑的。事实上，没有关于经验知识的通常构想和对它的通常表述的一定程度幻灭，就根本不会产生这样的困难。当这些经常被忽视的问题被恰当地看重，看来有必要承认：第一，说明“我们‘知道’经验”这样的一般表达模式是不精确的；第二，用认知者当时的心境来定义“知道”，在大多数情况和一定程度上是一个理想。

或许这种不完美的现实不应该被说成失望，因为它足够明确地反映我们倾向于根据很少符合条件的理想状态来谈论知识。并且，赞赏这一事实将难以为怀疑论者提供援助和安慰。但是，关于我们知道的东西的一般谈论方式，如果按字面意思，是天真的或者一定程度上是传统的假想之物。

二　经验知识是或然的信念

所谈论的一个考虑显然是由上一章的结论所明确指出，虽然它在那里没有讨论。我们主张，断言我们相信的事实是我们所知道的，即使我们清楚信念缺乏确定性。如果试图改革这个通常表述方式，以“P 是可能的”代替不合格的断言“P”，问题就会出现，不管我们是否为实现精确而用无任何经验的内容的东西取代经验陈述“P”。我相信，例如，我看到我的狗在远处，或明天将是好天气，并认为我的信念有充分理由。这种信念是经验的，因为它涉及由经验决定的事态。但我知道，这个事态的事实性受一些不确定性的影响。而且，如果试图制定更明智的认知保证，我应该说，我所知道的远处的动物是我的狗，或明天将是好天气，是大概率事件，那
317 么就会产生一个问题：是否我在这个修正意义上所知道的东西是一个经验的事实？对于这种出现的概率，通过对数据的逻辑关系的考察，如果这层关系成立的话，不参照所提到的动物是我的狗或明天是好天气的问题，这样做是正确的。

这个问题有几个部分。首先让我们注意到，靠以可能性的经验概念代替更先进的一个，没有逃脱问题。概率论中的经验主义似乎在这一点上有优势，因为他不假设自己在陈述明天可能是好天气时就断言明天是好天气，但他没有解释另一个肯定的陈述和同样肯定的客观事态，即根据目前观察到的天气状况推测的好天气有 0.8 或类似的频率。这个频率确实是一个经验的事实——假定他的陈述在他的意图的这个意义上是真的。但困难是，如果“明天可能会是好天气”断言的是这样的频率，那么陈述本身在

他做出时在一定程度上是不确定的，并且任何人在陈述中可以肯定的东西只是根据判断可以辩明的信念。充分证实它，就需要通过所有过去和将来的所有明天的观察。如果明天天气不好，经验主义不必因为其断言不安，因为他只是说，十分之八个这种情况将是好天气。但如果进一步的观察要求修改他的频率估计，他必须承认他自己解释所犯的错误。并且，针对该意外事故他现时并无保证。除非或也许，对于这种合理保证程度的差异，他没有比关于明天是晴天更好的境况。因此，为了表达这种经验主义方式中通常出现的不确定信念的认知状态，结果只有在更高水平上一次又一次发生同样的问题，并表现出了无限的倒退，从中我们迟早只能靠对不确定知道的事情地绝对断言摆脱困难。[①] 如果最好是解释有道理但不确定的信念，人们可以首先接受风险和绝对断言“明天将是好天气”。 318

说某某是可能的而不绝对断言，意指我们做出的一个或然陈述不会因为将来的失望而放弃。在这一点上，我们不能既吃了蛋糕还拥有它。因为不能要我们的陈述既有事态的可核查的未来意义，同时又意指预见的失败。但是，如果我们采取这一事实意味着，要么或然陈述断言在一定程度不确定的经验事态，或者它断言可以肯定没有经验内容的、只是逻辑和先验的事情。二者只能选择其一，这样说，过分简单。

我们应该看到，那种概率先进的先验概念，没有把绝对概率陈述减少到只是逻辑的和先验事实的断言。在这一点上，把“先验”用于这一类理论，可能会产生误导。正如已经指出的那样，在任何理论中，或然陈述可以是假设的或绝对的。如果材料只是假设，那么“根据材料‘D’，‘P’是可能的”是假设。在这种情况下，陈述只断言按正确概率检验规则下的“P”和“D”之间的关系，并可以适当地表述为“如果D，那么很可能P”[②] 这种无经验事实的陈述判断。虽然同样的语言方式，“根据材料

---

① 许多经验主义者接受这一结果，使概率陈述与按个别实例做出的判断分离。赖兴巴赫在这一点上比其他人更明确，他称关于个别实例的判断为一个“假设”——一个断言，其唯一辩明理由是与提供成功希望的唯一程序一致。

我们反对的不仅是栖居于数学柏拉图天堂的科学判断与我们必须做出的实际判断之间的完全隔离，而且反对假定的对所谓的概率判断的数学身段。在实际上，这本身就是不确定的，否则它们是纯粹的理想，甚至不涉及任何地球上的现象。

② 这将是真的，只要经验前提被充分说明——因为通常他们不会。概率确定规则阐明“D”和“P”之间的概率关系的含义；就像普通演绎逻辑规则阐明“如果D那么（当然）P”所表达的蕴涵意义。

‘D’，‘P’是可能的”也可能被用来表达一个绝对可能的结论，但情况
319 是不同的。例如，“根据气压高的事实判断明天可能会是好天气”不仅断言高气压的读数与随后的好天气之间的有效或然联系，它还断言在这种情况下高气压的读数。因此，一个绝对概率结论断言决定概率的前提材料，它的形式是“如果给出材料‘D’，‘P’是可能的”。并且，进一步的结论是，这些被断言的材料是经验的这个事实，足以保证这种陈述有经验的内容。它至少断言只能由经验决定的而不是先验可知的事情。（很可能这些被断言的材料本身不那么确定，但我们并不急于通过这个考虑使我们的问题复杂化，我们将简化它。无论如何，它不会影响这一事实，陈述句断言由经验事实而不是先验保证的经验事情，无论保证充分与否。）

此外，绝对或然陈述不仅断言前提，而且断言结果。正如“如果 D 那么（当然）P，D 是事实”推导了明确的结果“因此（当然）P”。同样，“如果 D 则可能 P，并且 D 是事实”推导由“P 是可能的”所表达的肯定后果。“如果气压高，明天可能会是好天气，并且气压高”肯定断言“明天可能会是好天气”所表达的意思。这个概率与判断的根据有关，但如果这些根据是事实，并且包含所有恰当的有效证据，那么所提到的事情被称为或然事件，这是肯定的和中肯的。

困难在于不靠结论与材料的概率关系而用任何别的方式表达这个来自材料事实的或然结论的经验意义。这有点像试图例证英语中将来时态的含义。我们应该说，“既然今天是星期一，明天将是星期二”，我们的对话者然后应该问，“但是明天会是星期二这个结论断言了现在的什么事实？”它
320 可以回答“我们断定这是今天是星期一这个当前事实的一个将来后果”。但很可能，我们要失败并且加上“我们不能用任何不同的方式确切地告诉您明天是星期二存在于什么当前事实，因为它是一个关于未来而不是现在的事实，在任何别的意义上而不是当前事实的暗指的意义上”。如果对话没有任何未来情况的原始感觉，每一个解释的尝试将失败。正是这样，我们没有发现根据经验事实解释明天是好天气的绝对可能性的好方法，除了靠把它解释为这些材料的经验事实带来的一个可能后果，尽管它有一个不仅包含在其中的意义。剩下的我们可能倾向于增加“我们不能用任何别的方式解释直言或然陈述的经验或然意义，因为被断言的是一个或然而不是确定的经验事实，在任何别的意义上而不是经验事实的后果的意义上”。

对于一个对或然事件缺乏原始感觉的人，试图解释直言或然陈述必然要失败。任何倔强地坚持缩小它的含义到一些当前确定事实的词——而不是它引起的其他材料——必定落后于讨论。他否认了不同于理论地确定的知识的、重要的一个认识类别，否认对未来的理解不同于当前的观察。

这种考虑可能使我们有没有回答完问题的不快，尽管遗留的问题并不重要。让我们看看是否可以用一个例子，找到这种不快的来源，并消除它。

我看到远处的东西向我移动，并认为它是我的狗。此对象越来越近，我有越来越多的确凿证据，我的信念变得越来越强，最后我非常确信这是来迎接我的狗。这不是理论上肯定，因为如果我所有的家人的未来健康和幸福依赖于我的正确，我应该做进一步的调查，应该想到看看它的项圈，观察它对名字“船长”的反应，等等。但我知道这是我的狗，谁在这些情况下经常犹豫或者提出进一步的问题，他就需要看心理医生。 321

这里出现了一种从怀疑到实际确定的不同程度的认知理解系列。但是，从一开始就出现了一些完全肯定的，即一些视觉理解内容。我无法准确表达这些视觉上所给予的材料，但这种相对说不出的经验内容是毋庸置疑的事实。时不时地，这些直观的材料越来越明确和详细，并逐渐成为“这是我的狗”的判断的充分的理由。相应地，有越来越多的信念，从最初的怀疑，到终于完全——或接近完全——确信。基于这些连续给予并连续更充分的材料，我已经做出继续推论（这样看来，是否我应该从认知的有效性的角度来分析我的连续理解）。在每一种情况下，推理的有效性被称为概率原理或归纳法的既定规则所证明，确定的经验材料和法则保证有效地推导的结论。法则的适用告诉我，如果 D，那么可能 P。“D”一旦给出，就可能 P，这是我在每个连续瞬间的认识的一般特性。目前，被怀疑的东西与能被称为认识的不同东西之间的差别只是程度不同并且不重要。

但是，现在我们遇到了有关口头表达的适当方式。如果首先问我，“这是您的狗吗?”我应该回答“大概”或“我想是的”。现在我回答“是”，并说我知道。这是我们实际的和日常的习惯。对那些如此接近被肯定的信念，无限制地断言对他们行动的犹豫是不合理的，并且甚至不近似确定的很多事情的肯定方式。事实上，这种习惯是必要的。节约口头和精神，需要做出决定，二者都要求我们根据接近完全的确证来思考和行动，省略对资格的严格要求。只有一个方法，我们在实践中区分经验认识与百

322 分之百肯定之间的差异。如果狗遇到我，并且我“确信”它是我的，当我接近它它却躲开，并通过仔细检查我发现这是另一只狗，但我不会惊恐我熟悉的世界被摧毁或失去理智。我仅有的反应是，难以置信的巧合确实会在一生中发生一次或两次，并且我从来就没有绝对肯定这个动物。

经验知识的理想是确定性，但它是一个近似的和从未充分实现的理想。当有理由相信的程度变得足够高，我们不会说“可能 P”，而是简单地断定“P”。不过，虽然我们经验确信程度的差异只是程度的差别，这两个表达式的差别是一种绝对的差别：“可能 P”的可能是确定的，不仅在实际上而且在理论上，“P”只是可能的。①

还有另外一个出现混乱的可能理由。“可能 P”是一个靠隐含有关的材料“D”所确定的判断，因此，我们可能会认为这一判断可以更充分地表达为“如果 D 则可能 P”。但这后一个是假设和纯粹逻辑陈述，它没有经验内容。相比之下“可能 P”是一个推论：它要求材料“D”这个前提，并只有这材料确定时才确定。但是，这些所给予的材料是确定的，虽然这些是经验理由，并且需要这样的理由。此外这一结论“可能 P”有经验的内容，尽管该内容可能被视为材料“D”，而不是事实“P”。

但就在这一点上，我们有必要做出选择。作为上述模棱两可和我们习惯断定高概率的事情为完全确定的综合结果，通过在某些时候不符合我们说我们知道的或要求我们承认我们的知识的什么准确性，没有产生有悖论态度的表达的后果，那么，准确地讲，经验知识是不可能的。

当我的狗在我面前，我就说我知道这是我的狗，还是说我知道的是可
323 能的或有 a/b 概率的？说的方式将不影响我的认知或其内容的有效性。不过，无限制地说我知道，将暗示我的认知内容是肯定的经验事实，而说它有 a/b 概率可能暗示它没有经验，除了是我确信根据的材料“D”。这是我的狗，这个事态，肯定是我的主意，并且肯定参照了我认知的对象。明确承认这一事实同时避免关于想象事态的无根据的暗示，将是说，经验认知没有这种事实或事态的内容，但经验认知是信念。除只在理论上是可能的这样的信念，不存在其他类型的经验知识。因此，我们说，经验知识的内容是特权所相信的事实。但是不要忘记，在接受这种普遍和适当的陈述方式中，我们已经决定说，事实的真相可能被知道，尽管它们是不确定的。

① 我们在这里忽略某些关于所要求的前提的进一步考虑，这些将在接下来的部分跟进。

这就涉及，我们有时可能会承认，“知道”的东西是**错误的**。记住这些结果将避免一定会打扰我们的矛盾。

经验知识是信念，被辩明的信念，有理由的信念，合理的信念。它作为从所给予的经验材料的推论而产生。（该材料本身也许并不是确定的，这一点后面再讨论，目前我们忽略它。）关于材料，所相信的经验事实是可能的，材料“D”与事实“P”之间有一个逻辑联系。“如果 D 则可能是 P”靠应用归纳法是可知的。可推知的结论是“可能 P”或“‘P’在 a/b 程度上是可能的”。但是，所相信的不仅是材料，也不是材料和结论的逻辑联系，甚至也不是“可能 P”这一结论。所相信的是“P”，并且我们认识的内容是可能的经验事实。

这种信念的内容包括有一定的期望，这将承受必要的检验或确认。这些都是可能的，所相信的东西和暗示它们是可能的。如果这些期望拥有的确信程度符合“P”是确信的概率 a/b，那么信念是合理的。在这种情况 324
下，这个确信程度不仅是信念的心理上的“感觉强度”，而且是认识上的被承认的程度。

虽然上述观点适用于有这种理由的**任何**程度的信念，但为了与习惯讲话一致，对我们说经验**知道**的东西，将有两个进一步的限制。首先，信念的概率程度必须高。有多高，不能任意确定，而是类似实际确定的东西决定。其次，推论的理由“D”必须被较好地获得，它们必须包括所有我们公开检查的恰当材料。对这些材料的任何疏忽将不会使推理无效，但会损害合理持有的信念。

一旦符合其概率的确信程度被限制，代表我们对信念的预期一个**失望而不是一个反证的失败**。当我们符合其概率 a/b 的确信程度地相信“P”，一个是试图符合“P”的非预期结果，可能要求放弃信念，但尽管它不相信“P”，它不会认为我们相信它和期待确认它是错误的。“P”是可信的，我们相信它的这个理由，仍然是一个事实。但是，我们必须观察，在一些事情“P”中的继续信念，一旦它继续有系统的事态作为其内容，当它收到进一步的证实和否证，就是另外一个不同的信念，因为它在不同程度上被证明或缺乏证明。

或然知识的性质绝不能仅根据确定的东西或实际的东西或真的东西来准确地表达。唯一能影响它的确定是与所予某物的证明关系的确定。它作为信念的有效性的确定，对预期其含义和在对其行动中的合理保证的确定。

即使或然知识有其危险的和“信念”的性质，仍然存在有效的或然判断和合理预期与毫无根据或错误得出的或没有保证之间的区别。它不同于“动物的信念”，这是被证明的信念与不要求理由并否认有保证的期望与野生预感或本能驱动或单纯情感倾向的差异的区别。怀疑论者是那些如果他
325 不能有理论的确定性就将没有任何东西的人——并因此一无所有。因为经验信念都是或然的，他一意孤行地认为，人都是一样好，抹去了理性与非理性和无理性的区别。而如果最后一个问题是慎重和只相信被证明的东西有什么好处，那么又是只能通过断言归纳的有效性和或然知识对不可能信念的优势才能回答。之所以这样，是因为证明当前或然信念有优势的任何证据，必须涉及从过去经验发现的一些推断。正如赖兴巴赫指出，能被确信的，只不过是——如果对可能事情采取行动对我们无益，那么就没有指导我们的行动的方式会对我们有好处——与概率一致的行动是会取得成功的程序（如果成功是可能的）。

三　这种信念有充分理由吗？

另一个问题，或者说是两个相关的问题，包含于下一事实：如果一个信念“P”将被证明是或然知识，那么直言或然陈述“在材料 D 中，P 是可能的”必定是真的并被称为是真实的。而对于这一点，至关重要的是，这里“D”所代表的前提是肯定的。显然，对于这种判断，可以找到将支持它的前提或者被认为理所当然的前提，是不够的。这种支持陈述必须是真实的，而且他们的真必须由判断所揭示。当指出这两种需要，有两个问题，必须让我们暂停。首先，将注意力局限于有效性一般没有争议的那种经验信念，有足够的理由保证这种信念实际上内心可信吗？其次，在这种情况下，证明判断的这些支持前提的真是可能的吗？

一旦这些问题被提出，有必要观察到大部分一般内容——有充分理由——所谓“我们的知识”都不是明确的判断。相反，它代表着习惯性的态度，由过去的判断和他们过去的审判获得，成为本决定和行动的基础，没有任何作为其基础的以往经验的明确揭示。甚至，在可能存在一些对这一信念 - 态度的基础的明确质疑的地方，这种严格审查将难以延伸到确定有效性。出于同样的原因，动物的活动没有习惯是不可能，人的生活也一

样，只要它是由意识的认知所有，没有意识揭示或再审查其基础而有效的信念-习惯，是不可能的。但是，可能因此可以说，大部分“我们的知识”只包括惯常的态度，被过去模糊的和融合的怀旧所煽动，有些像采取的态度被发现或已证明成功的场合，这样做仍然不会将信念降低到“动物信念”的地位。因为如果这样含糊和融合怀旧令人信服地表明过去的成功，并且，如果过去的成功令人信服地表明在现在或未来的实例中的事 326
件，那么，在这些考虑中，存在一个信念态度的已经给出的理由，以及其与足以证明其作为认知的有效性的当前信念之间的真正关系。这种真正可指定的基础和证明可能不足以满足我们对知识的共同自豪——在此，我们必须可能在真实利益中遭受一些幻灭，但它足以把知识的有效性从怀疑论者认为无法解决的问题的地位中拯救出来。鉴于过多自我批评和行动上犹豫不决的实际后果，我们的信念态度通常不是自我批判的，这是我们应该祝贺的一个问题。当需要自我批评时，我们有能力做这种自我批评，这是最可预期的。更重要的问题——以及怀疑论者真正提出的一个问题——是，是否有了最大范围的批判性的自我意识，信念态度的有效性就能被揭示？

这两个问题，是否足以证明所获得的经验信念的理由确实存在——或可能存在——并且，作为判断的基础，这种理由是否能真正获得认证，不被长久分离。它们不能分开，典型经验判断的逻辑分析会揭示很明显的原因，作为其基础的，先行的经验事实判断。这些前提和支持信念本身不会被认证而只是可信的，因此反过来通过参照一些自己的理由来证明。如此 327
建议的一个明显的问题是，是否我们的信念金字塔形关系不能打败经验信念证明的理论上的可能性。并提出质疑，是否关系是真正的金字塔形或圆形的。

四　记忆的有效性问题

在前面的章节中已经指出，经验知识的倒退不是无休止的，因为典型表达经验信念的非终结性判断最终都要回到终结性判断，回到对实际所予材料的感觉，回到其真是确定的表达陈述。这个考虑虽然重要，但在当前情况下不会救我们，因为没有经验判断能仅通过参照当下所予的感觉事实而是有效的。为了证明任何经验判断——甚至终结性判断“如果 A 那么

(可能) E”——还必须提供从以往经验得出的归纳。在每一个从当下材料的有效推导的实例中，需要更高层的材料和归纳规则，一个像现在的、关于过去的一般前提。事实上终结性判断“S 被给出，如果 A 则（可能）E”本身是这样一个归纳，或者这样一个归纳到本案的延伸。举例来说，由于某种视觉的门把手的外观 S 是目前和毋庸置疑的给予，我可以判断，如果我提出适当的把握方案 A，门把手被触摸的感觉 E 将伴随。但这一判断“当 S 被给出，如果 A 则 E”不是由 S 在目前例子中的确定性来确定的。它也要求从看和摸门把手的过去情形的一个归纳。当下所予 S 只保证有效的归纳适用于目前的场合。在这种情况下，预测“如果 A，那么 E”是决定性的可证实（或证伪）。但我们现在不询问对其判断后的确信，而询问当它作为做出判断前的预测起作用时的认知状态，我们是询问其理由而不是证实。很明显，任何经验信念的理由依赖于一个先行经验信念，而先行经验信念不是一个理论的确定而只是一个概率。此外，我们在终结性判断
328 中所观察到的——即它们所需的理由是其他一些经验信念，它本身较不那么确定——显然也持有，更不要说对于从未决定性地证实而只是在一定程度上被肯定的非终结性判断。

不过，一个信念“P”的理由或必要理由是另一个较少确定的经验信念“Q”，“P”的理由本身并不无效。这不是确定的，而只有要求“P”真正可信。如果这种真正可信能被其理由“Q”所保证，那么“P”和“Q”的关系将确保“P”的一个类似的可信，即使不同于确定的“Q”的可信将在是保证“P”的一个相对较低的可信中被反映。我们目前正在关注的问题的困难在其他地方，特别是在两件事情。第一，为证明“P”所最终需要标明的复杂理由似乎需要一个经验信念的复杂性（该信念不仅实际上并在一般情况而且理论上并在任何情况下是完全不可能的）。第二，困难在下一事实，即可信的理由总是必须包括作为事实的过去的经验的推定，并因此提出了记忆的有效性问题。

五　认识论的呈现

我们将希望直接达到这些问题，但一定的初步观察可能是适宜的。在某种程度上，这些问题，像先前被讨论的那些问题一样，关于我们说的知识而非不同种类回答的方式，似乎在呼吁合理决定。正如前面提到的，判

断的理由是否明确牢记，几乎很难考虑，因为在标明有肯定认知价值的信念态度与那些缺乏肯定认知价值的信念态度之间的重要区别方面，它不能自圆其说。区别是无论是否进行了明确的考虑判断，如果我们都能够分配我们自己质疑和他人质疑的情况之间的基础，那么该基础与我们能真正说“如果不是因为这个，我不会这样来判断”有关。并且，采取这个“是判断的一个理由”的真正恰当的意义。很显然，同样的考虑可以适用于理由所需的理由。在这个意义上，他们可以做出这样的明确要求：如果情况相 329
反判断就不被做出，是心理上不同于心理状态的判断的基础，可能仍然是其作为真正认知的真正决定。

实际上，很少有机会要求他们，这个事实可能会妨碍我们对判断的这种只是含蓄和遥远理由的真实性的赞赏。要明确这样的判断的基本依据，即使假设它们是真正的，也需要时间和反思。在判断中，最典型的存在于它的真而不是有效性中。我们的实际兴趣，最经常是靠其进一步确认更好地服务。凿子是否尖锐或我们是否有钱买它的问题，我们不在我们这样思考的任何问题上长时间停留，而是进行真的进一步测试。我们要求确认，而不是理由。只有当这种测试是行不通的，或者因为测试条件不容易被影响，或者因为测试涉及一些不轻易假定的危险条件，认知者才有可能调查他的信念的理由。在后退搜索理由的某些时候，真的实际兴趣所决定的东西与需要信念的理论根据所要求的东西这两者之间的对立，是必然出现的，这是我们进一步调查判断的基础，但这个事实不直接涉及是否存在可能引起反思这种理由的认识论问题。

经验知识有效性的真正关键问题并不在于是否信念的充分理由实际包含于所谓判断的精神状态的清晰心理内容，而在于是否有充分理由的经验信念的认识者能经得起询问，或是否是这样的，即使在理论上，这是不可能的。这一问题，真正涉及经验知识的可能性，我们不久必须回来讨论。

可能会提出的一个稍微不同的问题是，是否所谓的经验知识因为它被认为足够而隐含的理由，当它们是隐含时是否被恰当地这样称谓；或是否应该为以后它们被隐含做出的心理状态保留名称。从某种意义上，这一点 330
已经回答了。决定在只是明确想到证明理由的地方说成知识，是这么严格以至于排除了我们大部分（如果不是全部）的企图认知，并模糊了实际可能有价值的知识与“无知”和“错误”之间的重要区别。但是，可预期的具体反对意见是有关知识和时间过程，即把在某个时间发生的、只能通过思想过程在以后对照的东西归因于认知状态，是没有保证的。在时间 t_1 发生的经验理解被称为知识——这样我们可以想象批评家反对我们的讨论——但只是因为它隐含一定的理由。然而，“隐含”是一个含糊的词，真实意思是，通过一个反思过程，在明确包含的相关项目中，不同的精神状态可能发生在稍后的时间 t_2 中。因此，被说成有效的认知发生在 t_1 的时候，此时也许呈现了凸显经验事实的感觉内容。但对于有效知识，未明确考虑的、进一步的判断理由，要求拥有这种感觉所予内容。因此，事实证明，拥有必要的有效性的特点的认知状态不发生在 t_1。并且，可能精神地在稍后的 t_2 发生的事情，是一个不同的状态。在其中，被理解的东西是在 t_1 时的（现在已过）的意识内容与别的什么事之间的逻辑关系。因此，包括对什么是有效经验知识的理解不发生在 t_1 或在 t_2，并且，合理信念的认知状态不发生在任何时候，而且是虚构的。

我们将在以后尝试直接回答这类反对意见。但一个至少失去了任何肯定力量的可能反驳，可以立即给出。并且，这个反驳值得评论，因为它还附带有我们应简短关注的其他问题。认识本身就是一个临时过程，就像听一首曲调或指导汽车绕一个角落。它不是延时认知，而是虚构的非扩展的瞬间。如果临时延伸的经验能够同时在一起被知道，这是个矛盾，该矛盾
331 的关键不在其真理的假设，而在于假设我们可以给予肯定或如果任何意义都是假的就给予否定。那些倾向于撕裂每一个问题的人经常犯的错误是他们将知识限制在现象主义的一些限定，但允许自己像超越这些限制、能俯视我们可怜的人类努力认知并观察我们徒劳努力的神一样说话。特别地，他们将自己卷入隐含的矛盾，如果他们的批评意见是有效的，那么他们断言的东西肯定是一个他们永远无法证实甚或思考的思想。如果说，经验知识是不可能的，因为它需要当下经验的保证，而且无论谁表达他确信的东西，这样回顾性地做并因此违反当下保证，那么答案是，如果为了真正被理解而要求是当下的东西实际上始终只是逃避我们，那么我们应该没有真实认识它具有这个未被给予的特质。无论被检查的原始给予，或者没有什么东西其检查会告知什么刚刚逃脱。如果我们总是抓到的东西不是它本身而只是它的反响，那么我们应该把反响看作事物本身，并且没有任何展现的东西使我们意识到我们这样做的错误。如果我们设法表达为所予的东西事实上未被检查，那么它没有被检查的当下状态同样也会在我们通过检查

发现其不足之前逃离。提出这类反对的批评家必定花言巧语地宣称他靠某种超自然的启示知道他的陈述。因为，如果它是真的，那么他肯定永远无法从经验中学习它。经验知识的临时特征无疑有困惑，但我们不会靠拥抱说谎者的悖论、靠断言我们目前理解的东西永远不是目前经验来获得解决方案。对于直接经验材料的真正理解，“目前”是“足够长”的。因为如果没有直接经验这种事，任何人都不可能知道甚至说起我们没有的东西。确切地说，我们会建议知识发生在认识论的呈现中，感觉所予中的一个呈现被包围在嵌入在过去经验的认识上的有关替代中，用记忆的形式或我们 332
具有的以往经验的感觉形式。并且，目前即过去（present-as-past）的项目能够被关注和思考，并带来了彼此间以及与感性所予的关系——都没有超出真正是现在的界限。我们不必问，是否认识论地呈现与心理学家称为“似是而非地呈现”或康德所谓的“感觉的综合统一”一致。我们满意于观察到，除非有这样一个呈现，在其中对认知至关重要的心理过程能被拥抱在一起，否则没有人能假设还没有的理由。他做出这种否认或思考被否认的思想的能力，必须充分显示，他否认的是关于经验的时间性的实际的和无所不在的事实。

六　信念的被迫倒退

类似的考虑也适用于记忆的有效性问题。如果我们能够给这些有效性任何意义，那么我们有可能设想在特定情况下，对于记忆的有效，它意味着什么。缺少它，这个问题的陈述本身是虚无。很容易别有用心地反对“关于真实过去的任何有效保证”的可能性的持怀疑态度的反对者都可能是假的，如果认真对待，将意味着，现实和经验的可相信特征都不允许我们“知道一个真实的过去”。但如果情况是真的话，那么短语“真实的过去”将是毫无意义的，因为没有人能够设想它将适用的任何事。并且，如果以实际上不可能有的方法，他可以在某种程度上设想这不可知，将没有可信的方式保证被怀疑的东西实际上我们不知道的一种现实。这种特殊形式的怀疑，我们有理由批判，因为它是胡说八道。

必定有某种意义，在这种意义上，如果提出这个问题，过去的认识是可能的。也许把这个问题留待考察是智慧的一部分，鉴于其明显的困难和纯粹的理论特点尤其如此。认识论的研究已经相当普遍地回避这个问题。

333 并且，所涉及的任何困难，对于知识的分析没有任何意义，但所有承认经验知识的有效性依赖于基于过去经验的推论的可能性的理论都共有这个困难。（而且，任何理论没有它就是花言巧语？）然而，观察到必定有一些解决问题的方法，还不是找到解决方法。而认识论研究共同遗漏这个主题，是一个丑闻。如果我们不能说明每个人认为是真的东西是什么，我们的理论就是多么明显不足。我们将试图指出所带来的问题的积极解决方案，尽管在面对一般被逃避的困难中带有鲁莽，且不预期有任何特别的洞察力可能一举解决问题。对于这些问题，可以预期，能给出的司空见惯的回答一定是谎言和不可观察到的。

把记忆的有效性问题强加于任何经验知识的讨论的特殊困难，如已经指出的，是知识需要从过去经验的归纳推理，并且，最终必定达到有效记忆的问题。看到这种推断并不要求保证被称为不肯定而只或然的知识，这是对问题的一个缓解。但是，除非其基础可被视为无条件的真，能有这样真正的可能性吗？可能或可信的最接近的理由不必是肯定的，如果它们本身是真正可信的就足够了。如果根据理由“Q”，“P”是可信的，那么，与“Q”是肯定的相比，“Q”的可信保证了较低程度的可信性。但如果“P”的可信取决于“Q”的可信，“Q”的可信取决于“R”，等等，如果在这倒推中我们停止在确定的事情上，那么，所说的可信度怎样被估计或是真正的，因为每一个又相对于一个理由，而且没有给出最终理由。除非这一系列支持的理由最终有终点，该终点不需要支持，否则整座经验知识大厦将摇摇欲坠？那么，难道不要求有本身是确定的、足够我们归纳推理的最终材料？

在直接经验所予的呈现中，有经验知识的理由。但是，这些为我们的经验信念提高线索的感觉材料，本身不足以保证所信的是可信的。为此，
334 还必须有对过去经验的事实整理。我们必定能说，“如果这些被给出，那么那些就可以预期，因为在以往的个案是这样的”。省略从过去到未来的任何这类归纳推理的有效性的问题，我们现在遇到的困难是，对于这个推论，关于过去的前提必须得到保证。但事实上，这些只是以记忆的形式目前呈现给我们，不是作为明确的回忆或记忆沉淀或过去经验的融合感觉。如此被回忆的东西是不确定的。我们记得记住的事物后来却发现其为假，这通常使得记忆的确定性假设相矛盾。记忆一般如此可错，宣称任何特定或此类记忆的确定性，成为可疑。被记得的任何特别的事情的这样可信，

要求提供超过本身代表回忆特质的当下项目的其他一些东西和支持理由。在这里，我们很可能会陷入绝望，因为我们在前进中看到，在任何企图为记忆提供这种支持其可信的原因中，我们一定会又遇到一遍同样的困难，并以更加复杂和严重的形式。因为我们将不得不依靠关于过去记忆和它们的事后确认的事实——这些事实本身只能通过记忆被揭示。

正如我们所设想的，能被返回到这样造成的问题的答案，有两部分。第一，无论什么被记得的东西，无论是否作为明确的记忆或仅在我们对过去的感觉形式中，因如此被记得而是初步可信的。第二，当考虑到经验信念的整个系列，它们都或多或少依赖记忆性知识，我们发现，那些最可信的东西，能通过它们的相互支持或者（我们将把它们放在一起）它们的一致而被确信。上述这两个论断都不是作为不言自明甚或具有初步的可信度而提出的。我们也不打算把它们作为根据给予前提“事实知识”就能被解释而被接受的临时先决条件提出来。二者都应当接受尽可能仔细的检验，并且只当它们引人注目地出现才被接受。

不过，首先，我们很清楚，为什么作为一个庞大而复杂的信息机构的 335
经验知识的通常概念，历史地建立了人的经验，靠先前认知成就支持的每个进步，以及最初建立在我们的感觉材料上的整个结构——为什么这个很容易被建议的图片，其历史理由可能是任何东西没有提供经验知识的有效性问题的解决方案。一个人的经验知识的可信最终都在于他自己的经验。（没有任何经验知识属于一般人，经验知识只是个人的。）由其他人报告，以及其他类似的间接证据，在理由和其佐证中发挥了巨大作用，但在这种间接证据可以发挥这种支持作用之前，至关重要的是，有一些理由，例如，能评估另一个人的报告的可信性。这个理由会涉及收到这些报告并发现它们可靠的过去经验的参照，适当地，通过参照所报告的东西的后来的确认，它要求报告加上一些从自己的经验归纳出的可信度。此外，由于报告本身一旦收到就是我们自己的某种经验，因此，信念的整个基础必须最终建立在知道者自己的经验之上。

我们自己的经验也是这样。我们经验知道的东西，最终都可以追溯到那些可被标明“直接感知”的，就像我现在对我面前的纸的目前观测的重要项目。但对于这张纸的客观经验事实——甚至是它的可信性——当下所予和毋庸置疑的感觉材料是不够的。对于陈述“白纸现在在我面前”的可信，除了感觉呈现，我必须具备在婴儿早期的经验中不会有的归纳，有一定程度地保证预测我面前的白纸现实暗含更多经验证实的归纳。我能通过对可比场合的以往经验做这样的归纳，但它们只有被记得时才能够。就是说，我目前直接能反应我当前信念的检验的只是有记忆特征的而无所要求的以往经验事实的所予呈现。在我能相信当前信念之前，在所予感觉材料和关于以往类似场合的归纳的基础上，我必须首先相信目前所予的回忆或
336 以往事实的感觉，它是实际以往经验的唯一证据。关于经验判断“根据以往类似场合我有这样或那样的经验”，我必须找到至少一个可信的程度。并且，使我这样判断的目前的记忆事实，仍然不足以保证它的真。除了记忆的现有材料，当这些记忆材料被给出，看似记住的经验可能带有一些可信度地作为实际被接受的效果需要归纳。而且这个必要的归纳涉及一般记忆的可信性，或包括目前这个在内的一类记忆的可信性。为了建立归纳，我必须拿出证据。我曾经有像明确记得以往事实的这个经验，或感觉它们属于我的过去的经验，并且，后来记得的这些以往经验被证明是真正显示以往事实，在足够大的比例的情况中证明我把目前的回忆作为可能有效的来接受。

毫无疑问，我可以提供这些证据。我有时反应我的某些类别记忆的可靠性，例如，我对颜色或名称或放东西的地方的回忆，并且我做得出对于这些记忆的可信性的归纳。但是，更重要的是观察现在成为充分证据的经验知识的一般困境。我开始评估根据当前感觉材料而相信的一个经验事实的可信性。对于这一点，要求关于以往类似经验场合的一个归纳，这必须建立在记忆的基础上。但目前记忆的事实是充分的，一方面是因为像感觉呈现的记忆呈现不等于它们向我们建议的经验事实；另一方面，特别因为，仅仅记住——作为它们记忆的我的记忆的确定性——不是所记得的事实的一个完全可信指数。我先能够评估我现在的信念，然后，回到以往经验，并必须评估记忆知识的特别项目的可信度。这些只能通过参照以往经验记忆被评估，但这不是目前被给出，而只被证明在记忆中。这里没有循环，像只是口头表达可能暗示：我能用明显的一般方式评估这个特殊记
337 忆。但我观察到，在这一进程中我将肯定不能来到我评估目前经验信念的可信性问题的结尾，因为每一步我将被送回到以往经验，然后到记忆的证据，并且，将总是发现，记忆的可用证据是不足的，并且本身需要只能在以往经验中发现的可信的理由——作为记忆——等等。记忆知识的一般性质构成一个难题，不可能有对可能知识的有效性的最终解决办法，除非这

个问题能被解决。

正如已经指出的那样，这种困境是理论的而非实际的。因为记忆和感官知觉所建议的信念是可证实的和合理的。关于记忆正确性的任何怀疑的实际解决，是要通过寻找它的一些真的现在或未来的一些后果而做进一步化验。例如，如果我不知道我记得的我把眼镜放在壁炉上是否正确，我将不会过长时间反思我相信这个特殊回忆的理由，而是去看并看到。如果我的记忆通过这个方式被证实，就是更好的可信证据（如果我仍然对它有兴趣），相比我通过收集可以相信它的理由而获得的证据。但为了作为真正认知的我的记忆信念的有效性的理论问题，这要求证实是毫无意义的。因为这个理论问题关注可信度本身，而不是被相信的东西的真，后一个是实际关心。

为了知识的必要分析，靠观察记忆能通过感觉经验而非根据先前理由的后退辩护所证实，我们最接近。由于问题涉及后于可能知识信念的有效性和靠先于被检验的认识的感觉而独立证实的有效性。关于这个问题，我们发现，涉及认为一个信念根据先前理由是可能被证明的，这个理由，或者是确定的，或者如果只是可能的就是这样有时间上的事先理由等，直到 338
我们来到最后的和只包含在直接经验中的充分理由——通过终止于完全确定的所予材料的有限线性回归的方式加以解决，是完全不可能的。

特别是，使其不可能的是下一事实：作为我们经验信念的整个金字塔结构的最终基础而被依靠的“经验”，主要不是当时我们需要的所予感觉经验，而是我们能记得的以往经验。但是，记忆在认识论上不等于被记得的东西的确定性。在证实经验判断中，看重的证据是记得什么确实发生了。证实这个判断的尝试，使我们寻找反过来将涉及其他记忆呼吁的其他必要理由。因此，在经验确定中没有这类追溯带来终结。

七　连贯与自洽

这一困境的性质几乎无可避免地建议作为解决它的方案的融贯性理论。具体来说，它建议，作为被检验的可能性，较少确定的、不能根据经验确定的理由证实的经验信念，仍可被它与其他信念的关系证明为可信的。这种可能性确实从关于那些是简单的和相当明显的相连的概率的确定事实中产生。但是，这些相关的事实在其逻辑意义中根本不同于由英国后康德主义的理想主义者所提出的，在历史上最有权利称为“融贯真理论”。为了表明我们与历史上观点的不同，我们将谈论陈述的相合性（congruence），而不是连贯性（coherence），并分配给“相合性”这个词一个明确和有限的意义。一组陈述，或一组所谓事实宣称，将可以说是相合的，当且仅当它们是如此有关，以至于如果其余的能被断定为既定前提，那么它的任何一个先行的概率就会增加。

这种相合关系要求多于仅是一组陈述相互一致的某些东西，少于一组
或系统关系的某些东西，在该关系中的每个陈述可从其他陈述逻辑地演绎
339 并被一起作为前提。然而，如果我们不重复历史上融贯理论中的一些谬误，极
为重要的是，将看到：无论是相互一致，还是我们所说的一组陈述的相合性，还是每个所包括的、可以从所包括的其他陈述逻辑地演绎的系统关系，都不能靠自身保证经验信念或被谈论推测的即使是最低程度的概率。为此，绝对需要至少有些陈述先行具备一定程度的可信度且不依赖被讨论的其他陈述，并可从直接经验与其关系中推导出来。尤其重要的是，历史上的融贯理论似乎是模糊的：它似乎永远不能在该观点的显示中被肯定，无论“融贯”意味着与经验的基本关系，还是只需要被讨论的陈述之间的一些纯粹逻辑关系。事实上，与此理论相关的所谓“现代逻辑”，完全模糊了逻辑分析真理与那些只能由一些超越逻辑地参照感觉所予材料而被证实的经验真理之间的本质区别。

被相信的陈述之间的一致性关系——加上它们组成一个完全自洽系统这个事实——本身不提供其中任何一个陈述合理信任的理由。如果所讨论陈述的结构是小的，这就会充分显示。没有人会如此愚蠢，以至于如果没有其他理由相信“P”“Q”“R”“S”四个陈述其中任何一个，就因为它们是一致的就相信它们。但是，可能的回答是，做出区分的是被相信的陈述的总面积，即“真理的整体”是一贯的，而且没有非事实与此真理的整体一致。因此，作为被包括的信念接近这么一个理解整体，完全一致是真理逐渐增加的好证据并因此是合理信任的一个逐渐增加的好理由。

然而，这种推理只是一个谬论。前提——即整个真理是完全一致的系
统，且没有非事实是与这个整体一致的——显然是真的，假设该短语“整
340 个真理”意指什么，但得出的结论不伴随而来并且实际上发现在任何本身
不产生混乱的逻辑中没有根据。如果有任何真理的一致主体，那么也有一

个相应的且与假陈述一致的同等的自组织系统或多个这样的系统。最后只有一个充分全面的陈述系统被发现是一致的，这是一个违背有关一致性和系统性质的显而易见的事实建议。它可能似是而非地打击我们，因为我们是如此贫乏的骗子，而且一旦我们违背真理就相当肯定会迟早纠缠于不一致。然而，一个充分高贵的骗子，或者一个有时间和耐心遵循一些简单逻辑规则的人，最终能提供给我们令您满意的、都包含虚假的任何数量的系统。因为有可能把这种观点当作“整个真理”处理，它是一个被证明的可能世界无限多元的莱布尼茨主义的概念，不是历史上的融贯理论的观点。融贯理论认为只有一个综合所有的，只靠它的完全一致被决定为真的系统。

这一点很明显，不参照那些最终击败人类试图设想足以描述一个可能世界的任何陈述系统的困难也能得出。首先，让我们说一个既简单又普遍的事实。经验陈述普遍具有逻辑意外的特点，他们不能靠其逻辑特点被检验为真，也不能靠其逻辑特点被检验为假。如果我们整理被相信的这种经验陈述达到一定点，那么对于尚未被我们所信的东西暗示或不符合我们所信东西的经验的真，其真和其中的矛盾都与先前信念完全一致。让我们假定这一系列被相信的陈述是自我一致的，并让我们标明所有这些信念“P”的相连的陈述，并让“Q”是任何进一步可能发生的陈述，该陈述的真尚未确定。“Q”是可能的，意味着“Q”和它的矛盾“非Q”二者都是自洽的陈述。“Q”不是可从“P”演绎的——并因此尚未包含在系统“P”中——这意味着包含在“P”中的所有事情与“Q”的虚假一致。“非Q”不是可从“P”演绎的——并因此“Q”尚未被决定为假或不可信——这意味着包含在“P”中的所有事情与“Q”一致。说一个先决信念“P”并不意味着“Q”的真或假，说“Q”和它的矛盾陈述“非Q”二者与“P” 341
中的一切完全一致，这只是用两个方法说同一事情。

其次，现在我们接近谈论的主题，如果我们从一系列可能陈述“P、Q、R…”和其真假的决定问题开始——说“P”——参照它与可能经验事实的综合系统一致或不一致，那么这个问题也没有解决。它因以下原因是不可解决的。对于任何一对“P”和“Q”这类命题，如果“P”和“Q”的交合陈述不是一致的（即如果“P”与“Q”不一致），那么“P”与“非Q”将是一致的；如果“非P”与“Q”不一致，那么“非P”与“非Q”将是一致的。对于“P”和“Q”以及任何第三个可能发生的陈述

“R”等，事实是相似的。如果“P”和“Q”是一致的，那么，或者“P”和“Q”和“R”是一致的或者“P”和“Q”和“非R”是一致的；如果“非P”和“Q”是一致的，那么或者“非P”和“Q”和“R”是一致的或者“非P”和“Q”和“非R”将是一致的。同样，对于代表可能经验事实的已经建立的系统的任何复合陈述“M”，和任何剩余的经验选择“N”或“非N”，如果“M”和“N”不一致，那么“M”和“非N”必定一致。

因此，如果我们从任何信念或陈述“P”开始，我们会发现一个或其他的每对进一步经验陈述“Q”和“非Q”，“R”和“非R”，等等，可以与“P”连接成一个自洽集。这对其矛盾陈述“非P”同样是真的。*每个经验设想，作为一个可能发生的陈述，包含在您全面满意的一些自洽系统*。经验信念或陈述“P”的真与它的假（“非P”的真）之间，与其他可能信念或陈述一致，或包含在全面和自洽系统中的东西，不提供决定的任何线索或依据。

除非有*一些*并非靠与其他真理一致或不一致的关系而被知道的经验真理，否则，任何经验真理都不能由一致性的标准确定。当一些经验真理*是*事先知道，所有*进一步*的经验真理都不会在任何智慧中靠求助于一致或不一致的考虑而可确定，除了从我们已知的或者由熟悉的普通逻辑的方法能
342 确定的东西可确定的经验真理。试图靠求助于一致性来确定不是简单由先前确定的事实演绎的任何经验真理，完全被逻辑的基本事实击败。

这是很有道理的，“整个真理”是如此严密锁定的系统以至其中的每一个特定事实完全是由其中的其他事实固定。事实上，整个真理会有这种系统结构，但是没有真相包含于其中，也不帮助假设一致性和真实陈述的这种系统的相互依存能决定未知的经验真理。没有任何烦琐的逻辑模式，靠考虑有关众所周知的逻辑系统的某些事实，这一点可以澄清。

这里有不定数量的单纯几何图形，它们互不相同，如果这些不同系统共同的术语被指定了相同的固定外延。关于空间的一般性质的真或假定包含在这些系统中，其他的一旦如此解释就都多少有些虚假。然而，这些几何图形的每一个是所提及的类型的锁定系统。从剩余法则中导出这些系统的任何一个的任何法则，不要求更多的演绎智慧。对于“定理”，这是显而易见的，因为它们是从公理推导。但公理同样是真的，它们都是可推导的，如果定理和其他公理被给出。这些几何图形的分歧，

以及它们最意想不到的性质，一旦被用来代表有关通常理解的空间的真相，是任何试图靠只要求“一致”或“系统的一贯性”来确定经验真理的无基础的特点的好例子。而如果回答说这个失败只是明显的，因为即使整个几何系统仍然离可包含的所有事实很遥远，那么我们可能会还原为以上各段的考虑。让任何几何（因为它是前后一致的）成为它们的说明“P”。然后，已经表明，作为一个整体和它的矛盾命题（断言至少有些假），二者将一致，并能包容在一些较大的自洽系统中，并且是人的智慧可以设计的。经验真理特别能通过参照所有真理的系统的统一而被确 343
定，这个观点靠下一事实从反驳中获救，“真理整体”始终超越了我们能做的任何调查所达到的地方。对于任何我们能调查的经验推测，互相一致和“系统的一贯性”没有负担证明包含于其中的整个一套或任何特定的假设的真。

八　自洽和归纳逻辑

可能有更好理由建议作为证明经验信念的“连贯性”的考虑关于概率和交合概率的某些事实。这是被讨论的关系，对于这个关系我们建议用“一致性”代替“连贯性”，并且主要考虑已在第八章中提到。[①] 例如，经验信念的一个主要归纳证据方法就是所谓“假说和核查”，并且可以合理宣称，归纳推理的部分甚至整个可以带来根据本办法的一般原则。通过这一过程，一个假设的概率是通过看它结果的真或假来估量，靠看这种结果独立于假设的概率来估量。被评为一个假设的结果的不是——它应该得到遵守——从它演绎出来的。演绎推论可能作为特殊例子被包括，但是当一个假设“H”据说有结果“C”，其通常意思是“H”和可能合理认为的其他陈述一起给出了“C”的高概率。[②] 例如，如果假设是，有白蚁危害某一幢建筑物就是说有这建筑物的墙壁将凹陷的推论，其意思是，给出建筑物中有白蚁这个前提，连同有关白蚁、建筑物和物理定律的已知事实，就得出墙凹陷的高概率。人们不得不有点巧妙地补充陈述的假说“H”和其他合理推定“K”，说“C”将靠演绎逻辑法则从“HK”推导，并且甚至在可能的地方，它仍然超出召唤“H”的一个推论“C”的一般打算。对于

① 见235～240页的第14段。

② 如此的高概率并不重要。一般来说，同样的理论适用于任意“C”。

344 这个通常意义，如果根据前提“HK”有一个相当高的概率，就足够了。此外，被认为是被假定的有关事实的，可能其中有一些，是前提，这些前提本身不那么确定以至“HK”的推论的失败不能导致否认“K”而不是否认“H”。被讨论的整套陈述，“H”和“K”及各种推论 C_1、C_2 等，可能是这样：在未做测验之前，它们每个都有更高或更低的概率，但没有一个是肯定的——即使当“肯定”只意味着“实际地”或“科学地”肯定。这种相当常见情况的一个完整和仔细的逻辑分析代表一种还没有做的研究，不过我们不打算在这里做。这可能会引起没有它而依靠显而易见的事实的最重要的考虑。

特别应该引起我们注意的一点是，当一个假设的各种推论被发现是真时会发生什么。如果不同推论被证明或独立证实，这些单独确认的综合事实可能会明显增加假设的概率，比这其中任何一个单独给出的、比这些确认分别给出的总和，都要高。具体地说，如果“C_1”和“C_2”是“H”的独立推论（如此有关，以至于假设“H”假，发现两个推论之一的真不会增加另一个的概率），那么发现两者都真将增加“H”的概率，如果“H”假就不可能两种情况同时发生（“C_1”和“C_2”都真）。

看看下面的例子：分给 N、E、S 和 W 四人检查未经审查的一组牌中
345 的不同一张。先给 N 最大的牌红心 A，第二分给 E 红心 K，第三分给 S 红心 Q，第四分给 W 红心 J。知道工厂怎样叠放扑克牌，每人分别观察的情况给出扑克牌从未被弄乱的概率。对于 N，这一概率相当高，但对于 E、S 和 W，它仍然是小——事实上，如此之小以至于可以忽略不计。但是，它们信息的汇总，将为这一假设给出非常高的可能性。并且，同样高的可能性将属于进一步的和仍未经检验的推论。例如，所分给的第五张牌是红心十，第六张是红心九，等等。对于这个例子：

“H” =“这副扑克牌从未被弄乱”；

“K” =“工厂叠放的牌是按顺序的：最大的牌红心 A、红心 K、红心 Q 等之外的牌，按红心、梅花、方块、黑桃的顺序”；

“C_1” =“被分的第一张牌将是最大的牌红心 A”；

“C_2” =“被分的第二张牌将是红心 K”；

“C_{15}” =“被分的第十五牌将是梅花 K”……

这些陈述都不是事先保证的。“K”有——让我们说——相当的概率；“H”有一个低概率；“C”的概率非常低；对于其他推论，每个先行概率是

按 1/52 的顺序——尽管不完全是这个顺序，因为牌的数量是不确定的。前提“KC_1”给出了“H”的一个相当高的概率，然后是“C_1”“C_2”，以此类推。“KC_2”或“KC_3”等分别给出了“H”的一个低概率。但综合前提“$KC_1C_2C_3C_4$”给出了“H”和所有进一步的和未经考验的推论的一个高概率。即使省略“C_1”，“$KC_2C_3C_4$”会给出“H”的一个相当高的概率，这将把作为根据未弄乱的假设被预期的“C_5”“C_6”等的检验迅速提高到几乎肯定。

这一整套陈述显示名称“一致”所意指的关系。他们不仅一致，而且其中任何一个的概率靠发现其他的真而增加，也因此靠增加其余牌的概率的证据而增加。即使“K”不可能进一步确定，并靠发现这些其他的是事实而更好地被确信。事实上，这是个在其中没有集合成员是集合的其余成员的**演绎推论**的例子，甚至“HK”不靠三段论或其他类似规则也能被推导（虽然一个演绎系统中的陈述集可能被认为是大致在一定程度上与其他集一致的一个“理想”实例）。我们也可以看到，它不要求**所有**剩余的集建立任何一个集的概率，“K”与推论的一个相对较小的子集一起，给出了 346
“H”和其他推论的一个高概率。虽然“H”和“K”是集的主要成员，仍然有推论的一个足够子集将给出不属于“K”的先行概率的“H”的一些概率。“H”是先行**不可能**的，它靠其推论来建议，其证据取决于他们。不讨论就很明显，这个特点——它不要求集的剩余成员建立任何已经给出的一个概率——一般或多或少靠一致的集来展示。不过，有一点我们要特别强调的是，一些陈述的**综合**的真——也许比较少——在这样一个一致陈述集中可能足以建立一项其他或者所有其他集的一个高概率，**即使没有因此综合的单个项目将是被讨论的任何事情的好证据**。

我们关于独立告诉同一偶然故事的相对不可靠的证人的前面的例子，是一致逻辑的另一个说明，并且，对于一般经验真理的决定一致关系是更近似典型的重要性。对于任何单个做出的这些报告，它证实所报告的东西的程度可能是轻微的。而此前，被报告的东西的概率也可能是小的。但是，报告的一致性靠熟悉的概率决定原则建立了他们同意的东西的一个高概率，对任何其他假说的同意没有像真理讲述的同意那么可能，任何一个虚假证人可能讲的故事是同样可能的选择的这么大数目中的一个。（它比得上在一个地段从大量的大理石中连续选择拿出一块白色大理石的概率。）并且，一个本身与这个同意一致的假设因此较好地被证实。在经验真理的决定中，承担一致的可能任务在侦探小说和神秘故事中被戏剧化。在这里，多种证据项目最初被给出，或像故事展开一样引进，一些作为已验证身份的事实，一些具有较大或较小的初始可信度。分开来看，这些提供最
347 终给出解决方案的假设的少许确认，并且甚至不负责表明它。此外，他们当中的任何一个是与各种替代假说一致的。但这些项目的拼图板关系，一下子把仅是可推测的东西提到高概率的地位，当最后一条证据适合到位。如果这种通俗小说通常夸大单个一致可能发挥作用的部分，科学仍然有大量侦探故事，并且它们的逻辑胜过惊悚片。

它也可以用来强调在经验信念证实中一致性的重要性，如果我们在可信性的最后基础的程度上观察，必定在有这样或那样“报告”性质的证据中发现——感觉的报告，记忆的报告，其他人的报告——“报告”这个标签是合适的，因为这些项目没有完全验证被“报告”的东西。“报告”也体现另一个更经常地、通过其一致关系确认我们的信念的，即在独立“报告”主要“同意”的地方，他们同意的事情仍可能是高度可靠的，尽管不同意有些单个报告，或少数几个报告。正是在这一点上，我们的第二个例子比第一个典型。在第一个关于扑克牌的例子中，如果不是完全消除其概率，任何一个推论的失败将大大减少假设的概率。但是，如果所有证人而不是一个人讲同一个故事，那么，这个故事仍然是非常可信的，持不同意见的证人可能会失去信誉。

总的来说，那就是我们所持的经验信念的关系。只要这些最初根据独立理由被相信，并且不是基于同一证据，或者仅仅因为其他已经被接受而被相信的证据，这种信念的一致性可能是其可信的有力和有效的理由。如果我们发现自己面临所获得的信念之间的些许不一致的问题——其中的一个或更多的是不可思议，如果其余的继续可信——其余信念的一致比不一致项目明显，并且这些可能有效地失去信誉。甚至在被讨论的“感觉证据”的地方，情况也可能是如此。如果视觉证实听觉，且二者都被触觉证
348 实，那么该同意提供实际确定性。如果感觉和触觉证实同样的假设和解释，对于与听觉所证实的不一致的否定或许会引出解决方案。我们会弄错声音的源头，所“听”到的声音在那里其实并不存在，如果我们听得很准确的话，这会比可以同时看到并触摸得到但我们认为不会存在的东西更使人相信。

没有进一步的证实，我们就一定不能够一般地认为任何单个的证据都不能超越其他别的术语的一致性，或是我们先前信念的一致性。如果一个未证实真伪的硬币本来应该在十次的投币试验中都是头像面朝上，这将会产生一个可理

解的解释就是这个硬币是假币，但是第十一次的投币结果反面朝上将会瞬间打破刚才的那个假设。“一致性”是相当贫乏或薄弱的关系环——尽管没有像兼容性那样薄弱——它所连接到的地方，一系列更加牢固的关系也将会连接上，或是没有一点关系。它将会充分地证实一致集逻辑会是一个复杂的事情。我们主要在“假设与论证”这样的词组中讨论它，有一部分是因为那样的逻辑方法很相似。但实在地说，推断演绎逻辑几乎所有的特点都包含在内。确实，我们可以说“一致性”仅仅是当在推断是可能的情况下，为一般不可发觉到的关系所提出来的一种代称，如果必须加上它的真实可用性，这将会取决于这里所忽略的发达的推断逻辑，我们必须与那个陈述没有任何争论。尽管如此，“假设与论证”同样仅仅是一种可以应用于解决推理演绎问题的方程式的代码。①

以这种相似的方法来说，在决定任何一致性的特殊关系过程中需要衡 349
量的思虑可能会包括以下几点：①代替这一项考虑的其他的假设可以解释（或是高概率的）那些真的字词，或是相对独立设立的高度概率；②先前的信誉附加在这与可替代者相比较的假说；③假设的诸结果相互包含（也

① “假设”与其“结果”间的区别通常有一个度，并且以部分逻辑为基础。许多逻辑被正式地写在假设里——通常是模糊的和未表达的——假设可被证实的结果从中推断出来。正如所提到的，这仅仅是个例外，事实上的例外。特别地，被贴着“假设”的事物是一系列一致性集，通过一个或许更多如下思考所筛选出的：（a）它比结果更常见；（b）很难进行直接实验，主要通过结果归纳得以证实；（c）我们对集成员的证实特别感兴趣；（d）是一个增加集成员一致性的表述的陈述。

尽管很少解释，一个事实似乎给假设和证实的推断过程添加了很多讨论。假设显示这种方法的逻辑的理想状态是一个例子，例中假设“H”不能被直接检验，但很明显可以通过一些结果集 $C_1C_2\cdots\cdots C_n$。如果被理想地挑选出来，这些结果都是各自相互独立的。须注意的是这种理想状态是完全不存在的。这个事件的性质，无论是结果集的剩余者来说，若没有参照假设“H”，必须为已给结果提供一些可能性，“C_m”——在这种情况下这个结果与其他结果就不是相互独立的——或是说“C_m”不是“H”的一个结果，或者说，其他结果若没有“C_m”就不会为假设提供可能性。例如，假设零对于一个圆车轮来说来得“太平常”，但是在这种情况下可能性推断实验是不能直接进行的。那么或者这种很经常出现的零最终须为以后建立起关于其持续性的概率，或者会发生涉及最小可能性，无论零是多么经常发生。在这里为检测概率建立任何标准的困难在于“很经常”，这一论断持续的时间需要涉及未来的可能性，我们必须认识到：从逻辑上考虑，假设中零的两次发生的事件是完全相互独立的。

总的来说，假设的结果仅从这个意义来说是独立的：一个事件的建立并没有增加另一个事件的概率，假说那个假设是假的。整个后果集将是未经假设的一致假说。通过归纳推理，这一事实中可能会强调的一个方式是特殊到特殊的推理方式，所谓的“一般”并不包括特殊所包含的内容。一个不直接可测的假设同样不具有可测试的结果，如果这些结果自身不是一个一致集，那么它们的假设要不是空的要不就是假的。

就是说，假设“H_1”为假，结果“C_1”的可能性是否取决于另一结果“C_2”）；④每一个假设上，有关假设成立后果的可能性。

九　对有效信念而言，自洽是不充分的

通过与之前的信念或是已经确认的相一致性，我们很难对决定我们会相信或是认为将会是可能的有很多的印象。这种一致性考虑的衡量在各个等级的经验知识水平中都可以显现，从最底层的“理解事实”到最高层次和最复杂的科学概括。然而，假若对这种重要性的认识能够提出一个相对
350 于融合性理论的“经验真理一致性理论”，那么，到最后那个假设会被证实是假的。关于一致性理论逻辑关系的假设在任何情况下其自身就是经验真理的充足证据，这些需要被挑出来，因为它们相似于那些需要一致性理论的批判。

对任何特殊经验信念的最终最好的实验是其与其他可接受信念的一致性，这或许具有首要可能性，并且所有的这些可接受信念的最终一致性关系集聚于一些“整个真理”之中，这些真理除了其可理解性与整体一致性，就不再具备进一步的可实验性。它提出，每个经验信念整体上在假设中扮演着各自的角色。我们的注意力可能会被任何可接受经验信念的“系统整体”所吸引。它们复杂关系中的从属地位、超协调、相互支持，对其剩余伴随的可信度是非常重要的。对这个事实，我们可能会进一步感到吃惊：在对任何一个信念或假设的验证中，更多的是被涉及的而不是在问题陈述中所经常提到的。放在最前面的作为单个信念或假设的结果很少仅从假论中就能推导出来，它也需要因通常认为是理所当然而从未被提及的集体假设。推理的事实前提的充足方法论实验使我们认识到越来越广泛的发现。例如，单个科学中的一个假设无论在什么地方被验证，这都将是一个证据。在我们的假设中将会很可能涉及明确的陈述，而不是假设所涉及的什么样的后果。或许我们会发现我们自身不能阻止科学整体的可接受理论的短处，种种原因因此而变得明显，我们可能会认为推导理论和所有经验的真理－决定论的最终基础完全是一个可接受信念。一个宽泛复杂的，与此同时可接受的特殊信念的理想的基础的假设，以及与可接受信念整体一致性相一致的假设。

351 但如果我们因此认为有效的经验信念就是一个世间如此好的全面的假说，认为一致性是相互包含的所有细节间的关系，那么，我们务必忽视两个

重要的方面。首先，虽然这个经验“系统”比诸如几何学类的推导系统更全面更复杂，它还有一点区别于几何学之处在于，它其中的联系主要是概率推理而不是推理肯定。这样的一个经验可信的“系统统一”与推导系统有两个相同的特征，始因和后果间的联系（总的来说是单方面的联系）构成了“系统统一”整个复杂网络的根基，就如推导系统由推导前提和结论间的主要联系（也是单方面联系）一样。并且，无论这个系统多么严密，“大块宇宙”怎么暗示，逻辑的演绎系统表明将这个系统分割成各个独立成分仍然具有相同的概率，揭示独立假设并通过多重几何得以证明。作为一个整体时各个都是互不相容的，既使每个系统都与别的其他相似系统间有点共同之处，又使每个系统都严密到若系统的其余部分被接受，系统中的任何一个单个陈述都不可能会被推翻。没有一个全面的假设仅仅通过系统统一及所有项目的一致性关系而确定是最佳的。我们所生活的特殊世界仍需通过将复杂的联系简化成单独的概率关系方面的联系而得以证实。这不是仅仅因为我们的思想太被局限而不能超越如此全面的整体的范围，而是因为任何一个可能的世界都会有很多逻辑上的重叠，而且每个逻辑都具有整体的一致性和系统性的统一性。相对于单纯的逻辑可能性，任何现实的最终决定性考验一定不存在于一致性的关系之中。

其次，我们需要注意这样的事实：通过之前不可能的情况的合取而有力地增加了经验信念的概率，特别是要注意报告所提到的、记忆中的，或
是不直接在现经验起决定作用的项目。以相信其报道不可靠的观察者为 352
例，尽管报道中所报道的是之前不可能的，但单独看它可能变得特别准确，在有利的情况下仅因为同其他相似项目相一致，单独考虑也同样是不可能的。在一般原则下，除去不可信报道发生的所有可能性的途径，他们把事情分割开来点对点地看问题，就比其他说真话的假设更加彻底地不可信。对记忆也是如此，我似乎记得的五岁时发生的一些事情的可信度可能会很低，但如果足够多的相似回忆能够串联得足够好，并与其他的回忆并不相互冲突，那么，我所回忆的是事实的可能性就很大。因此会变成可能的，因为它不可能同其他可能性的假设相一致。

但可信的陈述仍然没有构成他们最底层可信度逻辑关系。这样的逻辑关系——至少是完全一贯性的关系——可能性的必要条件是**必需的**。不过如果这一整套声明的一致性应该被制造在整体布料外面，类似小说家写小说的方法，或是如果它作为某些热情与其理论一同消逝的理论家所精心设计的一个特别的假说，这样一致并没有事实的证据。如果声明这样仅仅合

乎逻辑的关系是信念的充足理由，那么一旦不可靠的记者聚到一起并且捏造了他们的故事，他们将会为了事实而工作。承受压力的大学生们在背后运行其“实验”并且从书中获得“数据”，他们遵循着一个高效率的过程，这提醒着所有的科学家。通过一致性这种融合的特征我们要认识到：显示这些一致性关系的项目的必要前提必须——至少是一些——是独立给定的事实或是之前已具有可能性，必须有一些不可能同其他已确认的假设巧合的直接证据。事件的根源是不可信的报道者一定会做出没有结论的一致报
353 道。我们一定会发现我们自己拥有回忆，这些回忆可以很好地连串起来以至于被斥为记忆错觉。不可或缺的项目是一些直接的经验数据，例如事实上已给的报道，以及我们似乎记得的事实。没有这种编排的试金石，同余关系不可能推动我们向实际经验和有效可信迈进。无论同余关系在我们经验信念的构建过程中是多么的重要，支持整个大厦的基石仍然是那些在给定试验中所揭示的事实项目。无疑事实的所有方面构成一致集，这个集包含了无数的子集，每个子集内部一致并且也同外部的其他相关集相一致。但是在每一个都相互逻辑重叠的无数可能的世界，现实特征不会告诉我们到底生活在哪一个世界中，也不会告诉我们各种几何形状的完全一致特点与系统一致性特征会决定哪个适用于我们所在的空间。为了探讨这个事实，我们须依赖实验。①

① 当然，它强调平等公正，没有简单的事实现状取决于经验给予单独的内容，也没有提到同余关系，但是任何“所有的事实现状”的集须包括诠释和每个给定的基准的经验的完全解释。

同样，就如几何学一样，没有对“抽象”概念适用性的测试是不借助于感觉意义，作为其适用的标准而适用于每个概念。这样的抽象概念是各种关系的表达，它们的应用性问题一部分是特定的感觉意义上的分配，一部分是经验数据的应用。很可能所有的概念都倾向于某种程度的抽象。只要是这样的话，概念的应用或给定资料的解释都不仅因为概念或是仅数据而变得具有决定性，但是仅仅通过一个这两者都起作用的复杂过程。

我们在这里不讨论这种类型的复杂问题，认为概念具有感觉意义。过程不排除处理“抽象”概念的可能性。任何包含抽象概念的申明，将会变为一个关于它们所有变量值关系的正式申明，这种具体解释或感觉意义的价值被重视，能够有效执行的解释局限于由这样的正式申明所构成逻辑模式之中。这些问题可以被分成两个部分：一部分是“语法的”（与逻辑模式相联系），另一部分是“语义的”（与特殊解释及应用相联系），但是否必要或明智是让人质疑的。我认为都不，但是原本可简单一步就能到达的地方，我们需要责成罗宾汉的谷仓迂回复杂的到达方式。

这样的“抽象”概念不会与标志所有概念的抽象所混淆，但更精确地它被称为“可变性”。甚至是由人的心理原因，它困扰着我们所有的思想。不允许掩盖这样的事实：这样的抽象概念或变量无论在哪里被允许作为具体概念而起作用——一个完全固定的意义——其实是一种谬论。

十　自洽与记忆

前两个部分的讨论直接关系到我们现在的辩论，它只是一小部分。剩余的，我们须施压于对经验事实建立过程中的一致性关系及经验信念的真实性那部分的考虑，就其内在的重要性而言已经为了防止某些谬误，这种类型的概念看起来似乎可信。

没有这个延长的检验，我们结论应用于记忆的验证很可能是明显的。354
过去经验的唯一证据对任何作为可能的经验事实的归纳建立是至关重要的，必须最终采取这样的形式：过去事实的现在“报道”，特别是那些记忆及如此这般的过去经验报道。但是过去是无可挽回的，我们不能落后于任何信念合理性企图的目前认识论：目前给定的记忆项目并不在认识论上等同于它们所代表的过去的经验，仅仅是过去事实的代表。除此以外，它们还被自相矛盾所困扰，如果记忆总体上是可信的，那么并不是所有的记忆都是可信的。这阻止我们认为所有记得的都是真的这一假设。

在这种情况下，一致性考虑提供了缺失的环节。不必要做出这种无根据的设想：至关重要的只是，现实记忆提供着一些以记忆方式呈现的事实的假定。所有这一切需要的是最初的假设，即现时记忆所呈现的事实并因此在一定程度上记忆呈现是可信的。对于其余的来说，这些项目间的一致性及其与现时感觉经验的一致性最终将可能建立起一个高信任度并且几乎接近于确定，它们组合成这种广泛的一致性关系。通过对一致性的参照，高信任度的建立涉及什么是过去，更多的是，它会同我们对过去事实的确 355
证常识完全一致，也与我们对过去事实信念基础的常识理解高度一致。除此，一致性逻辑兼容于，即使所记得的或对过去意义的现时自身出于这个原因是表面可信的，当看似记得的项目与其他自身一致的项目不一致时，最初的这种信誉就会消失并让路于不可能性。

同样需要注意到的是，我们现在的最终数据并不是遥远的基础归纳，产生于人类的最初出现，从单纯的动物习惯到有了自己的心理意识给予信任的心理过程，并历史地建立起来，一个在另一个基础上做归纳，最终达到对世界和现时科学的理解水平。它们并不是个体生命史，代表着个体知识结构的构建过程。用人类知识或是个体知识这样的术语来表述具有其自身的合理性和正确性，但是它同时也代表着对不必要的知识问题的一种完成及最终不被允许的人类知识的一种简化。在任何时候没有一个人的知识字面上包含“人类知识”，通过社会分工被称为“我们共有的财富”。它甚至不包含我们所声明的个体，因为我们有能够召唤或是在有需要的时候能够发现的合理感觉。动词“发觉”的这种意义具有明显的意义和合法性，在更加字面化和明显的意义上已知的知识将会很难大幅度区别于如此隐含的知识。但以下似乎是清晰的：我们着手解决我们所遇见的唯一的一个问题，如果我们能够显示个别明确的信念的理由，当信念被下意识地思考其有效性将会显现。对于这个有效性，真正过去的及无可挽回的经验既不是可能的也不是最终所需的数据。它更是代表着从记忆数据中及对过去事实的现时感觉（这些感觉自身就存在于现时的认识论中）中可推知的可能性。

这样的有效性很可能被认为还需要进行复杂的推理训练，如此的复杂以
356 至于几乎不敢令人相信曾有人执行过这一行动。但是在那种情况下，我们必须问自己两个问题。第一，如果从我们认为是有效的资料中获取的有效推论，我们又从这些推论中得到的信念真的是正确的吗？例如，如果我们因为昨天是星期一这个感觉而认为今天是星期二，这并没有经过明确的逻辑推理步骤？第二，当我们因此而不能够建立明确的推理结构时，或者甚至是不能明确地总结我们的资料，因此而简化了心理认证时，我们这样的过程是正确的吗？我们不能主要以心理的或是描述的开始问题，它与最终可能说认识是心理活动或只是个过程这方面含义有关。读者现在可以对事情做出与作者相同的判断，可以评估设想以他自己的方式给予不同的答案间任何问题的重要性。我们仅能指出，假设信念是可信的，如果重构出一个理想的归纳推理结构这是心理简化，它通过依赖于推断步骤的可能性意义或是由于过去认证的缘故认为一个判断的记忆印象是可信的，那么这对归纳推理明确重建替代这种意义上的真实性，其自身可能具有相同的能够证实我们对过去事实的一般感觉归纳验证。我们确定已被充足证明的特定判断为如此感觉为事实的可能性判断提供证据，并且提供我们依赖那个判断的理由，正如任何别的记忆资料是记忆感觉的推定证据。

十一　基本有效的记忆和归纳的“演绎”

然而，更进一步的需要检验，如果通过参考现在所给的最终资料及这

些资料的一致性，经验知识最终得以证实，这是可接受的。这对辩论来说很重要，我们对过去事实感觉的任何表述是表面可信的，在任何进一步的一致性检验之前，这样的记忆呈现本身须提供些过去事实的可能性。正是信誉度最初只限于记忆，只因为记得，所以我们不需要问。坦率地说，我们不需要给它指定特定的度。我们很少考虑到这个初步的假设，因为我们记忆的特别类别的总结干预它和记忆证实的任何事物。对最新过去的回忆 357
是相对可信的，对遥远过去的回忆是不可信的；我们对面孔的记忆及所说的话的记忆是可信的，但是我们对那些名称及资料的记忆不可信：这样的总结构成了特殊记忆可信度评估的基础。但当然，过去经验（记忆、后来被证实或是被推翻的）的总结仅在记忆经验中是当前可用的，需要为自己的身份验证仅记得如此的初步信誉推定。我们所说的这个初步信誉度是几乎不能指定的，但是它不需要指定。一个或大或小的这样的初始概率不会作用于起最终决定作用的概率之上。与其他记忆项目或是意义的一致程度的不同，这将是建立足够理性上和实践上的依赖。然而，如果没有附加于记忆呈现的初步推定，将不会有同过去经验具有真实联系的有效假设。那么，同别的类似项目相一致将不会产生任何最终信誉。我们注意到小说和白日梦的合成中，我们一直向前，将永不会对其中的内容作为事实有丝毫的倾向，无论这样的表述是多么详细及前后一致。

对记忆呈现初始信誉的假定可能会没有更多的数据就被做了出来。事实上任何人都认为那是理所当然的事，实际上有明确的话。但是它看似是不可取的，因此将经验知识的最终有效性取决于专案假设，尽管这与常识是一致的。知识分析，尽管在某方面或是某一部分上来说是逻辑重组而不是心理描述，不只是试图为我们已相信的事情找到一套充分的假设，而是必须被最终最好的事实意义所彻底统治。其外，这一假设具有某种合理性，实际上记忆持续重复以往的经验，构成了我们所生活的世界。它代表 358
着超越仅能感觉感知的狭隘定义的持续意义。作为人类我们所能设想的事实，在我们面前被认为是如此的仅有事实。如果我们借用笛卡尔怀疑一切的方法，我们必须停止怀疑的不足。因为怀疑在实践中所发现的过去的经验将会使我们失去标准，通过这个标准可以将怀疑本身与怀疑对象融合起来，并且一同抹去经验事实与幻想间的区别。从那个意义上来说，我们没有理性替代而只是假设以部分的形式而被感知的事物只比与记忆所不相容的及相对于空白记忆而更具有可能性。迄今试图在知识经验的完整有效性及还没有停止对这最后一点验证的不足这两点似乎是令人遗憾的。让我们来做个笛卡尔的怀疑实验，我们对过去的感觉与过去事实有着必然联系。对于这一事件的性质而言，尽管这必须是幻想中的一篇文章。

作为这一怀疑的第一步，我们不能否认记忆呈现中的归纳概括是可信的，但假定一个特殊的知识家受记忆错觉的限制，他并没有可疑因素，有关——让我们假设——他的音乐经历。正如他所回忆的一样，无论过去什么时候听到音乐，就会一直伴随着成像色彩千变万化模式。现在音乐已给定，让他在这一场合中描述伴奏。若推导的整体理论是有效的，那么他的描述是有效可信的，因为他是根据向他开放的最好的和最相关的证据而制定的。

这样的一个知识家后来通过实验测试会发现他的这类记忆的虚妄性质吗？假设他会发现，就是假设那个幻想将不会继续。若需继续但不能扩展到其给定的感觉经验之内，那么他将会发现，对于所有的过去经验而言每个进一步证实性的实验都有一个特殊性，他将会记得，将会做笔记且在下次会记于心中，以防未来相似假设可信度的消逝。但是在任何一种场合
359 下，在后来变成相关的事物，他就会一次次错误地想起过去的经验，并再一次在其妄想回忆的基础上进行信誉预测。如果在所记起的过去经验基础上做的判断是有效的，那么他的判断将会又一次完全有效。

现在让我们试着总结这一美妙设想。假定任何时刻的任何人都受这种系统推理所有方式的影响。如果说应该如此，但这些幻想不应扩大到感官知觉，那么我们的感觉经验将会超出想象。如果我们保持理性，并记得检验在实验中进一步肯定或否定所做出的总结，那么我们将不断地注意降低这样或那样回忆信誉的必要性。但我们同时也忘记了我们的失望，在后来的每种情况下它们是相关联的，并以由幻想而不是它真实发生所决定的方式记得过去经验的整体特征。我们的可信信念，在记忆阐述过去经验的基础之上，将会有与可信信念在实际与正式实验中所有的同样的逻辑有效性。在社会上人们受限于这种悲剧悲苦，若有人忙碌于分析实验认知，并提出记忆有效性的问题，他们将同我们一样，为总体上有信誉的记忆寻找同样的原因。

然后假设可怕的思想发生在我们身上以至于我们的记忆实际上就是如此，我们因为害怕自己及自己的未来而瑟瑟发抖。然而冷静的思考——在这个理智怀疑的特殊时刻——须注意到我们不会像想象中的那样遭受那么

多的痛苦。因为我们永远不会证实当前提出的这个怀疑，正如一些无所不知的外部观察者所观察的那样，我们的生命是一个对感觉经验显现的认知期望的失望的不断发展的过程，但我们不知道这一事实。每个失望都是暂时性的，就如一些人所预测的那样，他们在麻醉中备受煎熬，尽管有关的记忆——他们认为——后来会被封锁。同样，什么是认知失望，在其他方 360
面可能是个惊喜。在任何基础上，偶然的认知失望必须被那些违背自己不确定预测的人所期望。简单地说就是我们将过着非常正常的生活。

我们承认关于笛卡儿记忆有效性怀疑的这种企图没有被很好地演绎出来。事实上它不可能被连续地进行。如果我们已经引导读者短时间地认为我们已经有逻辑上的说服力，尽管只是美好的幻想，因为我们已经将系统性妄想的假设不合理资本化了。如果我们保持理性，整体不可靠的记忆会是非常的不同并一定会通过破碎成不一致的各部分来显示自己。试图完成一个能够证实我们所试图提出的假设的间接设想，这必然会结束于无意义。

我们用很少的语言描述的这一点现在也需明显阐述。过去的感觉经验所感觉到的那个世界一定是我们多生活的世界。我们能接受的任何疑虑，并且有理由做出的任何总结——包括有关事实、生命及经验的性质，或是关于事实和经验的关系，或是关于一些别的——一定会通过其与已给经验和回忆的一致性所证实的相通性得以证明。我们所感受到的世界是过去经验的沉淀，它可以是表面现象的，不管是好的或是坏的感觉我们通常都用“现象”来代替“事实”，但我们所能熟悉的或能够提出带有多种可能性答案的世界只有一个。如果必须说以上的一些美妙假设成功于什么地方，它仅成功于将一些自在世界结合起来，仅是以僵硬的形而上学的方式堆积起来的一篇文章。我们也可能扫描整个长度并假设并不存在过去或现在，但此时此刻对人类的界的概括，他们系统性的妄想自己是无限时空之王。但一些旧的伯克利理想主义的主题应该已经教会我们，客观现实与十足系统妄想世界间的区别——非常的一致——是没有任何可发现的区别，也不是 361
任何理性讨论的主题。一个人可以在“仅现实的”世界之中及之外同时提出两个假设。

我们当前累积的经验，在当前认识论中以记忆形式呈现出来，或是用康德的话来说，在先验的统一知觉中，它不仅仅是我们所接触到的一些东西，还是我们对仅有的真实世界的感觉的组成部分，它参照经验判断的真或假或是根本就没有任何意义。没有当前累积的经验，任何问题都不会有答案，也不会得到回答，因为根本就不存在现实和可理解的讨论。真正的难题在于阐述而不在于证实。与这样的事实相一致，即认定产生于过去经验的所有记忆及每个对现实的感觉的正确性，这将会导致自相矛盾。它根本不能仅以所记得的真或假这方面来阐述，但是以附有自身过去可信度的可能性或信誉度来表述。信誉仅在产生于与过去相似经验的基础上所释放的相似信誉的情况下消逝。

经验事实不需要假设也不需要证实，仅需要被认知。经验事实可以被认知这一主题也不需要被假设或描述：这是一个分析陈述，且只能推翻其已经应用的前提条件。它忽视了怀疑一定会陷入自相矛盾这个问题。没有阿基米德的事实作为前提，它不可能颠覆这个世界。如果没有一个应用标准它也不会获得前提，通过这个应用标准可以将经验事实与非事实区别开来。如果怀疑论者并没有提出任何客观性的东西，那么他不可能提出论断甚至猜想，因为没有其他什么东西可以证明猜想所具有的意义。如果他所猜想的是不可能被认知的，那么他因此而描述的事实本身，并不是对我们生活的活生生的世界的经验事实，而是那些我们所不能够推翻的事实本身，一旦缺少了，我们的思考甚至就会陷入不明智之中。

问题不是证明客观真实或其与我们经验一致的可能性，而是正确地阐
362 述这些划定经验事实，说明意义的标准。我们在这里所说的是没有真正可认识的过去的经验，或是没有与过去经验相关的未来，我们将不会有经验事实这一感觉。但我们仅有的毋庸置疑的确定性（超越了逻辑）是那些呈现，不管是记忆或是感觉呈现，对客观事实的完全确认都是不足够的。对经验事实不可或缺的标准是过去真实经验的概率指数的记忆呈现，过去经验的巧合一定是未来的概率指数。一定是这样的，我们除了接受这个理论别无选择：记忆呈现构成过去事实的表面可能性，换一个说法，即归纳规则。在给定经验的确定性中有一些不一致的地方，这构成了我们对不可认知的事实的感觉，除非可以推翻所有的思考、行动及生命的重要性。不过，我们做不到。

第三篇

评　价

第十二章　认知、行动和赋值 365

一　评价是经验知识的一种形式

判别它们的真假、判断它们有效性或辩解理由的标准，与其他种类的经验知识没有根本区别。

然而这一事实通常有些晦涩不明，这是因为人们不能将对在经验中的善或恶的纯粹理解，与这些属性在特殊的经验背景中可能实现的预言，以及对存在物中的客观的价值性质的评价区分开来。首先，对现有之物的价值性质的直接理解并不是评价；而且它们不是认知的，除非或直到它们成为某些进一步预言的基础。但是，在某些情形和特殊场合下在经验中被揭示出来的某种善或恶，对它们的预言要么真要么假，它们能用与其他终结性评价——预言其他性质而非价值的增加——相同的方式得到证实。这种预见体现了一种最根本的认知能力。实际上，我们可以说它是所有实践智慧的根源。同样，对事物的评价、对事物向善或向恶的潜在性的评估，也要么真要么假，而且必须通过经验来辩明和确证。一般说来，其证实与确认方式与将其他属性归于客体的方式并无差别。

当然，相反的观点也是司空见惯的。有人坚持，价值理解，从与它真实的认知作用不一致的意义上来讲，是主观的或相对的。也有人认为，价值预言根本就不是事实陈述，它仅仅是情感表达，因而既不真也不假。

但这是人们思想中一种最奇怪的失常。否认具有知识之真假特征的一 366
般价值理解，意味着道德上和实践上的犬儒主义。它可能使所有行动无效，因为，如果对其可能实现的有价值的结果没有几分把握，行动是没有意义的。假定这个否认得到一致的贯彻，它同样会使所有的知识无效。因为，首先，相信本身是一种行动态度，但是倘若正确的信念与错误的信念没有好坏之分的话，这种态度便无关宏旨。其次，知识一般来说是为了行动。如果行动总体来讲没有意义，那么知识就是无用的，一种信念与其他信念也没有好坏之分。

二　行动与评价

行动与评价的关系，是重要的和明显的。但这种关系有时被以下事实所掩盖：行动仅仅被看作“行为”，同时价值评价被认为失去了它们的认识和强制的价值。我们只想让自己接受完全经常识考验的东西，但必须用其模糊性得到少许澄清的术语来讲。这种相对拘泥于文字的问题总是让人厌倦——尤其是与重要问题相关时——但为了清晰的缘故，我们还必须接受它们。

行动是经过深思熟虑的或抉择的行为，是要经受批评并在反思之后能被改变的行为，超出主体控制能力的行为不是行动。也就是说，我们在这个语境中将“行为”（act）和“行动”（action）规定为“行为举止”（conduct）。

行动——至少是那种被称为合理的和明智的行为——是为了实现具有正面价值的事物，或是为了避免有负面价值的事物。为了不触犯那些认为“合理的”这个词有其他含义的人，我们就选择这个没有多少色彩的词“明智的”，并认为，当且仅当有比较价值的东西被期望实现其结果之时——此处“比较的”指一些被期望的替换物，一种行动才是明智的。

对采纳行动结果的期望，是对它的意图，是行为的意图，以及行动采取者的意图。

367　所有的行动都有被意图或被意愿的共同特点。但通过行动的内容和它的预期结果，也就是这里所说的它的意图，可以把一个行动与别的行动区别开来。只有通过详细说明它的这个意图，我们才能说清楚被考虑或被做的是什么行动。

正如这里使用的“明智”这个词一样，只有通过它的意图，才可以说明一个行动是明智的或不武断的，而不是考虑对所采取行动的期望是否是对实际结果的准确判断这个进一步的问题。[①] 因此，将“明智”及其对立面延伸至被称作行动的意图的预期，这种做法是恰当的。并且可以这么说，如果这个预期结果有比较价值，说明其意图就是明智的，当且仅当其

① 当然，这有点脱离通常的用法。理由是，如果根据显而易见的错误判断而采取行动，那它就不会被称为明智之举。

意图是明智的，行动才是明智的。

许多人，如柏拉图派的苏格拉底、心理快乐主义者边沁，还有许多如石里克那样的近期作家等，他们一直坚持，按照这个词的现有意义来看，所有的意图都是明智的。这一观点是否属实，或是否这儿有反常——对比较的是负价值的深思熟虑的选择——我们暂且不论。

我们使“意图”包括行动的**整个**预期结果。这种结果经常是复杂的，并拥有被不同评价的部分。意图中因其采取行动的**那个部分**，我们称之为行动的**目的**。有时“动机”一词被作为“目的”的含义使用。“动机”可能比“目的”更接近所意指的事情。“动机”一般只用于采取行动或计划行动之时；而“目的”有时被用来命名被意欲（和作为可能而期待）的东西，即使获取预想结果的特定方式还没有想到。这样，就会有一些目的不是任何具体行动（已经完成的或计划中的）的目的。然而“一个行动的目的”仍然是清楚的。同样，“动机”一词在这里不很恰当，因为它常用来说明基本的普遍原理、情绪或持续的态度，而不是一个特殊行动的任何预期结果。

“目的”与“打算”或“意图”常被视为同义词，尽管它们共通的用 368
法很难说就证明了这点。在特殊情况下，目的和整个意图可能巧合。然而，更常见的是，有一些行动的预期结果部分地是行动者并不关心的。采取行动的目的是产生某种结果 A，尽管也预见到会产生结果 B，且行动者认为 B 本身是不受欢迎的，这样的情况经常发生。在这后一种情况中，如果关于 B 问“您有意做那件事吗?”诚实的回答应该这样“是的，但那只是因为 B 与 A 密不可分”。

把“明智”的名称延伸用于目的和意图是恰当的，而且也可以说只要意欲的东西有比较价值，行动的目的就是明智的。但是，我们会观察到这样一个事实，当行动的意图和行动本身不明智时，行动的目的却可以是明智的。行动者可能为了期望结果中的某一种价值而采取行动，尽管他可能将整个结果评价为没有价值的。我们也可以这样认为，如果有些行动的意图作为一个整体是不明智的，就存在着目的为不明智的行动，那么这种看法肯定不合情理：行动者是**因为**事情不具价值而采取行动。例如，一个人接受目前的满足感，他这样做是在有意损害他自己的进一步利益。然而，他这样做实际上是**因为**他看重这种满足的缘故。因此他的目的仍是明智的，尽管他的行动和行动的意图不明智。违背常情的行动一般是难以做出的，除非是自相矛盾的行动，比如为了满足——一个人所看重的——而变得荒谬。无论如何，把一种为了无价值的缘故而采取的行动称作成功的行动，不管其结果是什么，都是不正常的。因此，我们可以说，一个行动是成功的，当且仅当行动是为了某种预期的有比较价值的结果，并且这个期望被实施行动的结果所证实。

在某些事例中，预期的结果可以得到决定性的最后证实。例如一次愉
369 快的经验。但在有些事例中，就不一定能随时得到完全的证实。例如，如果是为了使追求民主的世界安全，或造成某种其他事态或制造某种目标，而所有这些的价值后果都事先预知会持续一段不确定的时间。既然一个行动的成功（该行动的目的将其放在这后一类）永远得不到充分的证实，而且既然存在着阻止在行动被证明之前追究其成败原因的倾向（包括在意义中），只要行动的目的证实可以达到，那么就可以说这一行动是成功的。（在具有其他特点的同时，如果能确信归因得到证实，所断定的事物就被认为是真实的。这里的区别在于“成功”和“失败”有一种现时的含义：一个行动只有在达到它的目的时才算成功。正如一件东西，尽管它确实是圆形，而且其圆形在被证实前后完全一样，但它本身不被称为圆形。）惯用语“迄今为止算成功”也适用于这样一个事实：在一些事例中，被认可的价值可能会在行动的结果中实现，但只是部分地实现或未能在被预料的程度上实现。

很不幸，还有一种更加晦涩的思想，它影响“成功”和“不成功”的用法，并反映出某种大体上表现意图和目的特性的复杂性。没有对比较价值的归因，便没有明智的意图，而且不把这种价值归于特定的且可用非价值术语描述的某物，也同样没有明智的意图。即使就价值在其所有情况下是单个的性质或特性这个意义上——如果有这种意义——打算或期望“价值”或“一般价值”这仍是不可能的。价值不是游离于物质之外的属性，它们只能作为一些特殊事物的属性或一些特定种类事物的属性被实现或考虑。如果这样，任何明智意图或目的都有两个可区分的部分或方面：一是对有可用非价值术语描述的某种结果的预期；二是将比较价值归于这种预期的结果。于是，一次行动，其目的失败的方式可能有两种：不能实现可用非价值术语描述的、被预期的特定结果；或这个结果可实现但不能将价值归因于它。

例如，我可能因为期望欣赏一个好的表演而去剧院。这一行动可能会

因表演差而不能达到目的，也可能因为尽管我未发现表演的缺点，但因我 370
不欣赏它而不能达到目的。在后一种情况中，我的行动是不成功的，因为尽管作为可用非价值术语描述的期望的结果实现了，但我并没有能够从中获得欣赏的因素。(从这个例子中，我们就不应认为，一切价值都是快乐。这是需要思考的。) 也存在第三种可能，即也许我对一场好表演的期望落空了，但对欣赏的渴望仍有可能自然增长——它可能在被欣赏方面很糟，像未精心设计的喜剧一样。不过在最后这种情况中，也就是说，预期价值实现了，但是通过出乎预料的、可用非价值术语描述的结果实现的，那么我们最好认为，这种行动是幸运的而不是成功的。

也可以把“成功的行动”这一短语，应用在特定的预期结果得到实现的事例中，虽然结果中的价值期望令人失望。无疑，有时这一词组就是这样使用的，尽管成功的概念就是失望，这使人感到有些不协调。这个短语也可用于上面提到的结果只是碰着运气的时候。但为了明确，我们不采用这两种用法，我们认为只有达到了目的，只有通过实现意欲的特定结果而使对价值特质的期望不断增强，这样的行动才算得上是成功的。

这里，可能还需要一个更进一步的条件。有人会说，有一些目的是复杂的，而且对于做出决定来说，这些目的可能有的重要而有的不那么重要。因此，在决定一个行动的成功时，必须参照其目的中可区分成分的相对重要性。但经考虑后，这种复杂性不会得到重视，这样做的结果已不言而喻。因为，在任何被明智地采取的目的中，各种成分重要的程度与其相应的价值程度是一致的。这一点在前一段的内容中已包括了。

三　行动的实践证明

成功是一切行动所需要的东西，这个陈述句是一个同义反复。然而，对于决定于行动者的行动评价，即最常见意义上的“对行为的判断”，行
动的成功不及我们称之为实践的辩明的特性更重要。这个特性是由对有比 371
较价值的某物的期望所引导，其预言——无论正确与否——在反复谋划该行动时，对于这一反复谋划者来说，它都作为或然知识生效。也就是说，该特性属于一个行动，当且仅当其意图是一个期望——一种有根据的经验信念。

被实践证明合理（或不合理），这一特性比起行动的成功更值得考虑，

这有两个原因。第一，在做出决定的时候，这种合理性就像对成功的把握一样离我们很近，其他的一切则尚未可知。第二，做出证明合理决定的能力，或对那些不合理性的责任，是比具体行动的成功更为重要的个人品质。无论涉及的个人是他本人还是另一个人，都是如此。因为一个人总的行动通过实践证明合理性的特点，是预言他将来的成败合理性的基础。只要一个人总体成功与总体的由实践证明合理的特点没有相互关联，这二者的不一致就只是好坏运气的问题，而不是个人能力问题。

当然，我们必须注意，这种实际的合理性与道德上的合理性并不是一回事——除非是关于道德的一些特殊理论。如果评价经验信念中有愚笨的行为，而所论及的人对这样的愚笨并不负责的话，那么一个行动可以说不具有实际合理性而只是在道德上合理。如果在依一个明智的意图而做出行动的决定中存在道德方面的偏颇，且这个意图根据经验发生突发事件的可能性得到正确的评估，那么这个行动可以说不具有道德合理性而在实际上是合理的。

四　评价的认识内容

语词使用中的这些烦琐细节令人厌烦，特别是在被谈论的事情为人们熟知并始终与日常生活相关时。但是，如果我们能成功地消除常用于行动的语言中的模棱两可，保持对这种语言含义的极大兴趣，那么，很清楚，正如开始所说的那样，若没有那些代表着经验认识的、预言性的因而能证实或否证
372 的价值预言，那么，就没有什么意图或目的是重要的，也没有什么行动在实践上是合理的或能取得成功。在那一点上，这些平常的考虑看来是相当重要的。

在涉及对价值做出正确判断的能力时，我们更多地说到智慧而不是知识。“智慧”意味着一种完全非知识的特点，尽管它是由经验培育成的一个特质。它是一种性情，即在意图中避免乖僻和在行动中避免未加充分考虑的因素。但除此之外，智慧和知识的截然不同只是因为对任何被给予的个体来说，或在获得知识的情景下，都有相当多的知识对于价值判断和成功行动来说是无足轻重的。因此，一个人可以因正确的信息而大开眼界但仍缺乏智慧，因为他的信息对于要他对相对价值做出的判断几乎毫无作用，他或是缺乏区分实践中重要的与不重要的东西的能力，或是缺乏将信息应用于具体行动问题的能力。成就低的人就其获得信息的广度，仍有可

能是智慧的，因为他们有对这些价值以及对达到这些价值的途径的正确理解。但是，智慧肯定是知识的一种类型，是定位于重要的且有价值的那一类型。智者是那些明白善在何处，并知道如何行动才能达到善的人。

即使“知道一个人喜欢什么”，这也是知识的一种形式。无论它是不是关于客观价值的真实知识，它都是值得进一步考虑的问题。但是，在对这个问题毫无偏见的情况下，可以这样说，知道自己喜好的人拥有一种知识，这种知识存在于他能够在自己的经验中预言价值特质在一定条件下发生或不发生的能力中。例如，一个知道自己喜欢巴赫而不喜欢斯特拉文斯基的人，可能会被人说成一个在音乐上很无知的人，但是当他看音乐会节目单时，他知道期待的是什么。他的价值预言具有可证实的内容并真正包含认知意义。事实上，这种知识可能是最重要的，不仅对个人而言如此，对社会也如此。至少，世界上有一半可避免的麻烦，是那些不知道他们渴
望和追逐的东西一旦拥有却并不能让他们满足的人造成的。“要不是因为 373
这些傻瓜，我们是可以应付那些坏人的。”

人的进取心只有在有真实的价值判断时才能发扬光大。这种判断预言作为行动之结果的价值性质的增长，这种判断可以通过采取该行动的方式得到正面的证实。只有在这种情况下，行动才具有所有明智行动所力图达到的那种正确性和恰当性。而且只有在这种情况下，知识才具有对行动起指导作用的重要性，而这是所有求知欲望的最终意义。因此，那些否定价值理解的认知特点和真理性的人，最终必定发现自己处在艾皮米尼地斯的位置上，也就是那个说所有克利特岛人都是骗子的克利特岛人。[①] 要么他们的论点必定是错的，要么它就不值得相信或讨论。因为如果它是真的，就**没有什么**值得相信和讨论了。然而，无论需要多少逻辑独创性来解开这类自相矛盾的荒谬说法，有一点是清楚的，即不管是谁在说些与他自己的假定态度不一致的东西，他要么是开玩笑，要么就使自己处于荒谬境地。

① 古希腊哲学家艾皮米尼地斯提出的克利特人谎言悖论。克利特岛上的克利特人艾皮米尼地斯说：“所有克利特人都说谎。”无论这句话是真是假都会导出矛盾。因为如果艾皮米尼地斯所言为真，那么克利特人就全都是说谎者，身为克利特人之一的艾皮米尼地斯自然也不例外，于是他所说的这句话应为谎言，但这跟先前假设此言为真相矛盾；又假设此言为假，那么也就是说所有克利特人都不说谎，自己也是克利特人的爱皮米尼地斯就不是在说谎，就是说这句话是真的，但如果这句话是真的，又会产生矛盾。——译者注

五　价值理解的类型

承认价值评价代表着知识的一种重要的基本形式，这在许多方面遇到了阻碍，特别是在以下两种情况中：一是不能区分价值预言的不同类型；二是试图对各种善的善性做出定义，以确保没有任何东西可以通过不道德行为而成为真正的和“客观的”善。事实上，对评价之有效性的整个讨论总有三个其内在本质截然不同的难题：①最终的或基本的价值的本质，被正确地称为有价值的其他一切事物的价值是从这种价值派生出来的；②价值归属的第一人称（“相对性”“主观性”）或非人称（“共性”“客观性”）的问题；③他人对有价值事物的可能实现或占有，是否合理地要求对他自己行动决定的尊重。如果是，为什么？

374 当然，这三个问题中的第一个，是关于评价的基本问题；第二个问题本身是一个复杂问题，但其根源在于纯粹逻辑的或与我们传统的说话方式有关的考虑；第三个问题是一个相当特别的伦理问题。前两个问题需要我们进行大量的思考，最后一个问题则是本书范围之外的一个独立主题，当然我们也会对它做一定的论述。

只有解决基本的善是什么，以及哪些善是从价值预言的主观性或客观性问题中派生的问题，我们才能在对总体评价的思考中有一个好的开端。首先，第一步，是要看到有三种主要类型的价值预言，它们对应于一般经验陈述的三种主要类型。

第一，对于在直接被经验到的事物中发现的价值性质的表达性陈述。一个人在音乐会上说“这是好的”，或吃饭时做出类似的陈述，这大概就是在表达如此呈现出来的一种直接经验的特征。当然，也许他是出于完全不同的意图，他可能想断言：演奏的片段具有可证实的令人满意的特点，该特点完全能通过那些有音乐鉴赏力的人和在音乐上有长期经验和训练的人的检验；或者，食物被证明在很高程度上满足了所有的饮食标准。在这种情况中，当下经验的好，可能为他的评价提供经验线索，但是*被判断*的内容只不过在这个直接捕捉到的性质中得到部分的证实，而这一性质本身并不要求被判断。音乐片段或食物的这种被评价并得到证实的好，是一种客观的特性，它类似于一个盘子的客观圆形，或周围空气的客观振动概率。

直接体验到的好或坏，就像被看到的红色或被感觉到的硬度一样，一旦留意，就会变成只是关于表现出来的表面特性的陈述或报告。关于价值性质的大量问题，将在下一章中讨论。但是很难否认，存在着某种可被称为“表面价值”或“感觉好”的东西，就像看到的红色或听到的颤动一样。而且，虽然要单纯陈述被给予物的这种表面价值性质有语言上的困难，但不能否认所要陈述的这种直接的好坏经验是存在着的。我们大概也 375
会赞成，没有这种直接的价值理解，在任何其他意义上，都不可能有对价值，或对什么是有价值的东西的确定，或者价值术语根本就没有任何意义。没有对价值和负价值的感受经验，一般的评价便没有意义。

对表面价值的这种陈述表达或报告，就其本身且无进一步含义而言，是一种表达性的陈述。只在它被称为可证实的意义上，它是自我证实的（对于证明它的人），而且不会出错，否则就是专门选来表达它的词语的语言错误。由于我们可能对直接经验的性质说谎，所以，这样的陈述要么是真实的要么是虚假的。但是，被表达的理解不是一个判断，并且按我们所使用的知识这个词而言，它也不能被归为知识。

第二，存在着作为终结性判断的评价，即在被理解的境况下，或在其他的和类似于可理解的境况下，对经验中的价值性质可能增长的预言——如快乐或痛苦的预言——取决于对一个行动的特殊方式的采用。如果我品尝面前的食物，我会喜欢它；如果我触摸一个烧红的金属，我将感到疼痛。这类判断可通过行动来证明，那样它可以被确定地和完全地证实或证伪。作为预言性的——可证实但尚未被证实——并可能出错的判断，它们代表着知识的一种形式。

第三，有一类最重要的和最常见的评价，它将价值这个客观性质归于一个存在物或可能的存在物，归于一个对象、一种情景、一种事态，或这种事情的一些类。我们会发现，对价值的这种客观评价，比对于非价值特征的客观评价要复杂得多。在它们当中有大量的差异存在：“X是有价值的”，在它的客观意义上，是一种包含许多含义的陈述形式，而且由于难于区分这些含义，就会产生麻烦的歧义问题。但是，它们都拥有我们称为非终结性判断的共同特点。它们不能随时得到确定的完全证实，但它们总维持着进一步的可能经验的并能得到进一步确证的意义。像其他对客观事 376
实或对任何客观性质的判断一样，对它们真假的确定永远不能完成。而且在理论上，它们只是可能的，尽管它们只是在被称为“实践上确定的”的意义上是可能的。对这样一种判断的任何特殊确证，都来自对作为它结果的某个终结性判断为真的发现。虽然这样的终结性判断没有数量上的限制，而其真实性源于对价值的客观评价，但它的含义仍然空空如也，这种含义不是可以通过某种终结性判断来表达的。如果，在那样表达出来的东西——作为对它的某种可能的证实——之外，客观的价值判断的意义应被认为还具有更进一步的和不同的成分，那么，我们自己都不能说清楚或想明白这更进一步的成分意味着什么。或者，它包含的或没有包含的内容对不同人在不同境况下，实际上会造成什么可能的差异？

我们特别应该把对某物的客观价值的此类确证，看成与它相关的某种价值经验的实现。这里也有一个问题——如穆勒所断言的，他认为一个事物可欲求的唯一证据就是它被欲求①——是否客观的价值判断不是**专门地**相对于直接的**价值**经验的可能性的。

但是，几乎没有人指出这个观点不堪一击，人们可以很容易发现一个事物有价值的证据，而不必通过对肯定价值的经验。正如一个人可以在没有眼见或触摸某物的情况下发现该物是圆的或硬的证据。同样，一个事物的客观价值也可以通过“间接的”方式得到证实，而不一定要“经验到它的价值”。

例如，“我的邻居是一位出色的音乐家”，这个判断就可通过他对高难
377 度乐曲的表演来确证，尽管他现在的表演并未打动我，甚至我认为他持续不断的精湛表演打扰了我的思索并使我烦躁。或者，我可以通过刺痛自己来证明我的凿子很锋利，就像一把好的凿子应该是的那样。我们在对客观价值的决定当中仍然有这样的感觉，价值经验是优先的或特别决定性的。但是如果果真如此，它们的特别重要性的这个意思，就显得武断，需要加以证明。至少，对客观价值的信念**只有**通过对价值的直接经验才能被确证，这个结论是不正确的。

通过确定所谈及的价值预言会采取这三种意义中的哪一种，困扰我们的许多关于评价的疑难，都可以得到解决或取得实质性进展。这一观点是否涉及经验中直接发现的价值呢？那样问题就超出了任何合理的争论：这一经验的主体的发现是确定的，而且主体不会犯错误。有关这一点的问题

① “证明事物之可见的唯一拿得出的证据，就是人们实际上看见它。证明事物是可听见的唯一证据，就是人们听到它：我们的经验的其他来源也是如此。我认为，以相似方式，某物是可向往的唯一可能证据，就是人们真正地渴望它。”《功利主义》第四章第三段。

都涉及它的一个明显特征，即它是某种不同的评价的基础，是对可从同一事物衍生出的进一步价值经验的判断的基础，或对某种客观价值特性的判断的基础。否则，这些问题就只不过是他用于表达他在经验中发现的东西的语言的恰当性问题。

或者，被讨论的价值预言是否想要断言，在一定情况下和通过一定的过程，某种价值特性的经验是否可能产生。那样的话，它就是一个终结性判断，是预言性的、可证实的或可证伪的。但是，通过检验，它必定要么是可证实的，要么是可证伪的（无论在什么意义上，证实的条件都是可能的）。如果或一旦它得到这样的检验，那么它的真假就是绝对明确的，毋 378
庸置疑和争辩。但是在得到这种证实之前，例如，在它作为对行动的特定方式的企望或不可企望的一个判断而发挥作用的任何时候，它的可信性只取决于过去经验中得出的归纳证据。并且，在理论上，我们对它的确信只不过是一种可能的确信。

价值判断意指某种存在物中的价值或负价值的客观性质吗？如果是这样，那么它的含义就转化成多个终结性判断，其中每个判断都是可独立证实或证伪的，而且每个判断都代表着这一客观判断的某种可能证实。对客观价值的这种肯定，将具有关于前件的某种可能性或不可能性，而且这种可能性可以通过对其确认的检验而无限增减。尽管它总会保留一个进一步的未检验的意义，因为对它的这种可能确证的数量是不可穷尽的。我们拥有的或可获得的对它的证据，不必只限于直接揭示事物价值或负价值的范畴，还可以包括对它的客观价值的其他的和间接的确证。

六 先验价值断言不是评价

以上谈到的所有这三种价值判断，都是经验陈述的形式。它们当中的任何一种判断或所有这些判断，都可能被混淆于关于价值的另一种陈述。那种陈述既不是对所发现价值的阐述，也不是可由经验证实或确证的判断。例如，说快乐是善；或一个事物通过作为一种兴趣的对象而成为善；或善是一个简单的、不可分析的性质；或除了善的愿望之外，没有什么东西是绝对的善。这些陈述根本不是经验陈述，而是先验分析的和可知的，否则就是假的。它们是判断，不过是与下列判断是相同意义上的判断，即

“硬就是不可穿透性”，“硬是通过抵挡突然撞击来决定的”，“硬是一个简单的、不可分析的特性”，或“除了硬心肠，没有什么东西是绝对硬的”。这些陈述，如果都是真的，它们就能通过对意义的某种分析来证明。它们的真是通过思考决定的，除了逻辑的和可用定义表达的证据之外，它们没有别的证据。

与这些说法相关，重要的是要记住，作为分析而被提出的命题，仍可能是错误的。除非一个陈述是真的，否则将名称“分析地”应用于它是不合常规的。但是，这并不妨碍任何人做出不正确的定义，或从他们事实上不能保证的定义中做出推理。我们也必须时刻牢记，确定的陈述和那些从定义中推导出来的陈述具有不同的意义。正如在第一篇指出的，它们可能是“名义上的定义”，是关于词语的陈述——更清楚地说，是关于符号的关联，或符号与意义的关联的陈述。或者，它们可能是被关于语言符号的
379 习惯的或“好的”用法的经验归纳所隐蔽。或者，它们只是对它所建议效仿的语言使用惯例的公布，或对接受这种惯例而排除其他用法的劝告。或者，最后，它们可能是对有另一种更熟悉和更清晰意义的意图的解释，并因此为那些被命名或被讨论事物的本质特性划定界限。只要它们具有最后提到的这个特点，它们就有助于说明像价值本质这样的重要问题。对于已提到的其他类型陈述表面上的分析形式的干扰，就好像它们是对意义——已被我们的兴趣和所谈论问题的本质确定了的——的分析一样，总是要经受一种合理的怀疑，因为它可能以某种方式在某种程度上偏离和违背我们对问题的兴趣。我们只能通过使用语言来详细说明，而语言本身经常是必须得到解释的。在语言的使用中，运用其他的方法而非那些通常的惯用法，对于说明问题是有益的甚至是必需的。对那些只在名义上为分析的陈述的批评，都不切题。但是，当对语言的这些述说被对先行确定的意图的阐明所取代的时候，很重要的就是要注意这一事实不要被主体的变换所误导。就如上提及的述说之类的重要问题而言，语言是必须加以讨论的，其目的不是解决这些问题，而是洞察存在于我们和真正的问题之间的纯语言的考虑。那些坚持“本质”的人，有其正确性，因为他们反对这样一种人：他们将所有的分析陈述理解为名义上的或仅仅是句法上的，并在讨论如享乐主义者将一般的善等同于快乐一样的陈述的时候，认为它似乎只是一个语言含义的问题。对意义与分析这个一般主题，该说的我们都说了。而这类问题的进一步讨论，特别是涉及价值和有价值事物的，我们将在后

面的章节中探讨。不过，如果不注意到价值领域中的分析性陈述需要加以讨论并且是可以决定真假的，我们就无法解决这个问题，尽管它们是关于意义的陈述，而不是关于不同事实的陈述，并且它们只靠批评性反思来决定。

在目前来看，一个重要的要点是，对有价值事物的这种分析性陈述，
不属于任何种类的评价。一个评价，不管是何种类，它总是一个经验的 380
断言。“价值是先验的”这个假定，只有在对一个意义本身的理解与对这一意义在特殊事例中的运用的理解相混淆的时候，才会被提出。对价值的本质或对价值的某些种类的理解，是先验的，正如对硬的基本性质的理解是先验的一样。但是，对于某物或某类事物有价值的理解，则是经验的，正如对于一件东西是硬的理解是经验的。只有对这后一种的理解才是评价。

七　客观价值和直接价值

我们在第五节中已论述过，一个事物的客观价值与对价值性质的直接经验的关系，比一个事物客观的硬性与它被感知的硬性之间的关系，或它的客观圆形与我们视觉感受到的圆形之间的关系，显得更为直接。然而，前面已经指出过，对一个事物直接价值的发现，并不是对它的客观的善的唯一可能的确证；我们可以通过冒险划伤自己来确证有刃工具的好。我们还可以这样认为，对某种愿望的满足、某种快乐或满意，在直接经验中对一个肯定价值性质的实现，这些都是对事物的客观价值的特别的或决定性的确证。而对它的其他确证，只有在它们作为这种决定性的确证之可能性的证据时，才有意义。正如我们可以这样说：如果使用不当，锋利的工具也会酿成划伤我们自己的灾难，而这就是好的刀刃工具之好的特性，但那并不是使它们好的东西。如果设计能减少或消除划伤人这种不幸结果的可能性，那么这种产品会更好。使它们好的东西，是用它们来生产有用或美观的客体的可能性。以及这样一个事实，即它们最终有助于通过我们体验到的性质来直接评价某物。

在这一点上，对客观价值的判断不同于对其他客观性质的判断。至少以下说法是可疑的，即对一个事物的硬度的特别的或更有决定性的证实，是通过触摸的感觉，而不是通过从一定高度向它扔一个有一定重量的尖头

381 工具来检验它。或者说一个事物被看到的圆形是使它成为圆的原因，而用卡尺测量只是它的圆形的间接证据。

对客体价值的断言与对其他性质的断言之间的区别，是真实存在的。但是，如果要通过从提议的各种方式中筛选出某种特别的或起决定作用的确证，来寻求一种表达它的更精确的方式，那是枉费心机。在那些被筛选出来的确证中，客观价值通过对肯定价值的经验而得到证实，而客观的负价值通过我们对反感的东西的直接经验得到证实。（事实上，这些不是对事物的价值的最好的证据。例如，从放在书桌上的记事册下的一本杂志上，我剪下来一幅漫画，我从中获得无穷乐趣，但我并不知道它不只是具有琐碎价值的客体。我知道医院的铅盒中一克镭的很小一部分都有很大的价值，但是我或别的任何人很可能在它面前都没有直接的特别满足之感。）

对于客观价值的判断的这种独特性的评论，就价值术语来说，其客观意义是从其表达意义中衍生出来并受制于后者的。而从其他术语来说，其表达意义则至少很可能从属于其客观意义。例如，如果我说一个东西看起来是圆形的，这里“看起来是圆形的”的意义——“圆形的”的表达意义——也许可以更准确地表达为：在既定的观察条件下，一个东西看起来的形式是一个真正圆形东西看起来的形式的时候，它看起来就是圆形的；或者，在对形状的视觉辨别最适合的条件下，也就是在保持正常视线的时候，它看起来像一个真正的圆形的东西。对一个事物真正是圆形的最接近决定性的确证，不是“看起来是圆形的”或“感觉到是圆形的”的经验，而是用精确的工具测定的结果。但是，对价值预言来说，表达意义与客观意义之间呈现出相反的关系：一个东西根据它可能显得有价值而是有价值的；客观价值实际上从直接评价中获得；离开了某个观看者的喜爱，美是得不到最后确定的；而且除了相对于某种可能感觉到的好之外，没有什么东西是好的。

但在这里，依照这种语言用法的建议，我们也很难精确地说明价值预言与其他预言之间的区别。这种语言用法本身就是摇摆不定和不可靠的。
382 有一点肯定会给我们留下深刻的印象，那就是，在一定程度上，术语的所有客观意义都是从它们的表达意义衍生而来的。在某种意义上——它难于精确陈述但又相当明显，“硬的”最初意指感觉着硬的那种性质，它的进一步意义是心理上或历史性地从这个表达意义延续下来的。略有不同的是，“圆形的”最初最重要的意思是指看起来像“○”这样的东西，而且因为与我们已知道的出现方式相关的原因，它还应用于看起来不同的东西，以及那些满足一定测量的东西。而区别在于，关于“硬的”和“圆形的”以及其他性质的名称，我们在某一点上已经抛弃了例如感觉硬和看起来圆这样的检验，以及对有关我们兴趣的客观特性的比较不确定的确证。但是，就好而言，感觉方式仍然是整个问题中最重要和最前沿的，而且我们也并不想要“更精确”的对客观价值的检验。事物的表面价值——对与它相关的价值特性的某种经验的可能性——是本质的。

这就是价值对客体的归属与对客体其他性质的预言之间的区别，对这种区别的精确界定方式，就是区分内在价值与外在价值。因此我们必须首先关注这个主题。

八 内在价值、工具价值和效用

内在价值通常可描述为自身中的善或因其自身而善，外在价值可描述为作为其他事物的工具而有价值。在特定的事例中，人们通常认为一个事物在这两种意义上都有价值，但是其内在价值和外在价值是截然不同的。

显然，外在价值的归属是相对的。或者如果所有的价值属性都是相关的，那么对外在价值的预言在附加的和特别的意义上就是相对的，因为在
这种预言中，明显地或不明显地包含了对其他事物——被谈论事物对它具 383
有或可能具有工具作用——的指涉。

然而，在一般用法中，“内在价值”和“外在价值”的归属，都出现了我们必须防范的歧义。关于“外在价值”这个名称，有这样一个问题。如果 A 对 B 有帮助或有用，是否仅仅参照这一事实，就可以把 A 归为有外在价值的。或者，是否以下这点更为重要：B——或反过来 B 对其有工具性的别的东西——必须具有内在价值。关于“内在价值”这个名称，在短语“本质上的善”中，隐含着不太明显且更难理解的歧义。问题在于：属于一个客体的——但与其他客体没有任何工具性关系——善的属性，是否表明它是内在的或本质上的善；或是否应进一步要求具有本质上的善的东西必须因其自身有价值。也许没有客体是因其自身而善的，所有客体只有通过它们与主体或与可能经验的关系，才有价值或负价值。这至少是一个人们不得不考虑的问题，并且对它的考虑不应事先受到所采用术语的约束。

首先，让我们谈谈“外在价值”的问题。一般地，对于外在价值预言的真来说，被谈论事物对其具有工具作用的那个事物应该具有内在价值，或者至少它反过来对具有内在价值的另一事物起着工具作用，这一点通常被认为是至关重要的。被认为有内在价值的东西 A，可能对 B 有工具作用，并且 B 对 C 有工具作用，如此类推。在 A 起直接或间接工具作用的某物 Z 中的内在价值，一般会得到公认。然而，有时情况出乎意外，另外有两种经常发生的情况也可以被归为对外在价值的预言。

经常会有这样的情况，A 因其与 B 的关系而被判断为有价值，但 B 没有任何价值归属，无论内在的还是外在的。一个人说，“A 对于 B 是好的”，这并不包含对 B 是否有价值的断定。A 对 B 是好的——如果有人从 B 获得满足或发现 B 有用。但无论这后一个是不是这种情况，这种评价是
384 不想做出断言的。另外，相对 B 而言，外在价值归于 A，意指 B（或 B 反过来对其有工具作用的最后的 Z）有时被认为具有内在价值，但这并不是说对 B（或 Z）的内在价值的这种归属实际地得到了证明。例如，一个人说，椴树对于做烧焦了的木头摆设是好的，这是指一些人重视这个玩意，但不是指它们真的具有内在价值。

因此，任何可能被归类为对一事物 A 的外在价值属性的预言，都表达这么一个评价，即 A 对另一事物 B 是工具性的或有用的。至于其他情况，这种评价有可能有下列三种含义中的任何一种：①可能意指 B（或反过来 B 对其具有工具性的某个最后的 Z）有内在价值；②可能意指 B（或某个最后的 Z）有时被判断为具有内在价值——无论判断得正确与否；③可能不是指 B（或任何最后的 Z）要么具有内在价值要么被认为具有内在价值。

这种歧义往往可以通过参照上下文来解决，而且它一般来说并不重要。但在一些我们不得不处理的情况中，如果不能说明这些区别，就会导致灾难性的混乱。虽然所有这三种类型或其他有相同根据的类型都是必需的，但是，为了将“善”的用法和其他“价值预言”的用法包括到通常话语当中，只有包含了上述三种意义中的第一个的那些断言，才能被归为对外在价值的评价。而具有其他两个意义的陈述，则意味着被谈论的东西没有任何真正的价值。说 A 对 B 是好的，而不意指 B 包含的价值，或者只说明价值有时被归于 B，但并未确定这些归因是否真实，显然，这种说法会使 A 所引起的真实价值的确定问题悬而不决。画布可以画上使人赏心悦目

的图案，而生产画布的线的机器，通过一连串事实的或可能的环节，拥有
了许多外在价值意义上的真正价值。只要我们最后能达到一个内在价值，
无论经过多长时间都无关紧要，这样最先提及的东西就被展现为具有客观
的价值。但是，如果机器生产的线，使画在油布上的油墨很快脱落因而不 385
能让赏心悦目的图案持久保留，那么——除非出现具有相同开头和圆满结
局的其他情况——最先提及的事物就没有表现出任何种类型的价值。

因此，我们可以在不用考虑 B 的真正价值的情况下，说 A **有助于** B 或对 B 的出现是**有用的**。但是，只有 B（或它可能导致的某个最后的 Z）具有内在价值，我们才可以说 A 具有**外在价值**，或工具**价值**。然而，很重要的是要记住：存在着这样一些共同的话语样式，它们有时被不正确地归为价值预言，而事实上它们既不意指这些被预言事物的内在价值也不意指它们真正的外在价值。特别是，我们应注意，对**效用**的归属有时并不是指所说有用的事物具有的真正价值。而且，如果我们无法参照 A 中对 B 的生产有用的这个性质，不参照 B 中的和 A 可能导致的任何事物中的关于内在价值的问题，那是很不方便的。因此，我们将在这几页中采用下列习惯说法。除非存在着具有内在价值的另一事物 B，而 A 对其可能起工具作用，否则一个事物 A 就不具有外在价值或工具价值。① 但是，我们会说 A 对 B **是有用的或有益的**，或仅仅说 A 是有用的或拥有**效用**，而这并不是意指 B 或 A 可能导致产生的任何其他事物肯定具有内在价值。因此，效用是更宽泛的范畴，一个事物可以有效用而不具有任何真正的价值，但一个事物的任何外在价值或工具价值都是它的一个效用。

我们还必须注意前面提到的第二种歧义，它影响“本质上的善”这一
短语，因而也影响“内在价值”这一名称。通过追问“有价值的东西是**因**
其自身还是因别的事物而有价值的”这个问题，我们已经指出了——而且
想坚持——内在价值和外在价值的区别。但是，尽管人们经常把这当作对 386
内在价值标准的一种恰当陈述来接受，对它的运用却常常采取的是在我们
看来未经证明的方式。因为这种区分原则经常与另一种纠缠在一起，即所
谓“事物自身中的”价值与所谓“其他事物中的”价值之间的差异。但
是，因作为“事物自身中的”价值而被称为内在价值的东西，与因其自身
有价值而内在地有价值的东西，这二者是不同的。同样，因所谈价值“在

① 我们将简略地将工具价值作为一种特殊的外在价值来辨别。

其他事物中”而被称为有外在价值的东西，与因其他事物而有价值的东西，也是不同的。

诸如“在自身中”和“在其他事物中”之类的说法，显然让人难以理解。首先，我们来谈谈它们的一个可能意义，该意义在当前的讨论中是不相关的，尽管它是价值理论中广泛讨论的一个区别。洛克称那些客体中的性质——如我们所感知的——为第一性质。在他看来，那些不在客体自身中的性质——虽然一般被认为是在客体自身中的——是第二性质。他也谈到第三类可感知的性质，它们既不在客体中也不被认为在客体中，就像我们从某种燃烧的东西那里可能体验到的疼痛一样。他没有给第三类性质命名，但是现在它们通常被称为第三性质，而且客体的价值性质有时被归为这种性质。然而，我们现在提及这种区分，只是为了把它从我们的讨论中排除，没有人会根据价值是客体的第一性质而将价值归类为内在价值，或根据价值是第二或第三性质而将价值归为外在价值。这里，“在自身中”或“在其他事物中”所包含的这一层含义，不在讨论之列。

因“在自身中”而被称为内在的价值，与因“在其他事物中”被称为外在的价值，二者之间的区别并非一目了然。我们检验发现，这一区别是在经验中通过所归属事物的呈现而实现或可实现的价值，与通过其他事物的呈现而实现的价值之间的区别。例如，艺术作品在如下意义上有它“自身的”价值，即被归属的价值是由于这个作品的出现而实现的。有用的工具在如下意义上具有“在其他事物中的”价值，即只有依靠与其他客体——一种价值性质可以因这些别的客体的出现而在直接经验中得到实
387 现——的工具性关系，它才是有价值的。

这一区别非常重要，并且可能代表了对事物的一种最通常的分类，即对有内在价值的事物或有外在价值的事物的分类。然而，这种区别不同于因其自身而有价值的东西与因其他事物而有价值的东西之间的区别。最后提到的这种区分，正是我们在这里区分内在价值与外在价值时所要参照的。（上面提及的另一种区分，我们将会简要讨论。）

“内在价值”是因其自身而有价值的，在这个意义上，严格地说，客观存在物没有内在价值，客体中的所有价值都是外在的。之所以如此，是因为最终目的——事物依照与它的关系而被最终判定为真正有价值的——就是善在直接经验中的某种可能的实现。善的客体的善，在于它们引起某种直接经验到的善的实现的可能性。不能给任何人带来任何满意的东西，

绝对是没有价值的，或者它的价值是消极的。

几乎没有人会否认这一点。而且，对于任何想否认这一点的人，人们也很难知道要通过什么方式使他们相信那是错的。因为如果这个说法是真的，那它就是对一种意图意义的分析。一个人只能假设，如果那些想否认这一点的人仍打算用“善的”或“有价值的”作为与我们认同的特征的话，那么他们无法得出他们实际观察到的有价值事物的标准。（也许因为他们认为——相当正确地——由一个事物的呈现而得到的直接满意并不是它的客观的善的证据。但那完全是另一回事了，是我们后面要考虑的一个话题。）

至少，我们应该能达成一致，除了能带来某种善的经验的可能之外，没有哪个客体能代表明智行动的最终目标。没有哪一个明智行动单以产生善的客体为目的，它是以经验中善的最终实现为目的的。如果无论谁都无法通过所谈及客体的存在而满意，那么这个客体有价值的说法必定是要么 388
无意义要么为假。与肯定价值性质的可能经验的这种关系，就是使善的客体成为善的东西，这种善对于它能属于客体来说是构成性的。依照同一标准，可归于客体的价值，严格地说来，总是因其他事物的，而不是内在的。

九　客体中的价值是外在的

我们现在可以回到先前的问题，即价值对客体的归属与对其他非价值的客观性质的预言之间的区别。因为，正是通过参照如下事实，即与善在经验中的某种可能实现的关系，对任何能在客体中发现的真正价值来说是构成性的，我们才能找到对这一区别的解释。

如果一个客体是“真正的圆形”，我们可以认为，在一定条件下它能看起来或摸起来是圆形。我们可以认为，它的代表“圆的”一词的表达意义的那种性质是可以被经验到的。但是，我们很难说这种可能性的真是使它成为“圆的”的东西。我们更有可能通过精确仪器的测定来确定客观圆形的标准，并认为那些看起来是圆的但不满足这些更精确的检验的东西，不是真正的圆。同样，我们可以认为，客观的硬的东西在正常条件下摸起来的感觉是硬的。但是，构成被归属的客观属性的，并不是这种与感觉到的硬的联系。尤其是如果它是被断言有特定硬度的硬东西，这一点就会更清楚。同样，代表明显的红色的——在其表达意义上的“红色”——性质的可能性，可以被归属于任何真正的红色的东西。但是，依据这种关系来定义客观的颜色，对此我们应再考虑，而且应该选择对该客观属性更具决定性的其他检验方法。

然而，在关于价值的情况中，是那种与肯定价值性质的可能经验的关系，构成了的一个东西由以被称为好的或有价值的那种客观属性。与“好”的表达意义所指的东西的这种关系，就是客观存在物能拥有的那种好的本质。它们因这种经验的可能性而被评价，而这种关系就是使它们成为好的东西。

这里的关键并不在于，一个好的客体的“好”依赖于它被经验到的这
389 种“好”，或客体之被经验到。对这两个观点，我们完全否定。如果有“隐藏在黑暗难测的海洋洞穴中的灿烂光洁的宝石”，它们仍然像人的眼睛所看到的美的东西一样美。关键在于，美的标准是它将被看到时的一种喜悦，如果它将在有利于存在于该事物中的这种潜在喜悦的完全实现的条件下被看到的话。一个好的客体的“好”，是在经验中实现善的一种潜在性。但是存在于客体中的这种好，作为产生对某种性质的经验的一种潜在性，并不依赖于在某种经验中对它的实际欣赏，正如一个圆的东西的客观的圆形并不依赖于用卡尺对它进行的实际度量。

更为关键的是，尽管对客观的圆形的恰当定义并不依赖于客体被看见是圆的，而客观的硬也不是通过客体被感觉到硬来定义的，客观的善仍是通过在经验中被揭示出来的善来定义的。善不是通过这一客体本身被经验到的直接满意来定义的，因为许多客体具有的这种善是为了产生其他好的东西的一种善。但是，一个事物的客观特征与某种满意经验的可能性之间的关系——在客体本身的呈现中或客体所导致的其他事物的呈现中发现的一种关系——对客体具有的这种善来说是确定性和构成性的。虽然客观的圆形不能根据“圆形”的表达意义来正确理解，对硬的经验也不是对客观硬度的主导性检验，但是客观的善要根据“善”的表达意义上的意义来理解，而客体中的善的主导性检验，就是可在经验中发现的某种善。

说明客观的善的这种特别之处——与圆形、硬度和客体的其他性质相比较的——的准确方式，就是要说事物中的客观价值是为了经验中的某种可能的善：即以这里采用的“内在的”和“外在的”的用法，要说可归于

客体的价值总是外在价值，而内在价值则只与经验本身中的某种可能的价值性质的实现有关。

十　固有价值

然而，尽管人们同意——至少有几分普遍性——唯一的最终的善物是 390
肯定价值性质在经验中的这种实现，我们还是坚持认为，某些种类的客体因其自身而善。例如，我们说，一件艺术品的美对于这一客体来说是内在的。即使我们应承认：如果任何人都无法从这样的客体中经验到满意的话，那么对价值的这种归属要么是无意义的，要么是虚假的。

对这种常见说法的解释，在这种情况中可能在于，我们只考虑到了客观的善。有一些客体是善的，只因为它们导致了其他事物。但也有一些客体的善，并不依赖于它对其他客体的工具作用。正如前面已指出的，这后一类客体所代表的善，在于它所归属的客体的出现，因而它并不依赖于与任何别的客体的关系，尽管它确实依赖于这一客体与某种主体的关系——或至少是可能的关系。与此一致，当我们说一个客体有用或有效用，或有外在价值时，是由于该客体与某种其他客体的关系。如果有时某物的美或愉悦性被称为它的一个效用的话，至少这种说法是非典型的。

如果有人坚持抛弃我们这里的“内在价值”和“外在价值”的用法，并为了区分在客体的呈现中可实现的善，与那种只有在其他事物——该客体对它是工具性的——的呈现中才能实现的善，而保留那些术语，那我们当然没理由反对对术语的这种选择。实际上，也许最好是确立应该遵守的习惯用法，而且我们最好为这样一组不同的区分选用一套另外的术语，因为它更为重要。这组区分就是为因其自身而有价值的东西，与因别的事物而有价值的东西之间的区别。这种问题几乎不值得人们去争论。我们认为在这里必须重点指出的是，例如尽管一件艺术品的美并不依赖于它与任何其他事物的关系，但这个价值仍然依赖于它与主体的可能经验的关系。我 391
们最终想要的东西，并不只是这个客体和被称为其美的属性的存在，而是它的美应说明某个观看者的经验。而且，除非我们注意到代表我们最终目的的东西与因其自身而被追求的东西之间的这种区别，我们就不能清楚地了解有关价值断言的任何东西以及它们想要表达的可靠事实。特别是，正如我们已指出的，这种区分，对于解释一般的价值断言与对客体的非价值性质的断言之间的区别来说，是必不可少的。如下事实证明了这一区别，即就价值术语而言，它们的表达意义看来规定了对它们的客观用法。而就其他属性的名称而言，它们的表达用法在整体上看来是从它们的客观意义中推演出来的。

另外，我们没有忽视已提到过的另一个重要区分。这种区分只存在于客体的价值领域，即那些只因与其他事物的关系而成为善的客体，与那些不涉及任何其他客体而成为善的客体之间的区分。对那些可在经验中通过客体——价值之被归属的客体——本身的呈现而得到实现的价值，我们建议称为固有价值。而那些对某种其他客体——价值可以通过这一客体的呈现而在经验直接实现——有工具性作用的客体的价值，我们建议称之为工具价值。

对“内在的”这个术语的这种使用，是为了指出：我们谈论的价值，是那种在有价值的客体本身中被发现或可发现的价值，也就是通过观察这个客体本身而不是检验其他事物被揭示出来的或可被揭示出来的那种价值。但是，这必须同“固有的”一词有时包含的另一层意义区别开来，那层意义不是在此要谈的。换言之，当且仅当那是一个用指称客体的名称来指称的本质特征时，一种性质可以以那种意义被说成一个事物所固有的。在这最后一层意思中——在此不做讨论——宝石的硬度和特定重量是它的固有性质，但某一块宝石的美不是固有的，因为即使不美，一块石头也可以被正确地归类为宝石。我们这里的意思是，一块宝石的美——或任何其
392 他事物的美——是某个客体的固有价值，因为这是它的一个性质，该性质之被揭示出来或可被揭示出来，是通过该客体的呈现，而不是对该客体可能对其有助的某种其他事物的观察。

十一　术语概要

对于术语，我们可以这样总结：“内在的或外在的”二分法，在这里只限于指因其自身而有价值的东西与因其他事物而有价值的东西的区分。而且，由于明智行动的最终目标就是肯定价值性质在经验中的某种实现，因而只有某种实际的或可能的经验的内容，才能被称为内在的善或内在的价值。善的客体的价值以及它们的客观性质的价值，在这里总被归为外

在价值。①

对那些外在的价值，包括存在于客体中的所有价值，我们再分成两类：一类是在价值之被归属的客体本身的经验中发现的价值，这里称为固有价值；另一类是可以在对其他事物——被讨论客体对它可能有工具作用——的经验中实现的价值，这里称为工具价值。

还有，正如前面提到的，如果一个事物对其他事物具有或可能具有工具作用，不管受益的东西本身是否真正是善的，人们一般都会说那个事物是好的或有效用的。我们在此不想对任何一种价值进行归因，或说出一个价值断言，除非所谈论的事物——至少它在对有固有价值的事物具有工具作用的意义上——是好的。然而，我们可以通过某种方式，方便地说明事物的这种工具性特征，而不涉及它可能导致的真正的价值这个进一步的问题。相应地，我们将在这种广泛的意义上使用“**效用**”这个术语，即不涉及该物对其有工具性作用的那个东西是否真的有价值。因此，客体的任何一种工具价值是它的一个效用，但并非客体的所有效用都是它们的工具价值。

还应指出的是，我们还没有提出这样一个问题：除具有外在价值的客体之 393
外，是否还存在着其他类的实体？这个问题在后面将会提到。并且，如果那是恰当的，我们保留将术语“外在价值”扩大用于客体之外的其他事物的权利。②

十二　进一步解释评论

关于事物的价值的问题，还有许多在这里省略不谈，但在后面会详细讨论。如前所述，价值预言的方式，与对事物其他性质预言的方式相比，更为多样和复杂，而且客观价值预言因此也极易产生歧义。我们这里只想说明“X 有价值”这个预言的普遍意义，以及从属于这个普遍意义的主要的和次一级的意义。不过，为了避免对已经讲过的内容产生误解，最好简

① 如果事物的一个属性真的是那一事物的属性，并且不只是表面的或相对于与主体的偶然关系的，那么，事物的这种属性就被称为客观的。这就好比一个“真正红色的”客体的红色是一个客观性质，但只对一个特殊的人或在特别场合“看起来是红色的”客体的红色，就不是客观的。

② 这个问题将在第十五章和十六章讨论。

洁地谈谈读者可能已经想到的某些问题。

对“价值”这个词，我们在此仅指某物的一个或一类价值性质、价值特征和价值特性。并且，我们按与一般使用“诸效用”或“诸经济价值”相同的方式，来使用“价值”的复数形式“诸价值”。也就是说，不仅涉及价值种类而且涉及事物中的价值的实例。正如整个讨论将显示的，一旦主要的语言上的问题得以清除，除了它们所代表的实体之外，价值是否存在的问题，就成为一个完全空洞的问题。

我们没费多大劲便避免了关于“价值”与“价值预言”之间的常见歧义：①必须只与肯定价值有关的东西；②必须与价值或负价值中任何一个有关的东西。这种用法很常见，因此不需要专门论述。评价当然包括对肯定价值和否定价值的归因，而且如果一个人只提肯定价值，那么关于否定价值或有否定价值的东西的相应陈述，通常就无须赘述了。

较麻烦的一点是，在预言一个存在物的价值时，人们常常想衡量它所有的好和坏的潜在性，并力求平衡。如果这是更常见的用法，我们仍然不能忽视为数众多的一种说法，即认为价值预言是相对的，或是仅限于某种
394 特殊情况，而对效用的预言也只涉及某种特殊的用途或特殊种类的效用。例如，一个人把一件东西称为一支好步枪的时候，他并不想决定这样的问题，即一般步枪或这支步枪是否拥有实现善或恶的巨大潜在性。一个人在说它的时候，只和一类特定的目的有关，这种目的是被称为“步枪”的这个名称包含着的。在这一事例中，也许预言属于对假定用途的判断种类。但是，即使只限于对真正的外在价值的预言，我们仍会发现这种价值归因的多样性和复杂性，远远地超出了最初可能出现的情况。不过，对这些的检验将延后。

另一个更明显的价值预言的含混在于，价值预言有时被归属于第一人称价值，尽管更多的时候，人们试图按照可能受到该物存在影响的所有人的观点来归属价值。在这里，重要的是把这样两个问题分开来：一个主要是语言上的、只涉及以特定方式做出的陈述所具有的特别意图的问题；一个是关于道德正义或其他有效性的问题。最关键的重要问题是，价值，在对行动具有道德上的有效命令的意义上，是否可以按照第一人称的观点被归属，或者有助于其他事物的善或有助于最大数量的善的东西，是否是道德意义上的有效的善。不过，这个问题完全有别于另一问题，即对价值归属的陈述要断言的是什么。人们有时说“这东西好”，这只不过是“我喜

欢它”或“我欣赏它”所表达的内容，它并不包含任何伦理利己主义的含意。而将价值归于事物通常是受我们的社会意识支配的，这也并不是对平等看待他人的道德义务的认可。至少，直到现在，我们都没有以任何方式谈及有关伦理学的基本问题。

一个存在物的价值，在于那种在经验中实现直接可发现的价值性质的潜在性。超出这一意义之外的价值的“主观性”，或它对于个体的“相对
性”的问题，我们也不打算触及。如果有人假定这种陈述是一种相对的或 395
主观的价值理论，那么，重要的是要认识到由“这个存在物是好的”所归结的性质，的确意味着它对于人的相对性，而“这个存在物是圆形的”的陈述所归结的内容，就没有这种相对性。同时还要区分这里所证实的这种相对性与另一种意义的相对性——正如我们所理解的——“这是好的”与“这是圆的”完全是可比的。

“这个客体是好的”与“这个客体是圆的”二者之间存在区别，这个区别是从下列事实中得来的，即价值要么是内在的要么是外在的，并且客体中的价值只是外在的。但是这个区别不适用于圆形或其他非价值的属性。我们对后面的讨论的预言在于说，最后的目的——所有的价值都通过对它的参照而受到评价——是某种可能的好生活的目的。因而，那种可归于客体的善，就是客体对于一种让人感到美好的生活的某种可能的贡献。而这意味着，客体中的价值只是外在的。但是，我们也可以提前承认，我们认为最终的善的这个概念就是一种会得到普遍接受——如果它的意图被理解了——的善。如果有人认为这一点不能接受，那么我们无法指望在后面的讨论中会使他们相信自己错了。

正如前面所说，客体中的价值和可归于它们的客观属性的价值都只是外在的，这个事实与下列事实是相关的，即就“好”一词的客观意义而言，“这个被呈现的客体是好的”，依赖于“这是好的”——或“在特定情况下会被立即发现善”的真——就“好的”的表达意义而言。至于其他，它并不意味着价值预言的某种特殊的相对性，这种相对性不能表明对客体一般属性的预言的特点。所有这类断言的可论证的真实性，最终与它们在经验中的证实或认可相关。只有当它们被证实或证伪，它们才有意义，并且只有当对它们的检验得到一个肯定的结果，它们才是真的。但这并不是说，有价值的东西依赖于被实际地经验为有价值，或事实上对它的经验。如果有人认为这个观点是主观主义的或相对主义的，那么至少这个争论主

题不涉及在关于价值的观点中特别危险的事物。正因为我们区分就当下被
396 发现是善的或有价值的东西的表达意义而言的价值或善与好在经济中归纳这个性质的客体的潜在性，客体中的价值，正如在这里被解释的，其主观性或相对性像红色或圆形或任何其他非价值性质一样多。为了存在于一物中的被经验到的善的这个潜在性，不依赖于任何特殊个人是否会发现该物是美的，一个圆物的圆形不依赖于是否一个特殊主体“看见它是圆形的”或实际地发现它作为用尺测量的结果是圆形的。事物在价值的情况中，像在任何其他客观特性的情况中一样，“是不关心任何人关于它所想或所感觉的东西的”。为了这个缘故，评价代表知识的一种形式，并是易错的。我们为了对一个善的生活有贡献而判断事物的这种潜在性，而且有时我们错误地判断它们。并且，这种错误是所有可能错误中最严重的，因为价值判断与我们合理地采取行动以及我们个人的幸运或不幸之间有特别直接的关联。

最后，我们可以指出，如果有人重视伦理领域中“客观的”与“主观的”或“相对的”的区分，即重视被应用于主体和他们的动机、行动等，那么应注意，我们至此已使用词“客观的”的意思，几乎不能不利于他人感兴趣的它的这个不同应用和内涵。因为我们至此还得说关于人们的这种道德品质和他们的行为的任何事，但我们已关心当下经验和客体。这些进一步的伦理问题是最重要的，但我们不会草率立即讨论所有争论问题，并且这样做也许会将它们与另一个问题混淆。

第十三章　当下有价值的 397

一　当下可认识的价值是内在的

前章所概括的观点暗示，在各种评价中，首先涉及的是单纯的迫切需要得到的事物。因为它使全部评价显现为，或是对经验中显示的价值性质进行直接认识，或是尽可能对这类发现进行认定，或是对可能有助于认识经验中的价值性质然而处于争论中的事物进行判断。对当下给予的经验内容的褒贬，是在表达的陈述中系统阐述的，也是对在直接的现象事物中终止的经验的指涉。除非咬文嚼字者在陈述方式中找出错误，就这些评价本身而言，这里论及的经验问题不可能出现错误。也由于同样的原因，这种既定的价值理解，虽然其表达方式或真或假（因为误传是可能的），但它们却既非评价也非知识的内容。评价与那些指涉当下给定性质的东西不同，它们是价值判断，评价不是把价值特性断定为可在特定条件下发现的东西，就是被归之于某些现实和想象的实存，或者归之于这类实存，它具有为经验提供一种价值性质的潜在性。因此，评价的概念就仅指具有内在价值的事物——因自身之故而存在价值——这是一种直接发现或可以发现的善，一旦显露，则明白无误。而那些其他种类的价值，包括归于客体的价值，都是外在的。因为这些价值可能有助于认识眼前的善。

在主要的含义上，这是个经常被提到的概念。一般来说，享乐主义提
出了这类观点的一种表述方式：由于快乐直接是好的本质，因此能否发现 398
所倾心的快乐则是结论。此即穆勒在其论断中试图揭示的对某物倾心的唯一根据，就在于它在现实中被期待着。但是，确切说来，价值评价的基本观点绝不限于企图将直接的好一般地等同于享乐的那类人的观点。所有那些能够从某种程度上为价值下定义，从而使其最终揭示经验中直接显露或

可能显露的性质，或清晰明白显露的性质的人们，也会阐述在此提出的那种普遍的概念范式。

然而，我们应当特别指出注意下述二者之间的区别的重要性，即指出直接就是明白无误的价值决定和关于存在及其客观属性的评估的区别，后者总是存在着出现错误的可能性。因为当它作为对象或条件或事物的状况被谈论时，人们会期望在它的真正本然的、合乎人们需要的东西中并不具有的东西，并且怀着一种错误的兴趣，即相信那些事实上将导致痛苦的事情会引起一种满足。它只注意到在直接珍视意义上什么是可评价的与在有利于认识可评价事物的真实本性方面什么是可评价的之间的区别——什么是可以评价的意义在于：价值应当被人们加以判断和评价——这里所论及的这类观点，是将自己从其他观点中加以区别，而不希望被人们混淆。[①]

二　自然主义价值理论

每一个这样的观点，都可以称为自然主义或人本主义的价值观，因为这种观点主张正常的人的天生癖好，无须任何纠正，便能有效地作为内在价值的检验标准。它否认我们生来就无法理解的内在价值的见解，同时也否认人生来有罪，只能通过某种神秘的洞察力或通过某些与人类天生的癖好相悖的特殊才能，才能正确地辨别价值的学说。但是，在否定了赎罪主义的固有的可评价的道德规范后，自然主义的观点却不希望落入普罗泰哥
399 拉相对主义的罗网。它无意做出这样的评价，即蠢人把自己的愚蠢等同于哲人的智慧。相反，它认为正常的人不需要任何智能的变动，也不需要比自然观察力更强的能力以便正确地进行评价，他所需要的全部东西是从这个自然世界中能够学习生活经验，这种自然主义的观点也不希望与新实证主义的观点相混淆。在新实证主义的价值领域中，其价值评价既玩世不恭又是虚无主义的，它拒绝对所有真伪的东西进行评价，而把价值评价仅仅归于感觉或情感一类的表达，因而，新实证主义没有任何确定真谬的标准。自然主义的观点否认那种强使自身成为绝对命令，从而压抑我们的自然欲望的超验规范，并不意味着否认行为规范的意义，因为它内在于所有

① 这些词“赞颂”和“评价”当然是从杜威那里借来的（参见《评价理论》，统一科学世界百科全书，第二篇第4页），尽管它们在这里不是准确地按杜威的意思来使用。

的评价中，并且为排斥那些经验证明是错误的价值判断和形成正确的价值判断提供根据。自然主义的观点意欲辨认独立于我的假设和愿望的评价中的真理或虚伪，同普遍真理一样，评价真理对于人的信念和明智地采取行动具有绝对意义。

然而，我们在实证主义和普罗泰哥拉的相对主义之间将不会发现任何中间立场，除非我们发现这样一种意识，在其间评价——或某些评价——是判断，参照那些依照评价而行动的自然后果而能知道评价的真伪；除非某些价值判定是断言，而这些断言是可证实的，但并不排除错误的可能性；除非那些价值被断定的事物具有某种被断定的特性，不是直接取决于人的爱好、欲望和兴趣，而是可以被人的思想和知觉所决定的。同样，我们不可能一方面承认具有超自然约束力的先验命令式的规范，另一方面又怀疑、否定任何规范的意义，[①] 在两者之间不存在中间立场，除非我们认识到某些价值陈述可被经验证实，并且需要这种证实的真理。

为了与先验主义、普罗泰哥拉的主观主义、虚无主义这三种观点区别
开来，主张某些评价具有经验认识的意义，这对于自然主义的价值概念而 400
言是至关重要的。但是，那种参照所有事物都应被判定为正价值和负价值的性质或特征，是一种在经验的显露中能够被清晰理解的性质，这对于自然主义观点而言亦是至关重要的。这种自然主义的评价观必然主张可理解的直接的价值本质和价值特性，构成了所涉及的评价标准，而那些易于陷入错误而需要证实的价值判定，应该得到证实。除非注意到在仅仅是一种直接发现价值本质的表达陈述的价值判定，与那些把有助于实现直接评价的客观性质归于某些存在物的价值判定之间的区别，否则这种自然主义的观点就很难清楚明白和具有说服力。

在把客观价值归于事物本身的判断中——评价是判断并具有鉴定的含义——所遇到的最重要，也最困难的问题是评价问题。然而显而易见，当下的、受人称赞的价值本质，则构成了一个可以恰当地由之起步的初始问题。

---

① 这里不是参照要求关心别人的道德命令，而是应发现没有充分的关系到任何人的实际利益的支持的一个命令。

三　当下价值的标志性特点问题

关于直接价值，这里有两类不同的问题。首先是认同评价标准和确定评价范围，并且恰如其分地加以表述，规定其本质类型。其次是关于“X具有价值”的任何一般形式的陈述的准确含义，这里的“评价”应当具有直接发现价值的意义。

概括出直接的善的特性，是个令人迷惑甚或令人烦恼的问题。因为，首先，每个人都明白它是什么，如果有人不明白，我们也难以向他讲述。在此我们得出了这样一个结论，即在我们所了解的善的名称与它的意指之间，存在着一个空白，纵使再多的词语，我们也难以构筑横跨其间的桥梁。这样我们或许会说，诸如直接的善这类事物的本质是难以表述的，或许像红玫瑰的红色一样，它具有一种单纯的特性，既不可能加以分析，又难以加以定义。直接的善没有分支和明显的组成部分，只是由于那些特性和特性的联系，我们才能表达它所意指的含义。并且由于它处于变幻不定的前后关系中而没有任何稳定的相互关系，只是依靠外部联系，我们才可能确定其描绘方式。

401 其次，人们是这样谈论这种经验可以揭示的本质的善，以至于有时产生出这种看法，即怀疑他们谈论的不是同样的事物。为此，一些人认为快乐即善，另一些人却认为将快乐作为生活的目标，就像“小狗互咬、小孩又哭又笑”。一些人认为符合人的本性的活动表现了善的本质特征，而另一些人则认为保持内心安宁是善的特征，一些人认为快乐是回到无知的自然状态。还有，一些人认为它在于兴趣的满足，而另一些人则发现在天堂中一切兴趣都消逝无踪。

但是，如果那些在本质的善的问题上意见分歧的人们始终不是在指向同一事物，那么这里将不存在任何争论。我们只是徘徊在语词混乱的迷宫中，而没有面临着有关人生最重要事情的终极问题。如果我们没有耐心透过这层语词的面纱而达到它所包含的内容，我们不妨提醒自己注意柏拉图在他最后与朋友的严肃谈话中所涉及的有关厌世主义者的内容，这一谈话中所表达的思想使他成为西方伦理学之父。[1] 对于这一棘手问题我们别无选择，只有进行努力的探索。

① 斐多篇，step. 89。

四　作为呈现的价值和无价值

直接的或可以直接发现的价值并不完全是一种充斥于全部经验中的具有维度模式的性质。在生活中，找不到绝对的善恶，而是在善恶之间还存在着无数的变种，每一个善的或恶的事物，或许都像其他的东西一样，极其明显地具有被人们加以选择和偏爱的根据。事物有无价值，不像中心区的投球，或可以辨认为灰红色，或可以感觉钢的硬度。它不是一种特殊的、可以为人们的感觉感受的经验特性，而是这些特性的集合。它更像是普通的颜色、投球和硬度。它看起来像大的或明显小的事物。或许可以进一步说，直接的价值与其所显示的复杂的现象特征联系着，就像我们看到的巨大物体总是与其显示出的可见的巨大规模相连一样。如果万物都是这样组成的，我们就可以从任何这类形式的**不同方面**的描述中，相当有把握地就它的巨大外观而对它本身做出结论。但我们似乎难以将正负价值作为一种经验维度加以准确谈论。维度应当是一种关系，在其间事物能够独立地相互改变并使相似的维度 402
特性多样化。反之，如果经验的内容有时能对在其他方面保持稳定的价值有所改变，至少这是非典型的情况，我们几乎可以说："比起价值本身来，我们可以在不同方面恰当地描述既定的内容，并且能在那些描述活动中尽力加以评价。"

由于同样能够存在这样的怀疑，即我们所赋予其内容的价值特性总是能同任何别的特性相比较，从而能够得出大的、小的或相等的价值，因此正负价值也不能作为一种精确的描述尺度。在这一点上，被揭示出的价值如同可见的巨物，在其间进行大小比较可能会产生困难，因为一个是三角巨物而另一个则是圆形巨物。当然，人们会说，可以靠常规迅速解决这种棘手的难题。既然在这里我们仅仅是处理外观的东西，而不是找出大的或小的价值，因此它们的价值应当是相等的。但是，这种常规的"相同价值"的定义则是靠不住的，且这样来定义的"相同"也不能证明是一种过渡的联系。我们从直接评价的角度出发表明的位置，或许不像一条直线上的点而更像一条直线的延伸，在这里区别消失了。实际上，我们在这里看到的，只是描述了心理学家经常遇到的困难之一，有的时候这一困难导致他们完全抛弃这些从感觉认识到的现象。因为在这个问题上存在着科学的"难题"，即在这个范畴中所包含的困难源于数学和物理学。

还有一点可疑的是，正负价值也是一个相当普遍的描述现象，它表明经验的既定内容有时不过是无关紧要的东西。再者，直接价值的“零”这一概念，与由于缺乏优越性而决定的“等同”一样，要受到怀疑。“零”这一概念不会证明价值在各个不同场合中的不变性。

不管怎样，如果我们不用正确和清楚明白地内含着测量的推断方法来研究问题，这些明显地陷入单维排列的直接评价的失败，就不应是一种令人失望的事情。存在的最好理由——这些理由以后将会出现，并且比在这里提到的理由更加明确——是解释为什么任何“价值的计算”都必然与事实无关并且难以实行。正是在解释的基本原则中，伪科学以怀疑作为代价，却比怀疑更不适用而一无所获。如果存在着关于我们中间
403 没有谁比别人更有知识的论点，这就是它的观点。一般来说，没有人会对好与坏之类的问题毫无知觉，或对事物的这种特性漫不经心。对于直接被评价和可评价的事物，只有这样的错误会被看作由于缺乏反思。在理性的范围内，如果我们承认被怀疑的事物具有不确定的性质，或许我们会对它做出正确的评价。

如能避免数学、物理学中“维度”一类的术语，或许我们能对评价问题做出更好的解释，并且认为正负价值是一个普遍的表述形式，它属于感性的范围，因为它具有特殊的**形式**——一种对既定内容的价值特性——有诸如好些或坏些这样一些其他的形式与之相连。但是这种特殊的形式不能被推断为任何两种形式都可以作为一种决定性的结论而加以比较，或因无选择机会而建立一种过渡的“相同”联系。然而，也许值得注意的是这里没有牢固的基础，因为考虑到正负价值的经验方式，比价值问题的其他形式和方面更杂乱无章。更确切地说，在这里，我们面临着一个**普遍**的难题，它阻挠着我们对诸如价值这类现象的系统阐述。对经验上表现出来的东西进行的大多数整理，都属于对精巧的常规的产物的怀疑，属于对只图方便而不管该产物的文字表现会产生什么后果的做法的怀疑。尤其从现象或给定的东西到客体的过渡，仅仅是靠实用主义不易察觉其不同的格言而极普遍地实现的。没有这些格言，被直接经验到的事物的非一般特性将展示出对精确的评价尺度必不可少的顺序。

这里，我们仅就现象形式而论述了价值问题。对它的正确性，我们较少依靠任何既定的规范，我们在规范中所涉及的，只是普遍的相似性和关系。正负价值是寄托了人们的愿望和反感情绪的那种既定事物或沉

思对象的形式或方面，它是那种通过把握它而使行为倾向得到正常诱导的东西。①

五　“快乐”对于当下价值是一个贫乏的名称

对直接价值的构成特征的任何命名，都会面临我们已提及的难题：我们只能用别的名称来解释这一个名称。除非我们面对的解释对象也用我们使用的某个名称来界定被定义项，否则我们没有任何办法把我们的意图表 404
达清楚。我们可以试着通过呈现它的特定情境来确定我们的意思，但是那样一来我们又会遇到两个困难：第一，因为这里所意指的并不是某种单一而独特的性质，而是一种一般特征，所以，没有哪一个单独的情境能构成可以为其划界的例子；第二，同一对象或情况对我们而言的存在，从来不是一致性的完整而可靠的索引，这就像两个人之间在直接被理解或呈现的东西上的情况一样。而且，我们假定，相比于对事物呈现的大多数其他特征的理解中的异质性，价值理解上的异质性更为常见。

我们只能依靠这样一种不大可能的事物，即在个人经验中这么普遍地展现出来的东西，以及人们这么普遍感兴趣并因此而被普遍谈论的东西，可能无法通过参照我们能用上褒贬形容词的各种情境而得以正确界定。直接的善就是您在经验中所喜欢和想要的，直接的恶则是您不喜欢和不想要的。

诸如此类的说法——“喜欢的”或“不喜欢的”、“想要的”或“不想要的”、“善的”或“恶的”在用于直接被呈现的东西时——是对直接的价值或无价值的更好的索引。这些说法更经常在讨论中出现，而“快乐”和“不快”或“痛苦”则是较少见的，因为在日常话语中它们的含义太窄了，不能充分包括当下褒贬的全部意思。而且，它们还不恰当地暗示所意指的东西——价值——是一种“主体”的性质而不是现象内容的性质。如果我们用“快乐的”代替“快乐”，用“不快乐的”代替“不快乐”，这样来纠正这个缺点，那又会在其他方面发现不妥。“快乐的”和“不快乐的”苍白而伤感的内涵，并不令人满意，它们带着过重的自我意识意味。“快乐的”和“快乐”仅仅意味着被这样感觉到的善不微妙也不复杂，只

① 第十三章一至四节曾有郑忆石译，董恂校，原载《价值和评价——现代英美价值论集粹》，中国人民大学出版社，1989，第63～70页。我们参考过其译文。——译者注

与身体感觉相联系，这样表现出来的是消极性而不是严肃行动的善。

有人认为享乐主义者并不打算限于这么一个过分狭窄的含义。他们将
405 “快乐”和“痛苦”加以引申，超出其原初的朴素的含义直至将各种复杂
而细微的满意和不满都包括在内，结果成为一种误入歧途的不成熟的理
论。一个伊壁鸠鲁主义者很清楚，除了为充足的大麦、水和朋友间的交流
所提供的快乐之外，找不到更确实的快乐。一个边沁主义者知道，生活中
最大的快乐是投身于公共服务并取得成功。但是，研习这些学说的人们可
能无法理解这种以“快乐”为名的善，他们为着更明显不太令人满意的善
而将这种善忽视了。

如果“快乐”或任何别的名称要充当直接和内在价值的同义字，那么
它必须能完全地包含所有在生活中直接被发现的善的东西。它必须包括行
动而忘我的满足以及消极而自觉的满足、坚定地面对“不快乐的”以及
“快乐”的时候的正直感、具有个人独特方式的满足以及可能在信念中无
法实现的祝愿，它也必须包括天真的满足以及有教养的满足、在持之以恒
中发现的满足以及在反常和多变中发现的满意、纯由运气带来的快乐以及
由顽强的努力带来的满足。它必须包括所有这些再加上整个的感觉快乐和
情感愉悦。直接的无价值同样也多种多样。然而这些直接的善和恶被不恰
当地压缩进一个术语或一对术语当中，人们试图使用的同义词就像它们表
现出来的光鲜一样容易误导人。因为在这种意义上思考一些尚不清楚的东
西，很可能是缘于它们只能恰当地命名某一种类型，并用某种被包含的属
的特征来界定种的特征。我们最好依靠我们关于所有经验的这种方式的普
遍感觉及其形式的多样性，来纠正被选作替代的名称，而不是依靠名称的
魔法来召回对生活中可能的善的必不可少的内在感觉。我们的褒义形容词
的多样性最好是被看作象征的而不就是它们中的任何一个，后者可能太狭
窄了。至于语词方面，最普遍和最广泛的描述——只是“善”——可能是
406 最好的，尽管除了我们在这里单独讨论到的直接的善，这个词不能精确地
包括外在价值的所有形式。

六　价值是主体的直接经验吗？

这里提出了一个观点，即对我们而言正负价值是一种经验模式，这样被显现出来的价值是真正的价值，它决定终极的价值真理。而这一观点需

要澄清，特别是考虑到价值可能是这样一种经验材料，以及被那样直接发现的价值性质与意义呈现之间的关系。尝试做出这样的澄清，是我们希望在这一章中予以进一步注意的问题。

然而，这一观点也是任何关于终极价值的自然主义观点——如我们应辩护的——与其他各种观点之间争论的焦点。它会立即遭到那些持先验论观点的人的反对，他们认为任何正确的评价都意味着对我们自然的褒贬评价的某种重新评估。它也会使我们受到另一些人的批评，他们认为直接的价值发现仅仅是“情绪的”，并且任何种类的规范表达都既不为真也不为假。奇怪的是，这些截然相反的批评很可能是以同一方式来表达的，即通过指责我们这里的观点来推行其主观主义。

还需要进一步考虑的一个问题是，在经验中被直接揭示的价值在什么程度上是主观的，在什么程度上是客观的，以及在什么样的关键意义上它们不是主观的就是客观的。不过，如果不首先注意上面提到的那些批评，我们就很难将与这一主题密切相关的问题和可能与它们相混淆的其他问题区分开来。因此，我们将尝试概述我们的立场，因为它与价值一般被思考的方式中的这些基本区别有关，然后，我们就可以回到作为对现象或现象的一种直接估价的评价的问题上来。

七　作为经验特质的当下价值

我们不应责备那些被价值理论和伦理学中的“主观主义”或“相对主
义”倾向所困扰的人们，和那些于其中看到非道德主义观点和抛弃原 407
则——这是对我们整个文明的主要威胁——的人们。但是似乎也没有必要指出，人们已经如此广泛而无差别地使用“主观主义”和“相对主义”这些词语，以致它们有可能失去了除贬义词意义之外的所有其他意义。如果有主观主义者坚持，没有什么东西真正具有内在价值和终极价值——除了这样一种善，它是一种生活的特征，人们在过这种生活的时候于其中发现了这种善——那么我们现在所辩护的观点就与这种主观主义紧黏在一起。事实上我们认为，任何对终极善的特征的否认都是令人震惊的，因为它是荒谬的而且在道义上是具破坏性的。而关于至善的这种观念，就确实意味着所有可正确地归于客观存在物的价值，在最后的分析中，都只是外在的，只是相对于能在生活经验中被直接认识的某些价值的可能产物而言的。再说一遍，如果那就是主观主义，那么它就是我们所赞成的主观主义。但是如果人们认为这意味着，客体和其他存在物可能具有的那种善，是相对于个人对它的判断而言的，或是相对于任何人在该客体的现象中得到的价值发现的特殊特征而言的，那么我们需要指出我们没有这种关于价值的柏拉图式相对性的意思。

恰恰相反，我们的观点是，价值判断是经验认知的一种形式，它指向事实——像那些决定任何其他种类知识的正确性的事实一样确凿的和强制性的事实。事物的这种价值性质像它的任何其他性质一样是客观的，尽管外部对象具有的那种价值只是外在的。（关于我们对对象做出价值论断的方式的充分考察，须待后面几章展开，但我们到那时候的发现不会与这里的概括相反。）

就像其他被直接显现的特征一样，被直接发现的价值，就其具有直观的状况而言它是主观的，它的存在是不可怀疑。例如，对于当前的快乐或痛苦，人们不可能出错，尽管对令人愉快的或痛苦的事态围绕着我们的假定可能——在任何情况下——令人迷惑。对一个痛苦的事态的错觉会让人迷惑，但它的痛苦是不可怀疑的事实，而且似乎被感觉的情形是真实的——除非我们能以别的方式消除它，这也是事实。

408 直接价值在这方面很像是某种外观或外观模式：与呈现出来被看到的客观事物相比，它更像是我所看到的东西；与刺激我的耳膜的客观空气相比，它更像是我所听到的东西。但是，因为它的这种外观状态而说被直接看到或听到的东西或被直接评价的东西是“主观的”，这是在一种“只是外观”的未被证明而带有贬损的意义上来断言“外观”，是不正当地将它归为不真实的东西。除了通过外观的理解，不存在任何对经验的东西的理解，除此之外我们对客观实在的了解别无他法。一旦人们以这样的方式——当作外观——来考察外观下的内容，那么人们会更恰当地认识到它既非主观的又非客观的，或者既是主观的又是客观的。主观性和客观性，在任何意义上，都是对被理解内容的一种“后来的”分类，是依照内容与现实之间或与进一步可能的经验之间关系的一种分类。如果现象产生了后来为经验所证实的信念，那么它就可以在真实的意义上被归为客观的；如果它产生了后来被否证的信念，那么它就会在错觉的意义上被归为主观的。但是仅就现象本身而言，它既不是客观的也不是主观的。而且在这两种情况下，都存在着现象本身的被给予内容的绝对实在性：没有它，就既没有错觉也没有知识，既没有主观性也没有客观性。因而，对现象的被给予内容的这样一种表述，就是一种真理，它对任何客观判断的真或假而言都是在先的和本质的。

当然，事实是，任何物体的性质——无论价值还是别的东西——都不是严格地通过一个直接呈现的所予性而被了解的。现象的事实，与对过去经验——在逻辑上——的归纳一起，产生出信念。而且这个信念——无论是否被这种归纳所证明——也许可以得到进一步的证实，也可能被发现是假的。因而，在与习惯的（归纳的）解释一起使用时，现象可能是误导性的也可能是正确的。但是，它既不在它自己的可表述的特点中，也不与这种解释相分离。

而且，被给予物中并不存在一种特征能使它本身要么是正确的要么是
误导性的。如果我从眼镜的上边看过去并“看到两个墨水瓶”，那么我看 409
到的东西本身并不使人误解。事实上它并不误导我，因为我没有从中归纳出不可证实的信念。可证实的或可证伪的东西只是那加在被给予外表上的解释。现象内容的实在性既不可证实也不可证伪，对它的陈述仅在这样一个意义上被证实，即在证实能被视为中肯的意义上。

同样为真的是，每个现象以及每个现象的每个可抽象项，都是某种客观事态的可能证据，对这种客观事态的正确解释可以之为线索。这种正确解释通常需要包括主体状态——例如一个身体器官或某种别的意义上的一个持续事物——作为事态中一个恰当的项，现象由此被证明。在同意如下观点的时候，我们应该注意：如果以主体状态的任何证据为条件就是有“主观性条件的”，那么每一个知觉的内容，无论真实的还是错觉的，都有这样的条件，并且在两种情况下都以同样的一般样式具有这种条件。至于错觉，情况可能是这样的，即主体的状态是客观事态中的被特别说明的部分。但是，很明显，每个现象以某种主体状态为条件，也以客观存在物为条件。

如果经验知识是存在的，那么人们相信其内容的理由必定是在人的直接经验中被揭示的东西。同样，经验信念能得到确证的唯一方式就是参照能在经验中被发现的东西。这样一个信念可以得到人的支持，这就已经有几分确信了，但在最后的分析中，除了现象的实在性之外，也可能根本没有什么经验信念的基础。除了最终依据外表之外，没有什么资料能够支持客观事实。而且，如果相对于外表的东西因此就是主观的，那么任何可知

的东西都是主观的，而这个词也失去了意义。

在这里，价值理解或价值断言与其他任何经验性质的理解和断言之
410 间，没有根本的区别。那些把这里提出的观点说成主观主义的人，必定忽略价值断言与其他断言之间的相似性。或者，在另一方面，他们必定忽略我们在价值断言中以及在其他断言中已做出的区分，即有关直接的和外表的东西的那些判断，与可以进一步证实的和需要这种确证的那些判断之间的区分。

所有的将价值归于客体、客观性质或事态的情况，都属于后一类。它们表达了可被证实或证伪的信念。并且，一旦一个现象被视为对这种客观价值的信念的基础，那么它就有可能是误导的，而被理解的价值也可能是虚幻的，就像其他任何非价值的性质一样。

如果我在咬苹果，那么我可以正确无误地说出这个苹果的味道是好或是坏。但是，如果我根据这一被直接发现的价值性质断定我手中的苹果是好的或坏的，那么就可能出错。我是否错了，这与我当下经验提供了某种证据有关，但也与进一步经验的确证有关。同样，在第一次听到一段音乐，或第一次看到一幅画时，我们对它的当下的享受，或是不关心或不喜欢是不会错的，但是由此而得出结论说这一音乐作品或这幅画是享受或不满的一个持续来源，那就可能在后来被证明是错的。如前所述，对价值属于对象的断言，与对其他客观性质的判断相比，其意义更加复杂多变。但是这种限定——必须在后面加以详细考察——并不影响目前的这个论点。

如果这里所做的关于直接价值的陈述是不受干扰的而且可以应用于一般的价值断言，那么，自然，这里的观点——像这样被误解——就是一个主观主义的观点。例如，如果认为“喜欢和不喜欢对直接价值而言是决定性的”这一陈述意味着，它们对被呈现物的客观价值而言是同样决定性的，但是我们在这里并没有这种意思。一个人一时的喜欢或不喜欢对当下的价值发现而言是最终指示性的，而且除非这个事实得到强调，否则就不可能弄清一般评价的意思。但是，对于被观察物的客观价值性质，当下的喜欢或不喜欢可能是非指示性的和一个假判断的基础。

411 我们可能一时喜欢一幅画，因为它挂在一个光线差的地方因而遮掩了它的败笔或粗糙的色彩。当我们这样喜欢它时，我们对它的客观价值的判断可能出错，就像对它的线条关系或它的颜色性质一样，而且是因为相似的和有关联的原因。当我们在较好的条件下再看它时，所有这些错误就会

同时并以同一方式得到更正。至此，被直接理解的价值——相比于作为客体性质的价值，与被看到的红色或直线性——相比于一个事物的红色或笔直的客观性质，它们二者之间的相似性已经很明显，无须进一步展开论述。而且，主观主义对我们所提出观点的攻击都只是根据一些误解做出的。

八　客体中的价值都是外在的

然而，批评者心中的反对意见可能略有不同，有人会指出所有客体中的价值在这里都被划分为外在价值。可以想象他会说："这里承认，直接被揭示或被理解的价值应被归于经验情境本身或者这一经验的内容，而经验的内容只是以现象的或外观的状态存在，至少在这种意义上它是主观的。被宣称为内在价值的就是这种直接被给予的价值。进一步说，在其他意义上，价值最终都被认为是相对于价值的这种直接实现——或者实际的或者可能的——而言的。这样，所有的价值就变成了主观的和相对的。"

对这种陈述不会有什么误解——尽管我们应批判那种不根据前提进行推理而所得出的结论。让我们继续用上一个例子，即关于画的例子，来做出中肯的检验。

如果有人被问到为什么这幅画的艺术价值小，他可能会这样回答："因为它没画好"，"因为颜色对比不好"，"因为兴趣的中心被放错了地方"。在这些批评中，他可能一方面参照画的可见的物理性质，另一方面参照绘画艺术的一般原则。但是，如果一个从未受过艺术教育的人质疑所提出的批评原则，并坚持问为什么画的这些客观特征使它成为一幅很差的画，那么批评者最后必定会被迫做出另外的回答："您可能现在喜欢它，但是我想如果再多看一会儿您就不会喜欢了"；或者较粗鲁地说："很明显，您的色觉有问题；专家和其他大多数的人都觉得它的颜色搭配不对 412
劲。"最终，他必须依靠那种可直接辨别的并诉诸简单的喜欢或不喜欢的事实。事情就是这样，因为说对象的客观价值不能引起——直接地或间接地——任何直接的满足，这样的观点是荒谬的。客体的价值是其既定的性质，这种性质就像客观的方和硬一样，不依赖于对它们的事实性的一时理解和个人判断。但是，这个价值性质是事物的客观特征，它能对直接经验提供某种满足，它是实现能被直接揭示的价值的潜在性。文中所指出的正是这个事实：客体的所有价值都是外在的，因为它不是因自身而是因他物的缘故才成为价值的。

对象价值的这种外在特征，并没有在任何客观的善或不能说的恶之间造成区别，也没有使之成为一个不能出错的事情。例如，好画与坏画的区别，好音乐作品与坏音乐作品的区别，我们使用工具好坏的区别，仍是一个可讨论的问题，而且是可以客观地确定的，就像飞机的快捷和经验所必需的性质一样。它们可能都需要研究和大量经验以获得可靠的了解，并且很可能还要求类似的判断力。如果一个人想画出更好的画，或者希望在好画所能提供的持续满足中极尽可能，那么他就得学习，就像一个希望设计出更好的飞机或学会评估飞机质量的人所需要做的那样。任何对象或存在物的客观而持久的价值，都是可检验的、尊重原则的、要求可靠的判断的，就像飞机的快捷性一样，而且它——可能是——不同于一时的喜欢，就像快捷性不只是“看起来快”一样。忽视这一事实就真的会滑入柏拉图式的相对主义。在这里，由于我们区别了直接的价值理解——它不是判断
413 而且不会出错——和对客体的任何一种价值的判断，因此这一事实没有被忽视而是得到了坚持。

九　客体中的价值是在当下经验中实现价值的可能性

但是，如果我们要问是什么使一个客体成为有价值的，以及价值判断借以做出的客体的本质或特征是什么，这就是另一个问题了。我认为，一个客观存在物中的价值，就是那种存在于经验中的直接价值的某种可能实现的潜在性中的价值。因此，尽管有多种检验方法可能对预示都很有用、很重要，甚至可能是一个更可靠的近似的决定基础，但检验客观价值的唯一直接的和主导的方法，仍是在所讨论客体的现象当中，或通过其现象，去发现这种直接的价值或负价值。

如果对主观主义的指责是依这一概念做出的，那么，虽然我们仍应将这一被使用的词视为一个需要证明的称呼，但是争论的问题本身还是真实的和首要的。诚然，一旦它摆脱了可能的误解，这一问题就几乎无可争论了。除了如何恰当使用“价值”“有价值的”等词以及相似的带有某种含义的词之外——虽然我们将这些问题仅仅当作语言问题而加以消除是不对的——这里没有太多可争论的东西。一些人只在能发现人的满足的潜在可

能性的地方承认行动的合理目的，而另一些人断言——作为理性命令——行动的目的不依赖于人的任何可能的满足，这两种人的区别是一个非常重要的道德问题。同样，还有一个重要的道德问题存在于下列两种人的区别中：一些人认为有效的命令是通过人类生活中可能实现的内在价值来证明的，而另一些人却通过将直接评价归结为仅仅是“情感的”，以及将所有正式陈述句归结为既不真也不假的，来摧毁所有有效命令的基础。但是，对那些在如此基本的问题上出现意见分歧的人来说，危险在于，他们无法找到一个深层的前提来形成他们的统一或区别。我们希望我们建立在这些基本点上的立场清楚而不易被误解。这里存在着一个关于价值的真理和一个关于客体中的价值的，但可能被忽略的真理。而且，在每个价值判断中
都有一种理性命令的意义：为了价值的实现而行动，这是使行动意图成为 414
明智的和合理的东西的本质，以相反的方式行动则是愚蠢的。但是，“有价值的”一词在被应用到客体或其他存在物的时候只带有“能在某种可能的经验中引起满足”的意思。[①]

十　作为相对个人的价值的主观性

在这里，上面所考虑的问题应当受到注意，尽管它们在一定程度上脱离了本章的主题。否则，就有可能将这样两件必须分开考虑的事情混在一起：①内在价值和因其自身而有价值，是在经验中被直接实现或可被直接实现的价值（它经常被误称为“只是主观的”）；②价值或负价值对经验场合中所现象的内容的限定方式，可能是主观的或客观的，或在某部分中或以某种方式是主观的而在另一部分或以另一方式是客观的。对于这里的“客观的”和“主观的”，我们可以给出一个相当清晰的、共通的和有用的含义。

有人怀疑，这两件事的混淆根源于那些抛弃关于价值的自然主义观点的人的论证。他们将这样的观点作为一个主要前提，即：“主观的评价并不是对一个真正价值的理解”。他们还在这上面加上一个次要前提：“对当下的喜欢或不喜欢所做出的未经批判的评价只能是主观的”。从这两个前提中确实会可以推导出，我们直接的价值发现不能作为对真正的价值的真实理解。但

① 这是这类价值论断的一般意义。然而，在将价值归于对象的时候最经常被当作例子来说明，不只是这种一般的意义，而是一些更特殊的意义。在后面一章我们将论及各种这样的特殊的意义。

是，他们的主要前提是虚假的，如果“主观的”只是指“在经验中被直接发现”的话。而且，无论我们的喜欢或不喜欢是否被标以“主观的”标签，事实仍然是：直接的快乐因其自身而有价值，直接的不满则内在地就是令人惋惜的。（这是我们这里要全力澄清的一点。）他们接受这一主要前提——一个人必须假设什么，是因为他们没有区分这样两件事：一是直接满足的经验本
415 身内在地是可欲求的，二是被欣赏的对象可能并不是真正可欲求的。

不过，这里与我们直接有关的是他们的次要前提：当下评价只是主观评价。这也是假的，即使它被人们普遍接受。有一些当下珍视与贬损是主观的，有一些则是客观的。澄清这个事实是非常重要的，因为人们有一个普遍的偏见，即认为对直接经验中的价值发现要么都是主观的要么至少比经验中的其他情况更为主观，而这种偏见绝不仅限于上面提及的批评。而且，人们还假定，我们的当下享受和不满所具有的这种主观性使得它不可能成为价值判断的基础，因为价值判断的基础应该是客观有效的。这就是我们现在要讨论的问题。不过，我们必须首先说明“主观的”和“客观的”的含义，这与所讨论的问题密切相关。

作为对经验场合的表明和经验的直接内容，正负价值在最普通的意义上是一种经验资料，即是说直接的经验内容的这种价值性质仅仅如其所是，它是作为经验中的直接事实被发现或揭示的。这种被揭示的价值，其存在是不可置疑的，这样被发现的价值或负价值是毋庸置疑的。如果它是标明这个场合的正面的价值性质，那么这个事实就是这一经验因其自身为善的标志。如果它是标明这个场合的负面价值，那么这个事实就表明这一经验本身就是不好的和不可欲求的。

然而，如果我们将这样一个事实——即在这一场合下，一个带有在某方面特征的经验内容被注入了肯定价值特性或无价值，当作证据来证明在另一场合下另一相似的经验内容还会被标以这同一价值性质，那么我们可能会出错。同样，下面的做法也是错误的，即从这个经验推断出：一个对象——其现象为这种被给定的内容所证明——具有相应的价值特性，而被现象的对象因为这一经验令人满意而是善的或者因为这一经验令人不满而是恶的。或者，如果我们推断出，在我们发现与我们自己的相同情况下，其他人也会受他们经验中这一相同价值性质的影响，那这也是错的。换言
416 之，这一现象内容之所以具有这种直接的价值性质，其原因也许可以在我们的个人成长或个人历史或在这一场合中的个人态度中找到，或者在这样

的原因中，对我们来说仅仅是个人的或特殊的那些东西没有什么影响，这种原因需要在我们所面对的客观情境的性质当中去寻找，在一般人所共有的理解能力中去寻找。如果一个被给予的现象内容之所以受到一个特定价值性质的影响的原因，是一个个人的或对个体来说特殊的原因，那么影响这一被给予内容的价值性质就可以称为主观的；如果存在的不是这种个人性的影响，而是可以在客观情境中发现的因素，以及人们一般具有的理解能力，那么影响着被给予的现象内容的价值性质就可以说是客观的。这种意义上的主观性和客观性是一种平常的区分，不仅可应用于我们直接的价值发现，而且可应用于其他种类的经验资料——我们对形状、大小、颜色以及事物直接展现给我们的其他性质的直接理解。

再说一遍，一个价值理解是否主观，或是否客观，这并不影响这样一个事实：如果被理解的价值性质是肯定的，那么所讨论的经验就具有正面的内在价值；如果所理解的是否定价值，那么那一经验就内在地是负价值。从**工具性的**观点看，我们会发现一个受肯定的价值性质影响的特定的现象内容，如果这个价值发现是主观的话，那这就很可惜。因为那样的话，对于今后的相似情境中的价值可能性，我们可能被误导，并将我们自己置于受负价值影响的——本来可以避免的——经验中。**为什么**一个具有肯定价值性质的经验仍有可能令人遗憾，其**原因**说明了以下事实：它是经验中可被直接发现的和肯定的价值性质，它**本身**就是可欲求的且不依赖于对于别的经验的工具性结果，它就是内在地有价值的。只要我们能**意识到**这一被给予经验的肯定价值性质是主观的，那么经验本身就可能同时既有内在价值又有工具性价值，因为这一意识可以使我们免于对相似经验中的 417
价值可能性做出无根据的推理。因此，令人遗憾的不是关于一个主观的肯定的价值性质的被给予经验，而只是我们对其主观特性的无知。

一个受主观的肯定价值性质影响的经验，从工具的观点看，也可能是不可欲求的，如果我们无根据地从中推出别人在相似的经验条件下可以发现同样的价值的话。因为那样的话，我们可能会以不利于别人经验中的肯定价值的实现的方式行事，或可能会不利于社会合作，并因此减少我们自己进一步实现肯定价值的机会。但是，在这里，不幸的是，它也是无根据的推论及其带有偏见的结论，被给予经验的肯定价值性质**本身**仍然是可欲求的。

直接的价值发现的主观性或客观性的重要性，并不在于与经验本身相关的任何价值问题当中，这样的问题在其价值特性被发现的时候就得到了一次性的解答。这一区分的意义在于它在经验与某个对象、事态或被认为相关的其他存在物之间的关系问题上可能具有的意义。实际上，在详细说明这里的“主观的”和“客观的”的含义时，我们只是试着使这些术语的原初的和文字的含义更精确：如果直接经验的一个特征属于被理解的对象，它就是客观的；如果它表示的是关于经验主体而不是客体的事物，它就是主观的。虽然这些含义明显有一些粗糙，而且随时会在没有澄清的情况下被允许应用，如我们在表达它们的时候所力图做到的那样，但是毫无疑问这些含义是对这些术语本身的说明。说当下评价是主观的——不再用坏的名称来称呼它们——如果这种说法有什么可取之处的话，那必定在于这样一种假设，即主观的东西由此而成为对独立事实的判断的不可靠基础，就像它们的事实所是。它是非推导性的或者是误导性的，对于我们自己经验的进一步可能性而言，或对于别人的经验或——可以归为同一事物的东西——对于独立事实的特征而言，都是如此。

418 于是，这里出现了两个问题，我们最好将它们区分开。第一，直接的价值理解普遍都是主观的吗？或比其他种类的经验资料更经常或更明显是主观的吗？第二，直接的价值发现的主观特征使其对独立价值事实的判断形成误导，或成为一个不可靠的基础吗？独立价值事实是什么，在其中直接被发现的价值（不管是正当地还是无根据地）被认为是有所指的，这一点我们已经看到了。第一，独立价值事实就是由最终价值判断所预言的那种事实，即在如此这般包括一个行动的条件下，一个特定的价值性质可以在直接经验中被实现。第二，独立价值事实就是被非最终价值判断所断言的那种事实，即某种特定的对象、事态或其他存在物，具有引导经验中的价值或负价值之实现的潜在可能性。

十一　价值特质比感觉特质更有主观性吗？

我们可以相信，事物的可爱和不可爱、它们的直接令人满足的性质或相反的性质，比起看到的绿色或感觉到的硬度来，更多地取决于个人。这不仅是因为喜欢和不喜欢在不同个人之间有更多的变化，而且对于同一个人来说，此时与彼时也有更多的变化。进一步说，我们的珍视与贬损似乎更多地受倾向和态度的影响。由于一个人遭遇一物的方式的不同，他会发现该物或多或少是可欣赏的，是或多或少可忍耐的。

然而，人们将承认，在这点上，我们的价值发现与经验的其他方面的区别更多的是程度上的而不是类型上的。那些想揭示直接同个体相关的价值理解与绝对普遍和一般的其他经验发现之间的绝对区别的人，显然是很欠考虑和过分天真的。这种感觉呈现的其他特征也受个体理解能力的差异以及我们不同的条件和态度的影响。同样，在同一物体的呈现中，这些特征因不同的人而发生变化，在个体经验中也因不同的时候而变化。

与此相似的是，在这些问题上被辨认出来的当下的价值理解与其他经验发现之间的区别，不是它们被认识的方式的区别，也不是它们对个体的 419 相对性程度的区别，而是我们在这两种情况下发现这种相对性的难易程度的区别，以及它们在被揭示时受到注意的重要性程度的区别。的确，相对于我们在理解事物中的感觉性质的方式上的分歧，我们更加关注和表达我们评价的不同。但是，以下事实可能很具有欺骗性。即当我们讨论的是颜色或形状或类似性质的时候，语言的使用有更大程度的一致，而在我们的价值归因中，语言的使用则较少共识。在价值的情况中，忠实于现象和直接的感知，这是更迫切需要的，而在同一情况或事物中达到用词的一致则不是太迫切的需要。比在一个事物看起来是绿色的问题上达成共识，在喜欢一事上达成共识通常不是那么重要。而当我们在喜欢什么的问题上意见不一的时候，我们应该察觉到这个意见不一的事实，这才更重要。情况就是这样，因为一般说来，在我们的褒贬与选择之间存在着一种更直接的联系。

如果有人无法像别人一样理解颜色或在感受压力方面有一些个人怪癖，这其实很容易被掩饰，而且在颜色词或像“硬的”和“软的”这样的形容词的表达用法中可能存在着近似的一致，而这种一致无须我们在理解方式上也达成一致。我们在与别人说“绿色的”的情况相同的情况下学着说“绿色的”，并借助于以下事实来学：即除非它在某种无区别和联系中自己展露出来，否则就不可能在关于颜色的经验中揭示任何特质。但是，直接偏好中的区别不能这样被轻易地带过，因为偏好更直接地和更决定性地激发着行为。同样，理解的个体差异更可能在语言的使用中反映出来，因为如果无法使别人注意和尊重我们的喜欢或不喜欢，一般来说，这比在理解的其他方式中对我们个人特性的忽视，有更严重的后果。事实上，虽然不是非常肯定，但是我们几乎可以说，它只是像它们最终地影响我们的喜欢和不喜欢，我们的任何理解方式的特性都应被揭示和表达出来，这很重要。

十二　价值判断中的主观价值理解和错误

420 为什么我们的非价值理解方式中的个人特性可以隐蔽地起作用，其进一步的原因在于如下事实：这种主观性不会反过来影响我们对客观事实的判断。我们不能陷入知识的副本理论（copy-theory of knowledge）的谬误中，认为我们能在我们的理解中辨别出客观的成分，就像它们“在对象中，如在我们对它的感觉中一样”；也不能认为我们能在我们的理解中辨别出主观的成分，就像是它们是由于对象而产生而又不同于引起它们的特征的。我们不仅会遇到洛克关于第一性质和第二性质的老难题，如那种概念的发展历史已告诉我们的，而且我们根本不能采用这种假定的客观性标准。我们必须承认，在对象的现象中具有正常的和一般的人类理解特征的资料都是客观的，而且只把那些因个体主体的个人的或暂时的特点而背离上述特征的资料视为主观的。一旦我们认识到这种必然性，我们就会深刻地感受到这样一种可能性，即理解的各种特质可能并不影响人们的辨别能力以及用与别人相同的方式将经验成分联系起来的能力，而且在这些情况中，并不存在将它们揭示出来的方式。这也会使我们深刻地感受到前文已论及的进一步事实，即理解的某种这样的主观性是明显存在着的，但它并不影响个人对所现象事物的客观特征做出正确的判断。

我们可以看看近视者的视觉图像情况。眼科专家通过对他的感觉和辨识能力测试可以找到与他眼睛“拍摄”事物的方式不同的方式。但是事实上他过得很好，因为他已经习惯于自己的模糊图像。而当他第一次用眼镜代替正常视力时，他还得谨防摔下楼梯以及对其他距离产生错误判断。他的视觉材料的个人特征表明它们是主观的，但这并不妨碍对它们的正确解释可以成为了解客观事实的线索。它至多是引起错误感觉的一个原因，因为它迫使这个主体去猜测有正常视力的人能清楚看到的东西。实际上，的
421 确有人倾向于否认近视是主观的，因为没有什么与这种特质有关的东西能够使之必然地对相关的客观事实产生误导。

让我们立即得出道德的问题吧，省略那一百〇一种方式中任何多余的考虑，按那样的方式，理解的主观性在非价值的事情中是一个可确定的事

实。也让我们省略那一千零一种方式的考虑，按那样的方式，这种主观性是可推测的。在主观性与对相关客观事实的错误判断之间并没有必然联系。没有哪一种理解材料因其自身而成为误导性的或正确的，只有当某种解释被强加于其上的时候它才会成为误导性的或正确的。在这个意义上，主观性和客观性更应被归为从被给予材料中推出客观实在性——被当作其线索的——的方式。由此衍生，当特别地受到某种主观方面条件——而不是一般的和正常人理解的条件——的影响时，这些材料便被称为“主观的”，因为这样条件下的材料有可能引起对客观事实的错误判断。但是，如果将经验材料划分为真实的或虚假的——根据这些词语使用的一般标准，即当经验材料引起对客观事实的错误判断，它就是假的；当经验材料导致正确的判断，它就是真的——那么我们得承认大量的个人经验对我们来说都是主观的，但它们仍是真的。特别是如果理解材料的这种主观性对于那个人来说是这些材料的一个持续的特点，而他也承认它们的这个主观特征的话，那么它们——与一般人对对象的现象的理解相比较——就不太可能成为错误判断的基础。

相对于直接经验的其他方面而言，我们并不想为我们当下价值理解中的大量的主观性特征做辩解，尽管由于如上所述的原因，这一区别的程度通常被夸大了。对于相同客观条件下的相同主体而言，我们的喜欢和不喜 422
欢、愉悦和不满，相比于我们对被现象的感觉性质的理解，是更加因时而变的。而且，它们也更因不同的人而变化。这主要是因为直接的价值发现更容易受心理条件的支配，并更多地受到一些带有特定精神背景的心理联系的影响。但我们的经验中也没有哪个阶段可以使我们很好地理解我们的个体差异，或者使主体很好地了解他自己的特性。在我们意识到影响经验的主观条件的地方，我们能够并且也习惯于通过对客观事实的推断来进行“补偿”。我们在价值判断中做出这种补偿的一般方式与下述方式并无区别，如在判断事物的形状时虑及视觉角度，或在确定大小时虑及距离，或在判断客观的亮度和颜色时虑及照明亮度，或在判断视觉呈现中的物体时考虑到我们近视，或在估量重量时考虑我们肌肉力量的大小。

因此，尽管我们的当下价值理解可能比感觉材料更加具有主观性，但这并不足以证明它们对客观判断是一种更具误导性的基础。事实上，我们应该质疑我们对事物价值的判断是否表明我们有因价值材料中的主观性而出错的倾向。那些想强调这种主观性——就好像它是价值理论中的首要问题一样——的人，可能会由于别的原因而这样做。

首先，存在着一种受到前科学心理学影响的倾向。常识是素朴的经验主义和素朴的现实主义，它倾向于在外感觉材料与意识的其他状态和方面之间做出二分。因此它倾向于认为感觉材料一般不受任何东西影响，它们不过是外在的刺激和对引起它们的对象的直接揭示。而对于所有“内在”的因素——包括意识中所有的情感成分——它都倾向于不予考虑，好像它们要么对认识毫无影响，要么会妨碍和背叛对客观事实的理解。［也许通过保持“感觉”（perception）与“感情”（affection）之间的一种近乎无力的区分，科学心理学仍然在一定程度上有助于这种素朴性。但如果是这样的话，那么
423 人们有可能认为这些范畴今后必须受到进一步的限制，而感情、意动和认知之间复杂的相互关系必须得到更进一步的承认。］如果认为我们是在无理由地怀疑价值理论中那些未经检验的思考方式的持续影响，那么，让人们追问，一个人在什么样更具说服力的基础上才能建立关于经验认识的详尽理论，并同时将评价仅仅作为“感情的”而予以排除呢？将一个价值过高或过低地置于一个事物之上，这是毫无意义的表达吗？或者这种判断在经验中无法得到检验吗？

其次，主体方面的条件所产生的影响在所有的心理现象中都应被承认，这是人们公认的，但这当中仍然存在一种将主客二分法（包括参照统一或特质）与另一个二分，即真假的二分相互混淆的倾向。只要我们的当下理解材料不误导我们，我们就倾向于通过参照一个被理解对象去专门解释这样的意识内容，而且认为这样的意识内容对这个对象来说是重要的。只有当经验材料的特征使我们的判断产生错误且因此而不真实的时候，我们才习惯于在对我们的理解产生影响的某种主观因素中去寻求解释。因此，由于无法在那些当下价值理解——它们有效地标示出客观的价值事实——中找到任何可能的主观性的实例，我们就回避如下问题的实质，即在我们的价值发现中，一致性的缺乏是否使这种发现在认知上变得不重要或不真实。如果我们消除这一谬误，去寻找，我们会发现这一类实例实际上有很多。

最后，我们应注意到，由于当下价值发现不具有有效的认知意义，因而将它视为主观的，鉴于生活中最明显的事实，就是一个荒唐做法。如果我们的当下价值理解与事物的客观价值性质没有关联，那么，从经验中学习如何改变生活的命运，这对我们就完全不可能。因为我们在早先情况中

得到的快乐和不快乐根本无法教导我们在以后的类似场合中应该期待什么样的快乐或痛苦。而且，如果我们的价值发现完全没有一致性，或者如果在相同对象的呈现中取得价值理解的一致性只能靠运气，那么就没有人能 424
够——带着世上最好的愿望——学会如何善待别人，或者如何损害别人。事实上，预言我们未来的价值发现可能比预言未来经验的其他方面更困难——这件事情可以质疑——但是如果价值发现与事物的客观性质之间没有任何可揭示的联系，那么对它们的预言就根本不可能。如果价值发现与事物的客观性质之间存在联系，那么它的规律将决定哪种对象在哪种环境下具有导致我们快乐或痛苦——它们的客观价值性质——的潜在可能性。如果我们有望通过合理控制的努力提高我们自己或别人的生活质量，那么这里必定存在一个真实而共同的硬核，它是我们对外在事物的现象因人而异的价值发现的根本。

十三　与呈现联系在一起的当下价值

更重要的是，要考察价值性质在何种意义上以及以何种方式凸显我们通常所说的现象的特征。“现象”这一术语一般不是指被给予经验的全部内容，而只是其中的某种可抽象的项，尤其是像我们用来表示某个对象、情况或客观事态的项。通过注意，在意识领域中挑选出这些项的倾向，无疑是我们过去经验教导的结果，并且它表示某种有远见的解释。但是，意识领域中这种区分焦点和边缘或打散成独立单元的某种组配的倾向，无论它对过去或对预示性的经验是多么重要，它都不过是我们的经验的一个素朴特征。这些项——现象——不会等着被我们深思熟虑的分析或解释所划分，在经验当中，它们作为被给予的东西自行区分。

进一步说，在经验中被发现的价值性质主要是将它们自身附着于并标示出这种现象的项，这是经验的一个素朴的特征。

然而，事情并不完全如此。在经验当中有一种弥漫的和一般的价值方面（value-aspect）存在，它属于背景而不是凸显在背景上的项，心理学家将它归于未区分的肌体感觉的复合。现象主要是对外在感觉，或记忆、想象，或其他特定的和被区分的器官感觉的中介。但是，这当中有可能还存 425
在某种模糊的感觉残余，我们不能明确地确定它是在身体内还是身体外。被给予经验的这种早期残余的感觉性质，对我们自己来说也是很难表达的，它唯一可清楚辨认的方面有可能就是它的价值特质。当这种背景感觉上升到意识的水平时，通常并不依附于任何现象，而只是保留经验的一般价值水平为一个整体。即使在它起主导作用的地方，这么一种欣快的或烦躁不安的情况也很可能被含糊地归于“我们自己”或“一般事物”：**我们**是幸福的，生活是美好的；或我们是不幸的，世界是一个令人痛苦的地方。价值感觉的这种一般水平的确可以侵入特定的现象项，而且每当这种情况发生，它就会表现为当下价值理解的一种显著的主观主义倾向。但是，即使情况确实如此，这一事实在某种程度上也还受到另一事实的平衡，即标示现象的价值性质倾向于为它所造成的区别所决定。能增强作为一个整体出现在我们面前的经验的价值特性的任何现象项，都自身展现为直接的善；而带着消极影响进入意识领域的任何项，则自身展现为直接的恶。对于现象或被现象对象的价值评估，我们不打算制定一个推理规则，尽管这样的评估规则会很受欢迎。我们只是如其所呈现的那样报告经验的本然事实。意识中任何凸显的项都被一个价值性质直接标示出来，该价值性质主要反映了它对经验的一般价值水平的独特影响。任何给予我们帮助的东西都直接被认为是善的，任何阻碍我们的东西则直接是负价值的。

十四　当下价值受呈现的背景的影响

关于这个次序的这些事实对我们的考察来说太复杂了，必须把它交给心理学家去处理。但是对我们来说特别重要的有两点。第一，不仅直接经验中的价值理解倾向于特别地标明那些自我凸显的项，而且正是那些依附于现象的价值性质——就像现象本身一样——倾向于获得一种符号功能。
426 正是在现象的这种价值特性中，我们深思熟虑的解释在对象中发现了价值的意义，而这些对象也表现为在任何反省或解释之前就拥有这样一种符号性质。相比起来，一般价值感的背景水平并不聚焦于这种前景项，它一般不带有这种超出其自身的性质。

第二，尽管这样直接标示着现象的价值性质，跟现象本身一样具有当前材料的相同特点，但是**这个价值性质并不仅仅是现象的一个功能，它还倾向于部分地被那个现象与其背景之间的关系所决定**。正是由于这个原因，我们一般避免将当下发现的价值性质说成是**被给予的**。将这个词用于现象的价值特性，这可能已经产生了误导作用。因为虽然这种价值性质对于经验是很素朴的和被直接发现的，并且一旦这种价值性质被当作对经验内容本身的限定就具有与不可辩驳的事实相同的地位，但是，在一个现象的这种被发现的价值性质与其特征——可用别的方式来描述的——之间，仍然不存在百分之百的相关性。在现象的其他特征中，与内容的可抽象项在质上相同的东西，在不同的经验中，可能一时被直接的价值性质标明特征，一时又被别的价值特性标明特征。在这些不同的场合中，被发现的价值部分地取决于现象的经验语境。的确，这里也存在例外的现象事例，其价值性质近似于与其被给予的感觉性质的简单相关。例如某一个黑白几何图案，它能用来证明绘画令人愉快或不快的原理；或者例如某些颜色在一个适当背景中的简单排列。这种简单的和相对抽象的感觉模式可能有一种相对不变的价值性质。但是，即使是在这些事例中，小小的限制或复杂化，诸如引入一个呈现因素，都可以显示被严格呈现给感觉的东西的价值性质怎样轻易地就被联系的语境所改变。通过下面的例子，我们可以说明另一种语境，即当我们口渴的时候，水的出现带着一种直接的价值性质，而在其他环境下则带着别的直接的价值性质。

让我们在这里暂停一下，插入一个忠告：我们不应将感觉现象的当 427
下价值在不同语境中的这种可变性，与这些价值发现的主观性混淆起来。最后一个例子说明了这样一个事实：在不同身体状况下对水产生影响的不同价值，并不是由于任何个人的特性而是代表人类经验中的一种基本的一致性。尽管在不同语境中，一个现象项的价值性质的这种可变性，的确导致直接被发现的价值在相同的感觉经验环境中也因人而异。不能由于我们对事物的客观评价基于可变的直接价值发现，就草率地指责它们缺乏可证实的真假。从我们当下价值理解到形成对客观事物或事实的价值判断，其间的道路漫长而复杂。一般来说，这种判断，作为一个事物中引起价值性质之直接实现的一个**潜在可能性**，必定涉及影响如下可能贡献的环境和场合的多样性，即由一个具有直接可发现价值的对象对经验的可能贡献。而且，我们一般并不需要别人来告诫价值表现的变化性，这是人们很熟悉的和很明显的事情。尽管当我们口渴时就说水具有**当下**的价值，这对于客观正确地评价一个城市附近的水体是必不可少的，但是，没有人会因为他当时碰巧口渴了就认为水是一种更有价值的东西。

十五　一个例子

让我们举一个平凡的例子来具体说明上面提到的一些观点。早上咖啡的气味对我来说是一种愉快，这一方面是由于我的嗅觉方式受到了影响，但另一部分也是习惯性联想的结果。在那个时候，正是由于我的欲望的生理状态以及我清晰的认识，这种气味使得咖啡在我的早餐中格外突出。然而，在这种情况下，对咖啡产生影响的这种价值性质就像这种气味本身一样是一种当前材料，而且与咖啡是不可分的。虽然最初我可能不喜欢咖啡的味道——我不记得了——但是在我现在所处条件下它总是惬意的，即使医生可能已经禁止
428 我喝咖啡，或者我知道我们的咖啡已经喝完了，我闻到的肯定是邻居家的咖啡。然而，如果我正处于疾病恢复期，那么我可能会立即觉得这种香气很令人不快。

至此，是否我身体好并发现咖啡的这个气味令人愉快，或者是否我病了并发现它令人不快，在这两种情况中，对它产生影响的这个价值性质，在这种场合不可分解地与气味本身联结在一起，它可能不仅会被称为一个经验材料而且被认为与气味本身一样是在同一感觉中被给予的。就此而言，现象与直接价值性质之间的联系是不可控制的，至少对这个经验来说是如此，并且这种联系独立于现象的任何符号功能或我可能给它的任何解释。价值性质可能受我的临时生理状态的制约，但这并不影响上述事实。它类似于由于黄疸病而把事物看成黄色，或者因为从过热的房间里出来而感到空气是冷的。

然而，对于影响价值性质的这种香气——它因这种价值性质而令我愉快——可能还有更松散的和更可控制的联想。在正常场合，当我早上闻到咖啡味时，经验的愉悦程度有几分是依赖于我的预期，或者甚至依赖于我选择去细想它的方式。我是否期待我的早餐里有咖啡，或者我是否认为那是邻居家的咖啡而我没有，这都会产生一些影响。这一预期直接地限定了现象本身的价值性质，而且如果预期不同这种限定也会不同。或者我也可能是一个积习很深的白日梦者，这种香气以某种私密的戏剧化效果触动我，在这种戏剧化效果中咖啡表示配合我情绪或奇想的一个喜剧或悲剧。这种香气的被感觉性质可能在一定程度上呈现我白日梦中愉快或不愉快的色彩。这种假设用咖啡的香气做主菜，可能有点过分，但是人们在听音乐

或看画时的类似情况就不太让人觉得古怪了。受这种更松散的和更可变的
背景影响的现象的价值性质，不能说是被给予的，尽管作为直接影响其内 429
容的被感觉特征的性质，它们仍然是经验材料。

现象的这种语境影响着它借以呈现自身的那种价值性质。这种语境可粗略地分为三类。而且，考察被发现的价值性质在什么意义上——就像被这三种语境影响的情况一样——是客观的或主观的，这也是很有用的。

第一，存在着来自肌体感觉和条件作用背景的影响，上面所举例子中受我们早上的胃口或疾病的影响就说明了这一点。这种语境的结果是成为客观的还是主观的，依据是它们本身是“正常的”条件还是“反常的”条件，而且其方式与相同条件在其他方面影响我们感知的方式是一样的。反常的肌体条件在整体上倾向于对受它们影响的客观判断起误导作用，无论是关于价值的判断还是关于其他事物的判断。肌体的正常条件则一般有助于对客观事实的正确判断，无论是关于价值还是关于事物其他性质的判断。

第二，还有一种预期联想所代表的语境，无论这种预期联想只是习惯的还是明显的认知性的。上面所举被附加到早上的咖啡气味上的符号功能就说明了这样一种语境。一个一般的并且很重要的事实就是，最初附加在由一个现象所标明的某物上的价值，倾向于与这一现象的被当下发现的价值性质相融合，而这种价值性质通常是充当那个现象的符号。在清晰的认识水平上，以及在低于这个水平的被过去的经验反复灌输的习惯性联想当中，最初附加在被指称的某物上的价值，倾向于变成作为其符号的现象中一个被直接发现的价值。这种类型的语境，代表着由经验引起的联想或认知上的解释，只要这些联想和解释对一个现象借以被直接标明的价值性质产生影响，那么这种语境就会以一种主观或客观的方式影响这种价值性质——在主观性或客观性能被归于这些联想本身或这些认知解释的意义上。

我们还可以看到，虽然在其他动物的情况中，看起来需要相当长的时
间和不断的接近才能达到现象与它所表示的东西之间的联想的不变性—— 430
目的是为了现象中直接被发现的价值性质得到这种语境的修改，但这大体上是真的，因为动物的学习本身要求重复和联想的相对不变性。对于我们自己而言，这种由语境所带来的限制可能很突然，而且会临时转换，这与我们快速学习和对实际关系的迅速辨识能力相关。我们一“看到那种联系”——某种现象借这种联系来凸显某种进一步的满足——就想去

发现那个现象中因此而得到增强的直接的满足。尽管对于我们像对于动物一样，有可能存在对由较早的和目前尚未学会的或被替换的联想引起的某种价值融合的坚持。

第三，还有明显的主观的语境存在，上面所举白日梦的相对自由的联想可以说明这一点。由此而引起的对现象中直接发现的价值性质的修改，很可能就像那些联想本身一样具有私人性和个人性。但是我们也应看到它们一般受到这样的对待，作为对被现象对象的实际价值无足轻重的东西而抛弃掉。

第四，我们看到，一种语境如果它对现象的价值性质所产生的影响很可能对我们对客观事物的价值判断有重要意义，那么客观事物的含义一般就被归于这种语境。这样的语境主要有两种。第一种是由经验导致的联想，它可能被认为是反映了客观事物或事实的实际联系，并且要么是习惯性的要么代表了对客观关系的一种清晰认识。第二种是一种更微妙的联想，它可能不是由于自然中的联系并因而在经验中得到反映，而是由于社会习惯和一种理解结果的一致性。这也可以建立起一个标记（或符号）与被其指称事物之间的客观而有效的关系。例如，虽然我们要求读者从他正在读的书页中找出任何明显的快乐或不快乐是有点过分的，但是他可能会发现某一段落对他产生当即的影响，它可能带有一种适度的令人感兴趣的肯定价值性质或者一种令人厌烦的或艰涩的否定价值。如果这样，那么我们会发现，这页书当中可能没有任何东西可以说明他的满意感觉或不满的
431 感觉。这附属于在这里被现象的某物并影响它给他的现象，但它不是这页书的物理性质，也不是决定这一直接价值理解的他的感觉形象的物理性质。毋宁说，这反映了由于他使之与这页书上的字迹联系起来的东西，而出现在他脑海中的某物。而且，这一语境之被联系，不是通过自然中的因果联系，而是通过他已经确立的语言习惯，这种语言习惯就其起源和控制而言代表了由社会习俗产生的特定的一致性。如果后来有人要求他对这些章节做一个价值判断，他会在某种程度上参照他在阅读这些章节时的经验的当下价值性质。而且他会力求他的判断是客观的，并因此而以回顾的方式将真正的客观性附加在某种价值感觉上，这种价值感觉标明了他经验中的这一际遇。正如这个阐述使我们不舒服一样，它可能可以强调如下事实，即被给予经验的一个价值方面仍然是客观的，尽管它通过一个在很大程度上是由主体本身带入经验的联想语境而隶属于现象。在这种联想的方

式代表了真正附属于现象的一种符号功能，并受到决定解释之对错的规则的控制的地方，情况尤其如此。

关于可能附加在现象上的但并不——像受制于它具有的可能是客观的联想的语境那样——受制于被感觉呈现的对象的感觉性质的价值，上述考察很重要，特别是在审美判断的联系中。可归于审美对象的价值是非常现象的，但这仍然不能仅由它们被感觉呈现的特征来决定。

432 第十四章　固有价值和审美价值

一　内在价值与固有价值

客观存在物的一切价值都是外在的，它依赖于某种事物具有的有利于实现经验中的肯定价值－特性（value-quality）的可能性。当这种由客体导向的善的实现就是在这个客体本身呈现中发现的善的实现时，这个属性的价值在此被称为固有价值。通过客体的呈现，使善得以实现，在这个意义上，客体本质中的固有价值对立于事物的工具性价值，后者为导向某种在这个客体的呈现中没有被展示的肯定价值－特性提供了可能性，但这个客体是通过其可能导向的另一个客体的呈现而被赋予价值的。

工具性价值或任何效用与一个现存客体的固有价值之间的区别显而易见。然而，对于客体的固有价值（在客体呈现中被揭示或可揭示的）为什么不同于归属于经验本身的内在价值这个问题，答案可能就不那样一目了然了。看来，在将内在价值归结于对经验中直接善的特性的实现，以及在将固有价值归结于呈现中善得以实现的客体的过程中，我们把这同一价值计算了两次，并且用不同的名字来命名它。这一点至少通过暗示已得到说明，但在进一步论述之前，让我们先来搞清楚这个问题。

区别内在价值与固有价值的不同，有两个必要的理由。首先，鉴于一
种明智行为的终极目标绝不可能仅仅是因为某种善的存在，而总是因为在
433 经验中对这一客体可能导向的那种肯定价值－特性的实现，这一价值－特
性作为人类生活的一个组成部分而产生。其次，因为在客体呈现中所实现
的经验性质也许并不证明作为这一事物某种客观属性可归结于它的一种相
应价值。此外，在某一事物的呈现中，经验不具有任何肯定价值－特性这
一事实不足以证明它缺乏客观的和固有的价值。一切其他事物为之而受到
评价的内在价值只属于这种经验的场合，客体中的价值在于它们为这样的

场合提供善的可能性。然而，无论客体中的这种价值 - 属性（value-property）只是某种有效性还是在这个事物的呈现中将被发现的某种固有的善，客观上讲，它仍然是属于这一事物的某种东西，不管它是否在任何特定的经验中被展示出来。在理解具有直接经验特征的价值 - 特性时，不可能存在错误领会的情况。但是，关于客体的固有价值，就像它们的颜色或形状或任何其他可观察到的属性一样，其现象可能具有欺骗性。假如某人在怪异荒诞的艺术品面前体验到愉悦，那么这种快乐本身会是某种绝对的善，[①] 而且将证明——假如人们愿意这样说的话——所体验的客体具有同样多的真正的善，这个客体拥有导向经验中的那种肯定价值的可能性。但对于一般经验，或者甚至是某个人的进一步体验，这个客体在某个场合除了看上去是红色或圆形外，不会展示其可能性，或者，在特定的环境下，这个客体会证明那个被观察的事物的客观红色或圆形。这种被直接发现的价值毋庸置疑，但这个客体的价值属性，即它为进一步的经验或一般经验所提供的可能性，是某种必须加以判断的东西，而且可能在任何一次经验的基础上被错误地判断。

在某种程度上，这也许是围绕经验自身的内在价值和经验客体固有的外在价值之间区别的一个难题。这种区别没有显示它究竟是什么“实体”，而被直接发现的价值将被断定为它的。如上所示，这种断定内在价值的主体就是经验本身的场合，或是这一场合的现象内容。根据传统的二元论，434
鉴于其不同于所呈现的物体的客观特性，把经验内容断定为一种精神实体，对我们来说，并没有什么特别的益处。最重要的是要认识到，经验的场合是真实的，因其本身的权利及其自身具有的独特现实。这样一种实际的场合与仅仅只是想象的场合，或只是被期待而永不实现的场合之间的差异是绝对的，这就像具有自己时空的物理事物与想象的或只是猜想的事物之间的差异一样。严格地讲，某种经验场合的这种现象内容从来不能简单地被确认为归属于客体的任何特征：在任何情况下，被呈现客体的相应属性都是别的某种东西，尽管从认知的角度讲经验是真实的，这两者之间具有某种极为重要的关联。鉴于与我们必须区分清晰可见的坚硬或方形物与硬的或方的客观属性之间的差异同样的理由，我们必须保持经验本身内容中的价值 - 特性和某一事物中的某种价值的客观性质之间的这一区别。另一个理由是，

① 除了这种乐趣本身对进一步经验可能产生的影响外，这一主题将在第十六章以“贡献价值”的标题进行论述。

在某个实际经验的场合里，肯定价值－特性的实现就是其本身的目的，而事物的客观价值，即便它是固有的且在这一事物的呈现中得以实现，也只是为获得在人生中发现的某种满足这个进一步目的的一种手段。然而，为清楚起见，最重要的一点就是固有价值是事物的某一客观属性，即使这一属性依赖于导向某种经验的那种可能性，就像其他客观属性，如坚硬或方形物，也可以那样被解释一样。

二　审美价值是固有价值的一个子类

一切审美客体在其呈现中都具有某种可展示的价值，但不是所有固有的好的事物，因具有以这样的方式可展示的价值，都是如那些通常会被称为审美的事物一样是审美的。

在哲学研究的整个领域中，可能再也没有什么话题比审美理论这一话题表现出更多的含混和异议。部分的原因是那些致力于研究它的人对某些
435 问题没有达成一致。例如，对要被包括的现象领域的准确界定，要建立的这些分类，以及用来表达相关差异和关系的术语。因此，“审美”这一术语本身至今仍没有一个恰如其分的用法。对某些事物的分类，大家会一致表示同意，但对另外一些事物的分类，大家会一致表示异议，而还有另外一大分类，大家众说纷纭，不能达成一致。这种情况甚至发展到这样的地步，即大家一致同意其分类，但对于这些分类的基础没有相应地达成共识。为此，任何把审美界定为一种价值的做法在某种程度上都必然显得武断。但是，我们在此涉及的是人类的一个普遍而重要的问题，假如在某种程度上不可避免地要用传统惯例来区别差异的话，那么，最重要的仍然是，倘若运气好的话，我们应坚持自然法则和这些共同的人类兴趣方向。

有一定难度的是，以这种方式表明的区别是一种微妙的区别，它不能通过参照任何单一而简单的分类原则来加以区分。但是作为某个第一近似值，我们可以说，审美客体属于这样一类，即其价值*特别地*有一种固有的善。

有一些事物只在实用的意义上有价值，它们有利于产生其他好的事物但其自身并不令人满足，这样的事物是相当普通的，虽然是从属的、派生的。一件相当有用的东西往往倾向于通过联想来获得它在其自身的呈现中

被发现的某种程度的价值特性。但是，与实用的特征相反，几乎很少有事物只在固有价值的意义上是善的，而不具有某种额外的用途。这部分是因为实用范畴本身是如此之广，几乎所有的事物都有某种用途，甚至是某种**好的**用途。但是，这种具有某些附带用途的极小的可能性不足以表明一个事物在通常意义上是一个有用的**客体**。如果是那样的话，它的这种可能性必须是典型的、有特征的或引人注意的。一个客体的有效性毫无疑问并不简单地是场合的**数目**的问题。不过，数目可以阐明这一点，即一个事物在一些场合证明有用却又在同样或更多场合下无疑是有碍我们的目的的，那么总的说来，它就不能被认为是有用的。多数可被归类为固有善的事物也是有效的，对这一事实的主要解释在于认为，在多数情况下，任何特定事 436
物的直接令人满足的场合是特殊的，而且并不太多。没有任何音乐，也几乎没有哪幅画或其他艺术品是这样的：即无论何时、无论何地，当我们遇到它，都会发现某种直接的满足。有很多事物，在某种情形下，它们的出现可能会给予某种附带的满足或令人愉悦。但总的说来，我们对此无动于衷，它们几乎不值得我们去费心或担心它们会扰乱我们的生活。因此，为了成为一个总体上是善的客体，除了拥有直接满足的可能性外，一个事物通常还必须拥有某种对其他好的客体的工具性。否则，在其呈现中可被发现的固有价值就**必须是更高级别的**。

譬如，一件衣服看上去不错而且感觉舒适，但它的这种固有的优点不足以表明它是一件好衣服，因为衣服的主要价值在于它的实用功能，即保护我们不受天气的侵袭，并且通过保暖来保存我们的生命力。尽管有些事物几乎没有或根本没有实用价值，但鉴于其作为直接满足或提供高级满足的极为可靠的来源，它们仍被认为是善的，它们代表了我们必须从中寻找独特的审美客体的那一类。换言之，既然我们发现客体具有两种主要形式的价值，即固有价值和工具性价值。既然一个单一存在的客体可能在一种也可能在两种价值形式里是善的，那么我们就有了三类善的事物：非常或极为有用的、拥有某种程度的固有价值和某种用途的，以及直接使人满足意义上的非常或极为美好的。它们是“审美”标签的候选者。（当然，还有第四类客体，这类客体既不提供直接的满足也不具有任何用途，且完全没有价值。）然而，这些客体拥有某种程度的固有的善本身足以标明它们总的来说是善的事物，这一特征和只是偶然有用或根本没用的特征之间的区别，并不足以标明一个客体是审美的。用来确定这一分类的那些考虑因素很重要，而且很复杂。

437 仅仅从这一审美经验的某种特性中去寻找关于这一特征的充分根据，也将会是徒劳的。标明这种审美经验的特殊的精确性是不存在的，它不同于那种一般固有善的事物的可能性可以在其呈现中得以实现的肯定价值-特性。或许，我们不妨说，不存在任何审美经验的明确特征，除非它是从中发现的肯定价值-特性的一种程度特征，或是由前文提到的审美客体与其他固有善的事物之间的区别，或从对客体的审美态度或取向的区别而来的一种特征。

毫无疑问，伟大的音乐有一种壮丽，这是一种在伟大艺术或自然的雄伟壮丽面前才能发现的壮丽——除非它是处于一种道德升华或恋爱或宗教经验之中。它在呈现的内容中有一种极度迷恋的态度，这种态度不受一切成见和外在目标的束缚，它与那种对实际事务关注的态度形成了对照，后者往往对日常生活而言更为重要。此外，在那些愚蠢地选择各种短暂的善并沉溺于那些会带来不满或痛苦后果的经验乐趣的人，和那些选择与之相对立的纯粹但也许是永久的愉悦的人之间，也存在着道德上的差异。好的品味是美好生活所必需的。各种更纯粹、更丰富、更持久的固有的善就是通过这种鉴别来进行选择的。

正是根据这些比较——肯定价值-特性的程度、对被呈现事物的态度以及一种经验与另一种经验的自然联想，独特的审美价值会更加明确地显现出来。我们应该承认，上述特征不可能不在它们影响的那些经验的特性中被反映出来。但除了从这些特征中派生出来的特性外，再没有任何独特而原创的经验特性了，这种特性就是真正审美的试金石。通过这块试金石，可以提醒那些单纯而轻信的人们，它们不同于其他内在的善，后者还不应被称作各种审美意义上的善。

三 行动、认识与审美态度

对呈现于我们面前的东西，有三种典型的态度或取向，即道德的或
438 行动的、认知的、审美的。它们并不是非得互相排斥的，但它们中的一种或另一种可能会在某个经验场合下成为主导和决定因素。“审美”在此首先意指对被直接呈现的并按其特定价值特征来思考事物的原始经验主义的理解。这种审美态度指向的是普雷尔（Prall）所称的“审美表面

(esthetic surface)”。[①] 在这一点上，这种审美态度对立于那种更普通的关注，后者把所呈现的事物视作另外的事物的标记或线索；它也对立于那些通过参照行为目的方法来决定的评价。此外，它还对立于对事物的实用特征的关注和欣赏，这些事物的实用特征并不是在这一客体呈现中可实现的价值，这一客体拥有这些实用特征，但这些实用特征只有在另外事物的经验中来实现其价值。因此，审美态度就是这样一种取向，这种取向特别有利于洞察这种特定的特性，有别于为行动做准备的那种取向，也有别于预言和认知的普遍态度。

这种行动的态度指向缺席的善，即那些被寻求的善或目标的善，而不是指那些眼下被享用的或可享用的善。这种对可获得的但当下未得到的善的关注代表了道德取向，从最广义的“道德”意义上说，这种态度代表了对这可能的未来的兴奋之情，充满着获取成功的焦虑。通过关注我们所面临的一切，促使我们对可能来临的事物和对行动可能保证提供的东西进行这种考虑，不是关于自身已知的特性，而是关于其未实现的可能性或其工具性特征的意义。因此，对行动的和道德的态度来说，被呈现事物在它的一种远不可及的事物的线索的实际和预言的意义之中，得以把握。

审美价值不是行动的善。推导出审美价值的这种态度是非道德的，它不受道德的约束。审美价值是那些通过对所呈现事物的迷恋而在事物自身固有的特性之中被把握，并为了在直接经验中以这种方式可实现价值的价值。在我们面对这个事物的时候，对另外东西或其他东西的想法会分散我们的注意力，这对审美理解是不利的。

当然，我们不能把这种“道德”和“审美”的特性视作一种严格而不 439
重叠的分类。从广义和本义上说，一切直接的理解都是审美的——直到它们受到思想所补充的阐释语境的限定为止。所有评价从广义上讲都具有道德含义：任何受到公正评价的事物都需要加以实现或保持，并成为行为的某种规则。此外，行动具有自身无常的即时性和运动的直接性，譬如，舞蹈就是一种审美形式。再则，道德目的，无论怎样界定，都具有其审美意义。不管至善被视作幸福还是冷静（self-possession），就像适合某个人的天性的活动或像上帝的知识之爱一样，在任何情况下，它都将以某种理想完

① 见《审美分析》各处。

整的自足生活得以反映，某些幸福将被稳定地保持，某些持久的经验具有像审美一样的自我证明的特性。

但正如威廉·詹姆士所指出的，经验有突发和歇息，有转折期和停顿期，有主动或被动的特征。“审美”自身带有某种停顿和思考发泄的特征，正如“道德”意指面向行动的态度，这种态度在它对现时的重视中十分关注所预示的进一步的可能性。审美和道德并不完全互相排斥或互不相容。不过，审美态度与正常行动的态度相异，比如走路，后者通过不断地向前移动来保持其平衡。它们一个总是欣赏具有自身已知特征的已知事物，另一个则往往把它作为一种认知线索来加以利用。因此，审美理解要求这种向前移动的生命活力的中止，使它从现时的不断干扰中恢复过来。尽管从作为某种特性－综合体的呈现的广义上讲，一切经验都是审美的，在具有这种特性的综合体里可以直接找到价值或负价值，但从更为恰当的较狭隘的意义上讲，除非它成为审美态度的目标，除非这种经验的特征是对所呈现内容本身的依恋，否则它不会成为审美的。相关地，正是被呈现内容的这种特征要求这样的迷恋，同时并不唤起关注，使我们不会把注意力转到外部目的和行动。这种特征标明了什么是独特的审美的东西。在这种情况下，审美经验可以与其他经验区别开来，后者也可能包含某种直接的满
440 足，而且代表了对被呈现客体的某种固有价值的实现，但是它并不要求全
神贯注以及消除对行动的兴趣。

譬如，一只合脚的皮鞋所带来的舒适是一种直接的满足，对一个习惯于使用斧子这类工具的人来说，情况也是如此。一把结构匀称的斧子所带来的感觉是直接的满足。而如果要竭力强调油画杰作在生活中比鞋匠或斧子制造者的工艺杰作发挥更重要的作用，这就是一个特殊要求了。它也不会是区别审美事物与其他固有善的事物的一种有效根据，因为好鞋的舒适所带来的那种满足是一种普通价值，它易于辨别，也易于获得；而艺术品所展示的价值是罕见的，这种价值是那些未经训练的人轻易发现不了的。相反，美术及其作品必定声称它们对人类的普遍趣味做出了回应，准确地说，这种普遍趣味的本质和理由就是审美家追寻的一个主要因素。他会非常反感地批驳那种认为他的标准代表某种阶级利益或者审美受到虚荣价值的影响的推测，例如，对酒的品尝表明某种辨别的品位，但它不同于对各种牌子的罐装蚕豆的辨别。倘若酒的乐趣比蚕豆给予饥饿者的满足更接近审美经验的话——这可能受到质疑——其理由可能就是蚕豆通常为其作为

粮食的实用价值而得到欣赏，而酒不然。审美态度必须至少通过其直接的特性来唤起我们敏锐的注意力，而不是经过对某个客体进行实用性的评价。当我们能够忘掉那只舒适的鞋的时候，它就最佳地履行了它的职责，而一件不应吸引并保持我们注意力的艺术品在任何人类生活中都不发挥任何作用。具有特殊审美价值的事物不仅必须拥有一种固有的善，而且这种固有的善能唤起我们全神贯注地进行思考的审美态度，并使我们摆脱一切其他和实用目的的干扰。

认知态度更接近审美态度，而不是行动态度，因为认知斡旋于直接被
给予事物和行动所追寻的目标之间。然而，审美理解不同于那种最常见和 441
最典型的经验认知特征，某种意义上，它以同样的方式和理由与行动的取向相对立。一般来说，知识充满了行动的兴趣，并为它们服务。尽管行动兴趣本身在于某种后来价值的可能实现，但它是它所着手实现的可能的也是终极的价值，而不是当前被呈现的那些价值。因此，这种有利于活动的认知态度是针对就在我们面前的事物的，不是由于它自身包含的价值－特性，而是由于它表明另外具有可被实现的价值或负价值的事物。一般来说，知识只是短暂地看一看被给予事物，目的是摆脱它，去展望未来。它不是欣赏而是阐释呈现给我们的东西。相反，审美理解是对已知事物固有特性的欣赏，仅此而已。它是一种摆脱了认识能力的领会，一种没有期待、没有行动冲动的审视。

然而，它有一种尊敬，在这种尊敬里，典型的认知态度和审美姿态可能相似：两者都要求没有欲望的客观，在真正实际领会某种事物时，不带任何偏见，无视任何愿望，无视我们的希望和恐惧。审美理解之所以这样要求，目的是为了公正，为了摆脱滥情和感情的误置。在这种审美理解里，主体必须被客体同化，而不是客体被主体同化，而带有主体倾向所思考的事物的移情融合会损害这种审美理解。同样，为了公正的目的，认知态度也必须是无私的、不带偏见的。假如以它的实用目的来讲，认知是一种受我们愿望驱动的思考，不过为了有助于这些愿望，它必须拒绝成为一种一厢情愿的思考。一般知识的预料性态度为了获得有效性，绝对不可受我们的好恶的左右。它要求确定所给予的东西和可能行为的后果之间的关系，这种可能行为影响我们所希望或害怕的东西，但对这种关系的认识必须坚定地抵御我们的愿望和意志。因此，这种对有效性和真理的纯粹认知兴趣应与那些通过知识得以满足的其他利益区别开来。正是在我们的欲望

442 不会影响这种关系的这个意义上，认知才必定是客观的、不带偏见的、公正的和思考的。也就是在这个意义上，认知态度才可能接近审美态度，后者同样要求公正、不带偏见和思考。

然而，为了真理而对真理发生兴趣——纯粹而专注的认知目的——并不代表认知的最终目的。为了知识的知识和思考生涯，这代表的与其说是通常可归结于认知的一种理想还不如说是一种审美或近似审美的理想。某位学者将他本人对发现真理的奇特兴趣归结为普遍的人类认知，仿佛人类认知是支配或应该支配发现真理的目的，这只是他的一种职业谬误。如果他不带偏见地对发现和认知发生兴趣，并使行动的愿望和利益服从于真理的发现和对真理的思考，他也同样剥夺了知识的自然意义和实用意义。由于同样的原因，无论思考生活着手研究的价值是多么有效和毋庸置疑，前者的这种理想多少有些异常。象牙塔其实主要是那些失败者和那些对行动有效性幻灭的人的避难所。

我们也可以说，只要对已知事物的价值的思考是一种**自觉的**欣赏，审美取向就接近认知取向；这种自觉欣赏的特征是刻意的停顿和刻意的理解以及通过体验被呈现的事物，而不是在这种通过其直接特性要求我们在事物面前表现出动机不明的自感屈从，来刻意提高直接经验的品质。也许，有这样的人，他们将审美理解与批评鉴别混淆起来，认为这种刻意的鉴赏是更真的审美态度。但是，审美家的这种刻意特征，必定总是在一定程度上削弱它要实施的直接认识到的价值。它总是处于这样的危险之中：要么被情感或个人贪婪的欲望玷污审美经验的纯粹性，要么根据某人自己的想法在一定程度上把它置换。那些总是喋喋不休地谈论着他们的审美满足的人，必然会使我们想起卡莱尔对浪漫主义诗人的指控：饮完美酒之后，他们就自言自语，“来吧，让我们吃了这个玻璃杯”。与其他乐趣一样，只有在不自觉的和迷恋的时候——这种迷恋不受制于客观的评价和分析的认知意图或刻意地攫取和保持的愿望——审美满足才能达到高潮。由于经验本身的反讽，审美家和美学家有可能因专注而失去一些他们本想追寻或描述
443 的东西。至少，在某种意义上，审美的全部辉煌只对那些单纯者，或那些以谦恭的方式探讨它并且它对他们来说是一件来自神的礼物的人开放。

从最广义上讲，审美可以只通过观照对被呈现事物的这种不带偏见的审美态度来加以区分，在拥有事物可在呈现中实现的某种价值的一般范畴内，不需要承认任何特别的审美**价值**的分类。当我们在这个直接被领会的

事物上停顿时，当我们对特定事物本身的特性和对它作为行动的认知信号和当下没有被呈现而今后可能实现的符号拥有的另一种意义中抽象出来的特征进行思考时，它是审美的。而这些具有审美特征的客体，会被简单地看作那些导致这一思考停顿而非行动反应的客体，一般地讲，这些客体是通过它们内在的肯定固有价值以及在其呈现中唤起对未来的认识的相对缺席来诱发这一思考停顿的。

然而，我们必须避免犯这样的错误，即认为这种审美态度含有可以建构所领会事物的组成成分。某种程度上，这种思考停顿对审美享受来说是绝对必要的，但对所欣赏的那个特性并非绝对必要。这种态度仅仅是给予已知事物应有的关注，它对立于那种短暂的领会，这种诉诸已知事物的短暂领会通过把它阐释为认知信号，从而看得更远。对未来的这种关注是那样习以为常，以至于认知阐释通常“自行完成”。在直接特性中识别已知事物往往要求暂停这种认知活动，并从这种认知活动中恢复过来，这有点像我们从我们的双手内望出的景色或图画，目的是为了更清楚地把它看成一个审美的客体。正是鉴于这样的理由，我们才能如此经常地只通过消除其他兴趣而接近这种感觉的原始清晰。我们对已知事物本身或多或少显得迟钝，正是因为它要求暂停对行动的常规引导以及为其服务的阐释。只有在童年时代，或在我们可能保持了艺术家的那种迷恋且无中介的理解能力时，我们才能轻而易举地使自己沉溺于直接而完全地呈现在我们面前的一
切。在其他方面，它要求我们从大自然开始灌输给第一个捕杀或被捕杀的 444
动物的那种关注和提防中恢复过来。它要求我们通过暂时摆脱所有对未来的焦虑，使我们从认真的生活中恢复过来。因此，审美态度只是一种全神贯注的姿态，它不赋予客体意义，恰恰相反，它从任何认知的阐释，从它作为符号的特征中抽象出其现象性质。

粗略地讲，我们可能也注意到，正因为这一事实——也就是说，受行动利益的支配，呈现总是与阐释共存并富于不同的阐释——最初被给予的事物一般要求在我们通常关注的特殊内容的内部得以识别，并从中抽象出来，我们通常将注意力投向显眼的现实，而不是为自身的利益投向呈现给直接意识的东西。正是这样的结果之一迫使我们根据“感觉材料”或“经验”——而不是从认知意义的思考——来说明直接经验，这样似乎暗示了——与我们的意图相悖——某种“主观性”的色彩。明智地讲，被给予事物从经验意义来讲就是原初的，它既不是主观的也不是客观的。这些术

语只有当将被给予事物与赋予它的阐释进行比较时，才得以应用，这一切所引发的期待将由后来的经验加以确认，就这个事实而言，这一切是“客观的”。而这使我们相信今后的经验将推翻它，就这个事实而言，这一切是“主观的”。然而，通过这种阐释态度，从任何补充中被抽象出来的未经思考的认识内容所表明的既不是主体也不是客体。对它的理解既不是通过内省也不是通过外观，而仅仅是通过**观看**，它不受任何其他关系的制约，即外部世界或那些标志自我整体性的重要利益以及那种意识内容的累积。

四　广义的“审美”

因此，我们也许拒绝采用任何比仅仅通过观照审美态度更狭隘的方式来限定审美价值。从这些方面来说，我们应该首先指出，一般的审美感觉，只是对最早发现、从一切进一步的思想积累和行动利益中抽象出来的
445 事物的理解。审美取向只是全神贯注的思考停顿，通过这种全神贯注，这一抽象过程才可能被实现。然后，我们应该继续强调，价值和负价值代表了被呈现事物的一个普遍或近似普遍的方面，也是使它因此而可能变得尖锐的那些特性。正是这被给予事物的唯一的价值－负价值方面，才通常有权停止注意力的活动和消除转移行动和阐释的问题。我们可能要经历痛苦或者狂喜，一种较温和的价值或负价值总是需要某种思考停顿。但相对无足轻重的价值或负价值来讲，人们不关注其已知特性，而只注意它可能的未来和指示行动的符号意义。同样，痛苦和一般意义上的不快使我们转移注意力而行动起来，除非是莫大的痛苦和不快。我们实际上不喜欢负价值的事物，只有肯定价值对审美态度才具有吸引力。通过这种思考停顿而得以这样清楚识别的被给予事物的价值不同于实用性和工具性价值，这种价值就是审美价值标准，而实用性和工具性价值仅仅通过联想和期待而依附于被呈现的事物。

这也许是一种广义的“审美价值”，但我们不应把它看作终极的。不过，值得一提的是与这种广义分类可能相关的理由。对于区分那种被称为审美的善来说，即使存在某种更狭义范畴的审美价值的限定性条件，既没有比这更高的标准，也没有任何比这更基本的标准，这些进一步的限制也符合具有普遍意义的人类利益。审美价值不是因为经验的任何特性或善而

区别于其他价值，这种经验的特性和善是通过审美客体被呈现于我们的面前，正如有人说过的一样，除非它在程度上，或它与我们的态度相符。善，与金子一样，就在您发现它的地方，任何被直接发现的善都是绝对的。善就是您所喜欢的和您所想要的东西——假如我们从两个方向来解读这一陈述，并牢记我们所喜欢和想要的东西是一个可能易犯最严重错误的问题。

甚至在直接感知的层面上，也存在这种错误的可能性。反常或任性可能会妨碍对真正的价值 - 特性的认识。“不懂艺术但知道自己喜欢什么”的人可能是个单纯的人，因此，他所领会的价值可能是真实的，即使不是摆 446
在他面前的事物所包含的最重要的价值。但另一方面，他的态度也许只是反常地拒绝去真正地关注，从而剥夺了他伸手可及的一种价值。或者，在系统阐释中，他可能因无意识的错误而失去对真正的价值 - 特性的认识：要推导出和确切表达已知事物的特性可能是一个难题。一个只是说任何事物毫不费力地不言而喻的人可能无法进行确切的自我表达，然后，他便会被引入相信他所说的一切的错误之中。“某人所喜欢的”这句话易犯这样的认识错误。出于这样的原因，审美理解和仅仅是喜欢而已最好要加以区分，而不是将它们等同起来。

但是，除了这些辨别和表达的反常现象外，在被呈现的特性中来检验事物的美好，是检验审美意义上善的最基本的方法。无论在哪里，只要某种直接发现的善唤起我们全神贯注的尊敬，并对此予以回报，那么被揭示的东西就具有同样基本类型的审美价值。就其经验特性本身而言，杜鹃花短暂香气的暂时价值与交响乐曲的永久性价值之间并没有明显的区别；一块牛排的食欲价值与哥特式门面的精神价值之间没有明显的区别；一辆红色儿童玩具手推车的纯真价值与我们可能在一首十四行诗或一个希腊古瓮中发现的那种陶冶价值之间也没有明显的区别。交响乐与十四行诗或许具有更高的价值，在比较价值的标尺上它们或许处于更高的位置，其持久、陶冶的和精神的特征可能是这种喜爱的令人信服的理由，但是它们都属于相同的善的衡量标准。

五 狭义的“审美”

此外，在我们为适应某种更复杂的标准而建立的具有独特的审美特征的善的某种狭义范畴里，没有任何方面与上述情况有所冲突。除非这些进一步的限制是武断的，且不符合任何普遍的利益，也不代表任何公正的评介方式，那么，它们必定同样受某种在提供直接满足意义上有价值事物的终极参照的支配。针对直接满足的品位评价，如果仅仅是追求高雅和稀罕的品位，而对普通和庸俗的品位不屑一顾的话，那就根本没有充分的理由。毋宁说，它一方面有意高度评价那些直接可展示的善，这些善是持久
447 的，它们不受可能破坏我们满足的那些因素的困扰；另一方面，又相对贬低那些不能很好保持我们满足的事物，就在这样的意图当中，它找到了它的有效性。但是，它仍然是对这种起支配作用的直接满足的一种兴趣。然而，对美好生活之可能性的关注要求对价值**经济学**（the economy of values）加以考虑。就是在这一点上，如上所示，审美辨别涉及道德问题。

对价值经济学的这种考虑和对有审美特征事物的这种评价暗示了两点。一是对品位培养的关注。如果我们不准备对相对来讲不值得的事物和从长远看来不会真正得到回报的事物投入我们的注意力的话，那么经验智慧就将决定品位的培养。二是关注客体的产生和场合的提供，从中可能发现符合这种培养品位的独特特性。这些关注将指导对相对价值的重新评价，这些相对价值受到我们未经鉴别的价值 - 发现的制约。它们也会使任何对独特审美客体范畴的充分描述复杂化，这都是因为它们把价值观中这些更高的辨别标准当作被直接揭示的，还因为这种对拓展审美满足的机会的关注本身会产生间接的和强化的兴趣，如对艺术创作技术和对审美鉴别技术的兴趣。

譬如，这种价值经济学将指导我们，不应抬高那些在古代被称为肉体享乐而现在被边沁称为不纯洁享乐的满足。正如柏拉图所说的，这些应只作为必要的和偶然的，或为净化欲望而予以满足。换言之，一种对直接享乐相对可能性产生的理智兴趣，要求我们相对而言应不去理会或至少一般不去追寻那些直接满足的机会，这些直接满足的机会本质上是转瞬即逝的，且对其他和更持久的价值的实现有害。还有——虽然一直以来这并不是道德化的美学家的一个常见主题——作为特别受直接可发现价值影响的客体，它要求我们不应选择那些对我们无法很好保持审美态度的事物，因为这些事物对需要行动的情景来说是偶然的，并因此从理智上不允许我们
448 在完全可实现的价值上停顿和歇息。相反，价值的这种理性经济学要求我们特别地追求边沁所称的多产的享乐，即那些导致或提高我们对其他价值

的实现或那些与间接和衍生的善相关并受其强化的直接可实现价值。满足这些自然欲望毫无疑问是一种内在的善。但是，它不可能是审美的，它不是我们目前考察的狭义上的审美，因为这样的事物本质上是转瞬即逝的，因此，对它们过多地关注意味着失去其他更持久的价值。吃喝至多可以是一门很小的艺术——或只不过是实用意义上的一种艺术——这不仅因为食欲很快就得以满足，而且还因为这些功能天生是工具性的，具有比沉溺于其中所获得的满足更为重要的目的。我们必须为了健康而吃，鉴于这一事实，我们无权使这一活动实现从中所直接发现的那种善。

人们对某事物的实用兴趣是必要的，这与对这一事物作为直接满足的一种来源而产生的另一种兴趣并不矛盾。有用的事物也拥有某种固有价值并在呈现中被直接发现。总的说来，这促进了我们对它做出公正的品评。不过，这两种兴趣看起来是相互对立的，而且容易互不一致。我们没有理由将美拒于作坊或厨房的门外，或没有理由无视它们的存在，而是正相反。但是，作坊和厨房必须忠实于自身极为重要的实用目的，在实用性起支配作用的地方，客体和活动不能被视为具有审美特征的，因为它们不可能服从于对某种直接的和思考的善的实现。那必然是偶然的、间接的。

另一种限制有时被强加在独特的审美物上，这些审美的善必须本质上是精神的、非物质的。这种要求的意图是隐晦的，或者至少不是显而易见的，这特别是因为，审美价值观只有当体现在物质客体中时它才可能是实际的。有时，对它的解释是形而上的、深奥的，而只要其解释是清楚的，那么这种解释似乎只意味着那种审美价值是普遍的本质。既然所有在事物中可以找到的特性都是普遍的，那么我们必须立刻同意那种论点，但同 449
样，也不存在可以基于这一点的审美区别。但是，不管这种将审美价值限定于非物质的可能意图是什么，它具有一种可被充分的理由证明的可能意义，虽然也许它只是审美特征的一个次要的而不是主要的标记。独特的审美客体必须是那些能对之保持思考辨识态度的客体。全神贯注于实用目的不仅对此有害，而且任何利益都易受您我个人考虑的影响。任何肯定评价都标明其客体要求被实现的特征并在此意义上被拥有，然而，这种专有欲望和竞争性活动的激励与对所呈现事物的迷恋的审美态度那本质上的公正无私、不带个人情感的特征是格格不入的，因而它破坏了审美满足。审美价值在其实现中应该是非竞争性（non-competitive）的。

还有一些善，根据其本质，在它们被分享时必然会相互抵触，即某人对这些善的享乐是不利于其他人进行同样的享乐或甚至阻碍其享乐的。但是，不同类的各种善在被分享时并不相互抵触，反而可能因分享而增强了对它们的享受。这里的区别，显然不是具体体现在物体中的各种善与那些没有具体体现在物体中的各种善之间的区别。确切地说，就 19 世纪的意义讲，竞争性的善是“物质”的，它意指人的“物质”需要和经济需要。[①] 我们越是仔细地考虑这一分界线，就越是难以准确地划出这一分界线，它并不完全像它处于对待它们的各种态度和各种从中获得的满足之间那样处于客体或各种事物之间。不过，这是一种真正的区别，从广义上讲，它显而易见。那些非竞争性的善，它们在经验中的价值实现可能不是唯一的，因此是不带个人感情或超个人的。在这个意义上，即使它们存在于物质客体之中，它们也是非物质的或精神的。**每个**在社会中被命名为善的客体，都必须符合人类的某种共同利益，但是这些客体又具有某种特别的共同体
450 特征，因为它们所包含的共同利益不是让人类相互对立的，而恰恰相反，是一种将人团结在一起的共同利益。对这种善的拥有，摆脱了与其他善的道德关系问题的纠缠，也摆脱了任何想拥有、想控制的侵扰。这种价值是纯粹的，它们给予的乐趣可能是平静的，它们的思考也不受实际烦恼的影响。与此相反，竞争性的善则具有“必需品”的特征，即它们必须被存积起来以备将来之需，我们对它们的态度在某种程度上是实用的和主动的。把这一非竞争性特征看作审美价值的本质，并把这一颇为道德的非道德性视为真正审美取向的一种特征，这可能令人怀疑。然而，这类考虑毫无疑问在区分特别的审美态度和独特的审美客体时是非常重要。

六　兴趣附属于审美

另外一种考虑影响到审美价值与事物其他固有价值的区分，即对直接的、高度的和纯粹的享乐事物的最初兴趣，会导致对迅速增加提供这类满足的那些客体的一种兴趣，而针对这一目标的艺术创作本身可能又对艺术客体及其创作的技术产生进一步的和间接的兴趣。确实，这种间接的兴趣有时甚至构成取代最初兴趣的威胁，“审美”可能有只被用来表示与美术

① 顺便说一句，对审美的非物质或精神意义的形而上的解释可能使人想起 19 世纪的唯物主义和理想主义之间的深深的伦理对立。前者认为，人是其所食的，人和社会的一切其他范畴源于经济；后者同样产生——或复兴——于这同一时期。

有关的事物的危险，如果不是那种对艺术的迷恋，那么它就绝不可能达到忘掉自然同样呈现给我们具有固有价值且值得我们最敏感欣赏的客体的极端。这总是有点让人难以想象。美学理论家希望将他们的讨论归约为一个最后且主导的考虑因素，有时，他们很想把自然的美当作我们自己的艺术创作的某种方式的一种投射，或者是人类精神中固有价值的一种神奇的幻影，或者从另一方面讲，使艺术品服从于自然的审美价值，把艺术看作主要是再现自然或从自然衍生而来。但是，这种还原论是不恰当的，从本质上来讲，这些关于人类倾向于一老调重弹的审美理论的对立现象是谬误。浪漫主义、古典现实主义和超验理想主义都是对一个永远都不该问的那个问题的不必要回答。某些直接可发现的善源于自然，而某些则源于人工制造，这一事实表明，没有必要去把大自然想象成一个伟大的艺术家，或把 451
艺术家想象成高雅的自然主义者。也不需要构想某种超验思想，在这种构想中，头脑和自然找到某种理想的契合点。人们以为，在人类历史中，最初的审美客体一定是在自然界中发现的，其结果，最初的艺术，只要它不仅仅是实用性的，那就都会是模仿的。再则，除非艺术家的想象由于某种未知原因被包含在某种物体中，否则，在自然法则的限制下，这种想象就不可能获得永久的形式。自然界种种迹象从来都不可能与人类的种种情绪无关，而是势必在很大程度上主导着他的想象，并提供叔本华所说的低音音符——人类艺术就建立在这种低音音符的基础上。但是，根据这一事实，令人眼前一亮的线条和色彩就具有固有的善，并满足具有审美价值的唯一的终极标准。这种善显现于直接的思考，它不受任何如体现它的这个客体是怎样碰巧产生的之类问题的制约。①

对以生产直接令人愉悦的事物为目标的艺术活动的兴趣，起源于对思考这些客体时直接实现的价值的兴趣。但正如上文所示，使美学成为一门复杂学科的一个重要问题在于艺术活动以及对这一活动的产品的关注不可避免地导致了各种间接的兴趣，而这些间接兴趣能增强那些对直接可理解和思考的价值产生的主要兴趣，并且可能或多或少地与这些主要兴趣融合

① 然而，几乎没有任何线条或颜色的风格可以摆脱所有的暗示和阐释。“抽象概念”的问题通常是它们并不“抽象”，但由于其不协调的暗示，它们使人分心，不能保持凝视的姿态。的确，除了显而易见的纯粹的图案外，意义的缺省本身就可以使人分心。当其现象的暗示既熟悉又和谐时，线条和颜色那令人愉悦的抽象结构最有效地允许我们对它的专注。只有音乐，因相对地讲远离自然，才容易允许我们沉溺于抽象的风格，不受任何阐释意义的制约。

在一起。它们甚至——遗憾的是——能在某种程度上取代这些主要兴趣，用单纯的工艺价值来代替真正的审美价值。

虽然这种以生产这些艺术品为目的的艺术活动是实用性的，是为了某种尚未实现的价值而进行的活动，但它仍然有其自身的价值（或负价值），
452 并且在活动本身中所发现的满足是与其投射目标的预期的善融为一体的。虽然工艺的精湛和艺术的完美最终是由其导向审美乐趣的可靠来源的客体的实用性所决定的，但是，在对它们的获得和实践中可以提供一种衍生性的满足。同样，对这类审美乐趣的可靠来源的识别技巧本身，也可能引起某种陶冶和鉴赏的满足，或者进行公平鉴别的满足，或者在识别客体在其生产中工艺的精湛特征时所带来的满足。

将艺术的完美或其显而易见的结果与首要的审美性质混淆起来，这或许是审美家和艺术家所犯的一种相当常见的错误——一种职业谬误。对于为什么某些画或塑像或音乐作品特别受到鉴赏家的欣赏，没有经过专业训练但具有敏锐审美感的人——谦虚地讲，通常——感到有些诧异。有时，他们有权感到诧异，因为那些审美客体并不是真正最好的。它们只是在克服媒介或艺术工艺的困难后所产生的有价值的艺术品。或者说，它们凭借达到艺术目的工艺方法创造的某种创新或善于创新的技能而具有独特的趣味。在观察这种工艺能力结果的时候，审美家和艺术家获得了一种特别且额外的愉悦，并特别促使他们在遇到艺术创作的问题时有兴趣去认识创新和善于创新的技能。假如他们的职业专注使他们产生了对可靠且熟悉程序以及通常最佳结果的某种程度的厌倦，情形就尤其如此。

然而，正是由于这些理由，尽管鉴赏力值得得到应有的尊敬，我们仍必须坚持审美判断不是一个职业权威的问题，而是我们所有人共同的特权。假如这种工艺和间接的审美价值取代了某种直接的、思考的善的首要审美价值的话，那么我们就会逐步走向艺术的贫瘠和颓废，以及审美的迂腐或平庸。当艺术品根据它们未被外行识别的本身价值而开始受到行家的
453 欣赏时，当我们面对艺术中的怪诞和丑陋，并开始被告知美丑之间没有本质区别或艺术并不关注这一区别时，这种颓废始终会受到怀疑。甚至最文雅的满足也要服从某种心理学的报酬递减律。正是文雅品位的一种最初规定，我们才不应把人生只用于从事文雅品位的运用，以免一切都因它而变得索然无味。我们甚至也不应过于信任艺术家或审美家的评价，除非他首先是一个具有均衡的智慧和明智的道德判断力的人。当个人到达了需要某

种工艺创新来激发他们对审美客体鉴赏的地步时，或当他们从清晰地分析音乐比听音乐得到更多的乐趣时，或当他们以鉴别的目光去关注画比看画得到更多的乐趣时，那么，这对人们认识到艺术趣味已经变得迟钝是有益的，也有益于人们认识到他也许最好去耕地或去砌砖，而不是去进一步追求通过刻意可获得的审美满足。

另外，对艺术的完美或高雅自身的欣赏并不是什么罪过。如果一个艺术家对工艺本身缺乏某种满足，但仍能对他的特别活动具有真正的热情，或内心的热情使他坚持朝着他计划的目标前进的话，那么这样的艺术家是很罕见的。直接的思考乐趣也不可能持久，除非它得到这种间接满足的某种程度的强化。对审美追求来说，这种间接满足是附带的，或在品位的陶冶中得以实现的。既然人生不可能始终保持在狂喜的程度上，我们的直观满足就必定是温和且有点随意的，假如它们要表明这些满足并非只是昙花一现的话。在这样的一个创作活动和理智而不是感觉满足的母体中，我们更纯粹的审美价值可以得到更好保存。

七　审美价值与在行动中被发现的价值

还有一种类似的考虑因素，由于这一因素的存在，在具有审美特征的经验中所发现的价值不能被看作与所有那些内在和直观的价值相同的东西。我们已经注意到，以理智或主动而非思考为主的价值，通过它们与那些主要感受到的直观且感觉的价值－特性密切的联想而可能被审美价值所吸纳。我们还应看到与此对立的事实，即内在价值直接赋予经验以特征，这些价值因与使我们脱离被呈现事物的目的和与实用性活动的密切关系而从审美分类中被排挤出去。这一点我们在谈到那些事物的例证中已经提及，也就是说，那些事物的固有价值对它们的某种有效性来说是附加的和 454
从属的。但是，还有另外一个更重要的例证。人生中多数美好的事物并不具有清楚的审美经验特征，因为，尽管这种美好是一种未经思考的特性，但它不能被推导为我们此时思考的明确的客体，或者，它独特的价值因试图获得这种自我意识的重视而消散了。人生的绝大部分都必须是行动的，所谓行动，是指既不是为了追求活动本身也不是为了追求活动的直接目的，而这两者都是为了某个进一步的目的。专注于行动和一个本身为实用的目的，这与针对被直接呈现的事物的沉思的审美态度是不相符合的。然而，这种全神贯注的活动可能具有它自己的善的特征。在反思时，我们可以确定这种工作活动忘却了那一瞬间和经验的特性本身，这却是一种重要的价值，或许是一种最确信的价值。然而，就这一例证的本质而言，假如仅仅是为了得到进行这一活动的满足而追求这一活动，那么它就不会拥有这种善的特性。真诚的劳作必须是专心的、无自我意识的，并且应热衷于目标而不是行为本身。这种专注可能将那一瞬间与一种直接的善的特性融合起来，但是假如直接针对这一善的目标，那么，这种善便有可能会丧失。这种善本质上是偶然的，是从追求进一步目的的信念价值中衍生而来。因此，实际活动中可能存在的价值广义上可以被归类为审美的，它是人生的一种直接的善，存在于生活经历之中。但是狭义上它并不是审美的，因为它的这种价值不是任何客体所固有的，也不是任何直接被思考事物所固有的。只有那些存在于某种被呈现的或可呈现的事物中的价值才明显的是审美的，在识别它们的过程中，它们显而易见地令人愉快，并会通过那一静思默想的停顿来延缓具有进一步目的的主动兴趣。这些独特审美价值的善是发薪日的善，而不是工作日的善。或许更好，它们是当工作和报酬都被抛诸脑后的那些幸运时刻的善。

455 因此，纯粹的审美价值并不是所有直接被揭示和可能具有直接经验特征的价值。纯粹审美价值不必是那些在这个类别中处于最高层和最可靠的事物。假如有德之人专注于行善，行动之人热衷于实际成果，假如他们都不注意审美的善或甚至对此嗤之以鼻，那一定会被认为是缺乏一种明辨的能力，而这种视而不见的后果则是某种严重且不必要的剥夺。假如要提高生活的质量，而不是在我们感觉痒的时候就挠挠，那么我们不仅需要道德和行动的东西，而且需要审美的善。但是，鉴于一种美好生活总体来讲所具有的必要和可能的特征，这种态度仍可能带有某种辩解的色彩。在对最初要求我们承认审美价值的主张进行驳斥时，它或许是正确的。自然几乎不容许具有审美特色的善遍布于经验，即使它们使生活变得有滋有味，并在这个意义上站得最高，它们终归不可能提供生活的物质。它们有别于其他价值，主要不是因为相对的重要性或它们所处的等级位置，而是因为它们是一类独特的价值。

上述这些考虑因素不仅在区别这一类价值时有着重要的作用，而且解释了“审美”这一术语的实际用法，我们已经试图完成推导出这些考虑因素的艰难任务。假如我们的结论正确的话，那么就不存在什么简单的感觉

价值特性可以用来将审美经验区别于对直接善的其他展示，也不存在任何
单独的客体特征可以用来凸显审美的而不能在其他有价值事物被发现的那
些客体。确切地说，这类善的标准是复杂的，它代表了各种想要或需要的
东西的聚合。首先，显然，审美客体是那些其价值是某种固有的善的客
体，它在于在这些客体的呈现中提供满足的一种可能性。此外，这必定是
它们的重要特性，而且不过多地与单纯的工具性价值混淆起来。还有，为
了在总体上被认为是善的，与任何实用性无关的，客体提供某些附加且偶
尔直接满足是不够的，这种可能性必须是客体的一种独特和可靠的特征，
以及高度拥有。其次，审美客体是通过参照我们对它们的典型取向来加以
区别的。它们必须能够诉诸对它们自身被呈现的特性——这种特性就是审 456
美态度——的关注并对此予以回报。它并不是——通过它们进一步预示经
验的符号意义——使我们不能静思默想，使我们不能采取行动。最后，独
特的审美事物取决于道德的考虑，即它们应能提供纯粹的满足，其善是持
久的，并在作为非竞争性的善的意义上是精神的，其价值在分享中并不相
互抵触。

假如这些标准主要通过参照客体呈现中我们的经验特性来加以应用，那么这种特性也根本不是直接的、单纯的感觉乐趣。真正的审美价值是批评价值，对它们的限定需要某种生活智慧和经过培养的辨别力。

457 # 第十五章　审美判断*

一　审美判断关心客体的性质

迄今为止，我们主要都在关注所谓的审美现象学以及经验中的审美性质和条件。除了顺便提及之外，几乎没有论及**审美判断**。对这种被直接呈现事物的直接评估并非判断。假如用词语来表达它们的话，那么所表达的东西就是这种直接经验的一种价值特性，或者仅仅是这种直接经验现象内容的一种价值特性。这种肯定价值特性的直接发现可以证明被呈现事物固有的一种客观价值属性，就像经验中被感觉的硬度或被看到的红色可以证明被呈现事物具有硬或红的客观属性一样。假如我们毫无困难并不假思索地从理解这些经验内容的现象特性过渡到对这个事物客观属性的判断，就如在这些情况里的价值，那不足为奇，而且是可以理解的。它代表了一种解释习惯，并在很大程度上这种与过去相关的经验的一般特征证明了这种诠释习惯。然而，不管从展示直接经验内在价值到将客体的审美价值或从另一方面讲固有价值的这种过渡多么缺乏特点和多么充分地被证实，它只不过是作为一种推论而有效的过渡。经验中被发现的价值是客体本身价值的**证据**，它甚至是最佳的可能证据，因为这种价值发现代表了对事物本身价值的主要确认（而对像硬度这种非价值属性而言，对根据接触来感觉硬度的理解不会形成这种主要确认）。但是，经验中独特的价值发现绝不会是事物本身客观价值的**结论性**证据：在任何情况下，这种方式做出的价值判断都可能出错，都可能受到后来经验的更正。

---

* 本章先期收入冯平教授主编的《现代西方价值哲学经典·经验主义路向（下册）》（北京师范大学出版社，2009），江传月在出版本书时参考李国山、方刚等译的《刘易斯文选》（社会科学文献出版社，2007）进行了修改。

正是在这一点上，价值理论很容易误入歧途，因为它没有把经验本身 458
的内在价值与客体可能导致的固有价值区分开来。这种错误充分说明了两种观点之间的区别：一种观点认为，价值是主观的，它只与特定的人和场合相关，因此，价值－断言只是“情感的”、非认知的、没有任何客观的对与错的区别；另一种观点认为，事物的评价是客观的、认知的，与特定的人或环境或场合没有任何形式的关系，即与任何区别它们和赋予客体其他属性的方式没有关系。

一个客体的任何属性都是可通过经验来确定的，在这个意义上，它是可通过可充分确保它的经验来界定的。因此，可以说，它是客体自身的一种潜能，这种潜能在适宜条件下导致某种可详细说明的经验。如果我们把“关联”一词做含糊其辞的应用，甚至可以说这种属性与经验相关。但是，由于任何特定经验都无法表现它能导向的一般经验，因此，如此明确规定的属性，严格地说不与任何特定的经历或个人的经验相关联，它是事物的一种独立特征。此外，一种事物的任何潜在性都取决于它将、能够、可能导向的东西，但不一定取决于在实际事实里它确实影响了什么。在这个意义上，一种被界定为某种经验潜在性的属性是独立的、客观的。对客观潜在性的实际经验，不仅可能是片面的，而且可能引起误解。它至多只是一种肯定或否定，而不是最终的证实。再则，事物所固有的那种潜在性是不依赖于它事实上是否被检验这个问题的。

因此，在客体的呈现中，由特定经验特性构成的审美价值或固有价值的概念代表了一种与个体主体有关的价值。如果不能把经验的特性和可归
结于客体的价值特性区分开来，那必定导致这种主观主义。但是，它作为 459
导向经验中某些肯定价值特性的潜在性，代表了作为一个客体的独立属性的审美或固有价值。这种属性跟其他属性一样受到经验的检验，但又不依赖于任何特定的经验或个体的价值发现。

主体方面存在着的影响对这种价值的理解的可变条件，但这也不是审美价值或固有价值的主观性的标志。在对审美的讨论中，标明这些条件是重要的，因为这些条件显然影响艺术实践，以及那些要发展其审美欣赏能力或培养判断力的人所必不可少的训练。这种判断力可以使他们在客体的呈现中，从一次审视中，更确信和更精确地判断该客体的潜在因素，从而使自己和他人能进一步发掘更多的价值。换言之，这种主观条件对审美评价来说是重要的，这并不是因为它们是被呈现客体的价值条件，

而是因为它们是对一个价值的任何可靠**检验**的条件，这种价值的真实性独立于任何这种单个的价值发现。

那些强调这种“审美价值的主观条件”，似乎唯独事物的这一特定属性，唯独在事物的价值得以展示的情境中才有这种条件的人，他们似乎忘记了其他属性在主体或观察生物方面也有其检验的条件。我们不能用冰凉的手来可靠地确定温度，或不通过参照我们的空间定向来判断形状，或光凭看而不通过把东西提起来就说出它们的重量，这些并非是影响事物的颜色或形状或重量或讨论中的客体的一般经验的潜在属性需要考虑的因素。如果有人用以下这句话来表达紧闭双眼就看不见颜色这一事实：“睁着的双眼是颜色存在的必要条件”，那么他是以一种奇怪的方式在使用语言。一个对客体本身的审美价值讲同样话的人可能会同样产生误导。而且，这种人还可能犯“观者眼中出美景”和“趣味无争辩”的那种主观相对论的错误。

460 客体本身的价值是有利于肯定价值特性经验的某种潜能，这一属性不具有如下的相对含义，即客体的这种属性保持不变，不管这种经验中的价值实现的进一步条件——主体方面的那些条件——是否在任何特定情况下给予满足的问题。同样，它避免暗示数鼻子的算术与某种像审美价值那样的固有价值有任何相关性。①如《医生》那样的一幅感伤画比欣赏《苹果》的人多一些，这与它们的审美等级是没有关系的。即使茶的固有价值最重要就是使大多数人喜爱（我们的中国朋友不会承认），仍然会有这样一些品茶者，他们能比别人提供一种更好的鉴别方法来检验所讨论的茶的属性。在某种程度上，我们赖以从中得出自然科学真理的社会过程，在审美价值的评价中同样发挥着作用。有一些人的判断特别受人信赖，因为他们拥有更广博的相关经验，或者因为他们具有某种更高级的必要判断力，以及他们在代表人类批评能力的社会机制的传统发展中占据特殊的位置。他们的判断可能与不加辨别地收集的任何数量的反对意见相抗衡，因为他们的判断是客观的，不依赖任何个别的甚至盲目的经验。如果就审美而言，这一社会过程不及自然科学重要且不可靠，并且鉴赏家并不完全是一个高贵阶层的话，这个事实也有它的解释：一方面，一般来说，理解美的事物的主观条

① 在这方面，经济价值是独特的，由于可以用销售性来界定，因而它是相对的。某些其他的社会价值也具有类似的特征。

件某种程度上比量子力学中欣赏真理的主观条件更容易得到满足；另一方面，在艺术里，没有决定性的试验。无论在科学还是艺术领域，对事物属性的揭示都需要主观条件。这些条件在不同的经历和不同人的经验中，得到不同程度的满足。但是，这些主观条件所影响的是对 461
事物属性的发现和鉴别，它们并不制造要被识别和评估的客观特征。如果事物审美特性没有这一独立地位，我们就没有必要训练和培养洞悉它们的能力，在确定审美价值的过程中也就无错误可言。而且，这里也不存在与客体审美价值的客观特征相反的解释，因为这种客观特征是客体呈现时肯定价值的揭示的一种潜能。如上所示，除了价值以外的其他属性同样可以被解释为客体自身导致某种可预测的经验的潜能。同样，对于其他属性，也存在这种经验的主观条件，它们确定对客体的这些属性的断言。

有一种相反的看法认为主观条件对价值实施了某种创造作用，这一般来讲源于这样两个错误中的一个，一是没有弄清楚价值判断的对象，二是“价值判断”（或某个同义词）这一术语被用在了事实上并没有任何事物被判断的地方。如果要报告的是现实经验，例如我们对某一艺术客体的经验中的价值特性，那么就不需要做任何判断。这种存在于经验本身的现象内容之中的价值特性，仅仅是发现的。把“判断”这一术语用于这样一种直接的价值发现简直就是对这个词的不恰当运用和误用。这样的经验，作为一种线索或对客体的进一步经验潜能的某种判断的确认，可能也具有认知的意义。但是，这种根据经验所做的预见性评价不应与经验本身内在的直接价值发现混淆在一起。这种被评价的潜能是客体的一种属性，对它的判断需要证明，但被直接揭示的那种价值属于被给予的经验自身，对它的认识既不需要也不可能有任何证实。

然而，还有一些棘手的问题需要我们注意，即使它们在根本上并不与我们的上述观点相抵触。首先，在被给予经验中被直接揭示的价值可能仍被说成评价的，这话不无道理；其次，在进一步的意义上，某种经验的审美特性可以被判断；最后，审美判断的客体往往不是某种物质，而是其中某种易与 462
某种经验特性或某种心理实体混淆起来的成分。对于前两点考虑因素，我们将按顺序加以阐述。第三点是更大、更重要的、关于美学的规律或特定原理的话题。

二　经验中的审美比较价值

我们经常以这样的方式去评价经验，因为是否拥有带某种特征的经验是一个我们局部控制的和抱有主要兴趣的问题。一种经验比另一种经验更好，它具有一种更高程度的肯定价值特性的特征，我们热衷于对这些不同经验加以比较。这种比较就是一种特殊的评价。只要我们清楚它的本质，那么是否称它为判断并不重要。

在此，我们不妨先打一个简单的比方。如果同时把两个苹果呈现在我们面前，我们可以观察到一个比另一个更红，或更准确地说，我们可以直接看到的是一个苹果比另一个看上去更红。我们可以直接比较显而易见的红色的现象或现象特性，与另外一个相比较，并对这个用来描述现象项目之一的特征的程度做出评估。这种评估是否应被称为判断，这令人质疑。因为这种比较是直接的，而被比较的东西是直接被给予的，所以，“这个比那个看起来更红”的结论不太可能犯错误，除非这个决定与语言表达有关而不是与所表达的意义有关。也许，我们不妨说，这里不涉及任何判断，而只是对某种现象事实的认识。

然而，可能有一种略微不同的情况：把一个苹果与昨天看到过的另外一个苹果进行比较。在这种情形下，一定会有一种判断，尽管是一种特殊的判断，因为我们要比较的两件物体之一不在眼前，而它在我记忆中的形象在需要比较的方面可能与事实不尽相符。那么，如果我说“这个苹果看
463 上去比昨天的那个苹果红”，我就做了一种可能错误的判断。但在这一比较中，判断因素关系到被比较的两个苹果中那个不在场的苹果。当前所给的这个苹果与那个不在场的苹果的关系需要判断，这不是因为对当前提供的红色外表有什么可能的怀疑，而只是因为它与某种不在眼前的东西有关。当前的这个外表的红色毋庸置疑，但是它那比较而言的红色是某种经过判断的东西，因为它与只有通过判断才能决定的某种东西相关。

还可能有第三种情况：我面前摆着一个苹果，我可能把它评价为一个看起来非常红艳的苹果——通过间接地比较我过去经验中所有苹果的外表。这种对当前苹果外表红色程度的评估明显是一种判断，或与判断有关。但另一方面，在一个明显的意义上，我判断的是记忆中别的苹果的现象，而眼前现象的红色特征不是被判断的而是明白无疑的。

对某种当前经验的价值程度的评估，在两个方面不同于苹果呈现中对红色程度的评估。首先，如果我们说一个被呈现的苹果的红色外表只是表面的红色的话，那么我们一定注意到当前经验中的价值外表不仅是显而易见的价值，而且是实际的和内在的价值，这种价值是确定所有其他价值的根据。其次，尽管我们可以对一种特定经验中的两种现象事物的直接价值进行比较，但是一种经验的价值特性不能直接与任何其他一种经验的价值特性相比，因为其他经验并不在场。当我们评估某一当前经验的价值特性时，我们是根据上述第二或第三种情况的方法进行的。因此，在把某种程度的价值特性归结于当前经验或其可感知内容时，我们做出了某种判断。然而，在上述意义范围内，我们判断的不是直接的和明确的价值特性，而是其他过去的经验的价值特性，我们有意或无意地将它拿来与直接经验的价值特性进行比较，它才是判断的对象。

这种考虑对审美价值的评估是有意义的。甚至在我们希望做审美判断的东西并非直接被给予的呈现而是所呈现的客观真实事物的情况下，我们可能得主要或只从我们在它的呈现中的经验的特征这个角度对这个客体做出这种
判断。因此，我们赋予这个客体审美价值，这可以是基于并反映将某种比较 464
价值的评估为我们直接经验的特征。这两种不太相同的评估——对在经验中发现的价值的评估和对眼前实物的价值的评估——我们可能不一定看得出来。

因此，在经验中所展示的被直接发现的价值特性，可能首先会与对它的比较评估混淆起来。其次，这种对当前经验中的价值的比较评估，可能会进一步与被呈现客体的客观价值 - 属性混淆起来。结果，在经验中被发现而非被判断的价值特性，变得与被观察事物的客观价值等同起来，而后者是必须加以判断的一种属性——而且可能被错误地判断——因为它不是被给予的而只是某种程度上由直接经验的特性来证明的。或许，由于我们不能正确区分以上概念，就容易导致我们不恰当地用“判断”这个词来称呼我们对审美特性的领悟，或错误地认为客体的审美特征某种程度上是关照它的经验的性质的产物，或仅仅是主客体关系的一个特点，因而它不能在如颜色、形状或其他属性的同样意义上被归之于某一被呈现的物体。

但是，在这整个问题上，至少有一点应该是清楚的。无论在哪里，对一个客体中的审美价值的判断如果是以一个直接经验的价值特征或经验本身的比较价值的评估为基础的，那么就不必对经验所展示的价值加以判

断。被直接发现的价值不需要为展示其价值并得到欣赏而受评估，也不需要为了使它具有可理解的特性而与其他价值相比较。正是这种直接的价值特性才是所有比较评估中固定的和明确无误的要素，那些使对它的评价可能成为判断的不确定因素，不是这种给定经验的价值，而是我们可以把它与之相比的那种经验的价值。

三　可判断的经验的审美特性

让我们来看上述第二种情况：我们可能注意到，现象本身的价值是被
465 发现而不是被判断的，甚至在这个意义上，经验的审美性质仍然可能是判断的结果。如果我们对审美经验与其他具有内在价值特征的经验的差异的描述是正确的，那么就不存在任何纯粹的现象特性，足以将真正的审美经验与某种欲望的非审美满足，抑或儿童对某种新颖而有趣的噪声的满足，抑或作家看见自己的名字出现在出版物中时的满足区分开来。尽管当下享受的性质不一，但是它们有一点是相同的，即它们几乎都无法提供纯粹审美的确切迹象。对此，我们必须求助于间接的标准，这种标准要能说明事实上审美经验是能够长期存在，而非转瞬即逝使人失望的经验。在一定程度上，我们学会了很快地识别经验中的这些持久或短暂特征的信号，这些信号允许或排除审美范畴中的某种乐趣，但是构成这一标准的并不是享受本身——不是被给予经验的直接价值。艺术家和鉴赏家无疑具有这种高级能力，他们能从直接被给予的线索中确定对一幅画或一支曲目的满意是否是那种持久的或很快消失的满意，他们对那些持久乐趣的理解毫无疑问渗入了在他们的有素养的欣赏中存在着的微妙的直接性质。但是，这里做个比较，假如品茶者的经验使他能预言这种茶将很快失去芬芳和这种茶的味道不太正宗，那么，表明这种茶不是好茶的依然是这种醒目的可预言的事实而不是其微妙的直接信号。假如审美家对艺术永恒性的第六感使他能根据那些直接的并直接影响他自身欣赏的那些线索而把乐趣分为审美的或非审美的，那么，构成经验中具有真正审美特征的充分标准的，不是直接的可欣赏性而是通过某些特征表现出来的欣赏的持久性，这一点是明确无误的。这种判断是对客体中的审美特性的一种直接评估，它对经验中的真正审美特征的评价则只是间接的。

在这个意义上，经验的独特的审美特征不是简单地被揭示的，而是必须 466

被判断的。但这种判断应该能指出这种经验的审美性质（某种程度上这需要预见），而不是对这种直接价值的判断。因此，即使（或正因为）经验的审美特性必须取决于判断，经验中被直接揭示的价值，无论是审美的或非审美的，都不需要判断，当它们被发现时，却是毋庸置疑的，这一点仍然是真的。这些在经验中可直接揭示的价值是一切价值判断的终极基础和终极所指。

四　审美和美学理论

本书并不旨在对审美科学做出什么新贡献。我们所关注的是对审美判断的分析、“说 X 有审美价值是什么意思”这个问题以及其他与此相关的若干问题。实证的审美科学涉及另外一个不同的问题，即“判定某个特定事物的审美价值，要用哪些具体的准则或参照哪些规律?”或者“哪些原则必然地指导着艺术的创作活动，从而使它们的审美目的得以实现?”让我们一开始先来观察一下，对审美判断进行分析的努力，与确定美学的具体原理的努力，二者之间有何差异，以及这两种目标之间有何关系。

对于这一点，我们可以通过观察两种其他科学——逻辑学和物理学的类比差异，来解决问题。就推理的有效性这个话题而言，同样也有两类不同的问题。第一类问题是，“说一段推理是有效的，这是什么意思？这种有效性的特征是什么?”这个问题属于分析问题，属于逻辑学**理论**。正如我们在本书第一篇所看到的，对此，我们可能这样回答，“如果推理可以通过内涵意义而得到证明的话，那么它在逻辑上就是有效的。”第二类问题是，“我们可以通过哪些具体原则来断定特定的推理是有效的？为了获得有效性，我们的推理程序应遵循哪些规律？万一对有效性产生疑问的话，可以用哪些具体的准则来证明它呢?”对这类问题的回答需要参照一整套的推理准则，参照一套属于实证逻辑学科学的原则。上述两个问题之 467
间的联系在于，对第一个分析性问题或理论问题的正确回答决定了基本的和一般的准则，通过参照这一准则可以决定作为逻辑规则提出的某个特定陈述是否事实上是一条正确的规律，是否提供了对有效推理的某种具体的检验。任何把握了逻辑有效性的这个一般特性的人都会因此而能进一步解决发现实证逻辑学规律的第二个问题。然而，除了把握“逻辑有效性”的意义外，还需要些另外的东西。也就是说，需要了解更具体的意义，这种实证逻辑学规律只有根据这些意义才能得到阐述。[①]

物理学也是如此。我们首先有一般理论问题，涉及物质实体各种基本属性的意义：说某种事物这么长是什么意思；一个物理粒子具有某种位置和某种速度是什么意思；两个事件同时发生是什么意思；等等。这类问题属于物理学理论，要通过分析和对物理概念进行充分而精确的解释来解答。[②] 正是由于间接地以这种理论为基础，我们才能进而发现实证的物理科学的规律（那些明确的定义或它们的纯粹逻辑推论）。除了这第二个关于物理的具体规律问题，对物理现象的观察也是必不可少的。为了便于与审美观比较，我们还可以顺便强调，在工程和操作物体的其他创造活动中，这些物理的实证规律发挥了一种规范性作用。

然而，关于对实证科学十分重要的对事物现象的了解，我们注意到逻辑学和物理学之间还有一种根本的差异。逻辑现象本身只是意义现象和意义关系的现象。任何意义都可以通过某种陈述来表达，这种陈述的真实性是分析性的和先验的。逻辑学无须诉诸经验事实（除非是运用符号来表达
468 意义的事实）。只有在亚里士多德（或苏格拉底）的意义上，逻辑学研究才是归纳的，即经例子推导而来的某种事物——当这种事物被推导时，它可以“通过推理”得到证明。但这第二类问题，物理学的实证规律问题，假设对物理学问题的正确回答需要一个分析性的答案，它只能通过通常意义上的归纳概括得到回答。逻辑学是一门先验的科学，并由此与逻辑理论相连，而物理学是一门经验科学，虽然对各种物理属性的总体准则的界定是分析的和先验的而不能是其他的，不管它多么指望隐含于物理科学的不自觉的实践中某种事物来提供那些需要它解释的意义。

同样，在美学里，也有关于审美特性的第一类理论问题。这类问题的答案是由分析和先验的来决定的。无论这种答案多么重要，我们在寻求它时，都应该注意实际中和具体的评价中业已存在的东西，并以其作为研究的圭臬。但是，假设对审美的价值本质这个问题有一个正确答案——比如，我们冒险做出的回答是，它是一种需要加以思考的并为这种思考提供

① 正如第一篇所提到的，就逻辑学而言，还存在一个更进一步的问题：“哪些能够证明推理有效性的陈述通常被人们频繁地用作逻辑学原理？”对于这个问题，只有一种常规的或实用的答案。

② 如物理学理论的例子，根据在此使用“理论”的意义，我们可以引证布里奇曼（Bridgeman）的《现代物理的逻辑学》、勒怎（Lenzen）的《物理理论》，以及爱丁顿（Eddington）的《物理学的哲学》的最初几章。

相对持久的乐趣的性质——这就有了第二类问题，“究竟是**事物的什么特征使其成为意味隽永的关照欣赏的源泉**?”“在有疑虑的情况下，我们应该根据哪些凡给人以关照欣赏的艺术品中都有、凡不给人以关照欣赏的艺术品中都没有的标志（特征）来认识有审美价值的东西?”“在以旨在创造审美价值的活动中，我们应该以哪些具体原理为指导?”这类问题只有通过归纳法才能得以回答，它要求从那些被观察的具有审美价值事物的实例中进行概括。对这类问题的回答就属于实证的审美科学。

在此，与逻辑学或物理学一样，对审美价值属性的意义的明确阐述，
充当了与决定任何特定规律相关的那些现象的基本准则，并因而代表了无
论是对实证科学的隐性或显性的考察都必须具备的基础。然而，与物理学
一样，美学是一门经验主义科学，其实证规律需要通过归纳概括的方法从
审美现象的特定例子中推导出来。因此，审美价值的本质是一个通过分析 469
和先验来回答的问题，它构成了哲学研究的一个课题。但是，实证审美科
学的规律的这个问题必须留给那些对审美现象具有广博的知识，并精通得
足以在这个领域里得出可信的经验性概括的人。①

然而，在实证审美科学领域里，有一些一般规律很值得我们思考。其中的一些规律与我们极为关注的那些认识论问题有重要的联系，特别是与审美**经验**的主观条件和事物本身审美价值的客观条件之间的差异有联系。鉴于此，我们最后对这种区别关系的某些事实做简要论述就无任何不妥，虽然在本书中我们不可能对它们进行充分的讨论。

五　审美客体的类型

美学至今还处于相当落后的状态。这不是对任何个人的批评，而是明显的事实。美学的次要原理——美术的这种或那种“创作原理”——俯拾即是，而且也得到了充分的证明，但是这些原理是目前所能确定的唯一确定内容。人们已经注意到，对于应该根据哪些范畴来阐述这种审美价值的实证规律，审美家还没有达成一致的意见。美学进展甚微原因之一是人们公认的具

① 毫无疑问，特定的审美判断并不是实证科学发展的必然结果，也不必假定对实证科学的掌握。在任何领域里，实证科学的发展都需要一系列先前决定的特定真理。在亚里士多德前，已经有了正确的逻辑判断，在欧几里得前有了几何限定，在伽利略或牛顿前有了经检验证明的物理事实。假如没有这些，这些实证科学就不可能出现。

有审美趣味的客体具有显著的多样性，而且其中至少有一些现象是极端复杂的。

比如，考虑一下那个叫《贝多芬第五交响曲》的是个什么。一件音乐作品不是一件物体，对它的任何一次演奏本身就是一个复杂的物质实体，但是在演奏与作品之间，有一个明显的差异。演奏可能没有，而且大概也
470 不会确切地实现作曲家的音乐用意或作品所代表的审美可能性。对于一首十四行诗或其他文艺作品，事物本身与对它的理解之间存在着更大的差异。对它们，我们通常必须提出我们自己的解释。而在这样做的时候，我们可能不仅未能领会其本来意义，而且还可能由于疏忽，在理解中随意添油加醋。所有审美事物中最复杂的戏剧，在一些方面跟音乐相似，在另一些方面则与诗歌相似。不过至少很清楚的是，一部戏剧是不可能与任何物体等同的。

在这些方面，一幅油画、一座大教堂或一件雕塑似乎不同于一件音乐作品或文学作品。一幅画、一座大厦或一尊塑像可能同样没有完全实现创作者的意图，但至少这类审美客体是一劳永逸地体现在了一个物质实体中，因而不需要将这样的实体与其物质体现区分开来。然而，经再次考虑，我们可以视这种差异为程度的而不是本质的差异。譬如，当我们站在一幅画或一件雕塑杰作面前的时候，我们可能会记起某种与这一实物相同的东西及其各种各样的还算像样的复制品，其中的一些我们可能以前还看到过。那么，这种画布或这种大理石是审美思考的客体吗？抑或这只是它的“原初的”和最佳的体现？在这里被实现和被接近的这个事物本身——在这些褪色颜料或已经显露出岁月痕迹的石头中——是一个抽象的实体吗？即使在自然中被发现的客体那里，审美取向也可能针对的是一种想象的事物而不是物体：即使面对令人倾倒的风景，写生者也会在他的脑海中移动一下这个或去掉那个。在任何情况下，观者的眼光都会发挥同样的作用。那么，这样的观点允许简单地视审美客体与某种物体为同一的吗？或者，我们毋宁说艺术家的原型甚至也只是对某种本身是抽象的和想象的实体的一种“模仿”？在那些限定其呈现的物质条件和那些同样将其外表限定于任何主体的心理条件之间，是否存在着根本的差异呢，或者它们只是方法或
471 程度上的差异？是否有那么一系列的偶然现象——一些是表面的和物质的，一些是内部的和心理的——把真实的课题与我们的理解分割开来？

用逻辑方法来解释这些发人深省的思想未免唐突可笑。然而，这至少表明了有三种不同的东西：其一，艺术家的意图或其意图所投射的理想；

其二，以一首诗的两个版本或一段音乐的两种演奏为例的那种抽象实体；其三，表现这种抽象概念或近似这种理想并在某个场合作为其呈现载体的物质个体。对它们当中的每一个来说，我们都要有所关注，因为它们都可能被用来代表美学的基本内容——**那个**审美客体。

首先，让我们来考察一下任何用途的艺术创作旨在表达的理念，它可能被当作我们对任何呈现的审美思考的客体。当一个人面对一件艺术客体时，他可能，或许应该，竭力透过实际的体现去洞察创作者的意图。就音乐和戏剧而言，这尤为重要，因为一个更真实的演奏或表演可能由此而产生。对于任何种类的审美现实，同样的尝试对那些通过对过去成果的思考来了解有关未来成果的可能性的人来说，也会有它的价值。此外，假如我们要发现美学的极为精确和恰当的规律，那么这些规律也只会将理想形式而不是物质作为它们的范例生动地推到引人注目的地位，无论理想形式是见诸艺术还是存在于自然之中。这一点是显而易见的，也是毫无疑义的。

然而，上述两方面的考虑都没有揭示出把审美客体看作超验实体的令人信服的理由。除了艺术，其他事物中也存在同样的情况，我们有时会领会另一个人的意图，这个意图是他没有完全实现的，甚至他不甚了然的。那么，他所没有实现的意图，仍不失为他的目标，尽管暂时未能实现，却是可以实现的。在这种情况下，我们的“领会”是可能通过移情和对创造性的想象力的运用而产生的某种东西。这是可能的，因为这些意图人人都可能有。当然，这种试图透过实际事物去洞察其背后的意图——在美学中 472
就像在其他事务中一样——的做法，总是存在着不是真正的领会而是一种浪漫的幻想的危险。就自然中的客体而言，在被呈现客体的背后确立这种意图，这纯粹是一种感情的误置，要不就是一种神秘的信念。而在审美科学中，没有这种迷信的合法地位。被表现出的实体使一种特定的审美想象或艺术创作得到了完美的反映。这种实体的确是一种可理解的东西，它服从于审美理解和审美批评。事实是，人类的目的意图带有相当程度的共同性，它使我们间或能够从现实过渡到它们的审美目的上去，就音乐和戏剧而言，就是通过符号去再造能够接近和传达这些目的的审美现实体。但是，我们没有必要在这个事实的基础上造成一种形而上学的神秘。与经济目标或工程目标所提供的理由相比，这些事实没有提供更好的理由来解释审美目标的超验主义。也没有提供任何理由，让我们为审美理想发明一个天堂之所，就像我们没有理由把“新大西岛”视为一种形而上学的现实一样。

那些审美规律的范例将是理想的实体而不是现实的，这个事实也不会给美学中的超验主义观点增添可信性，或把审美科学与其他科学区别开来。同样，比如在物理学里，对物理学规律的理解产生了某些理想的范例，如绝对真空、无摩擦表面、绝对可塑固体、百分之百效率的引擎，等等。此外，在所有的物理学应用中——因注重实用而指向某个目的——那些关注这种创造性努力的人，必须注意某种预期的理想性，尽管他们也必须注意材料和人类工艺的局限性。

六 审美行为和它的背景

有一类抽象概念是可以通过实际场合而被具体化和举例说明的，而不仅仅是实际事物的近似或“模仿”，对这样一种抽象概念进行考察，更为
473 重要也更有用。首先，因为某些审美客体无疑是抽象的，而另外的审美客体也可能被认为是抽象的。譬如，一首十四行诗就不可能与任一物体相提并论。它不仅是我们和我们的邻居可能在不同的书里所读到的同一首诗，而且对于被呈现事物来说，关键不在于它出现在印刷物的页面上，而是说它只是以一种物质符号的形式从一个头脑转移到了另一个头脑中。其相关的意义是经由某种复杂、普通和强加的社会习惯与这个符号模式联系起来的。甚至属于审美现象的音韵、节奏，也并不呈现给视觉，而只是与被具体呈现的东西联系在一起。它更像乐谱，而不是演奏。但是与那些还没有被梦想到的东西相比，这首诗是真实的，就因为这种语言模式有其具体的和以物质形式出现的实例。由于有了语言习惯，这首诗才有了可能，而以上具体实例就是审美客体的呈现。如果没有它们，就不可能有被呈现的或可被呈现的诗。

还必须注意到的是，在文学中，作为审美客体本身的这种抽象实体，实际上并不包含在表现它的物质手段中。毋宁说，这种抽象概念，或这种抽象概念实例，必存在于某种实际客体的结构中——在这种情况下，是一种与心理有关的结构。然而，这种考虑不构成我们所讨论的审美实在的主观特征的证据。一首具体的诗究竟有何含义，取决于它的语言的实例模式。毫无疑问，依照语言规范和其他隐含的诠释规定，审美事实必须被主

体进行再创造，这一事实使文学客体特别容易受到理解的主观性的影响。我们甚至会怀疑对它能否有任何共通的且绝对客观的诠释。如有人曾说过，一位老人和他身边的孩子可能都读了祷告书里同样的祷文，但对他们两个人来说，这些词语不可能具有相同的意义，因为老人以他一生的经历充实了祷文的内涵。这种考虑对任何用语言来呈现的现象都很重要，特别是假如它是一个审美理解的客体的话，因为在这种情况下被传达的意义会特别富于表现力。[①] 但是，这一事实并不宽宥对这个现象的任何主观臆断。 474
一首诗就像一条法律（一条合法的条款），其实现有赖于语言环境，但并不接受个人的随意诠释。这一点说明，对一首诗的理解，与对其他艺术品的理解一样，有一些人会做得比另外一些人更好，而且对它的理解和评价可能需要一定的经验和能力。但是这些主体方面的条件对主体来说只是他面前的表现形式的条件，而不是他所需要了解的真正内容的条件。这些是审美经验的条件而不是审美客体的条件。

在此，首先需要注意的是，审美事实——这首诗——当它通过出版物或读者声音而被传达的时候，它就被实际地呈现了，但是这个审美实体无论从空间还是其他什么有关角度来看，并不处于用来呈现它的物质的客体或事件中。这首诗的某些属性——它的语言模式——真正地具有了出版物或声音的时间顺序的特征。然而，在很大程度上，通过物质符号所传达意义而构建起来的这首“诗本身”，则处于与呈现它的那个物质实体相关的语境中。其次，需要强调的是，真正属于这首诗的特征的，但是在实际传达它——而非在那个物质实体中传达它——的语境中被发现的东西，也仍然不是主观的，而是像法律那样确定的。而且，它以同样的一般方式确定，即通过被充分理解的规范来制约对它的创作和诠释。对它的理解（或误解）是有主体方面的条件的，用来呈现被呈现事物的物质客体的物质属性实际上越少展示被呈现事物，那么这些条件的范围就越大。但是，如果要正确理解这首诗，主体所必须给予表现形式的任何解释，都不应该超出这首诗的范围。如果主体做出的解释没有反映出这种关系，被呈现的审美客体的实际审美特征就无法得到理解——它要么被误解，要么根本就没有被理解。

这首诗是一种抽象，它通过某种物质载体的媒介作用，在其呈现中被

---

① 纯文学与散文体文学之间的分界线也许是根据其表达意义的重要性划分的，这些表达意义传达的是想象的东西而不是那种智力理解。

475 具体化。本质上，它是一种在作为其实例的各种物质事件或事物中可重复的或与它们相同的实体。但必须看到，它的这种抽象不同于如三角、诚实或对抗性等普遍概念的抽象，后者使这些普遍概念与具有感觉性质的和想象的事物截然对立。这种抽象具有感觉的忠实性，我们称它为审美本质。

有一点很清楚，就这里所讨论的问题而言，并非所有的审美客体都跟诗一样。不同类别的审美客体构成了一个系列，在这个系列里，文艺作品代表了一个极端，以后依次是戏剧、音乐、绘画、雕塑艺术，最后到自然中的审美客体。（若要做全面的探讨，就有必要对上述每一类做详细研究，但这非本文力所能及。）但是，尽管这一顺序显而易见，其规律并不简单。一首诗是表现它的物质形式体现出的一种抽象，但一次日落或一座山峰就是一个物质实体，而在抽象与具体之间不可能有中间阶段。

从物质表现方式的物质特点在审美中的重要程度，从审美的本质对象在以物质形式呈现的关联结构中所处的位置，可以看出以上顺序的规律。就此而言，审美兴趣的客体可能并的确在程度上有所不同。也许这可以用一种示意图来简单地表示，在这个示意图里，实线内是审美实体，虚线内是其物质载体。

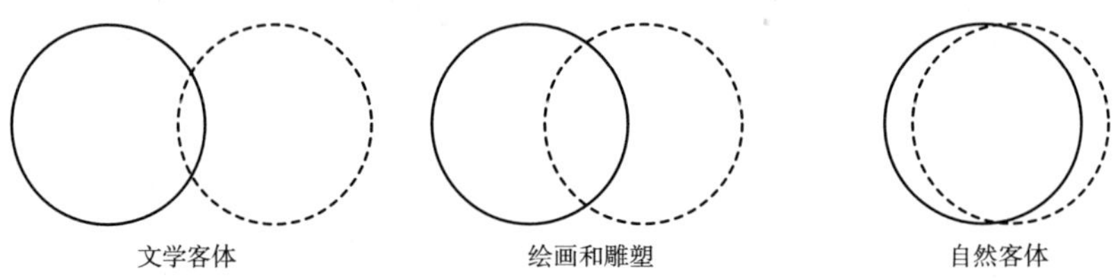

此外，如果我们要说在自然中展示的某一审美客体完全是具体的，那么我们必须记住以下两个事实。第一，假如我们只是开放我们的外部感觉，那么就根本不存在那些必然要求和回报审美思考的自然客体。某种事物的本质，并不是它的一种物理属性，而只是与这些属性联系在一起。正

476 是由于这个事实，真正的审美价值才需要与某种“较低级”的固有价值——比水于口渴者之可贵——区别开来。（我们不认为“较低级的”价值完全是表现它们的东西的物理属性，与任何结构无关：我们的确说过审美价值特别取决于结构。）第二，我们必须看到，在审美兴趣的每个物质客体里，都有一些与其审美特性无关的特征，它们可能互不相同但并不以任何方式影响其审美特性或价值。因此，甚至只要审美本质被包含于这个

物质客体内，它就仍然还是一个从它而来的不折不扣的抽象概念，从理论上讲，它可以同样被其他物质客体所呈现。

七 有审美价值的各种事物

因此，我们可以说，毫无例外，审美经验中被思考的实体是通过某个物质客体的工具性的呈现而得以具体化的。但是，思考的直接客体是一个审美本质，一种从理论上讲可以照样被其他物体表现出来的抽象。在所有情况下，这种审美本质都包含着某种不存在于它的物质载体中的东西。它只是在一定的结构里，以某种非武断或非主观的方式与之相联系。至于作为呈现载体的物质结构对所呈现的或所传达的事物的审美本质和审美价值的重要程度，则因审美客体的不同类型而异。

当审美价值或任何其他种类的价值被归结于任何事物的时候，重要的是要指出这种价值究竟属于谁。它也许是某种普通的真实实体：一首诗、一部戏剧、一件音乐作品、一幅画、一件雕像、一片风景。但正如上文所示，它也可能是为某个目的而设计的理念和非真实客体。抑或，它可能是对一支乐曲的演奏，或一部戏剧的表演。它可能是作为审美呈现载体的物质客体，或者它可能就是具有这种价值的审美经验本身。当我们询问被判断有价值的东西是一种抽象还是一种具体的实体时，就必须观察自己的判断所需要的事实根据。当我们评价一首诗时，我们不是在判断任何具体的事物，因为——至少一般来说——我们甚至并不考虑那印刷页面。假如我 477
们要对音乐做判断，就必须弄清这一评价的意图，它是评判许多实际演奏共同的或相近的东西，还是针对某个特殊场合中的音乐内容。同样——即使不太明显——当我们判断一幅画的时候，必须明了评价的客体是这幅画布和画布上的那个物质模式，还是这幅画与其复制品可能共有的东西。对于一片风景或自然中被展示的一个客体，如果说被评价的东西根本不是这个具体的物体，那可能显得荒诞不经。然而，这里的确包含有那种抽象本质。从理论上讲，它是可以在别的某种物质客体中得到重复的。毫无疑问，对任何评价而言，都可能会有这样的问题：评价客体究竟是有形实体还是其中包含的本质抽象。比如，我们欣赏的究竟是苹果，还是所有苹果都有的那种味道。最后也是最重要的：无论被呈现的是哪种事物，我们都必须仔细分析，搞清楚具有这种价值的究竟是某种客观实体，还是这种属性的主体就是经验本身。审美中许多非常令人遗憾的错误都是由于把可能只属于经验的价值归结于客体。把审美判断都归并一起，就好像只有一种客体一样，这只能引起混乱。

我们可能从审美的角度来评价某种具体的物体，这与任何物质客体其审美评价在某种程度上不可能完全独立于其关系的事实根本不相矛盾。这个物体可能被评价为审美体现的工具。物质性的客观事物中的所有价值都只是外在的。可归属于具体客体的审美价值是一种固有价值。但说某种价值是某一客体固有的，未必是要在它的物质属性中找到这种价值。根据我们的界定，假如一种价值是通过呈现特定客体而非其他客体而在经验中被实现的价值，那么它就是固有的。因此，假如一个物体有助于呈现确定的审美性质，那么它就具有审美价值。但是假如根据这种观点，就断言任何
478 抽象实体都不具有审美价值，因为如果一种抽象不能被呈现，它就不可能具有任何固有价值。那么，需要指出的是，这种推理包含了一个错误的前提。像诗歌、音乐这样的抽象是有审美价值的，它们可以通过物体中介而得到表现，虽然它们可以在不同的物质形式中得到重复表现，但它们本身就是感觉性的或形象化的。

对于其审美价值可以被断定的一切客体，我们所能说的是，它们的这种价值取决于构成审美本质的属性的一种复合体。这些属性的一部分在作为呈现工具的某种物体中得以体现，其余的则属于这个客体的内涵结构，这种结构与这物体之间的联系并不完全来自主观。无论作为审美判断直接客体的实体的本质是什么，决定它有无审美价值的审美本质都是一个抽象的实体。这种抽象就是美学的一个基本范畴。

以上仓促概括的看法显然是不足以阐明本章的标题的，而且可能有含混之处，但它们能够说明任何足以指导美学的科学的具体原则系统的普遍性。这一科学的规律的秘诀无论是由个别的理论进展显示出来的，还是作为这一科学的进展的产物，都可以在我们称之为构成审美本质的性质的复合体中，在其作为一种现象的格式塔特征中，在使其成为某种完形整体的组成成分的关系中找到。

寻求这些特定原则的普遍方法应该是一种对可作为审美关照中较为持久的快感所揭示出来的价值的实验。如果在什么地方有更特殊的或经验性的原则尚未确定，或存在着疑问，我们也正是通过这种实验来检验审美评价的正确与否。

第十六章　道德感和贡献价值 479

一　一个经验对另一个经验的价值影响

这里不存在任何事物的价值，除了直接实现的一个善或者恶，或者一个最终相对于善或恶的这种可能性。

但是如果前面的讨论使我们得出一个观点，即对所有评价正确性的最终检验通过简单参照在特殊经验中当下发现的价值被检验，那么靠这个事实它会是错的。如果不考虑特殊经验中的善或恶是一个最终材料和不可批判的，是错误的，这种当下价值仍不决定对那个经验的最终评价，因为特殊经验本身与进一步可能的经验有关联，并因此与进一步可能实现的价值有关联。当下发现的善或恶的特质将不被再估价；没有神秘的否认能使一个最终善理解感觉的邪恶；没有虐待的道德主义能使邪恶成为提供快乐的事实。而这种当下经验不仅是被发现且最终发现的某种东西，它们一般也是对我们的未来生活是工具性的和对生活的善恶有贡献的某种东西。在它的这个工具性或贡献特点中，每个经验要求在它与一个可能的经验整体的关系中被进一步评价。

因此至此我们可能未能充分强调人类生活的一个方面，它的含意是十分重要的并且必须限定整个描写。生活是短暂的，并且人类生活是自觉的短暂的。我们的终极兴趣注视在直接经验中价值的可能实现，但如此注视的当下价值不是当下的现在而是超过它延伸到将来的东西。

因此人类生活充满着关心的特质，行动的秘密将在这种关心中被发
现。也就是说，它超过自觉的行为和动物的强制，并尝试对当下发生的 480
事情的一些自我指导。只有通过这种关心和自我指导的尝试，我们怀有一些清晰的自觉的兴趣并寻求做出评价。这也是我们称为我们的合理性的东西的根和从属于合理性的命令的根。经过这种关心，现在我们被迫

采取这种态度并做出这种行为，但对这些态度和行为我们以后将会感到满意。

二　合理命令和好的生活

如果我们探求成为合理的意指什么，根据我们西方思想的传统通过参照推理和逻辑有效性，答案可能已经出来了。但也许我们最好应考虑我们自己对自身的感觉，并应根据我们的预见能力和靠它对我们的行动的指导来寻找答案。成为合理的而非愚蠢的和任性的，意指依靠将来善恶的预见而具备控制能力，意指经得起“如果您不做您将后悔”或“如果您做了”这个考虑的检验。

在这种意义上，合理性不是来自逻辑，它是另一个方法。理由的有效性依赖于一致性，并据一致性能被概括。并且，一致性本质上不是超过贯穿我们已接受的东西的坚持。或者用相反的方式说，现在不能接受的东西我们以后也不会坚持。一旦贯穿我们的思想和论述，我们便是逻辑地一致的，我们现在在这里抛弃这点，我们在任何地方将来自己做。思考和论述是重要的和特殊的人类行动方法。我们的这种行动受关心我们以后思考或希望确证的东西的影响，在此范围内，我们尝试成为一致的和合理的，并且一旦我们达到这种同我相符，那么我们是逻辑的，并且我们思考或说的东西，无论真假，都有逻辑的有效性。

原则的概念，在一个时间和同一时间，包含在我们所思的东西中的一个一致性和我们所做的东西的一致性，包含在我们的思与做的一致性，它反映这个相同考虑，这个相同尝试，尝试避免以后必定会被宣布撤回和遗憾的思或行的任何态度。

思想的一致性是为了行动中的一致性的缘故并以行动中的一致性为目
481 的，并且行动中的一致性来自意愿、目的和建立一个价值等的一致性的。如果不是当前评价和做法可能以后将是一个遗憾的事情，那么不存在指导或命令任何一种一致性，没有行动会受与任何原则的关系的影响，没有思想会受关于有效性的任何考虑的影响。生活一般不受任何关心的束缚，并且合理的东西与任性或愚蠢的东西之间无区别。

就人而言，行动、生活必然服从命令，承认标准。因为服从命令只意指在关心不是当下的、不是一个当前快乐或一个当前受苦的东西中发现一个强迫行动，否认标准意义和一般命令就是驱散行动和意图的所有严重性，只留下一个未被指导的顺着时间之河的流动。并且导致使所有思考和论述成为普遍废话，那些在他的所说的东西中是认真的、谨慎的和有说服力的并且还告诉我们不存在有效标准或约束命令的人，是无希望地混淆的，并与他们的估价态度不一致。

一般不必私下找这种有效性的一些源泉，并然后因为我们没有发现一个而惊叫。最终的和普遍的命令“在评价、思考和行动中要一致”“在将来和从整体上关心您自己”是绝对的，这不需要理由。本身是对所有理由的根的东西的表达，在它缺席的地方不存在任何种类的理由或任何事物的理由。

在伦理学中，简言之，昔勒尼否认这种绝对命令，他否认关心任何将来：明天是另一天。当然，他自相矛盾——不仅在形式上而且在实践中。他的劝告“不关心将来”不存在逻辑不一致，如果它被发现被闪电刻在一个石头上。但是对于我们，认真对待提出它的一个人，或对于任何人，认真接受它，像这个命令建议我们否认一样准确地蕴涵这种关心，这命令的 482
内容与注意这个不相容——或任何另一个——命令，如果，每一个不可能，这里没有另一个人天生有昔勒尼的性情，我们不能靠任何可想象的手段劝他改进他的方法。一个与这个昔勒尼原则一致生活而不是从这个原则生活的人，不会做出不一致，并且我们所提出的任何考虑都不会打扰到他。靠天生性情他对所有打扰会是无动于衷的，但他不会鼓吹昔勒尼主义——或任何别的东西。他会代表生命的一个连续方式，而不是一个态度或观点。也就是说，接受思考和行动的真正命令，这个绝对命令的有效性最终不依赖逻辑争论。因为假定争论的人将回应关于一致和不一致的考虑，是假设被争论的东西的有效性。这个命令的基础是人类本性的一个材料。如果一个生物被命令关心将来，并因此关心他思考和行动中的一致，那么在他的当时态度中不存在任何不一致性，并且我们不应对他争论或鼓吹，如同不应对一条鱼或一张唱片一样。

在这本书中，我们不尝试去讨论那些关于你我的在伦理学中较特殊的问题。但在经过中，我们可以看到，正义的基本格言“没有行动规则是正当的，除了在所有事例中是正当的并因此对所有人正当的一个以外”不是这样一个原则，即对其接受要求或者是在天生缺乏对它的认识的地方被争论反复教导。逻辑地考虑，这是一个同义反复：它仅仅表达正确或辩明的一个形式特点，对它的明确认识包含在对正确与错误的区别的认识中。如果给出这个道德感，对原则的认识是纯粹自明的；在缺乏道德感的地方，为这个或任何其他行动原则争论是无意义的。这个道德感可被假定在人类中，缺乏它的生物只能被某种诱饵诱惑或被某种刺激驱使。

通过对人类生活本性、善与恶的考虑，正如对预言行动和特别关心的考虑，我们得出了更进一步的特殊的问题，但我们不能停留在这一问题
483 上。它的唯一确定含义直接适合我们的关于价值的问题和评价的有效性。特别地，这里有三种这种简单的和明显的含义。第一，如果在一种意义上价值的决定必是最终根据直接经验的价值特质，在另一种意义上，没有当下经验的善或恶是最终的，而是有待于被它与一个善的生活的短暂整体的关系所评价。第二，我们继续的和合理关心的，一个整体上善的生活，其善恶不是当下发现的，而且能被对它的整体特质的一些可想象的或综合的设想。不存在不通过生活中发现的一些善或恶获得的善或恶，这个综合的方式——一个生活通过它的组成部分的善或恶构成善或恶的方式——本身是一个不能回答的问题。对它的正确回答将在经验中揭示所有价值的最终标准。第三，因为充满关心的一个生活必定主要是行动的，它的更有特色的和普遍的善几乎不是那些消极快乐或仅仅是注视的并且像审美一样，要求行动态度的一些支持。对一个善的生活有贡献的、更典型的组成成分的价值，和它们构成主导善的综合方式，必定被期望反映可行动的善中可发现的特点。

我们说过善的生活代表至善，这没有争议。这是普遍的和合理的人类目的，我们追求这个目的，称赞这个目的和对其他的追求，并且在我们的动机和行动中不承认一些任性、愚蠢和意志薄弱。这个事实是人类对生活的态度的一个事实。它不是通常被称为心理的那种事实：我们承认我们的自身已长期倾向于已提到的薄弱，靠这个我不被引诱抛弃我们不能抛弃的自己的这个理想。这个标准一般只能靠否认所有标准和有效无效的原则能被否认，靠将我们能追求或接受正当或正确或有效的意义的所有东西降至无意义的地位——至纯粹“心理材料”的地位。

484 人类要服从关心和命令，因为将来的可能性自身呈现给我们，但不强烈呈现当下的和现在的东西。较低级的动物——至少像我们通常认为它们那样——不服从命令，因为部分自然未能和不可抗拒的冲动使它们的行为适应将到来的东西；其余的，不预示将来并受将来摆布。一个如上帝般的生物也不必服从命令，他是“完全合理的”，他会通过对将来的考虑和现

在的缺少而乐意变动，并且因此不经历为当下欲望而任意牺牲一个可能善的生活。人，比动物高级但比天使低一点，持久地倾向于一种精神分裂症，并且既不能是完全冲动的也不是完全合理的，对将来的感觉推动他，但不充分地使他自动反映，为了与合理命令一致，他不得不“推动他自己”，因此有命令感。①

靠这个关于合理的命令，他稍确定的将来应同等看重我们和现在，生活整体中的可能善必须不断在价值上超过对它的任何部分中的善的考虑。
但靠它自己，这永不通过参照将来支配对将现在的可能满意的任何批评，485
如果能时刻的经验被隔离开每个其他时刻的经验，并且与超过它自己的当下的东西无因果关系。如果当前经验能都利于任何将来的一个经验或对生活整体有任何影响，那么不能批判对包含于我们对它不能影响的将来的考虑中的一个当前快乐。我们总是合理地希望当前满意增加到最大限度并不断关心在将来普遍地达到相同，这永不会与另一个人不一致。熟悉的事实即关心将来要求用一个批判的眼光看当前满意，这依赖一个明显的考虑，即一个经验在它自己的界限内可以是无条件的善，但因它影响将来的原因关系而是生活中的一个不幸成分。并且，靠自己和经验有价值的东西，可能仍是生活的一个可欲求成分，因它对进一步经验的影响并因此靠它可能总体上对一个生活者所做的贡献。任何经验可以有这种工具价值或无价值，这价值不是一个在经验内实现的内在特质而是在它导致的进一步经验中被发现的。因为经验一般有这种内在价值和这种工具价值，对任何经验的价值的最终估价必须包括对二者的参照。

没有矛盾的事实是：内在价值——因其自身缘故是有价值的东西的价值——是直接在经验中发现的价值，并且任何经验内容的这种内在价值是经验本身的一个材料。要求承认的简单和明显事实只能是这个：形成生活

① 然而这些人类本性的事实应被表达，它们比人类动机的任何科学的心理学的考虑很可能是的更明显和确定。道德学家总是因为没有使“自由道德力量”是多余的而难以提供一个可能的动机，像欲望和本能驱使一样。心理学家也在这点上有麻烦——如果他们不忽视它——因为像我们的其余人一样，他们倾向于用一个动物的隐喻解释因果关系，根据自然原因强制获得的结果，以及心理规律强迫心理条件与它们相符，如同政府的警察力量迫使我们一致遵守法律。显然，只有有意志的生物才能被强迫，因为强制是做违背一个人意愿的事。事实上没有原因或规律强迫我们，一旦我们做我们选择或决定的事。因此靠心理学原因因普遍动机而否认“自我决定”，会是在建立这个动物隐喻然后反对单独给它以任何内容的这种事实这样的荒谬。

因自我决定而同化动机，仅仅报道一个恰当的经验事实，然而这事实应科学地表达。

的经验一旦被实现便有其绝对的和不被取消的善或恶，具有这个经验的价值也参照它对将来的工具性影响。当下发现的价值不经受批判，但实现它的目的和具有这种特殊经验的价值仍通过参照它对包含它的任何整个经验有理性贡献的价值而经受合理批判。属于具有一个经验的这种工具价值是关于它仅仅通过成为一个被包含的被经验的善或恶的时刻所贡献的东西的某物。

486 经验整体优先于包含在它们之中的可辨认的和短暂的经验——而且，仅仅表达合理命令本身——当时发现的经验价值从属于这个有经验的、可能对整体有贡献的价值。在一个经验中的对价值的最终和主导估价必须符合指导整体上是善的生活的综合的和完美的结局的持续合理的目的。

三　好生活的价值

标明一个整体生活的这个价值也是内在的：这里没有它的善或恶，除了在生活中可实现的一个价值或负价值。但如果出现这个价值是在构成它的经验成分中当下发现的价值的纯粹总和，那么，事实上不得出这个结论的一个理由是：组成善或恶生活的善的经验与恶的经验的关系不是一系列短暂系列和内在关系时刻的关系，而是互相影响和限定的成分的关系，是一个短暂格式塔中的成分的关系。

一个经验可以在三种意义上对另一个经验有这种工具的或有贡献的价值。第一，这两个经验可以偶然有关系，不是在它的本身中和直接地而只是间接地，经过它们指称的事态。例如，工人可能为工资做苦工，因为花工资可以获得满意。但让我们说，他工作像一个习惯的事情并且因为他知道他必须：关于工作的经验不被不明确的预料的任何特质减轻，以后的花费相比如他作为礼物得到这钱或在街上发现这钱没有更多和更少的满意。这里，工作和花费这两个经验是经过挣的钱偶尔相关的，但任一个的价值特质不是以任何显著程度或方式受另一个的影响，在这种情况中我们可以说先前的经验有对后一个是工具性的，但我们不说它对它是有贡献的。

第二，情况可能不同：小孩可以为一张马戏团的门票钱而长期艰苦地工作，但他的工作充满清晰预料的价值特质，并且他后来在看马戏时的满
487 足也可以靠自己挣得快乐的真诚自豪而增进。这里，一个经验限定另一个经验，不仅是偶然的和工具的而且也是直接的和用一个短暂格式塔中的成

分的方式。或者选择另一个例子，害羞的人可以通过使自己服从开始令人窘迫的经验获得更令人满意的他欲求的社会调整。相似的关系在学习中，学习一般会影响包含所有东西的后来经验。任何种类的学习是一个**经验**——或者如果存在词的某些意义，对于这些意义这观点会错，那么我们应希望消除它们。这里的观点是，它是这些经验本身，不仅是客观原因或它们的物理效果，后者对后来实现的东西的价值特点是必不可少的。

在这后两个例子中，我们仍可能辨认涉及的经验的两个略有不同的关系，或用两种不同方式谈论这关系。我们可以只考虑一个先前经验与一个后来经验的关系，其价值特质直接地而不仅是间接地和偶然地受影响；或者我们可以谈论这些成分与包括二者的一个整体生活过程，并且在其中一个的价值特质对另一个的这个限定可以是相互的。我们对这两种关系中的任一个用“有贡献的”这个词。也就是说，我们应说，一个先前经验的学习对一个后来经验导致的更满意有贡献，我们将也说，一个构成经验对一个短暂经验整体有贡献，它靠被如此包括而影响这整体的价值特质。“贡献”和“贡献价值”的这个有点模棱两可的用法被一个事实很好地辨明，这事实是：没有另一个，这两个关系中的一个几乎不能发生。

然而，这里强调第二个——一个经验与包含它的一个整体，在其中，可区分的构成经验相互密切地和彼此地限定它们的价值特质。例如，劳和获是不同于不劳而获的一个不同样整体经验，不劳动而达到目的总体上是更令人满意的，这正是一个预定的结论。这两个中的任何一个可以是一个整体经验，后者比获得希求的某物然后不得不付酬的经验是有不同价值的。用这种 488
方式，一个经验整体的价值不仅受在其独立的和被包括的时刻当下发现的价值影响而且受这些经验时刻与另一时刻的关系影响。开始坏而结局好的一个生活比开始好而结局坏的一个生活好，即使构成它的经验成分像能较好地被想象一样可比的并且应只被包含于它们的不同暂时的顺序的东西区分。靠这种事实，任何整体经验中实现的价值将反映它作为一个短暂格式塔的特点。

四　对边沁的价值计算的批评

一些人尝试估价任何生活整体中实现的或可实现的价值，靠价值的一个“计算”，靠关于善的一个“总和”的概念和善与恶的一个“平衡”的概念。根据这个概念，每个善或恶将被视为其本身，或在当下被发现。在经验的任何时刻直接揭示的价值不仅被接受为一个绝对材料而且决定对象任何经验整个中的一个成分这样的当下情况的正确的最终评价。一个善的生活或任何生活，被认为是一个整体，其价值能靠将它作为经验成为的一个合计来判断进行调整，每个经验成分有其自己的和在它自己界限内直接被揭示的价值，并且整个生活的价值被认为是这样在其构成发现的价值的总和或合计。人们承认，这引进构成它的特殊经验不仅有在它们中直接发现的价值或负价值，而且也可有其影响后来经验的善或恶的工具价值，但这种工具价值被看作只靠估价给出的经验在导致这种后来实现的价值的效力，靠测定所予经验可能导致的后来经验中发现价值将被正确估价。因此，不顾这个事实即一个经验中的价值或负价值可以导致在第一个经验中发现的价值或负价值，仍被认为是真的：在任何经验整体中的价值只是它的独立经验的价值的总和。

这是一般概念，靠它所有价值的最终估价被假定理论上将可被简化为
489 边沁的快乐主义计算的算术过程。这里至少存在它的一般方法，这方法在任何必要途径上不依赖作为价值实现的唯一样式的快乐和痛苦的概念和最后的和内在的善或恶。因这个理由，如果没有别的理由，我们必须检验这个被假定的过程，但是因为这是大家熟悉的，我们将尽力简略。

对于一个人，边沁认为，一个快乐或痛苦的价值的大小根据①它的强度。②它的持久性。③它的确定性。④它的邻近或疏远。当具有这个快乐或这个痛苦对进一步经验的效力被测定时，它参照两个进一步环境。⑤它的丰富性，或者它被同种感觉伴随的机会。⑥它的纯度，或它正伴随相反种类感觉的机会。[①] 一个群体的利益被讨论的地方和范围等进一步环境，如被影响的人的数量，也必须予以考虑。

关于计算的一个假定，不仅是一个快乐或一个痛苦在这些多样环境或难度方面能被计算，而且一个快乐或一个痛苦的总体价值靠在这些维度的

① 此注释和下一个注释是有关《道德和法律原理》第四章的解释。关于丰富性和纯洁度，边沁说（第二段）：“然而，这后两点几乎严格地被视为快乐和痛苦性质本身。因此，它们不是严格地被考虑该快乐或痛苦的值，它们通过所产生的该快乐或痛苦被严格地视为仅仅事实或事件的性质……”我们事实上没有两个难度而只有一个单一难度的两个名称：痛的痛苦结果被称为丰富性，一个快乐的一个痛苦结果被称为不纯洁性；并且一个快乐被称为丰富的，如果它伴随另一些快乐，如果伴随痛苦则称为不纯。另外，逻辑清晰性这里被损害。这种结果的机会属于确定性的难度或结果的不确定性，并且参与其中的快乐或痛苦的程度和量区分开来。后一个应稍包括在丰富性或不纯洁性中。

每个的量或程度加起来可被决定。同样，一个行动或其他事件的结果的总体价值靠将快乐和痛苦的价值加起来并从快乐的中减去痛苦的和/或相反，从而决定发现平衡。

只有前两个维度即强度和持久性影响一个当下经验：确定性或不确定性和邻近关系或疏远关系是属于将来的东西的特点；丰富性和纯度也只参 490
照将来结果中的快乐或痛苦。

将我们的注意力限于强度和持久性，首先要看到，数学计算不能指派给快乐或痛苦的一个强度，除非武断地。强度有程度，但它们不是广延的或能被加减的可计算的量。也就是说，我们大概能决定较多和较少强度的快乐，较多和较少强度的痛苦的一个系列顺序，但我们不能计算两个这种顺序之间的差距。

这一般来说对“强度”是真的。例如，溶有不同数量的糖的两个半杯水，我们将有不同程度的甜的味觉，并且我们能按这个相对的甜的顺序排列杯子。但如果我们说“杯子 B 的甜的内容刚好是 A 的两倍”，这里不存在陈述的明显可决定的和客观可检验的意义。如果我们能达到并坚持在这点上的一些唯一的决定，仍不能得出从 A 杯中取两呷意味着与从 B 杯中取一呷在总体上经验相同数量的甜。加法在这里仍无意义，除非一些任意的习惯，当被进一步运算的结果与将其应用于被直接经验测定的甜的强度之间被要求的一致所检验时，这很可能导致不一致。[①] 也就是说，如果我们以 A 杯为基础并选择另外三个 B、C 和 D，它们是两倍、三倍和六倍的甜，下面的结论是可疑的：在经验中发现的结果会符合“3 ×2 =2 ×3”这一法则，是 B 杯的内容的三倍甜的东西会是 C 杯的内容的两倍甜的东西，并且，在两种情况中，D 杯可以给出相应的内容。

如果我们关心我们的多个杯子的内容的味道的甜和快乐（或不快）， 491
会坚持完全相似的观点。

特别地，我们应看到，在一个单一经验中的两个快乐或两个痛苦的合并一旦分开便不是可计算的它们的强度的数学函数。因为一个理由，即假定经验的一种结合和经验本身不反映的它的成分的彼此分离。好乐队和演唱会的快乐不是乐队的快乐加上音乐的快乐，而是在包括这些构成成分的整个事态中发现的快乐。在这点上计算的困难在于，将这么一个当下经验

① 我们讨论了被包含在对介于相同价值的两个强度之间的一系列可辨认的区别的考虑之中。

的快乐或痛苦合并为一个整体，它提出了两个标准：直接发现的标准，它靠它的原则不应经受进一步批判；算术运算的标准。这两个的结果一般不一致，就我们能用它们中的第二个而言，我们在合并经验项目 A 和 B 的经验中发现的快乐，可能与把二者相加的结果不一致。

很相似的考虑影响持久性的维度和在对快乐和痛苦的评价中合并持久性和强度的考虑的意图。

持久性是客观可衡量的——尽管如果我们小心地问是否它是感觉的持久性或被适应“衡量”快乐和痛苦的仪表所测定的持久性，没有精巧的回答。在任何情况下，能问是否两次牙痛刚好是两倍时间的痛苦，并且刚好是与同时有一次牙痛和同等痛苦的头痛相比一半的痛苦。是否我们应完全不关心同时或在持续中有这两个痛苦的可替换性，这也是可疑的。

如果任何人专注于客体，如果我们对当下快乐和痛苦的评价不遵守算术规则，至少它们应该遵守两点。第一，我们的快乐和痛苦不能强迫用这种方式。第二，即使能，下一做法也不存在合理性：接受这一原理即直接
492 经验中的价值只是被发现的价值，与享乐主义者完全是一致的，但其结果与关于计算的建议是不符的。

关于过去的或将来的经验，我们当然能因不正确的记忆或不正确的预测而出错，并且关于它们中的当下价值和其他特质，这也是真的。也已指出过，我们能舍弃无善恶意义的合理欣赏，因为它们不太深刻地自我呈现，自然不能与提供给一个人有相同效力地打动人，并且必须靠这个事实经受合理性批判。再说，有在经验中发现的价值之上的、属于拥有一个经验的一个价值或负价值，也存在一个工具价值和对进一步可能经验有贡献的价值。但关于在一个给出的经验本身内实现的价值，不存在正确计算的原则，这种价值像被发现一样是必须被接受的材料。

边沁不忽略对合理性和对经验的工具价值或贡献价值的考虑。相反，对它们的合理评价看来会是一个迫切需要计算的东西。因这些考虑，丰富性和纯洁性的维度特别被引进。然而边沁在这里陷入了一个难以理解的矛盾，在讨论更重要的考虑之前应提出这点。在估价一个行动或事件的结果的价值时，他提出确立性或不确定性和邻近关系或疏远关系这两个向度。如果一个行动或事件的一个预期结果在它发生的情况中将有一个价值，那么行动的合理性或事件的合意性不只靠结果的价值来衡量，而是靠被它将跟随的概率限定的这个价值来衡量，与在概率理论中被称为数学的预期值

的东西一致。至此，这里与合理性的命令一致，因为按这个原则行动的一个人从长远看一般会较大可能程度地达到预期价值。正如按数学预期值安排自己工资收入的一个人从长远看会赢得最大可能数量的钱。然而，关于邻近关系和疏远关系，边沁的意图不这么清楚。一个人不能确信是否他有意让我们因上面的原则而给较近的快乐指派一个较高的价值，或是否他认 493
为较近的快乐一般是更确定的。但如果它是这个相关的后一种考虑，那么他仅仅是在邻近关系或疏远关系的标题下重复在确定性或不确定性标题下已考虑的东西。可怕的是，他怀着一个异常观点，即尽管我们应合理地关心将来，我们应少关心较远的东西——且这很不依赖一般与较远相关的较大的怀疑。

这可被称为部分慎重原则或靠冲动调节的慎重原则。它不是昔勒尼派对关心将来的否认，也不是合理原则即关心一个整体生活中的善应约束我们的行动。对这种限定的慎重，唯一的认可是心理学的一个，即它表达人类倾向采取的一个态度而不是完全据合理根据行动。已指出过，作为一个命令的合理性原则与任何这种可替换它的东西之间的争论点不是可争论的。但一件事是很清楚和确定的：假设我们同样准确地预见将来，在不能预见的东西中同样幸运，有意牺牲疏远的善给邻近的善的人，靠这个事实会未能达到像他整体上可能达到的一样的一个善的生活，并且他越看重邻近的善超过疏远的善，他最后失望更大。

如果边沁真意指他看起来意指的东西，遵守他的命令的一个人可能失去最好的生活，因它只是部分途径的慎重。但这个缺点是次要的，仅靠计算中突出邻近关系或疏远关系能改正。让我们不考虑事情的这方面，假定观点是正确的以致它与在我们的决定不能影响的整个时间阶段中的属于善恶的一个最大平衡的理想完全一致。让我们也不管——在我们能够的范围内——价值或负价值不能被看作算术运算将应用的可计算的特质这一事实引起的困难。而且，让我们不考虑这一点即“快乐”和“痛苦”对一般生活的善恶是不充分的名称，并且可能将我们对它们的相对评价引入歧途。强调计算的最基本和最重要的观点仍坚持。这观点将仍 494
给我们提供一个善的生活，或任何经验整体的善，像这样一些东西，其价值被决定为在其构成经验或分开采取的经验成分中发现的善恶的简单相加。尽管不用数学语言表达这点是困难的，事实上它不依赖是否应用数学运算这个问题，因为一个合计的概念不要求关于一个总和特质的进一步的概念。我们至少能消极地说明这个基本观点，如同陈述在任何经验整体的价值中不存在超过在其经验成分中发现的价值，如果这个整体内经验 A、B 和 C 一起构成，那么它的价值将只是在 A、B 和 C 中发现的价值，不因这些经验之间的关系而有增减。这意味着我们对一个生活或经验整体的善的估价的一个原则或规则。它告诉我们，如果您发现经验中的一个确定价值有这样一个特点，并且经验中的另一价值有另一种特点，那么您在由这两种经验一起构成的整体中发现的价值，只是这两种价值的合计，不参照任何进一步事实。

必须否认的正是这个观点。第一，因为经验成分合并不是用仅仅结合的方式，而是用互相限制的方式，特别关于它们的价值特点。第二，必须否认，我们在一个存在整体中对价值的估价，要经受这个规则的批判。边沁和他的学派的一个主要有价值的贡献在于他们打算否认有利于在其生活中会出现善的一个生活的内在理想的外来的和外在的善的标准。但在刚提到的两种途径中，关于计算的基本观点不符合这个意图。生活，或任何生活过程，不是各时刻的一个合计。关于任何生活整体，规则是，其价值是
495 整体上**在它之中**被实现的价值。这不经受批判，除非据对它真正有的或将有的特点的一些更充分的理解的批判。如果一个人没失去记忆，发现一个生活值得过，尽管其大部分受痛苦，不存在规定的方式能否决这个发现或宣布在它其中的一个错误。它应充分并真正地设想为一个整体，在超过这一规则这样评价时没有规则能有助于我们，并且它的任何部分都不被我们的关心省略。

人类生活可实现的这种价值不能被一个能充分设想经验的每个时刻并评价在一单个特殊呈现中发现的任何价值的人所理解，也永不能在他心中将这些经验放在一起。可以假定，我们不能想象一个善的生活或一个好的年头或任何其他短暂经验整体有肯定价值，它应由专门恶经验的一个连续所构成，或由当下满意的一个连续所构成的这么一个坏的整体。但我们能很好地想象这两个整体可能由在它们的当下的和当时的价值中可比的独立的组成部分构成，并且一个可能比另一个更好。或者更准确地说，我们不能想象任何生活，在其中它的构成经验在它们当时发现的价值中不应被它们的暂时的和其他关系相互解释和限制。依附一经验整体的价值不独立于在其组成部分中实现的价值，但不参照它们的组成部分的方式，它也不被它们决定。

五　经验整体的价值

对一个过着自觉和行动生活的生物，当时给出的经验不说关于它本身的最后这个词，因为它对他的意义绝不仅是当时和为当时。现在当下给出的东西，有它自己固定的和绝对的特点，关于价值像用其他方法："移动手指写字和有文书在写"。但不存在这样的时刻，其特质和价值，未能有一个进一步的意义，即对进一步的和更广泛的目的和价值有促进或破坏作用，不依赖当下被发现或可发现不存在好和坏的生活。生活本身是当下的一个连续统一体，几乎不能提供独立于被理解的当下经验的特质的一个价值。但它是一个自觉的、自利的和自我影响的连续统一体，它的任何时刻 496
不仅仅关注它本身并只沉思现在的和在其自己感觉范围内的东西。它的被包含的时刻，在它们的动机和意图中，在它们的价值意义中，互相解释和修饰。

作为生活经验过程的时间不是时刻的合计或堆积，这合计是感觉满意和不满意的一个计算可能给我们建议的。它对计算和算术的或可衡量的重量的特质没有帮助。经验的过程也不仅是短暂和一个方面系列。自利和自我影响的经验是累加的和完善的。在其中发现的价值有一个不可与这个事实分离的特点。一个人没有这种考虑便不能评价德智体经验整体，就如同一个人不能评价倒着演奏的音乐。

事实上，音乐提供一种例子，它在特定方面说明经验整体的这个完善的特点和它们的价值。一部分音乐作品或一场演奏揭示一种价值，像一个人能较好地发现一样几乎纯粹是审美的和在其经验中直接发现的。但一部音乐的好坏不是由它的各个音符甚或其各个段落的好坏组成的。一个人不能创作一部由刺耳音符构成的交响乐——让我们希望——或专门由和谐段落构成，组成部分的当时被经验的特质不是不关心表示它是一个整体的价值。但它们都不是决定性的，它们的暂时的和其他的关系同样是本质的。例如，一个人不能靠以贝多芬的交响乐中选取评价最后的第三个乐音，并使它们接着排列创造比贝多芬曾写的更好的一部交响乐。音乐也被排列的段落互相所限制。

不仅在一部音乐作品中被评价的特质是独立于经验的顺序和过程，而且这价值的实现也是渐进的和累加的。一个人不能在音乐的开头段落或第

三乐章的中间或在终曲中听交响乐，而要将其作为一个渐进的和累加的整
497 体来听它和评价它。它的这个作为一个整体的价值在它的渐进经验中直接实现，像开头音乐的美当时被发现。而且，价值在其完成过程中被揭示。如果一个人不能听第二乐章，一个人宁肯在第一乐章结尾便离开。如果演奏被一些偶然事件中断，一个人会“失去大于一半的价值”：一个人的确可能发现这个被打断的演奏是一个音乐上的不令人满意的经验，并后悔在这场合听它。

我们发现在戏剧和小说事件说明中有相似东西。这些例子更恰当，说戏剧和小说模仿生活，仅仅靠它们的选择和对不相关的排斥强调生活可能提供的这种意义和价值，这说法有真假标准。诚然，在小说和戏剧中被提供的价值不被视为在第一人称经验中被相关人发现的那些价值。尽管评价它们时移情作用是必要的，对于特殊戏剧价值的实现，心理距离和观察者的态度也是必要的。在其生活过程中，生活绝不是戏剧的，意图的严肃性会被任何自觉的戏剧的感觉所破坏。能用第一人称评价的只是喜剧价值。喜剧在于未被预期的结局的自我受挫或自我暴露，绝不在于行动和严肃目的的实现。然而，在戏剧和小说中描写的意义是生活人可能提供的这样一种意义。并且，在生活经验中发现的价值在基本受预料的特点，短暂过程和被预期的东西中的实现或受挫影响方面类似它们——这价值特别依附累加的和渐进的经验。一个人不能靠关注能在当时成分中发现的那些价值来公正评价在经验过程中实现的价值，如同一个人不能不参照它们的联系方式看拼板玩具的小部分，或在各自令人感兴趣但本质上无关联的一些情节中发现戏剧的意义。

六　积极生活中的价值的完善特性

当然更特别地，行动的生活的价值必定受作为过程和渐进性的经验和
498 作为有意义地相关的短暂部分的联合的短暂整体这些特点的影响。追求和达到目的的善，不是不考虑追求结果、在追求中发现的善，以及不考虑怎样达到、在实现目的中发现的善。它特别存在于行动意图、努力与实现之间的关系。善最终是要融入现实的活动，它不仅是在好运气中发现的善，而且是有目的的行动的善，给达到的结局的实现增添了色彩。甚至我们的

行动的再创造——对于它的价值，一个仅在结局发现的善显然是不够的——展现渐进经验的这个特点。游山比拥有一个东西更快乐，获得的客体因为它已如此获得而更快乐。甚至更明显地，这个愿望持有那些行动，这些行动的善依赖结果中的一个善：努力能有成功的预兆，我们下决心的善，因为它们已经赢得因而能更甜。

叔本华的悲观主义的错误主要在于不能确信能动生活的这个特点。意愿和成功的善——他似乎告诉我们——必定在追求的时刻发现，或当设计的结局已达到时必定会发现。但它不在行动的开始或不断追求中发现，因为只有一个暂缺的善——或一个当前的恶——能改变意愿。并且它不在成就中发现，因为不满足的意愿那时将自己放在一些其他的和还缺席的目标中。但这个两难是假的，正如说交响乐的美必定在开头或中间或终曲中发现这是假的一样。被忽略的事实是，特别在生活是能动的地方，时间之箭的飞逝不被正确描述为分散瞬间的一个连续体，而是——至少更近似——柏格森的方式，描述为生命力的张力标明的一个绵延。考虑和成功特有的善不是仅在这个或那个经过的瞬间中被发现，也不在如此当时和分别揭示的善的一个合计中被发现，而是在渐进的和累加的一个经验整体中的暂时和关系方式中被发现。

如果我们试图在行动过程分离的和渐进的瞬间内逐渐揭示它，那
么能注入一个生活以普遍能动的善必定失察。如果达到意愿的时刻先 499
来然后不得不靠努力和坚持偿付，它也不会被发现。同样，行动特有的善丢失在经过一些未预料的上帝的礼物而来的其他种快乐。我们也不能像对待不相关的或贬损的某物一样取消一个事实即行动的结局是一个缺席的善。如果行动的结局是预备在我们手边且需要但不被掌握的东西，那么行动便成为假装的。同样它不再是严肃的，经验的整个性质变成变态的，如果它的目标不真是某物，为这物的缘故，它被着手做但仅是为有追求和行动的某物而建立的一个目标。如果事实上做是结局且其价值仅是将在其中作为当下行动的时刻的一个价值，那么有目的的行动的特有的善会消失。我们偶尔也会深切地感受到这一点。一旦我们在做且在其过程中，它的有目的的和有效的特别满意和追求的结局也达到了且发现了善，但被发现对于它我们的工作是不必要的且如同无任何我们这部分的能动的苦心已达到了。该行动在我们的眼中丧失了其价值，充满愚笨的或愚蠢的色彩。或者它降为它所有的如

喜剧插曲一样的细小价值，如同我们在一个急切找他的眼镜且最后发现在他手里的人的一段故事中发现的那种价值。

结局必须因其自身是有效的，甚至不必是我们选择的目标。行动对于达到目的是必要的，这一点没有这个进一步快乐便不会发生，否则在能动经验的这个过程中无论存在什么从属的善，它们不是一个能动生活的典型的和有特色的善。但是，被给予的结局的这个必须先具备的和独立的善，意图中的真实目的的这个特点，并且被给予经验的当时结果中的这两者之间的这个必要的和真正的联系，开始时的一个善和追求靠它与缺席的和所追求的善之间的关系在它之中的确可发现。达到的善可能充满成功的附加的和特殊的价值。

七　我们与别人的关系的含义

500　在行动中可发现的这个独特的完善的价值不局限于结局被慎重考虑证明的事例中。我们这里不充分讨论伦理的最终谜，即如果为自身缘故对别人的职责已尽，那么道德正义行动的特殊意义丢失了。但如果不考虑自身利益地尽了职责，那么可能产生自己的可发现的一个价值。我们在这里省略命令考虑他人和自我牺牲行动中的有效性问题，但我们可以指出从这种考虑他人和明显伦理关心而做的东西与从仅是慎重的动机和专是自己的一个关心所做的东西之间是确定的平行的。同样，在这两种情况中，将达到的结局的被设计的善是行动的短暂本身缺乏的。已指出过，如果短暂本身挑战这个行动命令或所有这种命令，那么同样应困惑如何在这两种情况中给他深刻印象。并且，在接受的和原来将不作为不合理的和愚笨的而被抛弃的这个缺席的结局中被给予一个有效性，一个善可能靠它与作为是这样有效的结局之间的关系出现行动的时刻，这一点是真的。事实上，在完成他着手做的东西中他已着手做它而可能存在一个善，且靠好运气发生的东西中缺乏的一个善，和靠完善这个特点使导致这个成功的行动充满它的自己的特殊价值特质这样一个善，这是向有意志的一个生物开放的价值的一个普遍特点，且它能在一定程度上是对生活的一个自觉控制。

伦理学中存在一种经常发生的解释样式——历史上休谟是最好代表——它提供一个好场合观察这种事实，用这个方式它接近了真理，但是没有抓住要点。[①] 这种分析集中精力破除仁慈与仅仅慎重或利己之间的清晰区别——更经常地意图使前者类似后者。打个比方说，可以问，如果一 501
个人把一枚硬币放在乞丐的帽里，他怎样能靠这么小一个花费获这么大一个满意。我们打算观察的是，因为所有人天性有同情感，不幸的情景影响我们自己的不快乐，且去掉这个不快是在价值上超过我们靠在一分钱交易中轻易来到的任何东西的一个当下感觉的善。或许我们应观察我们都因琐碎根据经受自我满意的特点，并能因此用这么小的花费换得这种善的快乐。

但无论怎样被意欲，这样得出的观点，在它的效果和犬儒学派的谬误中是玩世不恭的。被参照的这种满意的第一个要求是接受行动指向的结局中的一个独立有效性。客体减轻别人的痛苦而不减轻我们自己的不快。如果后者是真正的结局，那么承认这种事实会消除在做中感到的满意的特殊特质，并且也会消除自我满意的任何根据。这种分析强行进入要点的一方，这不关心感到快乐的事实而关心在其根基中的优先的关于有效性的问题。在对别人利益有贡献中感到的价值被基于一个关心，这关心在减轻他的痛苦而非我们的痛苦中停止。这是且必定是，行动为了在其中感到的满意不应被基于一个自我欺骗而导致的结局。这结局必须接受为有效的，否则满意不将发生——至少不合理地。例如，如果我们后来了解到乞丐很满意比我们多的收入，并且放纵地生活，那么在对它有贡献中感到的任何满意会被一些小的悔恨所代替。这个行动会影响我们的快乐，因为它被揭示是基于一个错误估计且不导致我们欢迎的结局。但如果事实上它的起初目的是自我安慰，那么我们不应需要这样再评价它。它仍已完成它的真实目的，并且我们仍应发现没有理由限制我们在这里面感到的满意。我们对行动的评价的确对人类事实而言在我们在做中感到的当下满意方面有它的标准，因为这种感到的满意依赖指导一个不同结局的对行动的先前判断，并 502
依赖对这结局的有效认识。

这里要求被观察的，对于一个触动生活的可能善的公正评价是重要

① “而且，难以展示如何一个人通过慷慨行动比通过任何其他花费方法更是失败者；因为他通过最详细的自私而得到的最大收获是放纵情感”。见休谟的《道德原理》第二部分《结论》第九段。

这里被证明的，和将被使用的证明，在乔治·赫伯特·帕尔默在“哲学4”中对他的学生的一个讲座中最先引起我的注意。

的，是这个事实，即关于别人的善，任何命令关心自己的事情无论是什么，如果命令有效且被如此接受，那么它命令的指向结局的行为仍可以拥有有效成果的特殊善，并充满一个在做的过程中可直接发现的善，这源于它的真实完善的特点。并且如果自我同意在这种在行动中当下发现的满意方面处于从属地位，那么这种满意不必是自欺的或伤感的，而是在一个可能善的生活中的一个合法和有效的贡献的善。

我们无意讨论关于为了别人的善而命令关心自己这个命令的有效性的特殊伦理问题。这个问题是在先的。我们应指出的是，在假定这命令的有效性时，有这样指向的行动不代表个体对一个集体结局的屈服，但可以产生一个在自己经验中可发现的善。

其结局给我们的行动执行中当下发现的满意，是内在地属于自觉的和能动的人类生活的一个特点。任何被做的行为充满一个当下感觉的善或恶，这善或恶反映它的被预料的结果所包含的善或恶，且靠一个满意或不满意代表和其执行中我们的辩明感或相关感觉。我们在做我们不喜欢的事时有些受苦，在做我们自我赞同的事时有些快乐，但这种标准的满意不能强占：它们依赖一个对事实的先前判断，对指向不同于在做中感到的这个满意的结局的事实的一个先前判断；依赖在将达到的一个非当下结局中的假定有效性。不过给予缺席结局的这个有效性，特别是有目的的行为和成果，并且标明能动生活的善的完善特点，是真实和有效的。

503 进一步的事实是，生活是有限的，不是物理限制，而是其见识限制。没有人残忍到不预期为他的孩子做和可能做的事情，并且没有人不关心他可能为后来的其他人的生活做出的任何贡献。他的自满受对好名声的预料和对在其生活过程中不完全被忽视的希望的影响。他这样沉思的行动的结局，在他的可能经验的善恶之外。但靠对这种有效结局的接受，一个生活受在其生活中真可实现的一个善或恶的影响，通过与存在于其短暂界限之外的东西的关系。不仅这个有限过程，而且在其范围内和可能受其影响的所有东西，可能为将在生命本身中被发现的善和恶而做。

八　在生活过程中发现好的生活

对任何特殊经验的最终评价是对特殊经验是组成部分的整个经验的贡献的评价，并且这最终的占主导的短暂格式塔是整个生活的范围。

构成的经验就是其包括的和相互限定部分而言组成一个经验的短暂格式塔。在这样一个整体中发现的价值是在经验这些组成部分中发现的价值，每一个带有的善或恶是或将是在经历中当下发现的，整体经验的善或恶是在相互间的这个有机联系中经验这些特殊善恶的善或恶。如果特殊构成经验从完善整体的着眼点被再估价，这种再估价仍然不代表或取消在经历中当下发现的价值。正相反，它归于它的一个价值，这价值与其他组成部分相关并被其限制，但本身内有自己种在经历中当下感觉的价值特质。如果相反的观点是，这种经验整体的价值不是完全由其各自分离的组成部分的价值决定，那么这个观点我们应不得不容忍，因为它表达一个基本事实。

但这——它可能被认为——给公正评价价值的所有尝试增加了困难，困难固有于尝试决定这种贡献价值，困难从属于在任何被设计的或沉思的被视为一个整体的生活中的善或恶的决定。这可能是一个事实。最终，公正评价
可能是最困难的事——而且是最重要的事。但如果这样，我们应作恶去拥护 504
一个理论，在这理论中，这种真正困难好像靠观点的一个特殊简化将被消除。

然而，作为一个事实，在最终价值判断中被承认的这种困难只小部分地受这里提出的观点与任何其他似乎有理的观点之间的区别的影响。因为承认在其生活中将是最好可能的一个生活的理想是有效的任何理论，必须也承认理想是所有最终评价的检验标准。举边沁的观点为例，他建立的最终评价的标准——包括参照“纯法度”、“丰富性”和确定性或不确定性——在特殊经验的善与特殊恶的最大平衡中，它对于在对特殊善恶的任何最终评价中的正确，同样是必要的，这特殊善恶在任何沉思生活中的整个效力必须多少被带到我们面前。

关于对最终有助于生活善恶的事物和经验的这种判断的问题的主要部分，当然是属于精确的和充分的经验知识的真正问题。什么将是这个被谈论事物的完全结果？什么生活可能性据已被决定或将被设想为事实的东西对我们开放？为了增加或减少满意生活的可能性这个事物将怎样符合这种在先的事实？这里没有接近方式将为解决这种问题或消除它们的困难提供一个粗糙方法。对于任何尝试，为自己计划一个善生活或轻率建议别人的人，它们构成一个主要问题，这一点是老生常谈。

关于一个论点，这里指出的观点可能被认为增加了一个特殊的和一些

其他人可能未遇到的困难。这论点是，这个观点假定在任何沉思生活中对
价值的估价是先于而不是源于对它有贡献的特殊善恶的估价。它否认生活
505 的善恶是由与在这个有机整体中的特殊满意和不满意的顺序和关系无关的
这些特殊满意和不满意的一个合计决定，并坚持认为没有计算或其他这种
规则将消除一个要求，即附属于这样一个整体的价值必须由一些被尝试的
对它的综合设想所决定。但这里的明确区别只是，一个边沁支持者在承认
为了决定任何组成部分的结局必需参照经验的综合整体时，仍会坚持认为
这个最终估价能靠计算过程逐渐进行。一个人能精确和充分发现一物的整
个长度太长而不能经过被记录的代表经过的长度的标记“一次接受”。考
虑到它们被包括的任何经验整体内的组成部分的关系的有机特点，我们应
相信这种运算不应用于经验整体的价值特点。

九 在经验整体中的综合价值理解

任何经验整体的价值只是在作为一个整体的经验中发现的价值，但对它的估价将明显缺乏这种确定性，这确定性依附于在当时经验中价值或负价值的当下发现。在其生活中“发现”的一个整体生活的价值的意思，明显不同于一个被注视的风景被发现快乐或擦破胫被发现痛的意思。我们对超出特别现在的东西的理解要求一些综合，并因此成为涉及判断和易出错的一件事。

存在三种途径使这种对经验整体的综合理解遭受错误。第一，就这落
在当下呈现之外而言这里可能有对它们的实际内容的错误判断。我们不能
精确预测什么事件将包括在进一步的未展开的我们的设计中或我们自己从
事的职业中。不仅对将来中的某部分的错误预测，而且对过去的错误反
映，一定程度上是可能的。当然，这仅仅是所有经验知识易犯的那种错
误，关于它这里不存在对综合的价值估价是特殊的问题。第二，一个人在
其他方面对经验的预测或反映上可能真是正确的，然而关于被预测或被记
住的东西的价值特质是错误的。小孩在他对明天的欣喜若狂的预期可能是
506 失望的，不是因为发生的事件有显著错误，而是因为他参与的事件可能不
符合他的满意预期。这还不只是影响价值判断的一个典型错误。关于被正
确预测的经验中的其他特质成分，一个人可能犯类似错误。例如，关于一
个人订的一顿饭的味道或一个人第一次坐飞机时对运动的预期感觉。

第三，这里存在一个经验整体中对价值的估价特别易犯的一种错误——

不是因为它是被谈论的东西的价值特质，而是因为它是影响关于超过一时能理解的东西的一个整体的任何特质的决定的一个困难，并是受它的一个格式塔的特点影响的那个整体的一个特质，因这样一个整体的重要性，要求一些综合理解它的方式。并且因为我们希望理解的它的特点受它的内部组织的方式的影响，被要求的这种综合靠将其作为一个合计对待不能完成。如果我们借一个老词并说在这种情况中必要的东西是一个综合的直觉，人们希望与“直觉”相关的多种问题的纠缠仍能避免。我们熟悉的被谈论的这种经验应被视为建议这个词在这里被意欲的意义，而不是靠这个词的这个经验样式。如果有人反对，说这里不存在综合直觉这种东西，那么，通过参照设想我们听一部交响乐，或发现一个旅游是舒适或不舒适，或决定一个漫长事业顺利进行并且是一个有益的经验或证明它是困难的和冗长乏味的，我们可以回答他。需要强调的两个事实是：第一，否认这种综合设想的可能性，甚至必然性，会导致荒谬；第二，不承认这理解样式特别易犯的这种错误，因为尝试观察在一个经验中确实不能呈现的东西的不充分，会是一个奇怪的和不可原谅的疏忽。

这种被意欲的综合能被对必定包含的细节的先前判断所促进或损 507
害——像如果事先我们已充分掌握并特有对其组成部分的判断我们会更好地听一部音乐；或像一旦我们先考察了作品的主要特点便可较好地将图画作为一个整体理解。如果这种先前判断不正确，那么这个不正确将损害被谈论的整体的综合设想的准确性。但甚至当对部分和细节的理解是尽可能地充分和准确，通过被意欲的分析本身的可能不充分，仍存在错误的可能性。这个事实是如此显然以至几乎不必强调。再者，这种综合理解易犯的错误不是这样能靠逻辑批判轻易避免，或者超过像这样被包含在判断中的一致性的普遍原理和在一般经验智慧中发现的那些告诫之外的任何其他认识规则。这种错误的证据偶尔可源于对多种客观事实的检验。特别地，综合理解意味着对被包含的细节的判断并受其支持。对这种错误的定罪和对它的任何改正，很可能只通过另一个和甚须全面的综合的设想最终是可能的。

十　这种价值理解的困难

对于所有这些理由，对经验整体的价值估价既不能直接确定也不能有决定性的和最终的证实。因为稍后评价的东西是一个被经验的经验整体，任何时候这个整体都不能在它的事实中被呈现。它涉及参照过去的和记得的东西或将来的和想象的东西，或者二者都涉及；或者它部分地或总体地关心可能的和假设的东西。年轻人设计他的生活时可能错误地估价他预期的东西，因为他的预期未能与呈现的可能成分相符，或因为他未能正确设想中年人将在他计划的东西中发现的价值特质和他尝试设想的情节。老年人回顾他年轻时可能忘记了过去的恶或未能保持它们的强烈，或者他可能
508 使他记得的事情有一种不可挽回的怀旧感，并因此整体上归于他的生活一个部分是错误的价值。超过特殊呈现但包含这种被意欲的对经验的评价的任何东西，在关于理解的被意欲的综合中易犯这种错误。[①]

因此尽管对经验整体的价值估价必须依赖我们靠“综合直觉”建议的那种设想，并且这不具有推论判断的特点，然而相信什么是这样综合地设想时，依赖过去和将来的推论判断，并且意味着它们正确。靠相同标记，这样达到的价值估价能在不明确的程度上，以历史的可报道和可预测的东西能被证实或否证的普遍方式证实。在其中，它们普遍地具有非终结性经验判断的特点。关于客观事实，没有超过属于怀疑的可能性的最终确信，没有过程将消除错误的可能性。但我们的信任能被证明，我们相信的东西总是能靠对被包含的东西的进一步检验的肯定结果变得更确信。

如果由于它的困难，我们应寻求避免这种对经验整体的价值估价，那么我们将发现这几乎不可能，因为它对于任何尝试合理地指导我们的生活和活动是必不可少的。如果我们希望寻求关于达到这种最终价值估价的一些简单方式，那么我们将发现，没有充分的和真正的东西将应用。

十一　问题的实践简化

然而，如果我们假定在关于对一个可能善的生活有贡献的任何东西的

---

① 对直接所予和呈现的理解本身是综合的。我们不尝试处理这个问题，不处理包含于视现在为一段时间中的两难问题。在承认短暂经验的明显虚构的特点是一个未展开的时间的一个数学继续时，特殊现在的观念强加给了心理学家。“最少”的经验是一个时间段，但对“现在”的任何明确界限上能通过是任意的和与呈现的经验特点不相容的一些标准建立，无论这种被选取的标准是什么，存在一个不可回避的两难。例如，如果特殊现在是这样一段时间，我们能数已响的钟的次数，那么在建立这个界限时，我们使现在是关于不再可数的钟声的当下印象。如果我们不直接意识到现在已流逝的一个东西，我们便永不能意识到现在流逝在过去。

评价中，它对生活和对我们的经验事实和我们的实际价值估价是不真的， 509
存在或应存在整体上对生活的这种被尝试的设想和对这个贡献价值可能实现的特殊方式和场合的一个预言。存在当这种尝试被要求时的场合，并且这些是我们最严肃和最重要决定的场合。与使概率是我们将达到的最好的相同的理由，这种最终价值估价在实践中不太经常被要求。对于大部分，我们在用两个途径之一或二者举例说明我们的问题中被证明。第一，我们可以将它分解。如建筑师——他同样承认他的计划中的每个东西必须服从整体并依据同整体的关系来对其进行评价——仍不尝试直接在关系中设计或判断每个细节，而是被一些较少的、包括整体的这个房间或门面的紧邻的关系所替代。于是我们靠它们对这些的有贡献的效力将我们的预期的善的生活分成主要组成部分和对次要成分的判断——一个好工作、一幢好房子、一个好的假期或手头工作的一个满意结论。第二，在承认准确预见和一个充分的综合的掌握多个困难时，我们对将靠要被谈论的事物、行动或经验过程而有贡献的东西做出一种可能的判断，由于与我们必须决定的东西有关的可替换性所代表的各种可能性和概率。如果它是关于我们是否将参加今晚戏剧表演的问题，我们也许提出另一个问题即是否明天我们会疲劳且工作将受影响。但至于其余的，我们依靠这种再创造将对生产贡献的普遍可能性，并且即使这个场合证明一个对它的预期，我们不必后来宣布放弃我们的未证明的判断。一般经验使我们确信，存在许多可实现的善，这善未必做除了对生活有贡献的事——如同存在许多坏经验，这经验未必做除了损坏的事。有一顿好饭可能使生活好一点，并且，一个人不乐意想起耳朵痛的情景。的确，一顿好饭能破坏一个生活——人们记得牺牲重大利益获得眼前小利的故事；[1] 也许耳朵痛可能有一天证明对以后幸福生活
是必要的，但这种机会太小以致不是实际的考虑。 510

因此，对在特殊经验中的有贡献的价值的大多数判断，是临时做出的并且不追求超过关于生活可能提供的选择的概率，但是通过参照经验中的会最后决定的价值的标准必定是对在其生活中发现善的一个生活的贡献的

① 典出《圣经·旧约·创世纪》里关于以扫的故事。以扫是希伯来族长以撒和利百加的长子，他的孪生弟弟叫雅各。以扫善于打猎，常打些野味回来交给父亲以撒，故得以撒欢心。而雅各则常在家里帮助母亲利百加料理家务，故受利百加偏爱。一天，以扫从野外回来又渴又饿又累，正赶上雅各在煮红豆汤，就求雅各分一碗给他喝。雅各要以扫先把长子权卖给他。以扫饥饿难熬竟然答应了这一要求，而且按雅各的要求对天起誓。他轻看了长子的名分，他哪里想到为了一碗红豆汤他将付出的代价。——译者注

这个标准，这一点仍是真的。

但是，由于受与生活整体的关系影响的任何问题的重要性，以及我们对它的辨认能力的有限性，如果我们注意在实践上或理论上采取一个简易途径，或采取失败态度，那么我们被迫记住它是困难的和不可避免的。对生活整体的道德关心安排所有特殊目标必须服从的结局，并构成合理命令。

第十七章　客体中的价值 511

一　断言客体价值的不同样式

在地下很深的某处有一个纯金矿。金的比重是19.3。纯金有一种特殊的美，它也可用于做珠宝饰物和许多其他的目的。一盎司的黄金价值35美元。但是，埋藏在地球上某个未知处的金矿，是对任何人都没有价值的。这样一个东西，它美丽、有用并且有确定的商业价值，但它什么都不值。

对于一个客体价值的这种明显矛盾的陈述，在它们被分别解释的时候，可能都是真的。实际上，在客体、事件状态和其他存在物中，只存在一种价值，即实现直接经验中的价值的潜在可能性。但对这种价值的*断言方式是如此*多样，以至于要将它们归入某一个范例几乎是不切实际的，而且在任何情况下都不中用。① 我们不会这样做。我们所要说明的是最常见和最重要的将价值归于客体的习惯方式，忽视这种方式就会引起误解。对于价值－陈述的已提及的那些方式，我们将只分析到与第二篇中关于经验认识的讨论有关的地方。

在第十四章和第十五章中，我们已经对固有价值，特别是审美价值对 512
客体的归属，做了类似的分析；对经验有贡献的价值，在第十六章也分析过了。尚待考察的，就是附着于对工具价值和事物效用的断言上的意义及其变化。就是在这些方面，一般的言谈方式会显得互相矛盾，在特殊事例中，还可能招致对所属价值的实际本质的误解。然而，需要加以讨论的意

① 对那些要求精确的逻辑分析技术的人，这里有一种要将这些应用于价值理论的诱惑。他们应保持警惕。由于我们习惯的价值断言方式的复杂性，对评价的这种准确分析只有三种选择：要么它必须放弃常用词的常用意义且选取某种“理想语言”的任意术语；要么它必须彻底证明我们通常的说话方式的不准确和不充分；要么它必然变得非常复杂以致不能达到目的，除非是为了提供一个无用迂腐的好例子。

义的一些变化，也涉及对事物固有价值的断言。而这样一些方式是存在的，在其中，价值被归于同时具有固有价值和效用的客体。因此，我们不会将讨论仅仅限于工具价值和效用。

二　单纯潜在的价值

首先，我们可以大致地说，将价值归于一个存在物 O，是意指在情境 C 中，O 或可能会导致在某人 S 的经验中的满足；或者它意指对诸多此类断言的联合断言。正是由于与实际的或可能的经验的这种实质联系，客体的价值经常被说成是*相对的*。检验这种所谓的相对性和这里的“可能性”的意义，并看到在这些要点上，一个客体的价值与它的其他特性——例如它的特定重量——没有根本区别，这是最重要的。这种相对性——如果应该用这个词的话——一般*不*依赖于与特定个人经验的关系，而是依赖于*情境*，在这一情境中，客体可导致的满意可能在经验中实现。

如果我们能够正视所有的现实和整个历史，而且对它们有肯定的认识，那我们就不需要参照事物与经验之关系中的潜在性——无论是价值－潜在性还是别的潜在性。我们应该以只与客体的实际手段——导致在经验中发现的善或恶——相联系的绝对方式来评价客体。我们应抛弃对任何超出实际的条件的参照，而且潜在性和可能性都不是我们应该使用的概念。有时，我们可以只通过参照我们自己的经验来评价客体；而在其他情况下，是通过参照它们与别人的经验或其他人的经验的关系来评价客体。因
513 此，价值对不同的经验主体的相对性，仍是可谈论的。我们也可以依据客体产生满足的特定的（实际的）情境和方式，对客体的价值进行分类。因此，“美丽的”“有用的”等之间的这种区别，仍然存在。而意义的其他变化也持续存留。例如，“有价值的”有时可能指“有*一些*价值”“不是无价值”，有时则指“比负价值有更多的价值”“整体上可欲求”。因此，在价值陈述句中，我们的词汇和语法结构展现为一个宽广的意义范围，而断言客体价值的最重要和最独特的意义，将随着对潜在性和可能性之参照的消失而消失。

通常，价值断言包括对潜在性和可能性的暗中指涉，也包括对影响潜在性之实现的可能性或对可能事物范围中的潜在性的暗中指涉。因此，有必要提醒的是，要注意潜在性的性质和第二篇中已指出的可能性的最一般特征。

潜在性可以通过某种或一系列“如果－那么”式的陈述句来确切地表达。这种陈述句断言我们所称的**真实联系**。因果联系就是其中的一个例子。在这种“如果－那么”陈述句中，那么从句或结果不能从“如果”从句或假设中演绎推导出来，作为一个整体的陈述句的真并不依赖其假设的真或假。很清楚，在虚拟语气“如果 H，那么 C”中，真实联系的这一特点是可以被确切表达的。例如“如果这盐被放入水中，它就会溶化”陈述了盐的所谓可溶性的性质。一旦或如果盐被放入水中，盐具有这个性质；而且当盐没有或从来没有被放入水中的时候，它同样具有这个性质。无论其假设是真还是假，“如果－那么”陈述句都是真的。因此，这种性质是盐的一个**潜在性**。

当我们考察它与经验的关系时，事物的所有性质都是这种潜在性。这
就是如下事实的意义：被讨论的性质要成为真正的和客观的，它就必须能
够、至少在理论上能够被证实。例如，在本章开头提到的金矿具有 19.3 的 514
特定比重，这对于它是真金来说是必需的。对它具有这一客观性质的断言，指的是如果把它先后放在空气和水中称量，那么它在空气中的重量被这两个重量的差相除，商将是 19.3。至于没有人发现这个金矿并试验它，这并不影响这一性质的事实。如果某人发现并试验了它，那么结果还是这一比重——这样，关于它的特定比重的陈述就得到了证实。如果是从未有人发现过的金子，它仍须具有这一性质才是金子；而且关于它的这个假定的陈述句还必须为真，尽管其中的假设永远是假的。因此，将任何性质归属于任何未被检验的客体——或归属于一个已检验的客体——就是在断言一个假定的操作或可观察的情况与结果中的某个特定观察或经验之间的真实联系，就是在断言这种真实联系的“如果－那么”陈述句的真并不依赖于其中任一从句的实际真假。

在这些方面，将美归属于这块金子，也具有类似的意义。假设从来没有人看到它，但如果在方便的情况下将它提供给一个金属鉴赏家，那么他会感到愉快。而这块金子的这种美，在持有者的眼中无异于它的特定比重。而对它的检验要参照一些人的经验，这一点并不使它对人来说成为相对的：对任何客观性质的任何检验，都包括了对经验中特殊结果的必要参照——参照一些检验观察。这与观察这个客体的有些人愉快而有些人不愉快没有关系，也与如果把它拿给一个鉴赏家而他正要赶火车因而不高兴没有关系。一个尽可能决定性的确证，要求检验观察应由专家做出，并且是

在检验经验的最适宜条件下做出。一个实验室的新手可能在他的比重检验结论中做出很奇怪的观察报告，甚至最能胜任的实验者在接近火车离站时刻时也容易出错。当一个普通的职业观察者透过生物学家的显微镜看他的一张幻灯片时，或当用回旋加速器来完成一个决定性的试验时，如果他能确定这证明了什么的话，那倒是值得怀疑的。但是，这个事实对于通过这
515 样的试验可确定的事物的客观性质，意义不大；它只不过是特定学科中的无知和外行的另一种表现。事实上，美的客观性质是比较容易检验的一种，因为它较少要求观察者的特别专长和对观察条件的严格控制。

我们说的那个金矿的工具价值或它的效用，仿佛是客观的。但是，依据“工具价值”和“效用”的意义，这些就是关系性质：它们涉及的是金矿和金指环之类的其他客体，与其由以具有工具性的生产之间的关系。应当记住（见第十二章）的是，尽管对“效用”一词的使用通常带着对最终结果中直接可理解的好的模糊假定，但说一个东西有效用，却只是由于它与别的客体的这样一种工具性关系。然而，“工具价值”明确要求，与被谈论客体有潜在的工具关系的其他客体，应该在对它的直接经验中具有一个可靠的固有价值。从而，效用将以那种相同的方式得到确定。以那种方式，人们可以检验被谈论的客体与其他客体之间的因果关系——例如，金矿与用它制成的金指环之间的关系。但是，对工具价值的确定需要进一步的检验，例如将金指环或其他的生产客体——金矿由以成为工具性的——提交给一个对这类东西的固有价值有足够认识的合格鉴定者。但是，事实是，在我们的金矿的例子中，用它做金指环和将它提供给专家观察，这两种操作都只是假设的而且实际上永远不可能得到实施，而这一事实并不能改变金矿可以被这样证明的潜在性。一个客体具有效用，与它的这种有用性是否被付诸检验不相干。它具有的是包含于其客观性质中的，对于间接满意的所有潜在性，无论这些潜在性是被使用了和结果被观察到了，还是在任何人的经验中都未得到实现。

或者，最后这个观点比金矿不依实际检验而具有美和特定比重更可疑
516 吗？除非一个东西被**利用**，否则我们不能说它是有用的和有工具价值吗？例如，有时我们买一个东西，但实际上并没有按预想的方式使用它。事后，我们可能后悔说这个东西对我们没有用。我们甚至可以问，当没有人发现一个东西的效用的时候，**在那时**，那个东西是否真的有用。但是，在这种情况下，至少我们承认被谈论的客体具有同样的客观性质，由于这些

性质，客体潜在的是有用的，而且潜在的能够引起满意，好像这些能力已经实际起作用了。这里，仍存在着关于它的那些价值事实，这些价值事实由上面提到的“如果 - 那么”陈述句来表达，这种陈述句指出了适当的检验和检验结果，而这些检验和检验结果就构成了对效用或工具价值的证明。这些“如果 - 那么”陈述句，尽管更复杂，却与那些表达客体的美或比重的陈述句一样，具有相同的真值情形。这些复杂的“如果 - 那么”陈述句表达了我们所说的金矿的某种客观性质，由于这种客观性质，金矿能够导致铁矿所无法引起的某种结果，而这些陈述句的真假，同样不依赖于表述对它的可能检验之条件的复杂假设的真假。在这个意义上，当一个东西具有特定的性质时，如果这种性质在适当条件下得到检验，就会随之出现预期的结果；如果这是真的，那么这个东西就是有用的。

三　与行为背景有关的价值

说实际上从未被用过的东西具有效用，或者说实际上从未引起任何人满意的东西具有工具价值，这样的说法是否恰当，对此我们会产生怀疑。这种怀疑是由于我们对效用和工具价值有多种断言方式，以及随之而来的模棱两可，它影响我们对客体该性质的陈述。例如，我们会说未探明的金矿对**任何人都没有用**。但我们不会用相似的方式断言它对任何人来说都没有某种比重，或它对任何人来说都不美：这种形式的陈述不合乎语言习惯。然而，我们确实在说，它的美对**任何人都无益**，就像我们也说这金矿**对任何人都没有价值**一样。后面提到的这些陈述句可能合乎语言习惯，然
而，这并不反映被谈论的效用和工具价值的非客观性质，它们只反映出这 517
些性质通常得以断言的另一种方式。这里的区别是语言用法上的区别，而不是影响客体或我们对客体的评价的区别。例如，我们没有改变对金矿的想法，如果第一，我们说它具有自己特定的比重和美，即使这些性质并未被察觉；不过第二，它的这种美对任何人都无益；以及第三，它对任何人都无用和无价值。通过第二、第三个陈述句，我们指的是：**既然**这块金子没有被探明，那么它不会引起任何人的愉快，也不能产生使人满意的任何其他客体。关键在于，在这些断言方式中，我们把自己束缚在了某些已知是（或假定是）事实的条件当中。既然得到了这些条件，那么就不存在——我们暗中断言——金矿产生满足的可能性，无论是直接产生还是间

接产生。于是，我们假定了这些事实条件，然后说“它没有价值”，或“它没有用”或“它对任何人都无益”。也就是说，根据语法上可接受的用法，表达一个东西具有美的陈述句，可以被解释成简单潜在性方式中的一个断言，以这种方式，人们同样可以断言颜色或特定的比重或任何别的客观性质。而且，如果这个解释与我们的意思实际上不一致，那么我们就应该使用一些更复杂的陈述句形式以避免误解。但是，在效用和工具价值的事例中，则存在着另外一种符合语法习惯并经常被人使用的断言方式。以这种方式而非简单潜在性的方式，这个价值之被肯定或否定是相对于已知是或假定是事实的情况的。因而在这第二种方式中，断言客体 O 是有用的，指的是它可以在特定的情况下被使用——这一点被人们提到而且更经常地被人们理解——这是实际的。而对客体 O 有价值的否定，则是指在那种实际情况下，在经验中没有价值能从客体得到实现。这第二种价值归属方式可能暗示，被归属的性质不属于客体依其自身获得的本质。不过这个暗示事实上是一种误导。

价值断言中的这种相对性——“是无用的（在实际条件下）”“对任何
518 人都无价值（如事物所处状态）”——时常被混淆于被谈论价值对于人的假定的相对性。埋藏于地下的一个金矿没有用或没有价值，这可以作为例子来说明被谈论价值对于某人的满意的相对性——从而，可能是对于不同人的满意的区别的相对性。但是，在那一点上，客体的美或任何其他价值与它的特定比重之间并没有什么区别。只要它未被探明，那么就没有什么金矿的潜在性会得到任何人的经验的证实。这里的区别仅仅在于特定的语言习惯（这是有实际的理由的），根据这个习惯，我们说“没有价值”和“对任何人都无用”的时候指的是“在实际条件下没有价值的实现”。但是，如果我们说“没有美”或“没有特定的比重”的时候是指“在实际的条件下，没有对美或特定比重的证实”，这不是语言的习惯用法。

用这种相对于实际的相对性的方式来断言价值，仍然是对潜在性或可能性的一种确认，而不是对已知或假定事实之范围内的可能性的确认。例如，一个采矿工程师可能说，“X 矿没有更多的价值了，因为矿脉已经没有了而且地质学家也不能再探出它来。但是 Y 矿现在变得很有价值了，因为在那里已经探明并勘定了一个大的矿体。”这里的“价值”含有“经济价值”的特别而熟悉的——尽管很复杂——意义。但是对此我们无须特别说明：很明显，这种价值是效用的一种，这依赖于对被谈论的东西将最终导致某人或许多人的满意的断言。因此，很清楚，工程师在 X 矿的事例中否认满意的可能性，但他在 Y 矿的事例中肯定了类似的可能性。然而，就像我们已经说到的例子一样，他并没有否认在 X 矿的事例中，存在着一个具有与 Y 矿相同的基本潜在性的矿体。对于 X 矿，他仅仅断言，像事物所处情形一样，这些潜在性事实上不能得到实现，因为没有人发现这个矿。他的断言是一个明确的直言或然 – 陈述句，其中，确定条件已知是或假定将是作为概率 – 决定之材料的实际数字。把他想要确认的东西完全说出来，就是“既然 X 矿的矿脉已经没有了，而且地质学家不能再探出它来，那么说 X 矿中的矿石将有助于某人的满意，这是不大可能的；然而在 Y 矿的情况中，一个大矿体已被探明和勘定了，那么 Y 矿将有助于许 519
多人的满意，这一点是可能的。”

在这里要特别注意的是，“没有价值”的 X 矿中的金子与“很有价值”的 Y 矿中的金子之间的区别。这种区别不是金子的本质的区别，也不是那些如果得到或拥有金子就会满意的人之间的区别，而是影响这些人从这一客体中可能实现的满意的特定条件，这些条件在 Y 矿的情况中得到满足而在 X 矿的情况中没有。在一个情境中断言价值而在另一情境中否定这一价值，这是相对于这些情况的，这些情境影响着有某种价值 – 潜在性的客体与能在经验中实现这一价值的主体之间的关系。在这个例子中，被讨论的情境应该被看作影响着客体而非主体。但在另一事例中，被讨论的应该是影响主体的情况。例如，据说上个世纪，某些亚利桑那印第安人杀死了在他们领地上采金的一些矿工，并将金子埋掉或分发了，因为，报道说“金子对这些印第安人没有价值”。在这个事例中，对价值的否认是相对于影响主体的实际情况的——那些印第安人的文化传统。

这样，我们就看到了价值断言的两种根本不同的方式。第一，对存在于客体本质当中的满意的潜在性的归因。作为客体的一个性质，被谈论的价值——像任何其他客观性质一样——是客体的引起特殊经验的一个特定的潜在性。就价值而言，这一性质就是引起——要么直接通过客体的呈现，要么间接通过被讨论客体相对于它而具有工具性的其他客体的呈现——满意的经验的性质。这种潜在性可以通过“如果 – 那么”陈述句来表达，在这种陈述句中，前件至少要包括影响客体的一些情况，后件要断言随着这些假设条件而产生的满意。这种价值陈述方式的要点在于，它断言一个简单的潜在性：“如果 – 那么”陈述句，是那种即使假设与事实相

反，仍可能为真的陈述句。如果某人发现了这个金子，或拥有这个“闪烁
520 着纯粹光芒的珍宝”，或目睹这个“散发着从未见过的红光”的花朵，那
么他会感到满意。而根据这样的事实，这些客体本质上就是有价值的。在这个方式中，“有价值的”正像“可溶化的”一样，它并不意味着任何实际地被实现的满意，就像“可溶化的”（soluble）意指“可溶解的”（dissolved），或“有用的”意指“实际上被使用并得到本想要的结果”一样。由于这些理由，我们现在可以说，真正可归因于简单的潜在性的价值是客观价值。如大小或颜色或任何其他客观性质一样，这种客观价值“存在于不依赖与主体的任何关系的客体当中”。

第二，这里存在着如在特定条件——已知是或被认为是实际的或被确定为可能的——下可实现的潜在性的归因。为了让一个矿体造福于人，它有必要被探明。因此，在这第二个方式中，已被探明的矿体被认为是有价值的，未被探明和不太可能被探明的矿体被认为是无价值的。我们会把这说成是实际方式中的价值归属，或被归为事实上的价值的价值归属。（“实际价值”这个名称可能更合乎语言习惯，但也更容易产生误导。被归为简单的潜在性方式中的价值是实际价值，事实上的价值也经常被归于经验中没有价值实现的地方。）

我们应看到，事实上的价值假设价值实现的简单潜在性是客体的一个性质，但又在此之上附加了一个规定，即在经验中实现这一价值的特定条件必须是实际的或至少是可能的。因此，客观价值对事实上的价值是必要的而不是充分的。还应看到，被规定的特定条件必须是实际的或可能的。如果想要断言的东西是实现满意的所有条件都具备了，那么除了产生满足的东西之外，没有什么东西具有事实上的价值，而且（除了在无时态或超时态形式的陈述句中）一旦这种满意得到实现，事实上的价值就是可归属的。如果价值对客体的归属有这个意思，那是很少有的，而且也不代表更广泛和更常见的价值-归属方式，对于这种价值-归属方式，我们希望它与事实上的价值的归属相一致。例如，现在或到现在为止，被探明的矿体可能无助于任何人的满足，正如未被探明的矿体一样，而且被归于它的价值无论如何都不是通过
521 来自其当下实现的满足来衡量的。它被探明的事实，为它提供了一个事实上的价值，因为这意味着它事实上具备了一个有助于满足的必要条件，否则它就没有这个事实上的价值。而这个被归于客体的事实上的价值，正如要在经验中实现的满足一样，仍然是一种潜在性——在实际条件下才可能实现的东西。

四　与人有关的价值

事实上的价值的归属有很多种类型，这是因为被理解的实际的或可能的条件有不同的规定。接下来，我们就将说明这个大类当中的多种价值归属。不过，让我们还是先谈其中的一种，因为它对弄清价值理论特别重要。

对于人的相对性的方式中的价值归属，是这样一种对事实上的价值的归属。它们明确或隐含地假定了在经验中实现价值的实际条件，这些条件是在被讨论的某人或某些人的本质或情况中被发现的，而不是那些独立于与人的关系而影响客体的条件，也不是那些以同样方式影响所有人的条件。而且，这种价值-归属将某种潜在性归于客体，因为这种潜在性能在个人情况的这些范围内导致满足。

这种个人价值（personal value）中的明确的价值归属，通常就是说对我的价值，对您或对S或对如此这类人的价值；或者说对我或对S的用处，或对我而言的美丽，或对我而言的金钱-价值，如此等等。这种断言的意图很明显：那个东西对于S有价值，即就他的能力、地位或其他实际情况——影响他在客体或被讨论的客体种类中可能的价值实现——而言，它具有满足S的潜在性。

这是一个常识，即当陈述句为了表述正确而涉及人的时候，客体中的价值时常被无限制地加以断言或否认。然而，这个考虑在这里是不恰当的：它只谈及价值断言的一个经常性谬误，即，对我而言的那个价值常被错误地当成对每个人而言的价值或者是非个人的价值。我们的兴趣不在于存在这种误解的事例，而是在被归为个人价值和这种价值是真正的价值的事例当中。

一个东西可能事实上对S_1有价值而对S_2无价值。而一个真正有客观 522
价值的东西，对某人来说可能没有价值——或没有所断言的那种价值。客观上或者一般的对人无价值的东西，也可能实际上对某个人或某类人有价值。

正因为对某人有价值的东西可能对另一个人没有价值，所以，人们有时否认一般价值是被评价事物的客观性质的特点，而且把一般价值说成相对的和主观的。在第十二章中，我们已经谈论了这样引起的一些问题。这里，我们不再重复那里已经说过的内容。但是在那里，并不适合追究这一事情的根源。而现在，通过将这种个人价值看作事实上的价值的更一般种类中的一种，看作在某些实际条件范围内可归属的价值，我们就能够考察对 S 的价值的一般特点和对相对于人的价值的断言的一般特点了。

首先，让我们看看影响着“对 S 是有价值的”这种叙述形式的两个特性，以免它们引起误解。第一，相对于人的价值与被正确地称为主观的价值是不一样的。例如，如果一个人给另一个人一张音乐会的门票，并且说“它对我来说没有价值，因为那天晚上我有个约会”，这种个人价值或价值的缺乏就不是它的一个“主观性”，因为对被谈论的主体来说，决定性的考量是偶然的情况而不是他的特点。（在这个例子中，对被讨论到其价值的东西而言，它们都是偶然的。）但是，它们是——也就是影响——主体而非客体的情况，因而用了“对于我”这个短语。然而，它们是像这样可以通过拥有一张音乐会门票而影响任何其他人的派生满意，而不是对被谈论个体的持久的或特别的限制。因此，这种价值或负价值可以恰当地被称作个人的，而要称它们是主观的就不恰当了。

第二，我们应注意客体对我或对 S 的用处的断言常有很特别的意义，它并不是肯定或否定被谈论的东西对被谈论人的效用的断言。一个被说成
523 对 S 无用的东西，可能事实上仍然对 S 有效用，他受益于或可能受益于它的存在。例如，说一个喷灯或一头骆驼对我们没有用处，这在语言习惯上是正确的。不过，我们可能需要对地窖里的水管解冻，也可能喜欢骆驼运来的香料或地毯。只不过，那种让我们愉悦或快乐的功能可能是由别人完成的，而我们自己没有机会或没有能力完成它。对 S 的效用就意味着对 S 的有用性，而不必要被 S 使用。

为了避免语言习惯用法的特性可能引起的这些混淆，并回到上面所说的“对 S 是有价值的”的意义，我们应看到，具有非个人价值或客观价值的东西可能对某人或某些人没有价值，这是一个毋庸置疑的事实。但是，那种缺乏非个人价值或客观价值的东西是否仍可能对某个人或一类人有价值，对此却有待追问。

一个简单而明显的想法是，一个东西可能的确具有在经验中实现价值的特定潜在性，尽管在影响个体的实际条件的范围内它们不能被实现。因此，一旦我们理解了将价值归属于对个人的相对性的方式的意义，那么很明显，一个东西可能有客观价值但“相对于 S”没有客观价值，这一事实

中既没有矛盾也没有什么好困惑的。它只是意味着，S 缺乏某种能力，或者在客体所具有的导致满意的潜在性不能实现的范围内，S 受到了特定情况的影响。一旦我们对这个“相对性”做出正确分析，对于“价值对人的相对性”的大量的这类问题就很容易解决了。那些假定一般价值是这种“相对的”价值的人的错误，不过是因为他们没有看到两种价值归属方式的区别。他们否定客体的潜在性，其依据是这个潜在性在特定的情况——有时也许是经常地影响经验主体——下不能得到实现。或者他们只是固执地认为，所有价值断言都应该属于对于人的事实上的价值的方式，并否认简单潜在性方式中的价值归属应该被允许——也许，它实际地发生了或者它确实有其意义。但是，我们已看到，这种简单潜在性的方式是这样的： 524
在这种方式中，所有的客观性质都被归于事物；而且，在价值中否认其有效性，并不比在客体的其他性质中否认其有效性有更好的依据。

然而，当相对于个人的价值得到肯定——并且也许是正确的肯定——而客观的价值却被否定的时候，情况便不同了。没有人能够这样——即借助于对实现这种价值毫无潜在性的客体的工具性——在经验中实现一个价值。我们完全可以认可这一格言：无相应潜在性的现实性是不存在的。因此，看来，两个陈述句“O 不是有价值的”或“O 不是好的”，与“O 对 S 有价值”，它们必然是完全不同的。当然，它们通常是一致的。在这个事例中，对做出两个陈述句的事实的解释有时可能是：“O 对 S 有价值”只是想表达“S（错误地）相信 O 对他有价值”。他以为他会喜欢它或者发现它能持久地令人满意，然而如果他拥有它，他会发现他搞错了。“对 S 有价值”只意指“被 S 评价”，这样的习惯用法事实上相当常见。但是，在其他事例中不能这样解释：两个陈述句“O 不是有价值的”或“不好”，与“O 对 S 是有价值的”都为真。

五　绝对价值与相对价值

对于这个矛盾的解决，可以通过参照价值被归于客体的方式的另一个区别来实现：即我们称为比较价值的归属，与那些非比较的或绝对的价值的归属之间的区别。例如，如果一个人断言“这是一个有价值的工具”或“这是一个好工具”，人们会认为他是指比较而言它是好的；它比一般的工具要好；相比于人们会自然地拿它去做比较的其他客体，它是较好的。但

是，如果这工具实际上已经快用坏了，并且对它的比较价值的归属是错
的，而这时扔掉它的建议遭到人们的反对：“别扔掉它，它是一个好工具”
或“那工具仍有价值”。如果是这样，这当然就意味着这个工具有一些价
值，它不是完全无价值的。至于一般的客体——对它，没有特殊的比较被
指出——对比较方式中价值的断言，在意义上是不太明确的，但是这种断
言至少暗示被谈论的东西更有价值而非负价值，也暗示它引起满意的潜在
525 性超过了引起不满意的潜在性。通常，对“一个东西是好的或有价值的”
这个陈述句的正确解释，就是认为它要形成这样的比较评价，要断言被谈
论的东西比一般的好，或至少是更有价值而非负价值。但是，由于单个的
客体可能以不同的方式、在不同的情况下，成为工具性的，因此常见的情
况就是：一个相对贫乏的东西，甚或其令人不满意的潜在性超过其令人满
意的潜在性因而总体上是一个“坏东西”的东西，在某种联系或其他联系
中，它仍是“好的”。它不是绝对无价值的，而是具有导致经验中的满意
的一些潜在性。因此，一个客体一面不是有价值的、不是好的（相对而
言），然而它一面又有一些价值、不是（绝对地）无价值，这可以同时为
真。的确，要去发现对导致满意毫无潜在性、并且绝对无任何价值的客
体，是有一点困难的。

当一个东西不是客观地好或有价值，或从非个人观点看无价值，而它
仍然对S具有真正的价值的时候，这个考虑是适当的。对客观价值的这种
断言，来自比较的观点，它至少意味着客体是好的而不是坏的。在对这种
比较的好的否认中，不存在任何与如下假定不一致的东西，这个假定就
是：在他的价值理解能力的范围内，或在影响他的个人情况的范围内，S
仍然可以从客体中得到满意，或发现它同样可以导致他的满意。在某些情
况下，能有助于实现人的满意的任何客体，都因这一事实而刚好具有那么
多价值而不是绝对无价值的。但是，对我们在评价客体时的常见问题来
说，考虑一个事物的这种绝对价值——或某种价值——并不重要，而且对
证明我们在说一个东西是有价值的时候的习惯意思来说，也根本不充分。

进一步说，很清楚，一般从个人观点来看（相对而言）是负价值的东
526 西，仍有可能对S具有一个并非不重要的价值，甚至有可能是一个可靠而
重要的价值。一个人的美食是另一个人的毒药，对一些人很好的东西可能
对其他人很坏。对价值相对于人的这种变化，多数票并不能证明任何东
西——除了关于相对于多数的是什么之外。但诸如此类并不能让大多数人

满意，甚至也不能证明它不是——被非个人地判断为——一个好的东西。在“无价值”但无害的小玩意和“无真实价值”的东西中，孩子和其他无知的人可能发现的快乐证明了这些客体——对已开蒙的成年人没有引起满意的潜在性——从非个人的观点来看仍然是好的东西。而且，只要它们不妨碍什么，它们的存在就是值得向往的。

一个东西对S的价值是它的一个主观的好，而被谈论的客体不是客观地有价值的，这一事实并不证明它对S的价值不是真的。因此，一个正在追忆其个人历史的人，可能说起他年轻时遇到的一些事物和事件。“我在其中发现的价值，大多数是我头脑中的，像我现在看到的一样；但它在当时对我产生了一个强有力的好的影响，而且它证明了我生活中的一个转折点。”这样，他就会承认，即使对于他来说，这种被理解的价值是主观的，而且被谈论的事物不具有引起他当时相信的进一步的价值经验的潜在性。但是，通过它引起他后来拥有的——在后来影响他的那些条件之下——那种价值经验的潜在性，他暗示了它对他的真正价值。

进一步说，只有一些人能够从某个事物中得到满意，而对大多数人来说它“没有价值”，这个事实并不证明：在对一般性质的理解被分为客观的或主观的意义上，被谈论客体的价值是主观的。例如，对某件艺术作品的欣赏可能被限制在相当少的几个人当中，这不证明任何东西。这可以用他们卓越的辨识能力来解释，这是可能的，即使不是很可能的。只有极少数的人能听到2500赫兹的声音，但是那些能听到的人，确实听到了一个真的声音：他们在实验室中证明了这一点。对艺术鉴赏中的客观性的相应的证据，确实比较难获得。但是，至少我们必须承认，价值理解的客观性不依赖于对一般欣赏的统计，而且“真正地和客观地有价值”并不只是意指 527
“导致一般人的满意”。[①]

因此，我们不能用被一般人发现为有价值来界定非个人的价值和社会的向往，这在经济价值——它代表一种非个人的和公共的价值——的情况中可以得到正确无误的说明。在一个自由国家，如果某人在一个东西当中发现了满意，而且愿意用其他商品来交换，那么这就足以确证它的经济价

① 一个东西，尽管它不能普遍地给人们提供满意，但可以是“非个人地”有价值的和值得社会向往的，这依赖于我们对它得以被经验的那些条件的控制——这点在这章的后面将论述。例如，如果小孩不引起成人的愤怒或事故便不能欣赏某种玩具，那么这些玩具可能就“不是好玩具”。

值。同样地，在一个自由国家里，人们认识到其他公共价值，不是由统计上的一般性评价决定，而是由为某些人——他们在被谈论事物中发现满意——提供这些被谈论事物的可能性所决定的，而且这同时不会使另外一些认为它对他们个人有负价值的人们感到痛苦。的确，商品交换和评价的经济方式的事实本身植根于这样一种认识：对一个人有较少价值或无价值的东西可能对另一个人却有真实的或更高的价值。否认相对于个人的价值是真的，和否认以相对于人的方式进行的评价据事实本身是主观的和无效的，这实际上是荒谬的。只有那些心不在焉的人，和那些推理不受像经济这类现实事实影响的人，才会承认这种谬论。它是一些清教徒的错误，他们打算用他们认为来自天国的评价方式来奴役公众。而我们不该让自己被现在这种清教主义之易被发现的事实弄昏头脑。用满意是——或“应是”——被普遍地发现的东西来界定真正的有价值，是极权主义的一个哲学根源。

让我们回到主要的论题吧：给某人带来满意的任何实际的存在，据事
实本身具有由那一个体在那些环境下在经验中实现价值的那种潜在性。由
于据这个事实，它就不是绝对无价值的。这并不证明被谈论的价值理解的
528 客观性，或被理解的价值的客观性：要确定这一点，就得参照这个价值实
现在主体方面的条件。如果对个人来说特殊的某个东西，它误导了对从客
体中获取价值的进一步可能性，而这在这个价值实现中是必不可少的因
素，那么它就是主观的。但是，我们不得不承认，即使是价值的主观经验也表明：引起这一经验的客体就具有那么多的价值——不管这一考虑是多么不重要。关于价值经验的主观性，我们所要警惕的论点并不是：实现了的价值是不真实的；而是：它并不表明价值经验——可以不依个人的和特殊的条件而归于客体的——的永恒的可能性，或会被其他人实现的价值潜在性。

然而，一个客体不是绝对地无价值，而是对导致经验中的满意具有**一些**潜在性，这并不证明它就是一个好的东西，也不证明其存在是值得向往的。在更通常和更重要的意义上，要成为有价值的，这个东西就必须具有**比较的**价值，至少必须是好的而非坏的、是更易导致满意而非不满意的，因而在整体上是好的。

概括一下这部分的讨论：通过认识价值通常被归于客体的不同方式，并通过分析各种方式所代表的不同意义，关于价值的“相对性”

或“非相对性”，以及价值的“主观性”或“客观性”的争论就可以被去除。而一旦我们认识到，将价值归属于客体的一般意义，就是暗示其对引起经验中的满意的潜在性的意义，我们就应辨别这样几点。第一，价值是客体的一个简单的潜在性，它不依赖于确证它——通过在经验中从这个客体中实现某种价值——的诸条件的现实性或非现实性。第二，还存在着事实上的价值，这种价值在实际获得的或至少是可能的条件下是可以实现的。相对于个人——一个个体、一类人或所有个人——的价值，是事实上的价值的一个特殊类型，它意味着对被谈论者实际产生影响的那些条件。价值理解和任何被理解的价值的主观性，代表着将这个价值的实现限制在标明被谈论主体之性质与能力的特征的条件范围内，而在这个主体中或者从这个主体中这样发现价值，并不表示其他人也可以类似地发现价值。因此，一个主观的价值并不仅仅是相对于主体的，而是代表着这种相对性的一个特殊种类。 529
那个东西——由于影响他可能的价值实现的个人情况——对他来说是有价值的或负价值的东西，但是是外在于他而不是属于他作为一个个体的本质的东西，这样一个东西具有一种相对于这个主体的但并非因此是主观的价值或负价值。

一个东西可能客观地是有价值的但不是对 S 有价值的，这并没有什么问题。因为，很明显，一个东西可以具有一般来说可实现的，但在对 S 而言的特定条件下或特定范围内不可实现的价值潜在性。但是，**不**是客观地有价值的一个东西真的——且不仅仅是表面地——对 S 有价值，这看来就有问题。因为没有一个客体能够在**任何**条件下产生满意，除非它的客观性质中有某种东西使它具有这种价值实现的潜在性。因此，即使是 S 从客体 O 中对一个价值的主观实现，也证明 O 有**某种**价值。但是，当我们看到简单潜在性的方式中有**某种**价值，而这不过是一个不太重要的考虑，这个困难就解决了，因为几乎任何客体都具有某种这样的潜在性。说一个客体有价值通常是指它是一个值得向往的存在物，并且在总体上是相对地好或好的。一个东西对于某一个体来说真的有价值，这并不证明它在这个意义上是一个好的或值得向往的对象。特别是，如果这个价值发现是客观的，那么可以质疑，由此而显示具有**某种**价值——一个相对于 S 的价值——的客体，仍然不是一个有价值的客体，而且甚至对 S 来说也许也没有可靠的价值。

六　相对价值与伦理学

那些争论价值是否是相对于个人的人，一般也会争论这样一个说法，即人们所说的事物的那个价值，与对正确行为的指示命令之间有一种直接的联系。他们害怕：承认存在着相对于人的真正价值，将与客观的道德标准不一致；承认对我而言——而不是对一般的人——有价值的判断的有效
530 性，可能会导致道德上的主观主义和利己主义。在客体中的价值的相对性问题中，不存在对道德问题的这种直接蕴涵。首先，不存在诸如一个客体或一些客体的那个价值，它要么相对要么绝对，要么主观要么客观。相反，存在着的是多种多样的方式，在这些方式中，客体的价值通常是——而且为了好的原因必须是——被评定的，而每种方式都有它自己特定的意义和相应的是非标准。其次，尽管所有的道德判断在应用中总是假定某种价值判断或先行判断，但是对于解决正确行为而言，任何对客观存在物的评价本身都是不充分的。任何价值判断都包含着某种对合理行为的命令的含意，这是真的。但是，客体中的价值只是外在的，它们与自身即有价值的事物之间的联系，总是一种如果式联系。因而，要在对客体的评价中找到对正确行为的暗示，这常常只是一种假设；而将客体的这种被决定的价值与对行为的命令联系起来的是哪一种如果，则取决于被讨论的评价的特定类型。重要的是我们要对相对于人的客体做出评价，做不到这点的人不太可能活得长也肯定不会活得好。但是如果，例如，我发现燕麦片对我是不好的因而应避免它，这当中却没有禁止家里用燕麦片来做早餐的意思。一个人是否应通过单纯地参照对事物的第一人称评价来决定他的行为，这个道德问题必须与第一人称评价的正确性的问题区分开。对客体评价的正确性问题，纯粹是一个经验真理的问题。这个伦理问题根本不是一个关于正确评价的问题——除非是关于人的价值的。为此，康德的“崇高”一词比“价值”更适当，因为问题的关键不是个人的任何有用性，或直接导致快乐的特质。而且在价值判断的第一人称方式与利己主义之间，以及在评价的非个人方式与公正正义之间，也不存在任何强制性的联系。因为，第一，就一个关心他自己的人而言，正确地衡量事物对他人具有的价值，做出非个人的正确的价值判断，这仍然是重要的。不能对别人欣赏的东西给予应有注意的人，是很不明智和很

不成功的利己主义者。第二，道德上合理的态度，不是忽视那增进快乐或痛苦的个人差异，而是恰好相反。 531

七　与一般人有关的价值

在我们完全离开对人的相对性的价值断言这个主题之前，至少还应注意一下，我们实际做出的所有价值判断的这样一种相对性：它表现为我们把评价限制在以人类为中心，而忽视对其他动物是好或坏。伦理学，或至少西方伦理学的一个特定的局限就是它不承认考虑其他生物的感受的义务——也许是因为一个否认它们有心灵的传统。但是，客体所具有的导致动物而非人的快乐或痛苦的潜在性，同样是关于事物本质的一个事实，没有必要把人类经验设定为这种价值事实的专有标准。将价值理论与任何这类考虑联系在一起，可能显得牵强，但是对它的即使很少的一点考虑，也可能使我们避免在以价值的最终和超越的标准——由现实的形而上本质赋予的——满足人的东西是什么的问题上，产生混淆。

对其他动物的公正的问题，似乎只有三四种态度貌似合理或有可能被接受：我们可以否认此类观点之外的任何声明。或者，依某种异乎寻常的忽视，我们可以根本不考虑这件事。或者，可以将价值对于人的卓越地位，建立在一个形而上学的理论——这种理论使人对宇宙和主宰它的上帝来说特别的珍贵——之上。或者最后，我们可以承认，我们应同情每一个有知觉的生物——在有快乐和痛苦的能力的意义上——尽管被称为尊重的这种态度，和它对我们的行动所暗示的东西，可能被有能力承认这样的要求并根据这样的要求来判断自己的行为的生物所保留。那些会采取最后提到的这种态度的人，也许仍然可以感觉到：在人们能做到相互公正之前，要去承担整个动物王国还为时过早。即使是这种自我妥协的方式可能也是个过度的负担。

公正的问题是一类问题，客体的潜在性的问题是另一类问题。第一类问题是伦理的，对它们的回答不能单从经验事实得出；第二类问题是经验 532
的、独立于伦理道德的。在这两者之间，不存在第三类关于价值的——得通过某种神秘的超验洞察来解决的——问题。如果在我们的嘴里“价值”意指“对人的价值”，那么这代表着一个可以理解的偏见，也表示对我们特别有兴趣去确定的客体的那些潜在性的实际限制。但是，没有必要通过任何超自然的符咒来祈求对我们兴趣的这种限制。

如果我们首先追问，我们对客体的价值判断意指什么，并要使之清晰，那么对客体的评价的正确性就变成了一个简单的经验问题，其检验和证实方式是由价值判断本身的意图显示出来的。客体中的所有价值，都依赖于它们与实际的或可能的经验之间的关系，而经验的可能性依赖于主体的本质和能力。但是，显然，客体可能导致或间接促成的经验的性质，也依赖于客体本身的特点。而且由于这个特点——在合适的条件下——能带来满意或痛苦，这个特点不再是“相对的”，无论什么生物是否这样去理解它，客体都具有这个潜在性。相对性属于判断的意图，而不是属于客体的指定性质。一个东西是绿色的，意指在好的光线条件下由不是色盲的人来看，它看起来是“绿色的”——就这个词的表达意义而言；或者它意指——根据明确的检验——由特定的经验结果来确定的别的东西。说一个东西是有价值的，也有类似的含义。在这一点上，普罗泰哥拉是正确的，即认为在相对性的问题上，一个东西的价值和它的颜色没有什么区别。但是，他认为客体的颜色和客体的价值，都依赖于对客体的个体经验和特殊经验，在这一点上，他却错了。根据判断的含义——指存在于客体本质中的对于经验的潜在性——一个东西可以是绿色的，可以是有价值的，即使它对任何人都不显示为如此；而它也可以这样显示出来，但这一事实并不使它如此。需要进一步指出的是，虽然一个客体“对我是绿色的”或“对S是绿色的”没有可公认的意义（尽管这是一个语言事实：如果我们中有
533 足够多的人是色盲，它就有可能被理解），但是“对我有价值”或“对S有价值”确实具有一个完整的特定意义，一个不太难说明的意义。这样的判断断言——在我的条件或S的条件下，在实际的情况和特殊的情况下，在恰当的、能被详细说明的进一步的条件下——客体具有的导致我或S满意的潜在性。

八　微小效用与工具价值

在我们对客体价值的断言的方式中，更常见的变化较少涉及尚在争论中的理论观点问题，然而这里也存在着可能导致误解的某种疏忽。

在上面，我们已经注意到对纯粹效用的断言，与对可明确归为工具价值的断言之间的区别。关于这些，要做的只剩下证明对纯粹效用的判

断——这种判断根本不特别地断言事物当中的任何价值——的正当性。这种证明就是举例说明这种判断所引起的事实，并将它们——用任何的语言习惯用语——与价值判断区分开来。例如，由于有对各种各样东西的收藏家，无疑也会有收藏盗窃工具的人，而这样的人可能会说“这是我见过的最好的盗窃撬棍”。如果是这样，他会将有用性只归于那件工具。一个盗贼可能相信它有真正的工具价值，但收藏家和别人并不认为如下情况可能，即就对盗贼或其他任何人的满意而言，这件工具的最终使用结果会被认为是好的。它只是就一个目的而言是好的，然而这个目的从各方面看来却是坏的。不过，对有用性的这种断言仍然代表了陈述句的一种可接受的形式。

也许更特别的是，会有某种对*好用处*的模糊假定存在，尽管这种含意并没有特别地出现。说“那是一个很好的自动电唱机”的人，可以被合理地理解为意指自动电唱机有时可以不出故障地唱完。但不同意这个假定的人很难反对那个陈述句，因为它的精确意义对于反对那个陈述句来说是太不确定了。也许这么一个反对者会自相矛盾地回答说：“不存在好的自动电唱机这种东西，它们越好，它们便越坏。”如果是，他的陈述句的意图对我们来说就很清楚了：纯效用并没有被否认，被否认的是被谈论事物有一个真正的工具价值。然而，很明显，在只断言存在 534
着某个东西——好的或坏的——被谈论事物对它来说可能是工具性的意义上，对有用性的那个断定很难发生：那种陈述是如此无懈可击地为真，以至于成为无意义的。总是有这样的假设存在着，即假设至少某人会*认为*引起的某种结果有真实的价值：在这种意义上，一个人可以说即使是对效用的断言也假定了某种*推定*的工具价值。而这个假设可以说明一个事实，即对效用的判断通常被归为对价值的判断。

然而，并不存在这样一种共同的说话方式，我们可以用它来断言有别于一个东西的纯粹有用性的真正的工具价值。理由很明显：我们在习惯上划分了终结性评价的问题，将对目的的判断和对它们的可能手段的判断分别开来。此外，作为手段有用的事物，它们的有用性是如此*不同*因而既能带来好的结果也能带来坏的结果，以至于在判断被称为其有用性的事物的性质的时候，人们并没有感到有必要去确定这种可被归因的目的的价值。对好结果和坏结果都有潜在性的东西，仍将是那些明智的和正直的人手中的“一个好东西”：它的好的潜在性将得到利用而其坏结果则会受到警惕。如果它导致了意外的结果，那么“错不在事物本身”。

九　名称的价值含义

同样，由于事物可能的工具性与最终的好坏结果之间关系的这种多样性和复杂性，对于有用性和工具价值的判断，才这么经常地被限制于某种特定的类型，并用指称事物的名称来表示。对被判断客体的不同称呼方式，一般是表示结局的——任何被归因的价值都将在与这种结局的联系中得到评定。这不仅是因为许多名称是根据用法来表示分类的，而且因为那些不明确指事物用处的名称，仍然表示有其特殊效用或副作用的一类客体。扳手是根据其效用来命名的，一个好的或坏的扳手，就是较好或较差地服务于这一目的的扳手。尽管一个东西被称为一棵树是参照于其植物特征而非其用处，然而，一棵好的树，就是一棵将成为好木材，或提供好的荫凉，或增添景致的树，因为这些都是树的特有的用途。而如果一棵树碰
535 巧对系船，或对爬上二楼的窗户，或对钉招牌有用，我们也不会因此而称它是一棵好树。

用一个特殊的名称，而不是其他东西也可用的名称来称呼一个事物，是要将注意力直接导向它的价值或负价值。这个想法对于评价的批评是重要的。我们可能通过无批判地接受应用于事物的名称而相信其价值或负价值的程度，是令人震惊的。因而，那些聪明的广告可以不顾相关道德而得到我们的钱，我们也容易受到宣传和煽动——主要是将使用名称的特定价值意义的方法加以普及的艺术——的影响。价值劝说与诡辩之间的区别大部分是这样一种区别，即依据事物真正重要的价值关系来命名事物，与利用一个意外错误或利用价值意义使用中一个错误的特征之间的区别。

这事实上是一种最常见的错误——甚至比未分的中项（undistributed middle term）的谬误更常见——但是它经常被无异议地认可了，因为人们不知道如何去质疑它。它从中产生的那个争论很少得到完全说明，即使在它得到完全说明时，所犯错误的本质也没有被人们理解。例如，如果问题是在某些街道上建立安全岛，宣传者很可能论证说这将是一件好事，因为它们对进出街道的汽车将是一个保护；而反对者很可能回答说那是一件坏事，因为它们会对汽车构成危险。说它们是一个保护正当地意味着绝对方式的好——某种价值；说它们是一个危险则正当地意味着一种绝对的坏——某种负价值。两个前提都是正确的，但是两者都不足以决定这一问

题。它关心的是可欲求性——比较方式的价值或负价值。有某种价值的东西，仍然可能更有害而不是做好事，且令人不快；有某种负价值的东西，也可以做有利的事而非为害，且在整体上是好的。

在其最粗糙的形式中，从只有效地暗示某种价值或负价值的前提，得出论证或建议有关可欲求性或比较价值的结论，这种做法的错误可以称为称号谬误。人们应该注意这种无效论证或建议的盛行，它们依靠的是那些 536
正确应用但不是公正应用的名称，因为在这里的联系中，被蕴涵的性质对于被命名事物的正确评价是次要的而非本质的。对价值或负价值的这种错误非难，也不能轻易地通过参照形式的规则来发现。因为所有事物都要以不同的方式被正确命名。本质属性和非本质属性的逻辑区别，不是植根于事物的本质当中，而是根植于它本身——相对于命名它们被选择的方式。如果假定属于客体本质的东西可以由对任何命名它的特殊方法的抽象来决定，那么这就是错误地相信了现实本身决定着我们应该观察和应用的那些区别，也错误地相信了分类是先验地而非实际地被决定的。因此，要避免这类谬误，不能靠关注逻辑规则，而只有靠审慎的真诚和公正。

即使是对事实的最简单观察，也不能保证不带有价值的所有这些正当含意。单单因为价值评价的无所不包的重要性，我们使用的几乎所有的名称都充满了这样的内涵。而且，如果不依靠他使用的语言来表明他自己的评价，那么一个人就几乎无法表达或注意一个事物。即使是最合理的讨论，也可能包含着这种不可靠的和未经证明的价值假设。就现在的例子来看，像“宣传”、“煽动”、“诡辩”和“称号”这些词已经出现了。这可以让我们想起柏拉图，他第一个承认名称的价值意义——一个东西的理念和本质就是它的善——他本人掀起了历史上最成功的一个宣传运动，给了他的对手（实际上指智者学派）一个永远是贬义的称号。

一个类似的错误——性质错误的一个形式——可能产生于不仅结论而且前提都是对比较价值的肯定的情况。例如，陈述句“这是一支好手枪”可能暗示“这是一件好武器”，因为手枪是武器。如果这里对好的归属只是意指某种绝对的价值（“比没有要好”），那么就不会有错误产生：就手 537
枪的目的而言，比没有手枪更好的东西，好过就武器的目的而言，没有武器。但是，正如人们使用的语言最容易假定一样，如果它是被归因的比较价值（“比一般的好”），那么性质错误就可能产生：比一般手枪好的手枪，仍可能是比一般武器差的武器，它只是在特殊情况下适合于进攻和防御。

如果一个人得出结论说，因为它是一把好手枪，所以它就是一个好**东西**，那么错误就很明显了：就手枪的目的而言，比一般要好的东西，可能在整体上是一个坏的和危险的东西，它的存在或出现令人不快。

我们还可以顺便注意到，价值的比较，以及是否事物的所有价值都能按一个单一的等级排列的问题，是受与客体的命名相关的同一考虑影响的。一件温暖的外衣、一本梵语词典或一车干草，哪一个最好，这个问题是没有答案的，因为被这样分类的客体的特殊效用没有相互的重叠。但是，在一个经历着迅速的通货膨胀的国家，一个人可能面临这三个当中哪一个是他的钱的最佳投资目标的问题。考虑到最无联系的客体，生活可能变成这样一种状况，即在这状况中他们可以对需要比较评定的不同价值进行考虑。关于一般的效用，经济价值能提供一种公共标准，因为几乎所有的客体都可以与别物交换，但效用只是决定交换价值的一个要素。某种程度的效用并不必然地意味着工具价值的一个相似程度。任何两个事物都可以比较好坏，我们可能也必须评定它们的这种比较价值，当然这种比较不是在效用的最低种类中，而是在贡献价值——事物具有的对个体的生活或对一般的生活有贡献的价值——的最高种类中。

十　与节制有关的价值

这里，还有一个进一步的考虑，它影响着除单纯潜在性之外的对客体评价的各种方式。那就是被评价客体的关系，和客体对我们可能的行为模式具有的价值潜在性的关系。只是在特定的条件下，事物的价值潜在性才会导致价值在经验中相应地实现。因此，不仅它们所具有的潜在性，而且
538 实现这些潜在性的条件受我们控制的程度，都将影响可能从这些客体中产生出来的对我们的价值。在这一考虑中，我们可看到，广义地说，肯定价值的归属蕴涵着——在其本身是可能的，或如果我们选择便可实现的条件下——可实现的满意，而否定价值的归属则蕴涵着——在可能的或无论我们选择与否都很可能出现的条件下——不满意。也就是说，肯定价值，如果它们的实现条件越是可控制的，那么它就越高；否定价值，如果它们的实现条件越是不可控制的，那么它就越大。

一个小孩在关于针的文章中写道：针挽救了许多人的生命。当他被问到那是如何可能的时候，他回答说“因为它不能被吞下”。他举了一个好

例子——若无这样一个小问题，即针的不存在对于预防它被人吞下来说是最好的。当针没有被吞下的时候，生命可以因这一事实而获救。而针被吞下的不可能性，是正确评价针的一个主要考虑。这被认为是理所当然的，因为吞下针或不吞下针一般来说是可控制的。只是在它们偶尔被吞下且被认为不可避免的时候，这个令人遗憾的可能性才减弱针的价值。另外，价值之被归于金属矿石，不是根据它们以其最初形式有助于的人的任何满意，而是根据用这些金属矿石做成的东西可带来的满意。即便用矿石做成的合意的或有用的客体的制作，也比吞下一根针更困难。在评价针的时候，针被吞下时所带来的痛苦的潜在性，被大大低估了；在评价矿石的时候，矿石以其合成形式带来满意的潜在性，却非常重要。尽管在这两个事例中，被谈论的潜在性都同样属于被评价事物的客观性质。因而，由于被蕴涵条件对人的控制的相对性，只要通过某些事物来实现满意是可能达到的，那么这些事物就有肯定价值；那种既是可能的又是可欲求的事物，相应的也是很可能实现的。而只要通过某些事物来实现不满意是不可避免的，那么这些事物就有负价值；那种不可欲求的事物，只有在无法阻止的范围内才是可能的。

我们可以在经济价值领域中看到这一考虑的影响。例如，一个钻石或一蒲式耳小麦的价值，相对来说不是依赖于其所在地点，而是它“在世界市场的价值”，因为这类商品比较容易运输；但是帝国大厦的价值，绝对 539
就是它的地点的价值。不过，在更一般地与价值相联系时，这个观点也很重要。例如，如果音乐的出现不受控制，对它的经验也不受限制——相对于欣赏它的人和他们欣赏它的时间来说——那么音乐就可能像大城市的噪声一样令人讨厌。

十一　评价的与众不同的样式

如果评定客体价值的这些方式的多样性令人不安，那么我们要请读者注意，我们绝不是无缘无故地在虚构差别，而只是指出了那些常被当作例子的情况，和那些若要理解其实际意思便必须加以说明的情况。如果说我们的表述缺乏明确的次序，那么我们必须请他也看到，由事实本身标明或提供的表述次序是不存在的，因为不同的价值断言方式不能展现出任何单独的分配原则，它们是根据几乎互无关系的原则来分类的结果。而且，由于这些差别在很大程度上代表着交叉分类，因此在单个的事例中要应用的差别系列就不止一个。

如果要问一个客体的这种价值到底是什么，那么唯一能回复的答案是，并不存在那种由“价值”一词表示的独特特征，影响客体的某种特定性质、关系或其他事实。客体被以多种方法和多种观点加以评定，其结果——如果被用于客体的“价值”的不同意义不被承认的话——往往表现为互不一致。通常能被说成是客体价值的，就是我们一开始已经说到的：任何这样的价值都是能在经验中实现满意的客体的某种潜在性。

最接近于指出一个绝对的客体的性质——独立于任何不是客体本质属性的东西——的评价方式，是纯潜在性方式的评价，就像金矿的价值不依赖于它是否被发现。但是，这种价值仍需进一步的分类，以代表令人满意的潜在性的实现的假设条件——如果潜在性真的实现了的话。而且，几乎
540 没有什么评价能正视这样一种潜在性——它是如此空无以至于不包含任何此种暗中限定。

最常见的一种对客体的评价，无疑是对效用的评价。但是我们已指出，客体的纯粹效用可能不是该客体的价值而只是一个偶然的联系。在这里，几乎所有对效用的评价都模糊地意指更进一步的意思。正是因为它们的这个模糊性质，而不是因为某种特定的意图，大多数对效用的判断成为可分类的。更常见的情况是，对于客体有用性的方式——通常用所用的名称来指示——的某种限定，需要加以理解，对一个目标——客体对于它可能是工具性的——的某种模糊的和明确的价值也是如此。

对客体最具决定性的评价——最接近于指明一个合理行动的绝对命令——是对最终有助于某些整体生活满意的事物的评价。然而，对客观存在物的贡献价值的这种评定，是很少见的，因为，正如我们已提到的，我们习惯划分我们关于行动决定的问题，我们在客体与可能的直接经验的关系中来评定客体，又在这些特殊经验与某种生活整体的关系中来评定这些特殊经验。即使这样，我们可能也无法达到对被谈论客体的任何暗示的评价和真正的终结性评价，因为就各种生活间的正确关系这个道德问题而言，影响行动命令的还有更多的东西。最终命令属于伦理学，除非评价受到伦理学的批判，否则没有哪个评价是绝对的和最终的。在这个意义上，我们在这本书中的讨论，涉及了对伦理学来说具有绪论地位的经验事实的问题。

如果要问用于客体的“价值”一词的最重要的意义是什么，要做出任何不可置疑和无偏见的回答，显然都很困难。然而，我们将冒险指出评价客体的一种方式，它至少常比其他方式更重要，这不是因为重要性问题本身是一个重要问题，而是因为评价客体的任何方式——可以说它们都有相对的重要性——肯定都是复杂的。这里，还存在某些问题，它们影响着评价客观存在物的复杂方式，而对这些问题的忽视是一般谈论中的一种普遍缺陷。从事实的角度看，无论被选取的方式是否是对客体的所有评价方式中最重要 541
的，至少对它的讨论将以一种更确定的而不是可能的方式来阐明涉及的评价问题。

十二　社会价值

这样一种评价事物的常见的重要方式，其代表就是我们通常力图判断客体或其他存在物的社会价值的方式。在这一方式中，被谈论事物的所有价值性质都被考虑在内，包括它的美或其他固有价值，以及每一工具价值。因而，它代表的是对该事物的整体评定，不依赖于对它的任何特殊分类或它的任何名称。但是，如果没有将价值归属于特定目标——客体因这一目标而成为有用的——的某种根据，客体的纯粹效用是不会受到人们的考虑的。而这种方式的判断，也试图尽可能明确地按价值的一般标准来安置客体，而不是对无价值的简单否定或只是做模糊比较。再则，它是对非个人价值的判断。这种非个人价值，就是那种无论什么人受到被讨论客体的存在的影响，都可以实现的价值。最后，它既不是对那种无关实际条件的纯粹潜在性的评价，也不是在所有的实际条件范围内，影响价值从被讨论客体中得以实现的那种评价。相反，它试图评定与我们的目的有关的客体的价值 - 可能性，不过是在那些我们无法改变的实际条件的范围内。因而它与这类条件的可控性有关。就那些可控的条件而言，这种评定将被引向客体的潜在性，并在如下假设的基础上做出，这个假设就是：这种控制将在实现肯定价值的潜在性和避免否定价值的可能实现的兴趣当中得到运用。但是，就那些超过实际的人为控制的条件而言，客体的价值 - 潜在性，将在所有被认为是实际的或可能的恰当事实的范围内得到判断。也就是说，它将是对这样一个价值的判断，这个价值在我们无法改变的那些实际条件下是可以从这个客体中实现的，而且依据所有可用的和恰当的事实，它是相对于这些条件的可能性的。

542 显然，以这种方式对任何客体的价值做出的判断，都非常复杂。因为，第一，它要考虑到该客体的所有价值-潜在性，而不是只考虑某个价值或某类价值，而且还要对这些价值和负价值做出核查。第二，它要考虑到可能受这个客体影响的所有人，他们的数量和它在他们的价值实现方面的意义。第三，它要注意影响价值在客体中的实现的环境，而且考虑到那些不受控制的情况，还要注意对它们的可能性的评定。第四，它要求我们将所有这些考虑聚合起来，形成对客体的一个整体的结论式评价。然而，它恰好就是这里所指的那种复杂判断，当我们问一个东西是否和在多大程度上符合公众兴趣和为社会所向往的时候，我们仿佛是被召唤着去做出这种判断。正是因为如此，我们可以正当地称被如此评定的东西为一个客观存在的社会价值。

正是因为这种复杂评价，边沁提出了他的计算，尽管他是致力于行动及其结果而不是客观存在及其价值影响。我们已看到，对价值进行数量计算和将数学运算应用于比较价值的不同决定问题，这是无效的。而不论是哪一种在理论上得到证实的价值评定程序——以不止一种的方式或维度相互区别——很明显的是，在特定事例中，那种实用性所允许的唯一一种结果性确定，它所具有的特点是估计而非计算。然而，这并不成为我们不去寻找所涉及理论问题的答案的借口。因为，在达到这么一个对价值的结果性确定的过程中，除非有某种合理的方法来核对各种价值确定，否则要做出的评定以及这个问题本身都会失去意义。即使是最粗糙的近似或“依推测的估计”，也要求有某种近似的或猜测的东西提供正确的估计标准。因此，除非理论问题能从理论上解决，否则对这种问题的尝试性回答就将失去其实际意义。当然，那是我们无法容忍的。这类问题必须有一种真实的意义，除非我们想得出结论说，生活大多是不合理的，而且合理指导我们
543 行为的努力在本质上也是无用的。我们至少必须能够知道，在试图改善人类生活条件和增加我们的价值实现的过程中，我们正试图做的是什么。而且，由此而引起的问题，并不限于用社会价值的这种建议方式进行的评价，而是将明显地延伸到——部分地或整体地——其他此类复杂方式的评价。

由于这些问题，我们必须把握住我们对真实的和合理的事物的感觉，在坚持努力理解我们做出的评价的有效意图的时候，是如此；在承认我们

无论如何很容易滑向无基础的迂腐的时候，也是如此。在特殊情况下，当我们为理论上的精确而备受折磨——这里对实用性最好允许只做最粗略和最毛糙的估计——的时候，我们就很容易滑向无根基的迂腐。

对不同的价值确定进行比较的理论问题，一般来说，可以通过参照以下观点来解决，即虽然数量计算不适用，但是我们对每个简单的价值形态都能做出程度上的确定。无论被评价的是什么，无论价值在其中被确定的是哪个方面，都有与它相比更好或更坏的其他东西存在，而且它在价值的线形次序中的位置可以这样来确定。这样的一种价值次序是存在的，**任何**两个事物因此而能比较，即它们对某种生活整体之贡献的价值。同样，虽然数学计算不能应用于价值核对，但两个价值结合的结果总能以某种方式，通过参照直接偏好的标准而得到评定。某物或某种情况中这样两个价值的合取，是可以被确定为——相对于任何第三种的可比较的价值——较可欲求或较不可欲求的。

十三　社会价值的评估

让我们将这些看法首先应用于那些可归于相同客体的不同价值。我们不能说，客体的两个工具价值，或一个工具价值和一个固有价值，可以使客体双倍地好，或比任何其他可在量上表示的好更加好。但至少我们能说，一个客体中的两个价值潜在性——如果就其实现而言它们不是相互排 544
他的选择性的——使它比只有其中一个更好。客体的每一个额外的价值潜在性，都从整体上增加了价值，而且增加价值的程度越高，它在总体上增加客体的价值就越多。同样，正如我们已说过的，我们有一种方法可以决定可归于客体的价值，即根据客体具有的两个价值性质，A 和 B，然后参照直接评价和偏好。客体的任何工具性的价值，都是由它在直接经验中可能导致的价值来决定的。而且，任何这种在直接经验中被实现了的价值，在所有可能的此类价值的次序中，都有其自已的位置，而这个位置是由我们较之更喜欢和更不喜欢的东西来决定的。例如，我们可以说有三个价值，A、B 和 C，每一个都可能在经验中得到实现，如果较之 A 和 B 的经验，我们更喜欢 C 的经验，那么 A 和 B 相对于 C 的比较价值，就被这个事实确定了。同样，如果对于第四个这样的价值 D，我们更喜欢 A 和 B 的经验而非 D 的经验，那么属于 A 和 B 之合取的价值，就可确定为在一般价值尺度上处于 C 和 D 之间。因此，虽然我们不能增加 A 和 B 的价值，我们也可以根据客体有两个独立的可归属的价值性质来评定可归属于该客体的价值——在我们所选择的任何一个精确程度上，通过确定 A 和 B 的这个价值在一般价值尺度上的位置，就如我们能通过参照一个点前后的点来确定它在一条线中的位置一样。说“两个价值 A 和 B 的总和”，没有什么清晰的意义，但是一个客体因其两个可区分的价值性质而具有的价值，则是一种在程度上可确定的价值。同样地，其中每一个价值都是可独立确定的。[①]

对于被直接实现了的或可实现的一般价值，也是如此。任何两个这样的价值都是可以比较评价的，任何两个一起也可以通过与第三个的比较得到评价，如此等等。任何一个这样的价值的程度，是由其在经验中可能价值的整个次序中的位置来决定的，是由我们较之它更喜欢和更不喜欢什么
545 的整个事实来决定的。而且，由于对任何价值潜在性的评定都来源于其在经验中实现的直接价值，因此，因客体多样的固有价值和工具价值，从整体上测定一个客体的价值这个理论问题就有其理论解决方案。因此，说“一个客体整体上的价值”，这是完全有意义的，即便在实践中我们只能——依靠几个比较——大致地评定这样的整体价值。

第二，认为客体的价值是非个人的，因而可以通过参照所有可能受它的存在影响以及受每个人从中可实现的东西影响的人来测定客体的价值，这种看法所导致的问题也是一个可以从理论上解决的问题。在事物相对于别人而非某人自己的价值的问题上，存在两种一般的看法。一是，这种价值相对于别人的问题，只能通过移情想象来回答。我们不得不“设身处地”地替别人着想——无论这样做有什么认识论上的危险——并且把价值当作被他实现的来测量。这样做的假定前提是，他与我们自己的基本相似，看来是由他的行为和其他恰当的情况证明了的。[②] 当然，我们无须假定这样得出来的关于价值被别人实现的结论是绝对正确的。这个判断由归纳推理得出，它依靠的是分析，有一般归纳结论的危险，也有专门影响这

---

① 这里好像假定了与序数的依次总和的相似，但这种相似在关键点上并不存在。

② 然而，我们不应混淆对别人的价值（value-to-another）的这个证据，与别人被如此证明的价值经验。将价值的整个问题减至行为主义的术语是可能的。但这样做是放弃原初的问题而选择了理论上更易解决的另一个问题。我们不应轻易地将另一个人的经验——或我们自己的经验——与行为等同起来，理由很简单，经验与行为不是同一东西。与目前问题相联系，我们需要考虑的是经验。

种问题的某种危险。但是，虽然是别人的经验决定了这一判断的正确性，但是如何尽量好地判断它，则是我们自己的问题。另一个看法是，我们不应以这样或那样的方式把客体价值的评定问题和伦理的问题混淆起来，“相比于我们自己的价值经验，什么样的重视别人价值经验的方式才是决定我们自己行为的道德命令呢?”正如我们前面已看到的，这个伦理问题不同于任何评价问题，后一个问题总是某种经验事实的问题。也许我们不应反对“一个就值一个，没有哪个值更多”（Each to count for one, and none for more than one）这一伦理名言，但是，对于把别人的价值经验视同我们自 546
己的价值经验，无论我们是否认同这一道德要求，至少同等地看重每个人的经验，是包含在通常用我们这里所说的“非个人的”方式做出的整个价值判断类别的意图当中的。而且，即使是利己主义者也肯定会发现，它对判断这种个人的价值事实是必不可少的。

如果接受应给不同人的可比较的价值经验以相同的重要性的观点，那么在评定非个人方式的客体价值的时候，关于我们在评定客体的整体价值时如何处理对不同个人的价值的理论问题，答案几乎已是不言自明。我们将同等地看待客体对别人的价值影响（如我们猜测的影响一样），就如同我们自己的一个经验。如果这里不存在评价客体的整体价值的其他方面，我们因此可以说，如果一个客体给双倍的人提供了相同的满意，它便双倍地好。有人认为“双倍地好”不能表达清晰的意思，我们的回答是，正是在这个联系中它具有一个完全清晰的意思。也就是说，“给双倍的人提供了相同的满意”的意思。无论如何，对于“在什么程度上，别人从客体中得到的满意增加了客体的价值”这个问题，可以这样回答：“在与我们自己类似的和附加的满意会增加客体价值的相同的程度上”——假定这个附加满意是尽可能少地受我们其他相似经验的影响，或像一个人的经验很少被另一人的经验影响一样少地被它影响。

这里，决定性的问题，即边沁的计算宣称可以提供解决方案——如果价值是不以数量计算便不能达到的解决方案——的问题，可由如下问题说明。这个问题是：当两个客体的价值，其中一个在较高程度上对较少人提供满意，而另一个对较多人提供较低程度的满意的时候，那么我们怎样比较这两个客体的价值?但是，这个问题也可以根据直接偏好从理论上加以回答。假定您已经尽可能准确和充分地设想了被涉及的所有这些人的经

547 验，如果所有这些人的经验就是您自己的，例如，如果您不得不逐一地过每个人的生活，那么这两个客体中您更喜欢哪一个?

如果以这种方式回答涉及对他人的价值的问题，这看起来有点幻想的意味。这挑战我们想象和欣赏那些不是我们自己的经验特质的能力，它造成两种相反的看法：其一，它不过是我们因此被迫要设想和权衡的东西，如果我们能满足这一要求，那么这个东西就会很好地满足我们判断的意图；其二，对于充分设想当前没有经验到的东西，我们的能力不足，在这个例子中这涉及我们将来的经验，而这种不足只不过是我们在判断我们必须判断的诸多事物时的一种局限。由于这种局限，我们对客体评价的正确性，就像一般经验判断的正确性一样，只是或然的。当然，实际上我们发现，我们所要达到的那种好的评定是建立在一个粗略的和现成的假设之上的。这个假设就是认为“平常人”与我们自己是很相似的，除非不同的行为表示正相反的意思。如果理论问题有一个这样的理论解决方案，那么对这一方案实际可能的接近——无论其在特殊例子中怎么不充分——仍是有意义的并有其实际支撑。

最后，评价的建议方式包含着对一些条件——那些超过控制的、只是或然的条件——的参照，涉及这一事实的问题也有其理论解决方案，而且它的一般性质也是人们熟悉的。正如我们在第二篇已看到的，如果我们知道的东西所表示的是被谈论情况的一个概率 m/n，那么合理的预期就是，这些情况将是实际的，因而从长远来看，被谈论的价值在 n 种情况中的大约 m 种情况下也能实际地实现。因此，我们应合理地采取的态度就是，如果事实上客体可导致的价值实际地在 n 种情况中的大约 m 种情况下——在其中我们以另外的方式受益于客体的存在——产生的话，我们会满意地采取的态度。而且，正如经常发生的情况一样，在概率不是可以从量上指明，而只能比较地或在有限范围内确定的情况下，合理的预期和态度不断地以同样的方式被决定。因此，作为在只有可能性的情况下引起满意的一
548 个源泉，将根据这些情况之更可能而得到更高的评价——正如如果它更经常地产生这种满意它就能得到更高评价一样。如果一个客体 O 在恰当的情境——其概率为 m/n——下会导致一个实现的价值 V，而另一个客体 O′在概率为 h/k 的情况下导致价值 V′，这里 V 是一个比 V′更高的价值，但概率 h/k 大于 m/n，那么 O 和 O′哪一个是更有价值的客体，这个问题是由 V 按 m/n 实现与 V′按 h/k 实现哪个更可取的决定来确定的。例如，如果一个

商店的冰淇淋比另一商店的冰淇淋味道好，但在拿到家之前更容易融化，那么哪个冰淇淋更有价值这个问题，其决定依据的是，是否好味道比因融化或其他方式而更易失去重要。这是依据直接的和合理的偏好的标准——我们在实践中实际喜欢哪一个——来确定的，其中没有任何“数学预期”的复杂考虑。

我们将看到，对于我们如何根据客体产生的满意来评价客体的问题，已指出的这个理论解决方案，并不是依赖这样一个错误的假设：我们可以通过一个在程度上被决定的但没有数量性质的价值，对一个数字上决定的概率，进行乘法的数学运算。它不依赖于任何超出直接的合理偏好的标准之外的东西。如果参照“合理的”标准仍有一些问题未解决，那么我们应看到，合理的选择和评价方式本身就能根据直接偏好独立地被确定和表达。合理性的恰当意思是，如此行为和如此偏好，以至于您的行动和偏好的方式将是：如果一贯坚持，那么您将因采取它而感到持久的满意。它大概是指，以这种方式行动和偏好，其终生结果将在可能的最高程度上导致总体的满意。

我们用这种方式处理影响我们对客体的价值实现的可能性，可能有人
会对此提出反对，指出我们实现或未能实现这个客体的价值的情况，可能 549
在数量上很少甚至只有一个。在这些少数场合，允许这类实现的可能情况将是实际的或不是实际的。既然这种场合在数量上少，那么对实际的成功的概率，我们不能预期它会超过最大可能的概率，这就决定我们的合理预期和相应的客体价值。但是，这种反对观点——如果事实上有人认为是这样——并不会使我们建议的评价客体的程序无效。对某个场合或少量的一些场合的预期的合理性，并不依赖于在这些场合成功的实际概率，而毋宁说依赖于长远的成功或失败——如果我们一直坚持并遵守那些预期规则。根据概率对打赌进行的证明，即根据由赢的概率限制的赢的数量对打赌进行的证明，不在于少数场合的赢或输，而在于这样一个事实：通过遵守这一规则，我们可能赢得一生中最多的钱。如果说我们那样就可以赢得最多钱（甚至在一生中）这有点危险，至少没有别的程序规则能提供这么好的一个使我们最终赢得最多的希望。价值不能像钱一样被计算。但是，“依据任何有 m/n 概率的东西行动，正如从 n 种尝试中有 m 种情况将发生时您所做的一样”的规则，同样适用于可度量的可欲求之物和其价值有程度但无量度的东西。而“评价任何客观存在物，对它来说有 m/n 的概率它能提

供某种满意，正如如果满意实际以 m/n 概率发生您会获得的满意一样"，这个规则是我们建议采用的。对它的证明是相同的：这种评价客观存在物的方式，将带给您总体上最满意的生活。如果这仍是危险的——因为生活多少可能受运气的影响——至少没有别的受概率影响的评价方式可以提供这么好的一个导致满意生活的希望。

综合考虑问题的这些不同方面，对于一个客观存在物的社会价值的确
550 定，我们建议采取如下方式：考虑这一客体的每个价值，无论是像美这样的固有价值，还是它有助于他物产生满意的工具价值。每一个来自客体的这种满意，都按获得满意的程度而增加客体的价值。这种直接价值的程度，一般是由该价值在一般的满意系列——按好坏的顺序，即偏好的顺序安排的——中的位置来决定。客体的这两种价值潜在性的联合，按如下原则赋予客体以价值，这个原则就是：A 和 B 这两个满意的联合价值，由 A 和 B 在我们一般的直接价值系列中的位置来决定，即由直接的偏好来决定。如果同时拥有满意 A 和 B，对于经验满意 C 来说更可取的话，那么那个同时具有满意 A 和 B 的潜在性的客体，在这一点上，就比只提供满意 C 的那个客体更可取，而它同样就是一个更有价值的客体。诚然，这种直接偏好得是合理的，但在这里，所谓合理的，只是指我们要像当满意被经验时我们对它的评价那样，评价一个并非当下实现的满意。只要客体的价值潜在性是可控的，而且被谈论的价值也可以任意实现，那么该客体就可以像刚才说的那样用简单潜在性的方式来评价。但是，根据我们拥有的所有恰当的信息来判断，就该客体价值的实现受无法控制的情况的影响而言，这种评价将受到这些情况的概率的限制。在概率为 m/n 的情况下可实现的价值 A 的潜在性，赋予客体以价值，其根据是：当价值 A 在 n 种尝试中的 m 种情况下实现时，我们对客体应做出的评价。对客体的评价，不仅要参照某人自己，而且要参照所有受该客体影响的人。而我们在评定客体对另一个人的价值的时候，要好像他的经验是我们自己的经验一样。在评定相对于多个人的价值的时候，也要好像他们的价值经验是包括在单个人的经验之中一样。在比较相对于他人的价值与相对于我们的价值的时候，我们要采取的方式，应该与我们在如下情况下合理地采取的方式一样，这个情
551 况就是：如果那个人的满意或不满意包含在我们自己的经验中，但它以这种方式尽可能不影响任何别人和我们自己的经验。

然而，在实践中，我们可以通过仔细地执行这一方案并对所有可能有

助于人类生活的满意进行比较，从而做出对一个客体的评价。这样一个假设，无论它多么荒谬，我们关于事物对整个社会的价值的实现而进行的评定，仍或多或少是准确的——根据这些评定或多或少接近于这样可达到的总体评价。而且，这种理论上的价值确定的理论可能性，就是赋予我们的现实评定以现实意义的东西。

我们已对这种单个的复杂评价方式进行了讨论，主要是为了阐明与评价的其他多种方式联系时会遇到的问题，并阐明从理论上解决这些问题——当人们认识到价值有程度但不可从数量上计算的时候——的一般方式。当然，如果我们要努力打破理论认识的要求与无用迂腐的危险间的平衡的话，即使就评价的这种典型方式而言，也还存在很多我们尚未深入的细节问题。例如，对同一个客体中的肯定价值的潜在性和否定价值的同时考虑，以及比较对一些人的肯定价值与它对其他人成为否定价值的问题。但是，能进一步提出这种问题的人，根据以上观点，无疑也能发现问题的答案，如果他们没有找到对这里建议的一般步骤的根本反对的话。

十四　社会价值与伦理学

评价客观存在物的这种特殊方式被选作对问题的例证式讨论和证明，部分地是因为——如已提到的——它的常见的重要性。正是通过这种方式的评价，我们才能尽量地接近大体上发现事物对整个公众的价值，和“最大多数人的最大的善”——就善是可在客观存在物中发现的价值而言。但是，假定——如果有人倾向于做出这样的假定的话——对客观事物产生的最高社会价值的确定能立即解决伦理学的问题，那么这个假定就是对这些问题的一种过于简化，并且在某些方面是无根据的。

第一，客体中的价值只是外在的。对实质性的善的相对贬损，需要做 552
一些证明：它是那种能在经验中被更直接地发现的、单凭自身即是可欲求的价值。而且，即使包括了这些更高的内在价值，也不存在对仅在社会价值的确定中从伦理上证明了的东西的直接而简单的暗示。

给伦理领域划界的问题，不是对经验的善或价值划界的问题，而是给正义和道德命令划界的问题。当然，在行为的正当性与这种行为所要影响的善之间有着本质的联系。至少我们应该同意，正是用这个一般的概念，行为的正当性最终从价值中产生。但是，正是在这一点上，我们应该注意，在区分它们之前，不要将正义和善非法地联合起来。由于语言的模糊性，正当的行为也被称作善的行为，而且那些行为正当的人也被称为好人。在它们作为事件或事实的经验性质的特征当中，行为具有效用价值或负价值，这导致满意的结果或相反的结果。但是，“好”意指“有助于引起满意”，与“好”意指“从道德上证明了”或“值得称赞”，这两个“好”是两个不同的词，无论这种双重用法在多大程度上意味着被普通人认识到的真实联系。因此，我们应提出问题：行为是否会因将发现的满意而成为道德上强制的？如果我们能说“道德上强制的行为是正当行为，正当行为属于好的行为，好的行为是有价值的，而有价值的行为是引起满意的”，这种论证方式——无论是用这种粗糙的形式还是用更精致的措辞——让我们想起一个老笑话“西风是轻风，轻风是一段棉纱，且一段棉纱是一个故事（tale），一个尾巴（tail）是一种依附，依附是爱，而爱是盲目的，于是西风是盲目的”。我们应希望我们的结论比这要好：保证我们的论证是更有说服力的。如果它不是，那我们对那些先验论者就无话可说了，他们犯的是相同的错误，不过推理顺序颠倒了：“有价值是好的，好的东西是被正当追求的，被正当追求的东西是正当行为的结果，正当行为是道德上强制的行为，道德上强制的行为不能由诸如被发现的满意之类
553 的经验事实来决定，所以，价值不能由诸如被发现的满意之类的经验事实来决定。”

第二，即使当我们认识到道德命令与经验价值之间的这种本质联系时，也还有进一步的问题：“在何种意义上有价值？对谁有价值？”我们还没有解决那些涉及社会利益与个体命令之间关系的重要伦理问题。还有一些问题，例如：是否个体能被要求为了公共的善而牺牲其生活本身？是否社会能公正地要求个体服从那违背他的道德信条的规范？

第三，关于行为所追求的价值的问题，在任何情况下都先于道德命令的问题，而且能被独立地决定。这里没有什么理由来说明，例如，为什么一个道德利己主义者和一个坚定的功利主义者，在什么是个体的利益和什么是对所有人最好的问题上不一致。而他们不一致的地方，就在于评价行为结果——决定行为之道德证明的——的特殊方式。如果在考虑属于道德要求的任何问题之前，他们两者都不能决定这些不同方式中的价值——对个人的价值和对社会整体的价值，那么这里就不存在他们可争论的伦理问题。除非对个体真正有价值的东西有时不同于对公众有价值的东西，利己

主义与对所有人的公平考虑并无矛盾，而且这个道德问题也将是无意义的。

在我们与他人的关系中，明显的道德问题并不直接或简单地就是一般福利的问题，而是公正的问题。一方面，就个人行为对别人的影响而言，它涉及个人行为的原则。另一方面，它是关于对个人的奖赏和惩罚的问题，是关于以这种方式对个体行为进行社会调节的问题，是关于善的社会分配的问题。这里所指的善不只是物质的东西和事件的客观事态，而且也包括物质的东西可导致的那些更终极的价值。人们不能指望仅仅依据它们的价值来解决善的分配中的这些社会正义问题。这里还有个人的功劳。如
果有人坚持认为，就个体价值的产生受社会影响而且对它们的接受受到促 554
进或阻止而言，公正指的是不参照他的功劳而平等地考虑每一个人，那么，至少他们在这里支持着一个有争议的问题。个人是否应只根据他们的需要或者他们的贡献，来分享社会上可分配的价值？这是一个大家都熟悉的问题，与此相关的是物质的善——这也是这样一个问题，即用来衡量他对社会的正当诉求的，是个体的实际贡献还是只是他的善良意图。再者，还有一个相关问题——并非完全过时的——个体是否公正地拥有作为他自己努力的结果的东西。如果这些不被普遍视作伦理学的重要问题，那只是表明一种将伦理讨论仅限于传统问题的令人遗憾的倾向。

由于所有这些已论及的理由，也由于其他的一些理由，评价的问题与伦理问题必须区分开来而不是等同起来。对伦理学原理的任何具体运用，价值的确定都是必不可少的，而且也必须是在先的，但是价值确定本身并不足以提供对伦理问题——一般的或特殊的——的任何解决方案。价值的问题，对任何特定的评价方式，都是经验问题；对评价正确性的检验，需要对经验的参照。评价总是一件经验知识的事情，但是，什么是正当的和什么是公正的，永远不能单由经验事实来决定。

557 # 索　　引*

（参见目录中的内容细目）

* 词条中所附的页码是原著的页码，即本译著的页边码。

人名对照和索引*

* 因人名索引夹杂在上面的索引中，应专家建议，为了便于读者查找，在此单独列出人名对照和索引，并且，这里换一种排列顺序，按中文译名的拼音顺序排列。

有关书名英汉对照

Logical Syntax of Language《语言的逻辑句法》（R. 卡尔纳普著）

Die Philosophischen Schriftenvon《莱布尼茨哲学著作集》（Gerhardt 格哈特编）

Mind and the World-Order《心灵和世界秩序》（C. I. 刘易斯著）

The Philosophy of Physical Realism《物理实在论哲学》（R. W. 塞那斯著）

"Logical Positivism and Professor Lewis," *Journal of Philosophy*《逻辑实证主义与刘易斯教授》,《哲学杂志》（J. B. 普拉特著）

A Treatise of Probability《概率论》（J. M. 凯恩斯著）

Experience and Prediction《经验与预测》（H. 赖兴巴赫著）

Utilitarianism《功利主义》（J. S. 穆勒著）

Theory of Valuation《评价理论》（J. 杜威著）

Aesthetic Analysis《审美分析》（D. W. 普雷尔著）

The Logic of Modern Physics《现代物理的逻辑学》（P. W. 布里奇曼著）

Physical Theory《物理理论》（V. F. 勒怎著）

The Philosophy Physical Science《物理学的哲学》（A. 爱丁顿著）

Principles of Morals and Legislation《道德和法律原理》（J. 边沁著）

The Principles of Morals《道德原理》（D. 休谟著）

译后记

本译著的计划是十几年前开始的。国内价值哲学研究前些年比较热，也取得了不少理论成果，但比较缺乏对现当代外国价值哲学特别是西方价值哲学的研究。因而，迫切需要从现当代外国价值哲学，特别是西方价值哲学中吸取理论资源，而有关著作的翻译是首先必须做的一个环节，但这方面国内做得很不够。中国人民大学出版社曾经组织翻译了几本篇幅比较小的苏联等社会主义国家的价值哲学著作，而对西方的代表著作只是选择性地翻译了一些章节。鉴于这种情况，我的博士生导师冯平教授（原中山大学哲学系教授，现复旦大学哲学系教授）1997 年在美国哈佛大学做访问学者时，收集了大量西方价值哲学的原著和研究资料，制订了一个宏大计划，就是试图带领我们博士生团队，分头研究现代西方价值哲学代表人物的价值哲学思想，并翻译出版现代西方价值哲学经典著作。从 1999 年我读博士研究生开始，冯老师安排我研究刘易斯的价值哲学思想并翻译他的代表作《对知识和评价的分析》。我在 2002 年进行博士论文答辩前翻译了本书大部分，后来也积极整理，我想把这本书翻译出版。

2009 年，我申报的国家社科基金后期资助课题“对知识和评价的分析(译著)”获得国家立项。2010 年 11 月，我成为美国加州大学哲学系高级研究学者。我之所以选择去美国加州大学，是因为刘易斯曾经在那里工作过。我拜读了研究刘易斯思想的美国学者的大量著作和论文，对刘易斯的价值思想有了更全面的理解。2011 年 4 月底回国后，我进一步完善译稿。

本书是江传月主持的 2009 年国家社科基金后期资助项目“对知识和评价的分析（译著）”（09FZX006）的最终成果。翻译分工如下：广东商学院政治与教育学院江传月与中国社会科学院黄涛合译第十二、十三、十七章，江传月与广西师范学院政法学院江传英合译第三、四章，江传月与广东商学院外国语学院江雪合译第五、六章，江传月与广东商学院政治与教育学院刘曼曼合译第八、九章，王瑞雪、赵省委和暨南大学政治与行政学院颜昌武合译第七章，黄涛与辽阳职业技术学院蒋虹合译第十四章。第一和二章基本采用关其侗先生的译文（载于《资产阶级哲学资料》第十八辑，上海人民出版社 1966 年版，第 30 ~ 57 页）。其余部分由江传月翻译。江传月对全书做了统稿修改，冯平教授做了译校。第十二、十三、十四、十五、十七章先期收入冯平教授主编的《现代西方价值哲学经典·经验主义路向（下册）》（北京师范大学出版社 2009 年版）。在出版本书时，第十五章采用江传月的翻译，并参考了李国山、方刚等译的《刘易斯文选》（社会科学文献出版社 2007 年版），江传月对其他四章进行了细微修改。

刘易斯在原著中不少地方用斜体字表示强调，我们在翻译时用着重号表示。有些词因是希腊文等原因本身就是斜体的，我们在翻译时就没有用着重号表示。为了便于读者理解，我们偶尔补充句子，这些句子用中括号［　］括起来。因考虑排版问题，译文的页码在最终出版前难以确定，故“索引”中的词所在的页码我们还是按原著的页码即本书的边码。

本课题组在研究过程中，得到了中山大学哲学系倪梁康和湖北大学哲学系江畅教授（江传月的硕士研究生指导教师）的推荐和指导；广东商学院政治与教育学院刘国锋副教授提出了宝贵意见；广东商学院科研处和政治与教育学院的领导给予了支持和帮助。在此一并表示感谢！

本书吸收、借鉴了一些理论工作者的研究成果，在此表示敬意和感谢！由于我们水平有限，书中肯定有疏漏和不足，敬请各位专家、学者批评指正！

译　者

2011 年 11 月

图书在版编目(CIP)数据

对知识和评价的分析/（美）刘易斯（Lewis，C.I.）著；江传月等译.—修订本.—北京：社会科学文献出版社，2016.1

（社科文献精品译库）

ISBN 978-7-5097-6346-9

Ⅰ.①对…　Ⅱ.①刘…　②江…　Ⅲ.①刘易斯，C.I.（1883~1964）-知识论-研究　Ⅳ.①B712.6　②G302

中国版本图书馆CIP数据核字（2015）第000215号

·社科文献精品译库·

对知识和评价的分析（修订版）

著　　者／［美］C.I. 刘易斯

译　　者／江传月 等

校　　者／冯　平 等

出 版 人／谢寿光

项目统筹／祝得彬

责任编辑／杨　潇　刘　娟

出　　版／社会科学文献出版社·全球与地区问题出版中心（010）59367004

地址：北京市北三环中路甲29号院华龙大厦　邮编：100029

网址：www.ssap.com.cn

发　　行／市场营销中心（010）59367081　59367090

读者服务中心（010）59367028

印　　装／北京季蜂印刷有限公司

规　　格／开　本：787mm×1092mm　1/16

印　张：30.25　字　数：505千字

版　　次／2016年1月第1版　2016年1月第1次印刷

书　　号／ISBN 978-7-5097-6346-9

定　　价／98.00元